图书在版编目（CIP）数据

闯王李自成传 / 宋璐璐编著. -- 北京 : 团结出版
社, 2015.8（2023.1重印）
　ISBN 978-7-5126-3778-8

　Ⅰ. ①闯… Ⅱ. ①宋… Ⅲ. ①李自成（1606～1645）
—传记 Ⅳ. ①K827=48

　中国版本图书馆CIP数据核字(2015)第176334号

出　版：团结出版社
　　　　（北京市东城区东皇城根南街84号　邮编：100006）
电　话：（010）65228880　65244790（出版社）
　　　　（010）65238766　85113874　65133603（发行部）
　　　　（010）65133603（邮购）
网　址：http://www.tjpress.com
E-mail：zb65244790@163.com（出版社）
　　　　fx65133603@163.com（发行部邮购）
经　销：全国新华书店
印　刷：唐山楠萍印务有限公司

开　本：650毫米×920毫米　16开
印　张：24
字　数：340千字
版　次：2016年1月　第1版
印　次：2023年1月　第3次印刷

书　号：978-7-5126-3778-8
定　价：68.00元

前　言

悠悠几千年，纵横五万里，站在中国文明辽阔而又源远流长的历史天幕下，仰望着令无数人叹为观止的帝王将相的流光溢彩的天空，尽阅朝代更迭的波澜起伏，无处不闪耀着先人用心、用生命谱写的辉煌。

封建帝王将相是历史的缩影，自嬴政以来，秦皇汉武，唐宗宋祖……他们或以盖世雄才称霸天下，或以绝妙文采震烁古今，或以宏韬伟略彪炳史册，或以残暴不仁毁灭帝业，铸就了一部洋洋洒洒长达两千余年的封建帝王史……

恍然间，我们看到了"千古一帝"秦始皇"横扫六合"的雄伟身姿；大汉朝开国皇帝刘邦从"市井无赖"到"真龙天子"的大变身；汉武帝刘彻雄赳赳地将中华带上顶峰的威风场景；光武帝刘秀吞血碎齿战八方，于乱世中成就霸业的冲天豪情；乱世枭雄曹操耍尽"奸计"，玩转三国的高超智慧；亡国之君隋炀帝的骄纵狂妄；唐高祖李渊率众起义、揭竿而起，建立唐王朝的惊天伟业；唐太宗李世民玄武门兵变的狠辣果断；一代女皇武则天勇于创造命运的步步惊心；宋太祖赵匡胤"杯酒释兵权"的聪明睿智；元世祖忽必烈以蒙古铁骑横扫欧亚大陆的英雄豪迈；一代天骄成吉思汗开创铁血王朝的钢铁毅力；"草根帝"朱元璋从"乞丐"到"皇帝"的辛酸血泪；清太祖努尔哈赤以十三副铠甲起兵，开辟锦绣前程的创业史；大清王朝第一帝皇太极夺取江山的谋略手段；少年天子顺治为爱妃做到极致的痴心情意；清军入关的第二位皇帝康熙除权臣，平叛逆，锐意改革的天才谋略；最富争议的皇帝雍正的精彩人生；乾隆皇帝钟情于香妃的风流韵事；慈禧太后将皇帝与权臣操纵于股掌之间的惊天手段；历代名相为当朝政务呕心沥血，助帝王打造繁荣盛世……

在浩瀚无边的中国历史长河之中，帝王将相始终是核心人物，或直接或间接地掌控着历史的舰舵，影响着历史的进程。虽然他们已是昨日黄花、过眼云烟，但查看他们的传奇人生，研究他们的功过是非，仍然可以让读者借鉴与警醒！

即便如此，很多人依然会"坚定"地摇着头回答："NO！"因为在他们看来，"历史、帝王将相"等于"正统、严肃"，这些东西早被当年的历史考试浇到了冰点！尽管明知"读史可以使人明智"，也再没有耐心去研读、探索那些"枯燥"的历史了。其实，历史并不是课本上那些无聊的年份表，帝王将相也不是人物事件的简单罗列。真实的帝王将相的生活要丰富得多，有趣得多。

为了解决这个问题，让读者心甘情愿地"抢读"历史，本套图书精心挑选了在历史上影响力颇大的帝王或名相，突破了枯燥无味、干巴巴的"讲授"形式，以一种幽默诙谐的语言，用一种立体的方式将一个帝王或名相的多样性与丰富性展现在广大的读者面前。

全书妙语如珠，犀利峥嵘，细述每个帝王或名相的政治生活、历史功绩、家庭生活、情感轶事等，充满了故事性、知识性与趣味性，让读者在轻松愉悦的享受中体味人生的变化莫测；在"观看历史大片"的过程中收取成功的法门秘诀。

为了保证书稿的质量，编辑工作者查阅了大量的相关资料与文献，并且专门请教了很多长期从事历史教学与研究的专家学者。不过，由于时间与精力有限，如果本套图书存在些许错误，敬请广大的读者朋友们批评指正。

"古人不见今时月，今月曾经照古人"，与浩瀚的宇宙相比，人类的生命短暂得微不足道。因此，在这有限的时光中，我们要尽一切可能多学知识，少走弯路，让我们的人生变得更加绚丽多彩！

目　录

第一回

陈祖师偈语征先兆　李守忠善念获佳城

　　天下大势，治久则乱，乱久复治。方其治也，则有圣明君相，应景运而生，及其乱也，则有草泽英雄，应劫运而出，此皆天地气数之所推移。与夫河岳精华之所钟毓，其发现时在数百年之后，其朕兆或在数百年以前，特非识微见远之士，不可得而预知之、预言之也。溯自唐祚告终，五代争雄，五十三年之中八易姓氏。

　　当时海宇沸腾，民不聊生，时局之纷乱，达于极点，正所谓乱极当治之时了。迨炎宋受禅，天下人心翕然归顺，赵匡胤不烦征战之力，唾手而开三百年宋世江山，这岂是人力所能为哉？

　　那五代时候，有一位陈抟祖师，道号希夷先生，他的道行高洁，能知未来休咎。见天下日形纷乱，他便隐居在华山之深处，足迹不履尘世者数十年。及闻陈桥兵变，宋太祖定鼎中州，他遂蹶然而起，鼓掌大笑曰："天下从此太平矣！"于是托钵下山，云游天下，凡名山大川，无不亲身游览。

　　一日行至陕西北部，由鄜延出上郡，至银州，陡见万山重叠，圆如盉顶，中现大河一道，自北而南，水势湍急，涛声震耳。陈抟看见了此河，不禁搔首流连，喟然叹曰："蛟龙所窟，必产奇人。此河气象雄奇，七百年间，理回合两泄精英。然雄而不秀，浊而不清，其或吴钱楚项之徒欤？"遂口念一偈道：骇浪惊涛里，扶舆造化神，历年七百载，两度孕奇人。

　　念毕，遂飘然远去，不知所终。

　　读者可知道，此河究竟叫做何名？原来，此河就是古之所谓圁水。据《水经注》所说，这圁水本出自上郡之白土县，就是现今清平堡的边墙外，向东流入塞内，又东至砖场沟，复流出塞外，经过塞城梁，至三岔河，然后会回合众水，由榆林、横山奔流而南，经银州、上郡至清涧，又折而东，方才流入黄河。因其水势汹涌，卷石含沙，河身时东时西，没有定向。因此，又得了一个名号，叫做无定河。

这无定河自秦、汉以来，两岸平沙，做了天然的战场。当秦始皇帝遣蒙恬将三十万雄兵，北拒匈奴之时，以上郡为锁钥重镇。从此以后，汉胡交兵，杀人如麻，枕骸积尸，皆在此河两岸。因此这无定河的名称，在历史上亦是很有价值的。

唐人有诗曰：

誓扫匈奴不顾身，五千貂锦丧胡尘。

可怜无定河边骨，犹是春闺梦里人。（陈陶）

无定河边暮笛声，赫连台畔旅人情。

函关归路千余里，一夕秋风白发生。（陈佑）

这两首诗中所说的无定河，就是此河了。陈抟老祖看出此河气象不凡，将来必钟灵异，果然到了宋太宗赵光义时期，银州防御使李光俨的儿子李继迁，遂割据了银州、麟州，建都宁夏，传统一十三世，历年二百五十八载，所谓西夏太祖的便是他。看来这陈抟之言，大是不谬。迨后宋亡元兴，元衰明继，五百余年之间，时治时乱，无待赘言。

到了明朝的神宗、熹宗时，因为承平日久，君怠于上，臣惰于下，宦官弄权，朋党互争，五六十年之间，便将一个金瓯无缺的大明江山，弄了个破烂不堪，又到了久治当乱之时。

及至庄烈崇祯皇帝登基之后，他本是个英武有为之主，眼见得国事日非，他便拿出全副精神，励精图治，意欲转危为安，造了一个中兴盛业。所以即位之初，首先便将一个万恶滔天的魏忠贤立正典刑，其党附忠贤的，一概从重治罪。其次还有，定了一个逆案，永远不准起用。一时雷厉风行，天下人心翘然望治。只可惜这崇祯帝却是个英而不明的人，他那一双眼光，乃是很有限的，类如那周延儒、温体仁、魏藻德等阴险奸狠之徒，他都误认为忠良，把他们当股肱心腹一般的看待；至于那些忠臣义士、直言敢谏的，他反视若仇雠，任意诛戮贬谪。

明朝自从燕王靖难之役，英宗夺门之役，世宗祔庙之役，及太监刘瑾、王振、魏忠贤弄权时代，杀戮忠臣义士，暗无天日，早将国家的元气剥削得干干净净。所以到了神、熹二宗时代，强邻外侮，流寇内窜，马上将个大局弄得不可收拾，成了个风雨飘摇的时代。正所谓大厦将倾，独木难支。到了这个时候，总须要抚慰疮痍，培养元气，方能够挽回劫运；偏偏这位崇祯皇帝的性情又十分急躁，刚愎自用，恨不得三日两天，便想把世事弄得太平。所以外面的盗贼日炽，他内里的用法益严，日日诛戮大臣，总计崇祯十七年之中，共杀了将近二十个督抚大吏，因此人心涣散，不久国破家亡，卒以身殉。这虽是他措置失当，却也是天意使然。然而，以明朝三百年的一统山河，乃亡于银州一匹夫之手，远应了陈抟七百年前的谶语。可见草泽英雄，亦是应运而生，非偶然之事了。

　　再说这银州自从宋朝以后，便改名为米脂县，其地北通榆塞，南接雕阴，地势极为重要。这一座米脂县城，依山临水，建筑得十分坚固，前对文屏山，后倚凤凰岭，无定河斜绕城西，形势倒也不错。只是这么一座城池，却只有东、南、北三个城门，从来没人见过西门，这是个什么缘故呢？说来这话也长。原来唐朝时候，有个天德军节度使郭子仪，曾单骑出巡，夜行到了银州无定河岸边，忽然觉得一片红光，照耀如同白昼，远山近水，历历可辨。郭子仪大惊，在马上举目一望，只见半天的祥云四绕，中间拥出耕车一辆，珠帷绣幰之中，走出一位仙姬，自云中飘飘下降。

　　郭子仪十分惊异，急忙翻身下马，朝着那仙姬再拜祝道："今值七月七夕，想是上界织女星降临。既逢上仙，愿求多福。"仙姬闻言，点头微笑道："赐尔大富贵，亦寿考。"言毕，冉冉升天而去。郭子仪且惊且喜，再看那天色转黑，赤光尽敛，惟向东南二里许有一道紫赤光焰，仍旧通天彻地，上烛层霄。郭子仪细细地观看了一会，心中暗自想道："不料这边陲之地，王气如此旺盛。"于是遂向岸旁一个农家暂且寄宿，又向那家的一个老翁询问那发光的地点，告诉他说："这是无定河龙脉所种，王气已经发露，当此承平时代，这个地方，断乎不可凿动，倘若惊动了龙脉，这地方上便要生出惊天动地的人来，那时候，此方人们便难免要遭涂炭了！"嘱咐完毕，次日方才回镇。

　　后来郭子仪果然官至太尉中书令，封汾阳王，七子八婿，享寿八十五岁，五福兼全，为历史上第一人物。因此，这银州的百姓，遂在他当日遇仙之处，建了一座郭王庙，石岩上渤着"大富贵，亦寿考"六个大字，至今庙貌巍峨，为银州著名的胜迹。于是郭子仪的遗言，百姓也就牢记在心，人人相戒，不敢在那发光之处去寻惹是非了。

到了宋朝，那银州防御使李光俨，因为驻兵所在，曾在这个地点挖了一眼水井，不料那无定河水，陡然便涨起三丈多高。过了些时，他的夫人元氏便身怀六甲，到了十个月头，元氏忽然梦中见一伟丈夫，自称河神，手赐他红丸一粒，纳之口中。元氏醒来，十分怪异，急同光俨一齐前往河边致祭河神。刚刚跪拜起来，元氏便觉腹痛难忍，未及回府，遂生一子于无定河畔。光俨急忙使人抱归府第，启襁视之，则瓠犀满口，盖生而有齿者也。光俨大异，命其名曰继迁。后来此子果然岐嶷不凡，与宋朝连年争战，在这西北一带地方，硬做了多少年的偏安皇帝，可见一定是龙脉的效验了。后来建修米脂县城，那西城一带，正当从前发光之处。

专制时代，最忌的是这些预兆，所以到了元世祖忽必烈的时候，闻知这个风声，生怕汉人再出了真主，来夺他的天下，特地派了一个异僧名叫杨琏真加的，带了许多喇嘛番僧，来在米脂县境，到现场进行细细地实地考察。凡遇山形水势稍有奇异的，便立刻通知地方文武，派出夫役，不是将山脉挖断，便是建一座庙宇将它镇压。

相传这些番僧在米脂境内，大大小小总计破坏了一百二十三处龙脉，所以至今数百年来，乡间的父老提起风水来，总说都是被南蛮破坏了。这些番僧回到北京又奏称：米脂县的西城，正当龙脉极旺之处，唐臣郭子仪亦曾看出，此处王气郁勃，城东三里，有土阜高耸，迤东山形蜿蜒，绵亘千里，直接蒙古沙漠。向东七里，有巨石如鱼形，突起河中。两处形势，均甚奇伟，宜早破之，免生后患。元世祖听了，立刻降旨：陕西米脂县城，永远不准开拆西门；并敕在这西城之上，建起一座三层高楼，意欲将那龙脉赤光，一直压入十八层地狱之下，叫它永远不会翻身，一面又敕下米脂文武，派遣民夫，将那土阜、石鱼两处的来龙挖断，各建庙宇一所，以资压胜，后人遂呼那西城上的为西角楼，土阜前的为三里楼，石鱼背上所建的为七里庙。至今那些遗迹都还存在，可见从前专制时代的帝王，最是迷信风水压胜之说的。

及至明朝神宗时代，因为城内的形势，东北高耸，西南平衍，每逢大雨时行之际，山洪暴发，齐向那段西城角下径直冲来，当时城中的人士都恐怕日子久了，将那西角楼下面的城根冲坏，想要设法放水，又怕惹出事来。于是地方上便出来几位乡绅，是原任保定巡抚艾希淳、山西布政使常任贤、四川重庆府知府李献明、大理寺卿白栋、山西冀北兵备道艾杞、京营提督都督金事艾梓、河南柘城县知县杜知言他们几个，偏偏不信风水，拿定了主意，在这西城根下，拆开了小小的一个水洞，将城中之水一齐从此放了出去。岂知那天晚上，便狂风急雨，雷电交加，无定河的水顿时陡涨起来，溢出了两岸，洪涛汹涌，直冲米脂城下。城中人民大惊！他们七位也着了慌忙，遂连夜赶铸了一座千斤铁栅，安在洞口，以为镇压之计。说来也就奇怪，果然过了几年，这米脂县遂又生出来一个惊天动地的人，比从前的李继迁还要厉害。

在米脂县城西一百二十里，有地名李继迁寨，乃是当年继迁屯兵之处，因此得了这个名称。其地有一个乡人，姓李名守忠，世以力田为业。有一天他正在山上锄苗，忽然远远地望见一群儿童，手执木棍在那里吵嚷。李守忠不解何故，遂把那一把铁锄荷在肩上，慢慢地走去观看。岂知不看则已，一看倒把李守忠骇了一跳。原来这一伙儿童当中，却卧着一条八尺多长的大蛇，周身鳞甲，如赤金点子一般，那蛇的头上生出三寸多高的一双角来，望见守忠来了，它便昂首翘瞻，露出一种乞怜之态。李守忠看见这个样子，知道此蛇必然有些来历，又见那一群顽童一个个摩拳擦掌，大有用武之势。李守忠不觉恻然心动，便向那些儿童再三开导，才把那条大蛇纵入山洞去了。

李守忠回到家中，那晚上便梦见来了一个峨冠博带的伟丈夫，向他深深地下了一拜，口称"蒙君活命之恩，它日必有以报"，言毕鞠躬而退。李守忠从梦中惊醒，觉得这个梦有些奇怪，也不曾向人说过。

过了一年，李守忠的父亲李海，一病归天。三日之后，李守忠便亲自上山，意欲觅一平敞之地，暂厝父枢。正在俯仰徘徊间，忽然远远地走来一人，相貌十分相熟，只是一时想不起他姓甚名谁。那人一走到面前，向李守忠深深地作了一揖道："长者欲得佳城乎？明日五鼓，可候我于黄龙岭南十里之三峰子山，为君指一佳穴。"言毕，瞬忽不见。李守忠大异，即刻回到家中。

隔了一宿，次日如约而往，则那人早已先到。李守忠连忙上前，请问他的姓名。那人并不回答，一把拉了李守忠的手，一直向前，手指向李守忠说道："此地群山环抱，众水朝宗，山势嶙峋，与无定河相起伏，为银州一百八十二处龙脉之一，葬之可卜王霸之征。明日良辰，速葬勿误。"言毕，命守忠拾小石一块，以识穴口。守忠如言，遂取了一片青石，栽在他所指的地点。刚刚回转身来，要请那人到自己家里去用午饭，不料他已走得无影无踪了。李守忠看见那人神出鬼没，心中越发惊疑不定，一路上胡思乱想，回到了家中，猛然想起那人的言语举动，正与他上年梦中所见的相同，不觉更为怪异。

次日便请了几个亲族将他的高曾祖三代浮厝之枢及李海的棺木一并抬往此处安葬。过了几年便是万历初，天下日渐纷乱，河决山崩，灾异频仍，加以山、陕各省又连岁饥饿，疫疬流行，李守忠的伯叔兄弟相继死亡。李守忠年已五旬，膝下只有一子，名唤自立，亦染病身亡，遗下一个孤孙，名叫李过。李守忠这时候痛子怜孙，加以饥寒交迫，正所谓山穷水尽，极人世所不堪，孤苦伶仃，心想再得一个儿子，又虑枯树难望生梯。左思右想，忽然想起一条主意，便转身入内，去同他的女人商量。

第二回

祷嗣息河岳钟灵异　送文书走马伏凶星

　　自从李守忠的长子殁后，看见孤孙幼弱，宗祧一线可危。又思继妻高氏，年纪尚轻，想望再生一个少子，以广宗系。他这乡村附近，原有一座极小的华岳庙，平时那一班乡愚，因为祈男祷女，随便就向这个庙中烧香许愿。有时候这位岳神却是非常灵验，求男弄璋，求女烧瓦，因此它这庙中，很挣下些"有求必应""保我子孙"等无数的红绿牌匾，着实不少。有时候那一班善士，还与它写一台泥圮塔小戏，来仰答神庥。到了演戏的日子，那近村的妇女，都穿红着绿，齐来烧香。还有左右的青皮光棍，都赶到庙前来搭起帐篷，开场斗赌。因此这庙宇虽小，然而它的势力，在乡间却是很大的。这李守忠因为求子心切，便也同了他的女人，备了一份香供，来至神前，毕恭毕敬地叩了仨头，又跪着默祷了一番。

　　果然奇怪，当天晚上，李守忠梦中便见一个青衣侍者，前来唤他，口称："岳帝今日正宴河伯，召你前去有要事吩咐。"李守忠听了，只得随他到了一个地方。举目一望，但见庙宇巍峨，甲仗森排，上面高高地坐着两位尊神。那左边的一位向李守忠说道："汝要求子，可向他祈祷。"右边那位神遂向李守忠说道："汝命中回合生贵子，已令破军星为汝子矣，可急归去。"言毕以手一挥。李守忠从梦中惊醒，出了一身冷汗，心中半信半疑，惊讶不已。

　　到了这年冬天，高氏果然怀了身孕。至次年，万历二十五年八月己巳日酉时，高氏果然生下一子。当分娩时候，忽然雷雨大作，电光过处，瞥见一个黄衣人搴帷而入，守忠遂将这个孩子的乳名唤做"黄来儿"。这"黄来儿"是谁？他便是那惊天动地、崛起草泽、推翻明朝三百年江山、做了两个月大顺永昌皇帝、被欧洲人尊为"世界第十五家大革命"的李自成。

李自成年纪渐渐长大，生得相貌魁梧，膂力过人，性情刚强，凡遇着乡间不平之事，他便舍出命来替人家出头。所有左近的光棍好汉，一个个都被他打怕了，大家甘拜下风，一齐推他为首，他说去打谁，众人便去打谁。因此，他手下的英雄好汉，越混越多。他父亲李守忠，因为家道清寒，令他佣工于乡绅艾氏家中牧羊，李自成天天聚集一些无赖，日日痛饮欢呼，又择那羊之肥美者，杀以佐酒。日久被他主人知道了，将他唤去，切实责备了一顿。他便负气逃去，又学了铁匠。没有三个月工夫，不知何故，又把他师父暴打了一顿。从此以后，便无人敢去收留他了，遂天天与他那些朋友横行乡里，无人敢去问他一句。

崇祯元年正月元日，李自成沽酒买肉，召集了其党二十余人，痛饮于黄龙岭。李自成喝得酩酊大醉，手举骰子，戏向众人说道："人言我当为天子，若得了六颗全红，便是真主。"说毕，将骰子向盆中一掷，不差不错，果然一色全红。众人一看大惊，一齐下座跪拜，高呼"万岁"，声震山谷。

这时候，正值崇祯皇帝驾御太和宝殿，受百官朝贺，忽闻有大声发自西北，声如雷吼，殿宇震动，两班的文武一个个惊骇不已。崇祯帝大惊，急召钦天监上殿，问此怪声主何休咎。钦天监回奏："此名鼓妖，主西北方有极大变乱。"天子闻奏，龙颜大形不悦，立刻传旨退朝。

刚刚回到后宫，只见有两个小太监手捧一个黄袱，跪下奏道："适才臣等路过五凤楼前，忽然从空中落下这个东西，臣等不敢隐匿，特来奏闻。"崇祯帝便命他们呈上黄袱，亲自打开一看，内中并无别物，只有一片锦笺，上面写着：启七祯十七，还有福王一；大声起兮运作终，钟山王气黯然熄。崇祯帝看罢，顿时面色大变，连声叫道："这还了得，奸人谋乱，竟敢达于宫廷之内。"立刻传旨，限五军都督府、锦衣卫、巡城御史，严行捕拿这造谣的乱党。一面又加派禁卫军，昼夜严守各处宫门，一直乱了好几天，并不曾查出一个影儿来。

李自成年纪渐长，又无正当职业，其同党一班无赖为窘所迫，大家遂商议去作爬墙的盗贼，借以谋生。李自成闻得他们的主意，便大笑说道："大丈夫生在世上，当取天下之财，以供挥霍；鸡鸣狗盗之术，岂我辈所屑为哉！"众人再三请他为首，李自成执意不许。那些人没有法子，只得自由行动，各干各的去了。李自成见众人都散，越发无聊

起来。

有一天，李自成独自走进县城，忽见那十字街前，贴着一张招募驿卒的告示。李自成大喜，立刻来至驿丞署前，只身应募。银川驿的驿丞见他矫捷善走，孔武有力，便对他十分信任。一天因为有紧急军情，延绥总兵官由榆林发出羽书一角，飞送延安府，公文到了米脂，驿丞便命李自成换马往送。李自成奉命，立刻将公文挂在身上，跨马飞奔，直向延安大道而去。

那日因天色已晚，路径不甚熟悉，不知怎的，便把路走错了。其时更深云暗，举目不辨高低，狼嗥鸮叫，震耳惊心。正在狐疑之时，忽闻远远树林之中，发出来一阵怪声，那坐下的马陡然耳朵一耸，鼻子一掀，浑身乱战起来。李自成大骇，急忙跳下马来，向旁边一棵大松树上爬去。

岂知他刚刚上得树来，又听得呼啦啦一阵怪风，吹得满山的木叶乱飞。风声过处，又见两团碧色火光，在空中一晃，接着便有一个很大的东西跳了出来，直扑那匹坐马。李自成骇得出了一身冷汗，几乎要跌下树来！定睛一看，方才知道是一只大虫，转眼间，已将他的坐马吃了个干净，长啸一声，直向树林中腾空跳去。李自成在树上兀自战栗不已，直待东方大明了，方才徐徐下树，背负了文书，觅径而行。

无奈这山上林木翳天，久绝人迹，左旋右绕，仍旧寻不出一个路径来。李自成正在仓皇徘徊之际，忽闻那树林之中响声又起，瞥见两只苍狼，从身后突了出来。李自成叫声"不好！"急向左侧林中跑了进去，缘树便登，一直爬上树梢，方才回首下视。但见那两只狼连头也不抬，大踏着步子，缓缓前行。

李自成歇了片刻，心中独自想道："人言朝廷的公文，无论走到哪里，皆有鬼神呵护。今我身带紧急文书，在此失迷了道路，这两个狼，安知不是那山神土地，遣来向导我的？不若试一试随它行走，再看如何。"想到这里，他便从树上溜了下来，远远尾随着那两只狼前行。说来也怪，那两只狼，始终没有回头，曳着尾巴，缓缓地一气行走，沿溪越涧，居然达到了官路。

这一日李自成行至延安府，将公文投递进去，取了回文，换上驿马，连夜回转程来，晓行夜宿，一直回至米脂县来。将近城南，地名叫做十里铺，时当正午，红日炎炎，道绝人迹。李自成在马上远远望见一个红衣少妇，婀娜多姿，在前面独自行走。他心中暗自想道："这个青年少妇独行旷野之间，不是淫奔，便是与家中的老幼怄了气，去寻短见，不如且去问她一问。"一头想，一头将马加了两鞭，一气追了上来，向那妇人大声喊道："你这个少妇，独自往哪里走？快快与我说来！"

那妇人闻言，立刻回转身来，把李自成看了一眼，双膝向地下一跪，低头说道："妾非人，乃红煞女星也。前村杜姓娶亲，犯我值日，将往祟之，别无他故。"

李自成喝道："乡愚无知，凭术士选择吉日，并非有心犯汝，何必去搅扰人家喜事！"

妇人闻言，立刻叩首回道："星主有命，敢不遵从。"拜了两拜，遂不见了。

李自成听了此言，心中便就暗自打算起来。从此以后，他遂有了异样的想法，一路思想着回到米脂县城，交上了回文。驿丞因为他失了好马，将他切实申饬了一顿，又想扣他的饷银，因此他便心怀怏怏，他出头之日该到了。

这时候，朝中有一个兵科给事中刘懋，因为崇祯帝曾下诏，叫内外的文武臣工，计划兵饷，统筹全局，他便上奏了一个条陈，说是各省的驿马驿卒，额数太多，平时虚额不少，皆被一班不肖官吏所克扣，不若量为裁减，每年可省巨万经费等语。崇祯帝允了他的奏章，马上传旨，叫户、兵二部行文各省州县，即日奉行。这个号令一发，李自成首先就被淘汰出来。他遂跑向延安府，在一位武教师罗君彦手下，学习了一身好武艺。

这时候，延安城中有一位绅士，姓石名友仁。当初本是一个市侩出身，生性非常的贪鄙，平时欺孤压寡，恃强凌弱，出入公门，包揽词讼，又用大利来盘剥一般乡党，因此他的手中却很积下几个孽钱。但是那世界上所有伤天灭理的事，却也被他一人做得干干净净的了，直弄得地方上人人侧目而视。提起"石友仁"三个字，无不摇头摆手，退避三舍。这一天，正值李自成心头不快，吃了三杯闷酒，趔趔趄趄走到一个僻巷之中，看见一个老妪在那里哭得伤心，悲痛欲绝。李自成听得好不耐烦，便去问她："因为何事值得这样伤感？"老妪闻言，越发呜咽起来，连哭带说：她的儿子不成器，被那石先生哄入博场，输了几百吊钱。一时无力交付，又被他逼写贷契，将祖遗的房产作抵；不上两年工夫，息上加息，已经积累了四千余串；目下儿子已经被逼逃走，不知下落，房产也被他经管去了。老身栖身无所，举目无亲，因此在这里独自伤心。

李自成听了这一番话，加以自到延安以来，也曾见过这位石先生，并且久闻他的人品德政。所以那妇人的话未说完，他的那无名火早已直冲上来，大骂："这种无耻的匹夫，连禽兽都不如。光天化日之下，岂能叫这些鬼魅横行？有我老李在一天，可没有他作恶的日子。"说完，气呼呼地一直向前走去。

也是这位石老先生"好事"做得太多，该倒霉归位之日到了。李自成刚刚转过一个湾子，迎头便来了一个人，穿得衣冠华美，左手将着几根老鼠胡须，右手曳着一条三尺多长的细竹烟袋，摇摇摆摆走上前来，与李自成无偏无党，只是打了一个照面。李自成定睛一看，这位贵绅不是别人，正是刚才所说的那位石友仁，石先生。

李自成见他来了，立刻把身子一侧，向友仁的胸前横挡上去，笑声喝道："石官人，你往哪里去？"

石友仁觉得他酒气冲天，来势又极粗暴，便随口答道："往衙里去。"

李自成道："你往那衙里去，多害几个好人呵！我老李正活得不耐烦了，你连我也害了吧！"

石友仁闻言大怒，喝道："你这厮，是哪里来的野虫，怎敢信口胡说？"

李自成把眼一翻，用手将石友仁的领口一抓，顺势一摔，早将石友仁拖到在地，然后用左脚踏着他的胸腹，用右手掏出一柄八寸多长的匕首来，朝着石友仁脸上一晃，大声喝道："你认得我么？我姓李名自成，平生性气不好，专好抑强扶弱，打富济贫；见了那土豪劣绅、蛀国殃民之辈，白刀子进去，红刀子出来，马上是要杀的。自从到了延安，便闻你的大名如雷贯耳，今日相逢，倒要请教请教了。"

石友仁看见来势不好，便大声说道："好汉息怒，有话缓缓商量。我虽不才，平生最喜周济的是江湖朋友。"

李自成大笑道："瞎了眼的奴才，你莫要错认了人！我李自成，不是那种口是心非，假装义气，有了小小的势面，便瞧不起贫困的亲友；见了不义的金钱，便忘却了一生的人格。我乃是光明磊落、说一不二、

第二回　祷嗣息河岳钟灵异　送文书走马伏凶星

宁死不屈的汉子，说要杀人，便要杀人。若是违背公理，恃强凌弱的事，我是不会干的。"石友仁见话不投机，顿时如杀猪一般呐喊起来。李自成大怒，喝道："这种草包，不配与我多说，还是结果了你，早替地方上除了害吧！"说毕举手一刀，直向石友仁的咽喉横扎了进去，顿时鲜血四溅，一命呜呼。李自成抽出刀来向街前大声喊道："我乃米脂李自成也，与这姓石的无冤无仇，今天将他杀死，专为替百姓除害，并无指使之人。我此刻就要走了，你们快去报官。若是我应该与他偿命，日后拿获住了，死也无怨。"说毕挥开拳势，一直打出南门去了。

这个时候，早已惊动了街前街后，男男女女一齐奔向前来，把一条巷子都拥满了。但石友仁平日的感情太劣，一班人民，一半害怕撞到刀头上，一半也快意他被人杀死，因此任凭他如何喊叫，那些人却没有一个上前救护他的，也没有一个人替他追拿凶手，所以李自成得以逍遥出走。赶到他的家属知道了，方才一面收尸，一面报告官府，比及文武衙门派出来差役兵勇之时，那李自成早已逃得无影无踪了。官府见正凶在逃，遂连夜申详抚按，行文各府州县，一体通缉，务要将他拿获，归案讯办。

那李自成自从跑出延安城后，便向各处藏躲了好几个月。有一次，刚刚回到家中，便被捕快将他拿获，一直带回县城。米脂知县宴子宾闻知李自成被获，立刻升座大堂，将他唤了上去，重责了一顿，锁押在监狱里，连夜申文抚按，听候发落。李自成到了这个田地，便也死心塌地，引颈待戮而已，没有别的希望了。

此时，那监里有一个禁卒，姓高名立功，从前与李自成都是驿站上的熟人，因此他对于李自成送茶送水，格外的殷勤。

有一天午上，李自成正在睡中觉的时候，高立功方弄了些酒果，前来与他解闷。刚刚进得狱室，猛然望见李自成的身上盘着一条又粗又大的蟒蛇，鳞甲鲜明，头角崭然。立功大惊，一摔手弃了杯盘，拔腿向外便跑。李自成从梦中惊醒，翻身起来，看见满地下杯盘狼藉，连忙喊叫高立功，高立功在外面听见李自成的声音，方才转身回来，定睛再看，并不见那大蛇的一个影儿了。高立功心中大异，料定李自成不是一个等闲之人，于是与他越发要好起来；过了两天，又替李自成出了一个主意：趁着夜间，打开了镣肘，一齐越监逃走。高立功回到家中，又将他的一个孀居妹妹配与李自成为妻，然后收拾了行李，连夜逃向甘肃，去投了抚标中军充当骑兵。过了一年，因为高立功与那什长的意见不合，李自成遂与高立功商量着，辞了名额，仍旧回到家来。

这时候正值秦中连年大饥，赤地千里，揭竿啸聚之徒遍于延绥：王嘉胤起府谷，不沾泥起洛川，混天王起延川，苗美起绥德，苗登务起安定，孙可望、张献忠同起肤施，数年之间，崔苻遍野，陕北一带几无一片净土。

李自成从甘肃逃了回来，便与立功分手，独自一人跑向府谷，投在王嘉胤部下。那王嘉胤，起先本与张献忠作回合，倚着张献忠的勇猛，所以官兵把他没有法子。后来张献忠独自树了一帜，那嘉胤的威名顿觉减了好些。及李自成投营以后，那些官兵几次来攻，皆被李自成奋勇冲锋，杀得抛盔弃甲，大败而逃。嘉胤大喜，便令李自成另编一支人马，以备冲锋陷阵之用。李自成遂将高立功招了前来，并将当年的那些光棍好汉都召集齐全，编成一个敢死队。

他这一队人马，比起嘉胤部下别的股头，特别勇敢精锐，一连与官兵开了几仗，无不大获全胜。于是嘉胤手下的头目，人人都钦佩李自成的勇略，那一班好汉英雄，一个个甘拜下风，提起"李自成"三个字，无人不将拇指一竖，赞一声"好"的。那王嘉胤冷眼看出这个光景，心里便老大的不高兴起来。更兼那李自成挥金如土，每次得来的金银财帛，他都全数分给了部下，自己毫无私积，因之人心日渐归附。

嘉胤看了这个情形，眼前就怕夺了他的这把交椅，于是暗中同了几个心腹党羽，秘密磋商，欲将李自成早点除灭，以免后患。岂知那李自成的耳目偏多，不知何人做了耳报神，早将这个消息传了过去。李自成闻言大怒道："这种奸险小人，岂可长与共事？我李某也是世上的一个好汉，岂能叫他暗算了！"于是立刻点起部下的人马，星夜离了府谷，一直投奔榆林，降在延绥总兵麾下。

这时候的延绥总兵官姓吴名自勉，久闻李自成是一名骁将，今日见他率众来降，心中大喜，立刻下令，将他拨入先锋营，听候调遣，待立了功后，再行升授实官。

原来这延绥镇，乃是明代九边重镇之一。当明太祖定鼎之后，统筹天下形势，以甘肃、宁夏、固原、宣府、大同、蓟州、辽东、山海及榆林等九镇，地当冲要，特设挂印总兵官，以资镇守。这九位总兵，皆加五军都督府、都督同知衔，分佩平羌、镇朔、征虏等九颗大将军印，比

起那内地的总兵，特别尊严。这延绥镇，自从由绥德移镇榆林后，共分为榆林、延安、绥德、庆阳四卫，除总兵一员，副将三员，参将、都司、游击、守备、千总、把总等官数百员外，那四卫的都指挥使、指挥同知、指挥佥事、卫镇抚、正千户、所镇抚、百户、总旗等武职，总计尚有八百六十四员。平时额设马步官兵四万三千人；又有户部分司的郎中一员，专筹粮饷，兵强马壮，号称北边劲旅。后来因为承平日久，那一班将帅都以克扣兵饷为事，所以兵士的虚额日见其多，就是有的，也不认真训练，不知不觉的，便已带上了暮气，到了这盗贼蜂起的时候，方才分调了人马，四出剿捕。无奈贼多兵少，顾此失彼，官兵连年疲于奔命，贼势反日渐猖獗起来。

自从李自成投军以后，每遇出战，他便首先破阵，所向披靡。加以他手下的一班人，多是不怕死的好汉，因此延绥镇的兵将，借着他的势力，马上又强硬起来。李自成冲锋陷阵，马到功成，总兵吴自勉大喜，遂授他为前锋守备。

恰好这时候，李自成的父亲李守忠在家里一病身亡。李自成闻信，便向总兵衙门告了一个假，连夜奔回米脂，将守忠安葬在那三峰子山祖墓之下。葬事毕后，又将他的胞侄李过、从侄李双喜、族叔李守信（绰号李晋王），及同党马维兴、高一功、贺珍、贺锦、眼钱儿、点灯子、蝎子块、老张飞、混天猴、乱世王、夜不收、高杰等，一共六七十人，全行招了前来，一齐带到榆林，收入他的部下。

这时正值军务吃紧之际，吴自勉便命他率了所部精兵，四出剿杀延绥一带的土寇。李自成奉命之后，连破劲敌，将那王嘉胤、不沾泥等股，杀得抛盔弃甲，四散奔走。一时军威大振，这一支人马在延绥镇的标下，简直恃若长城，这便是李自成初露头角的时代。

第三回

抗兵高迎祥初犯顺　违令李自成投高营

李自成部下的人马日益增多，随同了官兵东征西讨，所向有功，两年之间，遂将各处的盗贼次第剿平。于是王嘉胤、不沾泥、混天王、苗登务、苗美等，一齐率了残部，向安塞一带退却下去。

这时候，安塞有一条最著名的好汉，姓高名高迎祥，乃是李自成的嫡亲母舅。只因这安塞、米脂相去甚远，所以李自成从未与他舅舅见过一面。这高迎祥部下有骑兵四千人，最为强悍，雄踞了安塞县境，官兵连正眼也不敢瞧他一眼。因此，王嘉胤等一伙头目共同商议道："目下兵势已败，万难支持，不如大家去投高迎祥，借其兵力，方能自保。况官兵的精锐，全在李自成。今高迎祥是他母舅，若与回合股，则李自成有投鼠忌器之嫌，官兵无能为也。"大家遂决意各率所部，来投高迎祥。高迎祥大喜，遂分王嘉胤、不沾泥、混天王、苗登务、苗美等，为五大队首领，又拨精壮人马，补其残缺。然后下令，叫王嘉胤率领所部，仍旧去攻府谷。

新任延绥总兵官王承恩闻知府谷告急，即刻传了一道将令，调副将毕忠率马步精兵，前往府谷应援。毕忠领命，星夜驰至府谷。其时嘉胤已将府谷县城围困多日，毕忠兵至，扎营于城西二十里的一座土山之前，那嘉胤早已亲率大兵前来拒战。双方里摆开阵势，三通鼓罢，毕忠挺枪跃马，大叫："嘉胤逆贼，还不及早投降，更待何时？"王嘉胤大怒，拍马舞刀直取毕忠，毕忠挺枪相迎，双方大战了五六十回合，未分胜负。

这时天色已晚，双方各自收军。

毕忠回到帐中，暗自想道："贼势如此浩大，万难以力取胜，必须用计取之，方能成功。"遂修了一封密书，遣一个心腹小校潜往府谷城中，与守将孙元相约，拟定次夜三更，自己去劫营，以放炮为号，届时城中亦发兵相应，双方夹攻，以破敌兵。不料这小校行至中途，竟被嘉胤的哨探拿获，将他送到中军；嘉胤看了书信，立刻将他斩首。将计就计，暗中布置了一切。

这里毕忠自打发了小校去后，一直到了次日下午，忽见一个乞丐一直走到军门，口称有紧急大事要见主帅。毕忠传令。叫放他进来！只见乞丐走到帐前，双膝跪下，口称："奉孙将军之令，前来送信的。"说毕，将书呈了上来。毕忠拆开一看，内中写道：来书具悉。足见计画周详，破敌必矣！此间被困已久，城中兵民待援若渴。现已密传号令，如期出发，决不贻误。来使在中途为流矢所伤，现在城中调养，特遣心腹张诚，送信奉答。

毕忠看了之后，沉吟了一会儿，向那人说道："我看你不像从官兵处来的，只怕是个假的罢？胆大的奴才，敢在这里来行使诡计！刀斧手何在？快快与我将这厮推出去砍了！"左右答应一声，立时走出来四五个如狼似虎的人，马上将张诚捆绑起来。

只见那张诚神色不变，大声喊道："小人吃国家的粮饷，办国家的公事，奉主将军令，送书到此，并不曾误了期限，就是要我的头颅，也须说个明白，今日死得糊里糊涂，岂不冤哉！"

毕忠叱道："狗贼尚敢强辩！你分明是王嘉胤遣来的奸细，尚敢冒充孙将军的人！"

张诚道："将军不信，再使人去向城中质问，'若是假的，小人死亦无憾。"

毕忠见他从容辩白，毫无一点畏惧惶恐之态，遂信以为真，向他大笑道："你且退下，待我破了贼兵再看吧！"说毕便传令：二更进食，三更起马，前去劫王嘉胤的营寨；又令偏将周武、何桂，分率了人马，向左右夹攻王嘉胤的大营。一面亲率中军，前去破敌。

到了三更时，三路人马同时并进。将近敌营之时，毕忠放了三声号炮，一马当先，杀向中军而来。只见营帐空设，阒无一人。毕忠知是中计，立刻勒马退走。这时那左、右山谷之中，金鼓齐鸣，喊声震天；两旁的伏兵，一拥杀上前来，把官兵困在核心。

毕忠大惊，只顾向本寨里杀了回去，恰好迎头便遇见了王嘉胤，二人交手大战了三十余回合。不防那山后的喊声又起，人报周武、何桂两支人马也杀到了。毕忠看见援兵到来，顿时胆子壮了，勒转马头，直向东北杀了上去。顶头遇见嘉胤的部将范能，二人刚刚交战了十五六回合，王嘉胤的偏将刘成、朱奎又复引兵杀上。

毕忠看见众寡不敌，立刻拨马向西南退走下去。正行之间，不防那马又打了一个前蹶，吃踏一声，把毕忠跌入陷坑之中。范能飞马上前，督饬手下的兵士连捆带拖，把毕忠捉拿去了。王嘉胤麾兵奋战，杀得官兵四散逃走。何、周二将闻知毕忠被擒，一齐弃了残兵，各自逃命去了。

原来这王嘉胤，当初擒获送信之人，他便另差了两个心腹，一个去与毕忠回信，一个假装作毕忠的原人，将书送于孙元。孙元不知其中底细，闻得号炮一响，即刻引兵杀出城来。岂知那王嘉胤早已预备妥当，城门一开，两旁的伏兵齐出，一声呐喊，直向城中杀了进去。孙元大惊，即时督兵巷战，后面嘉胤的人马蜂拥而来，孙元力战而死。王嘉胤大获全胜，占据了城池，又将毕忠杀退，连夜向安塞飞马报捷。

这里官兵败回榆林，总兵王承恩大惊，连夜下令，叫前锋守备李自成速率本部人马，星夜开往府谷，去与王嘉胤决战。

李自成奉了将令，即刻点起全部人马，直向府谷出发。王嘉胤闻知李自成兵至，大大地吃了一惊！立刻点兵出城，列阵拒战。

王嘉胤见了李自成，扬鞭大骂道："忘恩负义的匹夫，背友求荣，尚有什么面目前来相见与我！"

李自成大笑道："你这个阴险小子，心怀叵测，若不是我见机早作，岂不被狗才暗算了？今日我已受了朝廷职官，特来借你这颗狗头回去立功的。你若记得朋友的交情，早早下马，将脑袋送来，助我成功，我便感激不尽了。"

王嘉胤闻言大怒，喝令副将刘成出战。李自成大骂："无名小卒，焉敢无礼！"手挺丈八钢矛，直刺过来。刘成举鞭迎住，交马不上三回合，李自成大吼一声，一矛刺刘成于马下。王嘉胤大惊，拨马向后便走。李自成麾兵杀上，贼众纷纷败溃，王嘉胤一直退入府谷城中，死守不出，李自成分部诸将，四面猛攻。李双喜、马维兴各执大刀，首先杀上城来；李守信、李过等一拥而登，一声呐喊，李自成的人马长驱而来！王嘉胤率了部下，在街前死战不退。无奈那李自成的人马十分精锐，王嘉胤看见不能支持，只得杀开一条血路，冲出城来，连夜逃向安塞去了。李自成大获全胜，飞马向榆林告捷。总兵王承恩大喜，立刻申文抚按，请将李自成破格奖励；一面叫他即日班师回镇。

王嘉胤自府谷败回安塞，见了高迎祥，哭诉被李自成杀败情形。高迎祥笑道："久闻我那外甥英勇盖世，汝岂是他敌手？会当设法招他来此，助我成功。既是这样，北方暂缓进兵，且向南路再去攻取吧！"遂传令：遣混天王率领大兵三千人，去攻清涧；苗登务率兵五千人，去攻绥德；不沾泥率兵三千人，往攻米脂；苗美率兵两千人，去攻吴堡。霎时间烽火连天，喊声震天。

这时候驻扎延安的，是援剿总兵官俞翀霄，连接各县告急文书，即刻调兵遣将，四出剿捕。无奈贼势浩大，官兵连战皆败，延绥巡抚张福臻、陕西巡按吴甡连夜飞章入奏，一面严檄各镇官兵加意防堵，又调总兵贺人龙率兵来援北山。

原来这贺人龙也是米脂人氏，绰号叫做贺疯子。其人骁勇善战，有万夫不当之勇，由武科出身，一直升至大将。今日抚按调他来援北山，也是因他熟悉地利，容易收功的意思。贺人龙奉令之后，立刻点兵出发，令副将何人敌率铁骑三千为先锋，一面自率大兵跟手出发。大兵过了延安，连败混天王、苗登务两支人马，克复了清涧、绥德两处，前锋直扑米脂。

这时候，那不沾泥正在围攻米脂县城，忽闻贺人龙的大兵到来，他便亲率人马前去迎战。两军相遇，大战于城南十里铺。不沾泥哪里是贺人龙的对手？交战不上十回合便拖枪败下阵来，后面贺人龙的大兵亦跟踪杀到，副将贺明威、周国卿两马齐出，双刀并举，一直奔出贺人龙之前，朝着不沾泥紧紧追杀上来。不沾泥大惊，只得拨转马头，翻身再来接战。无奈他此时心慌意乱，交马只一回合，早被国卿大喝一声，一刀斩于马下。

明威见国卿斩了不沾泥，他便率了人马，直奔米脂城下，将那些围城的贼兵杀了个落花流水，所有的辎重粮草一齐都被抢来，同了周国卿，将不沾泥的首级，来至贺人龙的马前献功。贺人龙传令，将首级号令于米脂南门外，一面飞马向抚按报捷。

这里不沾泥虽然授首，那各处的贼盗日渐猖獗，从前三边总督杨鹤所招的土寇亦全数造反叛乱，攻陷了甘泉县，杀甘泉知县郭永固及参政张允登；延安张献忠又约见高迎祥，分遣大股，四出攻掠，连陷葭州、鄜州，莨州金事郭景嵩、鄜州副使郭应响先后战死。贺人龙顾此失彼，只得连夜向抚按告急。

这个时候，在朝的文武都以陕西三边军务为虑。于是崇祯帝便降旨，将延绥巡抚张福臻调京另用，以金都御史洪承畴巡抚延绥，调总兵马科、李卑等分督大兵，入陕讨贼，延绥总兵官王承恩、援剿总兵官俞翀霄均各戴罪立功，勒期荡平北山的盗贼。这两道旨意一下，那些文武谁敢怠慢？立刻调兵遣将，分道出征。

王承恩奉旨出兵之后，因为李自成是高迎祥的外甥，不便叫他去作先锋；又以榆林毗连蒙疆，防务十分紧要，遂令李自成率同诸将，防守榆林，自己率领大兵，南下剿贼。此时贺人龙、李卑、马科、左光先等，已将各处的大股击败，混天王已逃回安塞，苗登务被贺人龙所斩，马科大破贼兵于盐水关，斩高迎祥的大将混天猴。这时候正是崇祯五年夏四月，总兵王承恩、俞翀霄、贺人龙等会回合三镇官兵进攻安塞，李卑、马科、左光先等各率大兵分扼诸道隘口。几天工夫，便布置得天罗地网，将安塞方面围得水泄不通。

此时，高迎祥闻知四路兵败，官兵大至，急忙整顿队伍，遣大将罗虎、闯塌天、射塌天、掌世王、满天飞、可天飞、混天王等，各率精兵，分头前去迎敌。无奈官兵连战大胜，贺人龙一军尤为所向无敌，看看已将高迎祥的全部军队困于死地。也是他的气数不尽，恰好那淳化、三水一带的盗贼又起，声势十分浩大，朝旨敕陕西抚按赶速抽调勍旅前去剿灭，于是陕西巡抚练国事便飞檄贺人龙、李卑两支人马，移师南下。

这个风声传到了安塞，高迎祥大喜道："贺疯子走了，官兵不难破矣！"立刻下令，叫闯塌天、满天星率了精兵六千人，专与延安兵交战；掌世王、射塌天率精兵八千人，专与榆林兵交战；自己率同大将罗虎、王自用等，居中策应。三路同时并进，来与官兵决一死战。

这时候，俞翀霄的先锋大将王建功，因为贺人龙移师南下，奉令接攻安塞县西路，正与闯塌天的大队相遇。那闯塌天姓李名万庆，身长八尺，有万夫不挡之勇，使一口鬼头大砍刀，立马阵前，专搦王建功交战。王建功看见李万庆到来，顿时把人马约退，挺枪跃马，杀上阵来。李万庆舞动大刀，接住厮杀。双方里金鼓齐鸣，喊声震天。战到三十余回合，王建功料敌不过，拨马败下阵来。李万庆那里肯放他走？一直追赶上去，却得王建功的部将冯斌、陈泰一齐引兵杀出，方才挡住了李万庆，双方各自收兵回营。

高迎祥闻知李万庆将官兵杀败，又派了混天王、过天星二将，率了人马前来助战。次日四将一齐出战，王建功一面引兵接应，一面遣人向俞翀霄的大营告急。到底他一个人，如何敌得住这四条好汉？这日便一战大败下来，李万庆同混天王、满天星、过天星等趁胜追杀。官兵一直败退了七十多里，方遇着了俞翀霄的大队，中军副将何其雄一马当先，挥刀直劈混天王。

王建功亦勒转马头，翻身再战。此时李万庆、满天星、过天星等一齐都奔杀上来，俞翀霄亲自出阵，首先将个满天星杀得大败而逃。李万庆同混天王等死力奋斗，不肯退后一步，官军阵里的大将周平又率了铁骑，从西北角上斜冲过来，拦住混天王大战。满天星看见官兵节节逼上前来，只得翻转身来，再向阵前杀上。不防他刚才勒转马头，便恰恰的与何其雄打了一个照面，交马不上三回合，一点不留心，竟被其雄一刀劈下马来。官兵一拥上前，混天王等不能抵挡，大败而逃。李万庆看见前军已败，只得下令收兵，据守各处的隘口，不敢再战。

败报到了安塞，高迎祥大怒，马上就要亲率大兵，前来与俞翀霄决战。不防一连又接了两个报告，知道掌世王已被榆林的官兵杀败；总兵王承恩亲率了全镇大兵，进攻安塞。高迎祥大惊！急忙飞调大将罗虎、王自用，前去截堵王承恩的人马，自己率了诸将，去敌延安俞翀霄的人马。

再说那李自成，自从奉了将令，协守榆林，他便传了一个命令，叫后防各营，每日认真操练，不准任意嬉戏；又叫各营将士，轮流稽查各处的城门街道，每夜要轮班下夜，清查奸宄。谁知这一班骑兵悍将，都是放纵惯了的，哪一个肯听他这新来的号令？因此事事掣肘，李自成心里十分不快。有一天因为多吃了几杯酒，身体觉得不甚爽快，便传了一个号令，叫守备吴成带了大刀队，去代他巡城。吴成不肯听令，李自成大怒，一时酒后性大发，拔剑一挥，竟把吴成砍死。

岂知这个吴成，乃是陕西巡按吴姓的族侄，平时在军中很有一点面子的，就是王承恩，也拿他另眼看待，坐在榆林城中，专待官兵把高迎祥一平，他就可以随折升官的。今日将他无故杀死，如何了得？李自成酒醒之后，那军法官高文贵早已派人将他看守，按律要问斩罪。

李自成一时急了，便勾通一个守兵，出去告诉了他侄儿李过、李双喜等，率了部下的兵将，顿时哗变。李过首先杀入总兵府，一刀砍死高文贵。李双喜等一齐拥着李自成，杀出了南门，直奔米脂大道而来。

这个时候，早惊动了全镇的文武。延绥巡抚洪承畴连夜发出令箭，派中军参将卢勇率兵会同镇标的兵将，星夜前来追剿。李自成看见追兵不远，只得调集人马，与卢勇大战于鱼河堡。到底因众寡不敌，一战大败下来。卢勇一支兵将李自成的人马冲为两段，李双喜等一班将士，都被官兵所迫，一齐向无定河浅处逃奔过去；李自成与李过二人，单骑向南面落荒而走。卢勇率了人马，昼夜穷追。

李自成一直奔走了九十里，到了距米脂城北五里远近，那天色已经到三更多了。李自成与李过行至一座山侧，月色朦胧之下。看见那石崖上面，隐隐露出一个洞口来。李自成此时，已经跑得人乏马困，便同李过一齐跳下马来，向那洞中暂去藏身休息。

岂知这洞穴，一进口后，便有一道斜坡，一直行了下去，约有五六十丈远近，越走越宽，到了后来，那洞中居然光明如昼。李自成感到十分惊异！举目向四下里一望，但见那石室数十处，大若夏渠，其中都是满满堆着黄金纹银及盔甲兵器之类的东西，一色鲜明若新。中间立着一个须发皓白的老叟，手捧宝剑一柄，向李自成道："老夫受了洞主之嘱，在此等候将军多时矣！将军今日到来，便可将这口宝剑并那些东西取去，老夫也可以去与他复命了！"

李自成听了大惊，急忙向那老叟问道："你所说的洞主是谁？我平生并不认识此人，何以叫长者将这许多的金银交付与我呢？况且这些兵器盔甲，都是非常人所使用的。这个缘故，尚祈长者明白指示，以开我茅塞。"

老者闻言，笑道："你要知道？这个洞，不是别处，就是你们常说的那个花马洞；我说的洞主，就是当年的洞主高庆。你可知道了么？"说毕，举袖一挥，顿时不见了。

李自成又感到一惊，立刻与李过二人向空拜谢了一番，然后席地歇了一会儿，兀自惊讶不已。又不知道是怎么回事，于是将那柄宝剑一看，虽然长不三尺，而寒光射目，锋利无比，一望而知其不是一个凡物。李自成大喜！于是把它随身佩带。后来李自成东征西战，这口剑替他出的力，也实在是不少了。尚有一宗可怪的事：这口剑最是嫉恶如仇

第三回　抗兵高迎祥初犯顺　违令李自成投高营

的，每逢遇见那些奸险反复之徒，他就铮铮有声，跳出匣外寸余。听说李自成一生杀戮那些不忠不孝之徒，一概都是用这口剑来斩首的。

读者可知道，这花马洞有个什么典故？说来话长了。原来当那元顺帝时代，天下大乱，海内的豪杰同时并起，如那陈友谅、张士诚、明玉珍等，各据一方，不可枚举。

其时米脂县有一个好汉姓高名庆，也聚集了许多兵马，思欲乘此机会，做一番大大的事业。后来看见逐鹿的人太多，中原实在插不下手去，他于是改变了宗旨，将部下人马汰弱留强，趁机把延绥一带草寇剿灭，做了个保境安民主意，于是与同县人贺洪共聚下五六千健儿，雄踞了米脂县境。高庆屯兵之地，就在这座山前。

相传他当日常乘着一匹花马，出入这个洞中，那正中的一洞，可以通至黄河岸边。高庆自从与贺洪回合作之后，过了几年，便是明太祖起兵濠滁一带，东征西讨，不上十五六年工夫，便把陈友谅、朱光卿、徐寿辉、张士诚、明玉珍等一班枭雄先后剿灭，眼看得就要一统山河了，都归到他的手中。高庆夜观天象，知道大明正在鼎兴时代，不可以人力去夺天意，因此他就立刻把从前的大志一笔勾销，向贺洪商议道："天命有在，不可力争。目下朱元璋的大势已成，我等岂可长此负蜗崛，自取戮辱？大丈夫生在世上，需要见机明决，所谓'识时务者为俊杰'，不如趁此时，及早去纳土归附，尚不失一生富贵也！"贺洪闻言大怒道："我自占据米脂以来，战无不胜，攻无不克，就是夺不来中原，难道连这西北一带，还保守不住吗？就是朱元璋来了，也要杀他个片甲不回！"高庆见他翻了脸，知道事情不好。想了一想，打仗便宜先下手，暗中拔出了佩刀，趁着贺洪不曾防备之时，一刀砍了过去，恰恰砍在他的肩上，顿时削去一只右臂。贺洪大叫一声，正待上前厮杀，不防那高庆接二连三又是几刀，马上结束了他的性命。然后走出营前，招集了全部头目，向他们说道："目下大明皇帝，已经定都金陵，指日遣兵北来。我们这些人马，岂能抵挡得住？那时候一败之下，正不知死伤多少兵将，连累多少父老百姓。因此我去劝他早早归顺，免致生灵涂炭。岂知他执意不回，定要牺牲大众的性命，贻祸乡邦的父老，因此我便将他杀了，来与大众商议。大家若以我的主意为是，自然无可说得；若是不从我的主意，此刻就可以把我杀死，与那贺洪偿命，怕死躲避的不是汉子。"众人看见贺洪已经死了，那高庆又说得极有识见，因此大家遂异口同声，说愿意听他的号令。高庆见人心已定，随即向明朝纳土归命。明太祖大喜，立刻降旨，授高庆为世袭指挥，由明乃清，子孙繁衍。

看来这高庆，大是虬髯客一流人物，非等闲之辈可比了，这个花马洞，便是他的遗迹。所以那老叟一提起来，李自成便惊异不已。这花马洞的来历，李自成自幼就知道的，今日又遇见了鬼神默佑，并资助他许多的金银器械，于是他的心里也就越发怀了大志。

他们在洞中歇了一会儿，趁着天色未明，与李过二人走出洞来，骑上马，一气奔过无定河，会回合着李双喜等，一直向安塞投奔高迎祥去了。蛟龙归大海，猛虎到深山！从此以后便翻天覆地，做出许多可惊可怕的事来。

第三回　抗兵高迎祥初犯顺　违令李自成投高营

第四回

俞翀霄兵败临真镇　高迎祥称王霸三边

李自成离了花马洞，同了部下的兵将，一直投奔安塞而来。此时高迎祥正被官兵四面兜剿，眼看着不能支持了，忽然闻得外甥李自成率兵来降，这一喜事非同小可，立刻亲自出帐前来迎接。李自成望见高迎祥，抢前了一步倒身便拜，口称："愚甥该死，不能早来辅助舅父。"高迎祥急忙用双手将他扶起，说道："贤甥不必如此，为舅久闻你的英名，早想设法招你来此，共图大事。今日天赐机缘，使我甥舅相聚，真是可幸！"一头说，一头携了李自成的手，走入帐中。高迎祥又招集了部下诸将，大开筵宴，与李自成接风，又向大众说道："吾甥李自成武勇超群，官兵借他的威名，击败各处头目，今日来归，天赐我也！愿众位兄弟，同心协力的干下去，自能转危为安。"众人一闻此言，齐声应诺，欢声如雷。

高迎祥又叫王嘉胤上前与李自成见过了面，说道："你二人既到这里，便可将从前的意见一笔勾销，以后和衷共济，不可稍存畛域！倘再胡来，便是有心违我的命令！"李自成闻言，便立起身来说道："好，好，舅舅之言是也！大丈夫做事，须要光明磊落，今日当着大众宣布明白，以后便不能再存意见，方才算得英雄汉子。我李自成，首先遵命了！"王嘉胤闻言，羞得满面通红，诺诺连声道："李将军不忌以往，我还敢再存别的心吗？"高迎祥大喜道："这才是好男儿做的事！"于是大家痛饮了一场，方才尽欢而散。

到了次日，高迎祥便约同李自成，大阅部下的兵马，混回合新旧为十八队人马。且说这十八队人马的头目，是些什么角色？那第一队王嘉胤，第二队黑杀神，第三队混天王，第四队眼钱儿，第五队点灯子，第六队李守信，第七队蝎子块，第八队老张飞，第九队乱世王，第十队夜不收，第十一队王自用，第十二队改世王，第十三队老回回，第十四队八金刚，第十五队扫地王，第十六队闯塌天，第十七队过天星，第十八队破甲锥。又选了三边的骏马，编成一十八支铁骑，第一队翻山动，第二队罗虎，第三队显道神，第四队田虎，第五队掌世王，第六队满天星，第七队射塌天，第八队左金王，第九队革里眼，第十队混十万，第十一队九条龙，第十二队顺天王，第十三队高一功，第十四队刘希尧，第十五队高立功，第十六队马维兴，第十七队刘哲，第十八队黄龙。其余高杰、李过、李双喜等十余员上将，分领中军人马，不在这三十六队之中。

这个大规模军队，都是那高迎祥、李自成两处的百战枭徒组织而成，但他们这些人出身草泽之间，多半以绰号行世，那本来名字，有的后人尚能知道，有的简直就把真姓名卖了。就中李守信绰号李晋王，是李自成的族叔，闯塌天本名李万庆，王自用绰号金紫梁，老回回本名马守印，蝎子块本名拓养坤，射塌天本名刘国能，刘国能本是延安人，与李自成、张献忠同时起义，自号闯塌天，在早期起义首领中也算是有名人物。后来在农民革命战争转入低潮时候，这个自号闯塌天的人物开始动摇，不想再闯了。

到崇祯十一年正月初四日，他首先在随州投降，无耻地跪在熊文灿的面前说："国能是个无知愚民，身陷不义，差不多已经十年，实在罪该万死。幸蒙大人法外施恩，给小人自新之路，湔洗前罪，如赐重生。国能情愿率领手下全部人马编入军籍，身隶麾下，为朝廷尽死力!"熊文灿大为高兴，说了些抚慰和勉励的话，给他个署理守备官职，令他受左良玉指挥。他小心听从左良玉约束，毫无二心。在一年多的时间里，他确实做了朝廷的忠实鹰犬，而且屡立"战功"，又招诱了射塌天李万庆等首领投降，遂由署理守备破格升为副总兵。他的官职升得越快，越想多为朝廷立功，也对左良玉越发奉命惟谨。

革里眼本名贺一龙，刘希尧绰号争世王，其余那些魔王，做书的人也没法子去考究他们了。

他甥舅二人既将内部的人马编练就绪，李自成又遣李过带了五百名骑兵，星夜驰回米脂县，把那花马洞内所藏的金银、盔甲、兵器等件，悉数运到安塞。高迎祥的部下得了这些资助，那兵势越发强盛起来。听说当年李过搬运这些东西的时候，恐怕榆林的官兵来追，匆匆忙忙，遗

第四回　俞翀霄兵败临真镇　高迎祥称王霸三边

下的金银很是不少，并且在一个偏东的石洞中，还有五十鞘地丁纹银，那鞘上还贴着"元顺帝至元三年"的封条，李过因为兵器要紧，所以把这些银子都未带去；临走的时候，又命兵士把那洞里的坡路用土填塞，至今六七百年之久，那洞口的形迹依稀尚在。这个古迹，载在《米脂县志》，并非作者所附会也。

再说高迎祥既把人马编就，下令休兵三日，然后调集了马步大兵，令李自成带了，前去与俞翀霄决战。

李自成奉了命令，立刻点起所部的人马，令部将李过、李双喜、高杰、姬关锁等四人先行出发；又调步兵第六队李守信、第十一队王自用，骑兵第四队田虎、第十三队高一功，随同前往。五路人马，星夜开赴前敌，直向俞翀霄的大营搦战。

俞翀霄闻知李自成的人马到来，便下令催先锋何其雄上前迎战。其雄一连与李过等大战了两天，未能分出胜负。后面李自成的大队也跟手杀到，李自成亲率大兵，向官兵阵前扣垒搦战。其雄见李自成亲自出阵，立刻提刀上马，驰至阵前，大骂："反国逆贼，死到临头，还不早早投降！"李自成大怒，举矛一挥，背后转出大将姬关锁，挺枪跃马，直取其雄，其雄亦挥刀迎住。一时金鼓齐鸣，喊声大震。战了不上十回合，其雄手起刀落，斩姬关锁于马下，官兵一声呐喊，向前杀奔上来。只见那李自成背后又转出来一员大将，挺枪跃马，大叫："翻山鹞子高杰在此，不怕死的都请上来！"一头说，一头舞动那一支长枪，向其雄直刺过来。其雄大怒，照准高杰就是一刀，劈了过去，高杰把身子一闪，顺势一枪，还刺了过去，其雄用刀拨开了枪头，回手一刀，向高杰倒削了上去，高杰将马一拨，顿时跳开了三丈多远，又复冲杀过来。二人一刀一枪，大战了五六十回合，未能分出胜负。李自成恐怕高杰有失，传令叫李过出战，李过答应一声，挥刀跃马，直冲官军阵里而来。其雄背后亦转出大将王斌，手抡月牙大斧，飞马上前迎住。四个人大战了一场，直至下午，方才鸣金收军。从此一直战了四天，两家仍未分出胜负来。

李自成正在烦躁的时候，恰好那延安的张献忠，又会回合了罗汝才，大举出山，攻城掠寨，声势十分浩大。延绥巡抚洪承畴，飞檄俞翀霄，星夜率兵南下，去截张献忠的后路。俞翀霄奉令，一面通知王承恩调兵接战，一面下令叫副将胡英守住前方的阵地，调先锋何其雄由安塞火速率兵南下。

这时这个风声早已传到李自成的营里，他大喜，立刻召集部下的将士说道："日下八大王反了延安，官兵正在惊恐之际。又闻俞翀霄奉调往援，今日何其雄已经撤兵南下，我们若趁这个机会一鼓进兵，可以杀他个片甲不留！"遂传令下去：叫田虎、高一功各率部下铁骑，预备冲锋；又令李守信、王自用各率步兵，由左右山谷，潜至官军阵后埋伏；又令李双喜留守大营；自率李过、高杰等部人马，趁着黑夜之间，向其雄的阵里鼓噪杀人，其雄猝不及防，一战大败。李自成率兵追杀，一日一夜直扑俞翀霄的大营而去。

俞翀霄大惊，急忙指挥部将王斌、周平，敌住了李、高二人，一面亲舞大刀，来战李自成。无奈事出仓促，一时队伍大乱。双方正在混战之时，不防那田虎、高一功两支骑兵，又分两翼，如飘风急雨般杀了上来。官兵不能抵挡，大败而走。俞翀霄见势不支，只得率了人马且战且走，节节向南退下去，这时那些败将逃兵蜂拥而来，一直奔至甘泉临真镇地方。不防李守信、王自用两支人马又复冲杀前来，俞翀霄大惊，急忙勒转马头，与何其雄等死力奋斗；李自成的人马越杀越多，势不可挡。这一场大战，直杀得官兵抛盔弃甲，死亡过半。俞翀霄见大势已去，急急收拾残兵，率同一班败将，舍命逃奔去了。

这次李自成大获全胜，一面飞马向高迎祥告捷，一面班师回到安塞。高迎祥大喜，令李自成再移得胜之师，去破王承恩。李自成道："我从前曾隶承恩部下，承恩待我甚厚！今日虽然各为其事，实在不忍以刀兵相见。且俞翀霄全军大败，承恩定然闻风丧胆。以甥愚见，派高杰前去便可成功。"高迎祥听了，手抚李自成之背，赞道："吾甥义士也！我不相强，叫高杰率了得胜兵马，即刻出发，去战榆林的官兵。"

果然是兵以气胜。这榆林的兵将，闻得延安兵败，俞翀霄单骑逃走，立时全军震骇。比及高杰兵至，官兵又一战大败。王承恩看见敌势浩大，难以取胜，只得率了大兵连夜退守榆林，一面飞报抚按，请续调大兵前来回合剿。

这里高迎祥连破两镇大兵，军威大振，分遣诸将再陷北山各处郡县，延长知县万代芳、教谕谭恩、驿丞罗文奎等，一齐战死，三边险要尽被高迎祥占据。于是他部下的谋士牛金星，劝高迎祥宜称王号，以便统驭诸将。高迎祥大喜，即日大会诸将，自称闯王，以外甥李自成为闯将，并分布兵将，防守三边隘口，休兵养马，以待大举出战。

不提高迎祥霸了三边，再说俞翀霄大军败绩，王承恩退守榆林，此时陕西巡抚练国事、巡按御史吴甡等先后飞章入奏。崇祯帝览奏后，勃然大怒！立刻传旨道：将三边总督杨鹤革职拿问，加延绥巡抚洪承畴兵部侍郎衔，兼都察院右副都御史，赐尚方剑，代杨鹤总督三边军务；所遗延绥巡抚一缺，以佥都御史陈奇瑜补授；援剿总兵官俞翀霄、延绥总兵官王承恩，均着革职，暂留军前效力，所有陕、甘两省兵马及抚镇文武，总归洪承畴节制调遣，克期平贼。并敕山西总兵官曹文昭，率副将杨嘉谟、左光先、崔宗元、李国奇等，督率大兵，入陕回合剿；贺人龙仍督所部大兵，由西安北上，截堵高迎祥南下之路。洪承畴等奉了圣旨之后，那敢怠慢呢？各自调兵遣将，分头进行。

这时高迎祥、李自成闻得官兵四路回合剿，山西人马又将渡河夹攻，这一回非同小可，即刻召集全体头目，商议用兵的事宜。谋士牛金星首先说道："先发制人，古有名言。与其待晋军北来，不若我军先行渡河入晋。"高迎祥曰："黄河天险，倘入晋之后，一战不胜，则退无所归矣！这个不是万全之策啊。"

正在商议其间，人报总兵贺人龙率领大兵杀到。高迎祥大惊道："这贺疯子如何这样神速？"一面向李自成说道："这回须得老贤甥亲去一趟方好，别的人万万不是他的对手。"李自成应诺，即刻点起人马，星夜来战贺人龙。大兵到了千谷驿地方，正与贺人龙的大队相遇。

两阵对垒，贺人龙立在马阵前，扬鞭大喝道："李自成逆贼，造下弥天大罪，本镇奉旨前来擒你，还不快快下马投降！"李自成大怒，喝令"李过出战！"贺人龙背后转出大将周国卿，舞刀跃马，直取李过而来。一时金鼓齐鸣，喊杀连天，二人大战了三十余回合，胜负未分。李自成大怒，亲舞丈八钢矛，一马冲出阵前，直刺贺人龙。贺人龙举枪挑开了他的矛头，随手向空一晃，便向李自成还刺了过来。两人一枪一矛，大战了五六十个回合，方才鸣金收军。

此时高迎祥恐怕李自成敌不住贺人龙，又遣大将满天星、掌世王各率铁骑三千，前来助战。贺人龙看见敌势浩大，仓促不易取胜，便下令严守营垒，专待晋军到来，一鼓进攻。

这个时候高迎祥已经接到探报，说是洪承畴所调的大兵，已经由固原开拔，晋将曹文昭也由太原出发，两路大兵不日就将到来。高迎祥以官兵这回是奉了严旨，与寻常不同，若待四面回合了围，那时候死守北山，便是插翅也难飞去，因此他便大形着急，连夜传令，叫高杰代李自成为将，死守前营，将贺人龙的兵马挡住，把李自成连夜调回安塞，商议军机大事。

李自成奉了将令，即刻把人马交与高杰，自己便轻骑驰回安塞，见了高迎祥，把官兵的情形讨论了一番。李自成道："若待晋军渡河，那时便难措手。不若仍照牛先生之言，愚甥情愿率了人马，先入山西，攻取绛州一带，舅王随后督了全部人马，继续东渡，比之困守北山强之多矣！"

牛金星道："北山地瘠民贫，终非用武之地，山西富庶甲天下，当年唐高祖及后唐太宗，皆起自晋阳，终成大业。今大王若能进兵山西，取晋阳为根本，然后整军经武，徐图进展，则二唐之业不难继也。"

高迎祥大喜，立刻下令：叫王嘉胤、黑杀神各率本部精兵，前去协助高杰，只准死守，不许进战，违令者立斩。一面拜李自成为大将，王自用副之，即日督军东渡。并调混世王、眼钱儿、李守信、闯塌天、射塌天、田虎、罗虎、满天星等八员上将，分率马步大兵，随同入晋，听候李自成指挥调遣。又令李双喜、高立功、高一功各率精兵一万人，由蟓利峪东渡，分头扰晋。

李自成道："甥既总统全军，还得一个智勇兼全的上将去作先锋，免得挫了锐气，被官兵长起威风，后事就难办了。"

高迎祥闻言，把眉头皱了半天，说道："这个除非另派一人，去把高杰替了回来，方能胜任，别的人是当不起这个重任的。"

话犹未了，只见帐下走出一人，大声说道："大王何其轻视诸将太甚，量高杰能干的事，我也能干得来！这先锋一差，就请派小将前去，若不成功，愿将这颗头颅纳交帐前！"

高迎祥抬头一看，只见那人身长七尺，虎背熊腰，相貌堂堂，威风凛凛，不是别人，正是那李自成的部将马维兴也！

这马维兴的名字，上回虽然提过，但是他的详细履历，却未写出。因为这马维兴，后来很有点出息，所以作书的人也就势利起来，又要将他略叙一叙。原来马维兴也是米脂人氏，自幼家贫，才八岁上就丧了父母，因此失去了正业，天天同一伙绿林中的朋友相交。他的生性，第一爱代人打抱不平。见了贤士大夫，他却是非常的恭顺；遇着武断乡曲、不讲公理及那为富不仁之辈，就赛如同他有杀父之仇一般。

有一年，不知因为何事，把一个大财东，拿去饱打了一顿，又将财东的头发、胡须及下部的阴毛，都揪得干干净净，口里还说："你这个看财奴，平时一毛不拔，今天拔你个一毛不留。"打毕，还说过上几天，又要拿铜钱熔化成水，来灌这位财东。财东回到家里，又羞、又气、又怕，三路夹攻，不上五六天功夫，便驾鹤仙游了。他的家属，因此把马维兴控到县署。马维兴看见事法不好，一溜烟便逃走出去，混到李自成的伙里。

李自成的生性，最喜结识这些好汉，因此他们两人的感情，也就非常的浓厚，遇有重要的事件，都是他与李过、高杰、李双喜等独当一面，非别的战将可比。不想今天大举出发之时，偏偏不曾用他，他站在班次，早已忿不可遏了，及至高迎祥说到着人去换过高杰、别人负不起先锋重任的话，一下触恼了他的火怒，顿时挺身而出，要去当此一差。高迎祥看见了鼓掌大笑道："孤怎么把你给忘记了呢？有老弟去做先锋，孤家便放心矣！"说毕，顺手发下令箭一支，就叫他带领本部人马，首先起行了。

马维兴奉了将令，与李自成等先后分道出发，两路大兵，浩浩荡荡，一直杀奔山西而来。

第五回

李自成兵入山西境　曹文昭大战寿阳城

崇祯五年秋，八月，李自成率了大兵，由秦入晋，自韩城渡黄河，李双喜、高一功、高立功等亦分道东渡，前部先锋马维兴一支人马直趋绛州。

李双喜一军进攻永宁，永宁州的守将姓陈名忠，部下只有步兵一千人，看见敌势浩大，他便不敢出战，连夜遣人向抚按告急，一面召集兵民，死守待援。

李双喜兵至两日，不能接战，又派了高一功、高立功带了人马，一面攻城，一面骂阵。谁知那陈忠却拿定了主意，一味死守，李双喜攻打了两天，未能将城攻下。

这时那山西巡抚宋统殷，连接边吏告急的文书，跟手又闻贼兵围攻了永宁州城，统殷大惊，急遣副将柳国镇率领精兵五千人，星夜来救永宁。大兵到了吴城岭，不防李双喜早遣大将王庆，率兵扼住了险要，因此国镇的人马一时不能越过这个隘口。那李双喜更督住高一功、高立功等，在永宁城下昼夜猛攻，又向李自成后军调来十万斤的开山大炮一尊，对准永宁州的南门安放，一面分布诸将，预备抢城。

到了次日正午三刻，李双喜终于下令，叫开放大炮。只闻得霹雳一声，犹如天崩地塌，一时烟焰弥天，火光四射，那永宁州的南城立时崩开十有余丈。李双喜指挥着诸将，由缺口一拥杀了进去。

陈忠见敌兵入城，即刻率了人马在街前拼命死战。无奈李双喜的人马四路杀来，其势异常凶猛，陈忠见势不支，立即率领残兵，杀出一条血路，逃出北门，由小路一直投奔柳国镇去了。

李双喜入了永宁州，一面遣人分报高迎祥、李自成，一面亲督大兵，来破柳国镇的人马。至今三百余年之久，那永宁州南门瓮城内，尚存着当日的那一尊大炮，真也算得一个破天荒的大纪念了。

且说那柳国镇正在吴城岭与王庆相持不下之际，不防李双喜的大队人马又复杀到，国镇大惊，眼看得寡不敌众，军心摇动起来。正在这个危急的时候，却得宋统殷又遣来大将张宏业、刘成功，各率马步大兵前来助战。国镇见了二人，顿时胆壮起来，下令鸣鼓进兵，来战李双喜。

李双喜闻知柳国镇挑战，立刻披挂上马，引兵上前接战，双方摆开了阵势。李双喜金盔金甲，立马门旗之下，大叫："来将早早归降，免污刀斧！"成功勒马横刀，大骂："李双喜反贼，逆天作乱，叛国殃民。今日天兵到了，尚不解甲投诚，更待刀临项下，岂不悔之晚矣？"李双喜大怒，喝道："吾自渡河以来，战无不胜，攻无不克。量汝无名末将，焉敢抗我兵威？"说时用鞭一指，背后转出大将满天星，拍马挺枪，直取成功。成功大喝："反贼无礼，看刀吧！"说时把刀一挥，将满天星的枪打过一旁，顺势一刀斜劈了过去，满天星将头一摆，闪开了刀路，奋枪向成功的右胁刺来，成功将身子向左一闪，拨马向后退走，满天星舞枪追赶上来。两马相去不远，成功蓦地翻转身来，大喝一声，一刀直向满天星顶门上面腾空劈下。满天星猝不及防，竟被成功砍于马下。官兵一声呐喊，蜂拥地杀了上来。李双喜大惊，急忙指挥了高一功、高立功，上前混战了一场，方才各自收兵。

李双喜回到营中，因为折了满天星，心中十分烦恼。次日一早，便率了人马前来叫战，誓要与满天星复仇。刘成功闻知李双喜兵至，立刻披挂上马，引兵前来迎战。李双喜舞刀跃马，大叫："成功快快上前领死！"成功更不搭话，舞刀直取李双喜。

一时金鼓齐鸣，喊杀连天，二人一口气大战了五六十个回合。李双喜武艺高强，刀法烂熟，成功渐渐的招架不住，官兵阵里恼了大将张宏业，拍马挺枪前来助战，李双喜阵后也飞出了大将高一功，大吼一声跃马杀出阵前，一口刀拦住了宏业厮杀。交马三十余回合，宏业首先败下阵来。李双喜看见宏业战败，一面打起精神，奋斗刘成功，一面催高一功、高立功的两路人马，一齐杀上阵来，成功、宏业只得督住人马，翻身再战。其时李双喜的人马，四面呼杀上来，自辰至午，官兵不能抵挡，国镇下令，叫宏业引兵先退，自己帮助了成功督住后军，且战且走。无奈敌势浩大，李双喜、一功、立功三路人马，铺天盖地杀了上来，直杀得官兵尸横遍地，血流成渠。成功等只得率了残兵，一直逃向隰州去了。李双喜率了大兵，跟踪杀到隰州，分兵围住了城池。成功等兵心，涣散，不能保守，又弃了隰州，连夜退守汾西去了。

此时马维兴一路业已攻入绛州，李自成的大队也向隰州一带杀了前来，一面又催马维兴与李双喜会师向晋南出发。大兵到处。连陷大宁、泽州，泽州参政张光奎、守备张光玺、千总刘自安等，同时战死。大兵由泽州进攻沁水，所到之处，势如破竹。山西巡抚宋统殷大惊，立刻飞檄总兵曹文昭，叫他率了大兵，火速向蒲州、沁水一带迎头痛剿。曹文昭奉了将令，即令先锋曹变蛟、副将吴开先率领精兵三千人，首先出发。一面亲督大兵，随后接应。

这时那曹变蛟、吴开先两支人马星夜赶到了沁水，正与李自成的先锋大将马维兴顶头相遇。马维兴看见官兵来了，立刻将人马摆开，横刀勒马，拦住了去路。变蛟手提方天画戟，大骂："反国逆贼，今日死到临头，还不快快投降！"马维兴大怒，挥刀直取变蛟，变蛟亦舞戟迎战，二人一气大战了七八十回合，未能分出胜负。

原来这曹变蛟乃是曹文昭的胞侄，他们叔侄两人都称为山西的名将，当时有个口号是："军中有一曹，闯、献闻之心胆摇"，因为那张献忠、李自成两个人都怕他们两个。今日变蛟引兵来此，自然应该是马到成功，岂知偏偏是遇见了马维兴，正所谓"棋逢敌手，将遇良才"，所以他们两个一直战至下午，方才各自收兵。

到了次日，曹文昭的大队亦到，立刻下令，叫曹变蛟火速进兵挑战，马维兴亦即引兵出迎。二人更不打话，交马一口气大战了三四十回合，仍旧不分胜负。曹文昭的部将刘英看见变蛟不能取胜，他便挺枪跃马上前助战。马维兴力战二将，刀法不乱，不上片刻工夫，钢刀起处，早斩刘英于马下。曹文昭看见大怒，顿时舞动长枪，策马上前助战。叔侄二人奋勇死战，马维兴渐渐的抵挡不住，传令叫部将张平率兵先退，自己一口刀督住后军。无奈他一个人如何敌得住二曹的武艺？霎时间便大败了下来。官兵阵里大将吴开先首先陷阵，杀入马维兴的军中，马维兴一面接战，一面引兵败走，官兵一直追杀了三十余里，方才扎了人马。

这时候李自成正在隰州，闻知前军被曹文昭杀败，立刻下令，亲自率了大兵前来决战。号令刚才传下，只见谋士牛金星进帐说道："曹文昭乃当世的名将，非等闲可比！且此去地势十分险阻，绝非用武之地，

第五回　李自成兵入山西境　曹文昭大战寿阳城

· 33 ·

不如再派一号上将，前去扼住隘口，绊住二曹的人马。将军这里尽率全部大兵，由迤西小路，径向大宁、泽州、寿阳一带出其不意杀了进去，使官兵首尾不能相顾，则曹文昭虽勇，无能为也！"李自成闻言大喜，赞称："到底牛先生是孝廉公，读书人的主意是不错的，就是这样很好！"

且说这这牛金星，是个什么来历？且把正文搁住，再将他的履历补叙补叙，他即是《永昌演义》一书的重要人物，当初还有一段风流韵事，因此作者不得不把他详细写出，也好替这武马长枪的小说中，作一个小小的点缀，免得读者看得厌烦、半途而废了。

说起牛金星，字聚明，陂北里大牛庄人，他原是河南卢氏县人氏，他的父亲也曾入过仕途。后迁居县城。父名垧。为鲁府纪善，"先世由岁贡仕至县博士与王府官者数人"，故幼有教养，二十余岁中秀才，天启七年中举人。为人质朴，性喜读书，通晓天官、风角及孙、吴兵法。陂北里有田，平日设馆授徒，过着仅足衣食的生活。

牛金星出身世族，自幼生得面如冠玉，唇如涂朱，堂堂一表人才。他的天分又异常聪敏，心性又异常机警。但是有才的人，多半都钟于情。从古至今，那些风流勾当，大半都是这种人做出来的。

这牛金星，既负着这么一个资格，偏偏他又有一个姑表妹妹，小字叫做明珠，生得珠圆玉润，风格嫣然。从小的时候，他们两人耳鬓厮磨，十分亲爱，亲眷中都目他们天生的一对璧人。只因中表之嫌，两家的父母，未曾将他们作合；但是他两人的爱情，却是一天深似一天。

虽然明珠以礼自持，不及于乱，然而年纪渐长，每次相见的时候，总觉得有许多肺腑之言，不能说出口来。明珠年已及笄，她父亲因为溺爱过甚，所以尚未正式与她缔姻；在她心里，又不能不希望在牛金星名下，无意之间，往往就形诸吟咏。有一天，牛金星往她那里来，在一本书里翻出一片花笺，上面写着七律一首道：

深闺镇日锁帘笼，不把双蛾斗画工。乍对菱花愁鬓白，梦随文杏出墙红。

慰情自识因娇小，养志今偏属女躬。逝水韶光无限憾，聊将蜀锦寄丹枫。

牛金星阅毕，趁着明珠不曾觉察，悄悄的将诗笺揣在怀里。回到家中，更是茶饭无心，坐卧不宁。接着牛金星便入了学，中了举，因为磨勘被斥，在开封住了一年，郁郁不乐。回到家时，不料明珠已经出阁，那新郎又是一个下中的人才；牛金星之父亦与他定下一门亲事，也不合他的意思。因此接二连三不如意的事，直弄得牛金星神魂沮丧，天天不是长吁，便是短叹。

有一天趁着午饭后闷着无聊的时候，他便顺步到明珠那里去闲谈。不想一进闺房，正值明珠午梦初觉，花容愈媚，一面揉着眼，一面让牛金星坐下。牛金星见了这个"海棠春睡图"，便呆呆地坐在一旁，不言不语，一直看得明珠羞愧起来，少收莫落拿手去向鬓边掠发。不防仓促之间，那裙下的一只凤舄未曾着好，偏偏的又向床边落了下去，明珠急忙抬起鞋来，羞得满面通红，顿时低垂了粉项。牛金星也觉得坐立不稳，急忙说了几句闲话，搭讪着走了出来，一直回到家中，不觉万缕情丝，并集五内，一时压制不住了，便将平日的一切触动起来，顺口咏成几首七言的律诗道：

香散闲斋兰麝熏，九天何幸降云翩。娉婷喜见红腰弱，明媚曾邀惠眼青。钟建有嫌莘氏许，凝之无状谢家嗔。心心印出鸳鸯谱，泐向三生石上铭。

小院春深淑气融，兰闺曲折路斜通，绿窗静掩闲鸦噪，宝帐双悬绣凤工。荷粉露浓香荡漾，海棠沉睡态朦胧。来时乍见娇慵状，直把婵宫作汉宫。

自将禅理定心旌，危坐刘桢视转平。笋在寒苞因护玉，花笼薄雾益倾城。眉间黛锁三分恨，眼角波生一缕情。素谂伊人多稳重，难凭片语便谕诚。

春永日长户半扃。深闺促膝对娉婷。垂枝喜见闲花落，翘首偷觑媚眼惺。窈窕菱枝偏弱病，葳蕤兰叶自含馨。当时触景思前事，一点犀通两地灵。

题毕，便随手将诗夹入一卷书中，后来不知怎么，竟被他父亲看见了。加以平日深知他两人的心事，因此便把他唤了前去，重重地责备了一顿，又择定了吉日，就要与他完婚。牛金星又急又愧，一时情急智生，便打捆起许多金银，悄悄地跑出城来，人不知鬼不觉，一气便逃之夭夭了。

他既私行出走，又认定一个主意，是要做一场非常的事业，方能达到非常之目的，因此他便由河南入陕西，在张献忠营里住了几天。看见

张献忠的那种凶横样子，终是一个盗贼行为，因此他又弃了张献忠，一直去投在高迎祥部下。

过了一年光景，看见高迎祥也非能成大事的人，于是他的心里便想到洪承畴的军前，去投营效力，恰好这个时候，那李自成正来到安塞，牛金星与他谈过两次，便深知他不是等闲之人，从此就死心塌地与他合作起来。李自成与高迎祥两部将士，大半多是目不识丁的粗鲁好汉，只有李自成一人，小时候曾念过四年冬书，读过几本《三字经》《百家姓》，就算是一个识字的人，所以这位牛孝廉的声价，在这大部之中，便是再高没有。

他既参与帷幄，又与李自成深相结合，于是那上上下下、大大小小，一齐都以上宾来看待他。可惜这牛金星，虽然多才多艺，但是他的心术却是个阴险狠毒、极其诡诈的人，外面一片春风，内里满腔杀气，加以好色贪财，种种劣行，就把他一生的人格弄得不敢恭维了。牛金星自从辅佐李自成后，一直到了大功告成，中间还有许多的佚事，后文另有表白。

再说那李自成听了牛金星的话，立刻下令，叫王自用、田虎二人率了本部人马，前去帮助马维兴，一面自率大兵再入大宁，直向泽州、寿阳一带而来。巡抚宋统殷闻报大惊，急忙发出令箭一支，叫副将吴才率领精兵五千人，星夜扼守寿阳，一面飞章向朝廷告急。这里李自成的大队由泽州至寿阳，吴才便率了人马上前迎战。其时李自成的声势浩大，官兵闻风丧胆。吴才与李自成的前锋刚才交战，后面的兵将已经望风溃走。吴才大惊，急忙退入寿阳城中，死守不出，李自成分督人马百道进攻，吴才看见来势不好，立刻率领败兵，弃了城池，连夜逃回太原去了。

李自成兵入寿阳，即刻飞报高迎祥，请他督率大队，急速渡过黄河，向东南进发，以便厚集兵力，进图太原。此时那黄河东西两岸，由陕西延绥至山西永宁、泽州一带，完全都是李自成的人马，所以高迎祥的大队一路无阻，长驱东渡，分兵攻陷了和顺、顺平两县，和顺副使乐济众、顺平知县徐明扬先后战死，一时军威大振，全晋骚然。

那时吴才由寿阳逃回太原，巡抚宋统殷又急又怕，一时手忙脚乱，看见吴才那种狼狈不堪的样子，恨得咬牙切齿，大喝一声："将他推出辕门斩首！"一面再行拜疏入奏，一面飞调各镇大兵，防守太原；又以晋北的险要尽失，飞调曹文昭的人马回攻寿阳。还有一个最可笑的事，就是宋统殷恐怕与李自成结怨太深，通令前敌将士及一班守土的文武，不准乱杀敌人，违令者还要抵命，因此那些将弁越发畏葸不前。此时曹文昭刚刚杀退了马维兴，正待进兵追赶，忽然连接抚院的将令，知道寿阳失陷，因得连夜率了大兵，来夺寿阳。

其时崇祯帝正以清兵入了登莱，进军并窥视宣府，左都督张可大，中军管维城，游击陈良谟，守备盛洛、姚士良等同时战死，这个时候，又接到山西抚按奏报及晋告急的表章，知道李自成由陕犯晋，官兵连战败北，一时大为震怒，立刻降旨：将登莱巡抚孙元化、山西巡抚宋统殷一齐逮京治罪，另以都察院监察御史许鼎臣加右佥都御史，代统殷为山西巡抚，又敕宣大总督张宗衡总统各镇大兵，入晋督剿；又命大学士刘宇烈总督诸军，入山东援登莱。这两道旨意一下，那些文武自然分头出发，无待赘述。

此时曹文昭的人马，已经由沁水至寿阳，李自成便大开城门，亲率大兵前来迎战。曹文昭望见李自成，扬鞭大骂道："反国逆贼，罪在不赦。有人取李自成首级者，赏银三万两，奏闻朝廷，授以高官！"李自成大怒，用矛一招，背后转出大将眼钱儿，拍马舞刀，直向曹文昭砍了过来。曹文昭大怒，喝声："不识死的奴才，汝是何人？敢犯本帅的虎威！"眼钱儿大声呼道："吾乃大将姬国良也，你不认得我，就此请教吧！"曹文昭大怒喝道："量汝鼠辈，有何能力，看枪吧！"曹文昭刚才举起枪来，只见背后转出大将曹变蛟，飞马上前，一支画戟拦住了眼钱儿，大叫："无名小卒，不配元帅动手。"说时舞动画戟，直取眼钱儿，交手不上三回合，早刺眼钱儿于马下。

李自成阵里的大将闯塌天看见眼前儿落马，立刻舞刀上前，接住变蛟一气大战了三十余回合，双方阵里金鼓齐鸣，喊声大震。闯塌天料敌不过，拖刀向后便走，曹文昭举鞭一挥，背后的官兵一拥杀了上来，李自成的人马顿时败退下来，李自成大怒，立刻舞动钢矛，亲自上前督战。曹文昭命部将平安、刘弘烈二人率领人马，分两翼杀上，自己亲自出马，来与李自成交锋。两个人一枪一矛，正在酣战之际，李自成忽闻阵后人马乱喊起来，正是官军里平安、刘弘烈两支人马从斜刺里掩杀上来了。李自成看见来势不好，把矛向空一晃，丢开文沼，正待退兵入城，不想曹文昭的部将李珍已经由小路袭入寿阳城中。李自成大惊，只

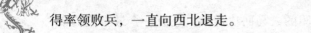

得率领败兵，一直向西北退走。

曹文昭克复了寿阳县城，一面分兵追杀，一面催调宣府、大同两处的官兵，星夜前来会剿。

再说那宣大总督张宗衡，自从奉到圣旨，叫他督兵入晋之后，他便飞调总兵左良玉、虎大威、艾万年、猛如虎及副将颇希牧等各镇大兵，以及宣府、大同两处的人马，陆续出发。新任巡抚许鼎臣亦遣副将张应昌，督率抚标兵马，前来夹攻。两路的人马尚未开到，曹文昭已经克复了寿阳，宗衡接到捷报之后，便飞咨许鼎臣分途进兵，宗衡督率虎大威、左良玉、猛如虎三镇大兵，专剿平阳、潞安、泽州三府四十一州县，许鼎臣督率曹文昭、艾万年、张应昌三镇大兵，专剿汾、太、辽、沁等三十七府州县地方，限定了日期，要将高迎祥、李自成杀个片甲不留。

第六回

左良玉援师溃修武　李自成乘冰渡黄河

崇祯六年春，李自成被曹文昭在寿阳一带杀得七零八落，一直率了败兵，星夜退走。行不到两日，忽然望见前面的尘头高起，喊杀连天，正遇着总兵猛如虎、副将颇希牧的两支大兵，迎头拦住了去路，李自成大惊，即刻下令，叫大将李双喜火速上前迎战。李双喜领命，提刀上马飞出阵来，官兵阵里副将颇希牧也挺枪跃马上前接战。二人战到十五六回合，不防后面的喊声又起，探马飞报，说是总兵曹文昭又引了大兵追赶到来。李自成看见腹背受敌，不敢再行恋战，即刻下令，叫部下人马火速向大宁一带退走。

正行之间，前面的鼓声又起，只见那山坡上下旌旗满布，为首一员大将勒马横枪，大叫："逆贼快快下马投降！"原来这员大将不是别人，正是总兵张应昌，奉了许鼎臣之令，在此邀截李自成。李自成大惊，只得传令，叫李过督住后队，自己率了李守信等一班大将，上前死战。应昌看见李自成出马，亲自手舞长枪，飞马杀奔上来。李自成大怒，挺矛直取应昌，双方里金鼓齐鸣，喊杀连天。

交马三十余回合，应昌料敌不过，拨马败下阵来。副将谷太看见应昌战败，立时舞刀接应上来，交马只一回合，早被李自成大喝一声，刺下马来。官兵见谷太被斩，立时向后退走。李自成不敢恋战，急急率领人马向西南退走。这时曹文昭、猛如虎两支大兵节节追杀上来，一步都不肯让。李自成无奈，只得再引精兵向官兵拼命死战。但是官兵连胜之下，勇气百倍，李自成连战大败，官兵日夜穷追，后军大将点灯子又被曹文昭所斩，因此兵势日蹙，连夜奔回绛州，与高迎祥分兵固守。

这里曹文昭等一连克复了泽州、隰州、大宁、蒲州、永宁、沁水等州县，各路大兵进攻绛州，全晋次第肃清，于是张宗衡便会同山西抚按连夜飞章奏捷。天子览奏大悦，立刻传旨：加曹文昭太子太保、左都督，赐蟒玉铁券，其督、抚、按及在事文武，一律交吏、兵二部，从优议叙后，请旨核夺施行；一面仍敕山西的文武，克日进兵，务期一鼓荡平。

这时候，高迎祥已将三边的人马全数调到绛州一带，正待大举东进，不料一连又接到前方的几个败报，知道李自成的大兵败退回来，眼看得官兵乘胜来攻，顿时急得手忙脚乱，没了主意。只见谋士顾君恩上前说道："目下我军在山西一败涂地，万难再图进取。若长久坐守此地，一旦山、陕的大兵回合攻上来，那时候如何得了？以某愚见，不如弃了山西，尽率人马，由太行入河南，向济源、清化一带进取。河南久无防备，出其不意，可以必操胜算。一面再遣一员大将，间道驰回陕西，与八大王张献忠联络，叫他率了人马向河南会师。待将河南得了，然后回兵再图山、陕，使官兵疲于奔命，而我则进退自如，三省之地即为我所有。"

高迎祥听了这话，正在思虑的时候，恰好李自成亦率了败兵退回绛州，大家决定了这条主意，立刻传令，叫大将刘宗敏率了本部人马，即日驰回陕西，去联络张献忠、罗汝才两部。一面高迎祥同李自成尽统全部大队，离了绛州，由安邑、芮城一直向河南而来。李自成又怕官兵并力追赶上来，更调了李过、罗虎、高一功三支人马，分扰辽州一带，大将闯塌天、贺锦两支人马，分扰盂县、汾河一带，牵制住各路官兵。分布妥当，然后他们的大队方才出发。

这时李过一军首先攻陷了辽州，知州李呈章、主事张友、程佐、行人杨于楷等同时战死。曹文昭闻报，急忙飞调大兵，分头往援。曹文昭仍率大兵，昼夜前进，斩李自成的大将混世王于碧霞村。这里刚才得胜，不防那闯塌天的人马又入了盂县一带，曹文昭急忙提兵来救时，闯塌天又复窜往他处去了。这个时候，高迎祥、李自成已经趁空渡过了黄河，闯塌天等五路人马亦相继杀出山西境来，会师灵宝，进兵阌乡。李自成大会诸将，休兵一日，然后下令，叫大将王自用率领大兵一万人为先锋，直向济源大道杀了前去，大队人马随后出发。

这时巡抚河南金都御史樊尚璪、巡按河南监察御史张任学闻得流寇犯境，灵、阌二县相继失守，这一惊非同小可，一面飞章入奏，一面赶调大兵分头迎敌。那王自用的先锋人马刚才到了善阳山地方，恰恰与那总兵邓的大队碰了一个照面。那邓乃是四川的勇将，起先由成都调陕西汉南一带防守隘口，近又奉旨开往山海关去援辽东。因为李自成兵入河南，所以樊尚璟、张任学又联名奏请，将他调了前来，一面檄赴前敌，就近截堵李自成的来路，所以他这一镇人马，首先就在这个地点把王自用迎头截住。当下两家就在一片山坡前面摆开阵势，自用舞刀跃马，大声叫骂，专搦邓出战。邓见他这个嚣张样子，便传令叫副将杨遇春上前迎战。遇春领命，挺枪直取自用，一时金鼓齐鸣，喊杀连天，二人大战了五六十回合。正在胜负未分之际，不防遇春的坐马忽然打了一个前蹶，把遇春平空跌了下来。自用看见遇春落马，立刻舞刀来杀。邓大惊，急忙抽出雕翎箭，搭上霹雳弓，对准自用叫一声"着!"弓弦响处，自用应声落马。邓麾兵杀上，救了杨遇春，乘胜前进，杀得自用的人马大败而逃。杨遇春率了三千名精兵，犹如砍瓜切菜，穷追了五六十里，方才扎住人马。

到了次日，邓仍旧督兵前进，行了不上三十余里，便遇见李自成的大队。两阵对圆，李自成因为折了王自用，心头十分愤怒，亲率大兵，鸣鼓上前，来与邓决战。邓仍命杨遇春上前迎敌，自己督率大队在后接应。这时杨遇春在阵前，早已同李自成的大将闯塌天苦战起来，一时鼓角齐鸣，喊杀连天。李自成看见闯塌天不能取胜，立刻指挥了李双喜、马维兴、高一功、罗虎等一班大将，一齐奋勇杀上阵来，刀枪并举，围住了遇春。邓大惊，急忙亲自上前接应。李自成看见邓出阵，马上调了李过、贺珍、李守信、田虎等分头出战，把官兵四面围攻，李自成亲自在后督阵，只闻得两军的杀声，摇山动岳。自辰至午，官兵大败下来，杨遇春力战阵亡，邓看见众寡不敌，急忙收兵退走，一面扼守险要，一面飞马向抚按告急。无奈这河南地方久未用兵，一时人马调应不灵，邓孤军无援，连战败北。李自成连破济源、清化、顺平、和县，战胜攻克，声势十分浩大。李自成、高迎祥尽领全部大队，进围怀庆，兵到之处，势如破竹。河北三府尽入李自成之手。潞王常芳连疏向朝廷告急，并请速派大兵，防护凤阳陵寝。

崇祯帝览奏大惊，马上传旨，将河南巡抚樊尚璟逮京治罪，另以金都御史元默巡抚河南。又降旨，加延绥巡抚陈奇瑜兵部侍郎，总督四川、陕西、山西、河南、湖广五省军务，赐尚方剑，即日督兵入豫，克期肃清各处流寇；另以金都御史张伯鲸为延绥巡抚，此时朝廷因为李自

第六回　左良玉援师溃修武　李自成乘冰渡黄河

成等声势日大，各省盗贼蜂起，剿不胜剿，抚不胜抚，因此特设这个统兵人员，专办流寇。一面又敕五军都督府，派京营总兵官王朴、倪宠督率京兵六千人，入豫协剿；命太监杨应朝、卢九德星夜驰往河南，监督各路大兵，克期进战。

陈奇瑜奉了旨意，一面交代延绥巡抚任内的事件，一面飞檄各镇大兵，火速向河南出发。话说这陈奇瑜字玉铉，保德州人。万历四十四年进士。除洛阳知县。天启二年，擢礼科给事中。杨涟劾魏忠贤，陈奇瑜亦抗疏力诋。六年春，由户科左给事中出为陕西副使，迁右参政，分守南阳。崇祯改元，加按察使职，寻历陕西左右布政使。五年，擢右佥都御史，代张福臻巡抚延绥。时大盗神一魁、不沾泥等被歼灭，而余党犹众。岁大凶，民多从贼。

次年五月，陈奇瑜上疏，极言鄜、延达镇城千余里饥荒盗贼状，诏免延安、庆阳田租。陈奇瑜乃遣副将卢文善讨斩截山虎、柳盗跖、金翅鹏等。寻遣游击常怀德斩薛仁贵，参政戴君恩斩一条龙、金刚钻、开山鹞、黑煞神、人中虎、五阎王、马上飞，都司贺思贤斩王登槐，巡检罗圣楚斩马红狼、满天飞，参政张伯鲸斩满鹅，擒黄参耀、隔沟飞，守备阎士衡斩张聪、樊登科、樊计荣、一块铁、青背狼、穿山甲、老将军、二将军、满天星、上山虎，把总白士祥斩扫地虎，守备郭金城斩扒地虎、括天飞，守备郭太斩跳山虎、新来将、就地滚、小黄莺、房日兔，游击罗世勋斩贾总管、逼上天、小红旗，他将斩草上飞、一只虎、一翅飞、云里手、四天王、薛红旗、独尾狼，诸渠魁略尽。陈奇瑜乃上疏曰："流寇作难，始于岁饥，而成于元凶之煽诱，致两郡三路皆强盗的聚集地。今未顿一兵，未绝一弦，擒斩头目百七十七人，及其党千有奇。头目既被除掉，余党自发解散，向之斩木揭竿者，今且荷锄负耒矣。"崇祯帝嘉奖了他，并把他记录为有功的将士。

崇祯帝又调平贼将军、总兵左良玉，率领所部人马进驻修武县。左良玉幼时父母双亡，由其叔抚养，他身材高大魁梧，力大过人，乡邻都称之为"红脸大汉"。虽未曾上学，但聪颖过人，自幼习学武艺，尤善弓射，娴熟左右开弓。从军后更有用武之地，加上他多智多谋，很快晋升为辽东车右营都司，受到了朝廷的重用。

这个消息却早被高迎祥知道了，便向李自成说道："左良玉勇冠三军，所部的人马又极精锐，若不首先挫了他的锐气，将来更难争锋了。

不若赶派得力兵将，乘他喘息未定之时，给他个出其不意，一鼓而破之方好。"李自成道："舅王说得不错。"回首向左右问道："哪一位敢去与左良玉决战？"

说犹未毕，只见帐下走出一个人来，口称："小将愿往。"李自成举目一看，只见那人生得身长八尺，相貌魁梧，唇红齿白，威风凛然。李自成一见诧异道："你是何人，我怎么不认得你？"高迎祥笑道："贤甥应该不认得他，他姓俞名彬，乃是为舅新结识的少年英雄，他们一同四人，还有三位，都上来见见吧。"

说时只见那帐下又走出三个英雄，一个个都生得猿腰虎背，器宇轩昂。高迎祥用手指着说道："这三位乃是周凤梧、萧云林、马世耀，都是绝好的身手。"李自成急忙走下座来，与他们三人相见。礼毕，又向俞彬笑道："老兄弟，你肯去破左良玉，这是马到成功无疑的了，我这里再派一人同去助你更好。"说毕便叫李过听令，李过应声而出。李自成道："你可率了本部人马，随同俞将军前去破敌。左良玉非他人可比，凡事需要小心才好。"李过领命，即日率了人马，同俞彬向修武出发。

这时候左良玉的大兵刚刚赶到修武，闻知李、俞二人兵至，立刻下令，叫参将陶希谦、游击越效忠率领精兵八千人，前去扼守得胜岭，挡住他两人的来路。

俞彬、李过兵至得胜岭，看见官兵先已占据了险要，守御得十分严密。俞、李二人率领大兵，一直冲上山来，大叫："来将早早让开大路，免伤和气。倘敢抵抗大兵，一旦兵败之下，汝辈不知死于何地。"陶希谦大怒，立刻披挂上马，来与俞彬接战。

一时金鼓齐鸣，喊杀连天。二人大战了三五十回合，陶希谦抵挡不住，拖刀败下阵来。效忠见陶希谦战败，随即舞刀上前接应，俞彬力战二将毫无倦意，一直杀至天晚方才各自收兵。

次日，李自成又派了罗虎，改世王二将分率大兵，前来接应；俞彬向李过道："我二人奉令先行；若不夺得得胜岭，岂不被他们笑话？明天一早，我们先去大战一场，务要夺得这个险要方好。"李过道："正该如此才好。"于是叫罗虎等督住后营。

次日一早，李、俞二人便率了马步精兵，直向官兵寨前鸣金击鼓，奋勇杀来。陶、越二将急忙引兵出迎。李过手舞大刀，飞马直取希谦，陶希谦亦挥刀迎住厮杀，一时喊声四起，山谷皆应。战到三十余回合，希谦刀法错乱，竟被李过一刀破中了右肩，翻身落下马来。效忠大惊，急忙上前救护，一口刀拦住了李过，拼命大战起来，兵士一拥上前抢回了希谦。陶希谦受伤已重，大叫一声，口喷鲜血而死。这时俞彬的一支人马又复杀上前来，一刀一枪，夹住效忠大战不休。效忠面中三矢，身受七伤，大呼陷阵而死。俞彬、李过分兵直上，顿时夺了得胜岭，官兵大败而奔，李、俞二人引兵直扑修武县。

左良玉看见连丧二将，败兵蜂拥退回，这一气如何忍受？立刻点起人马，亲自前来决战。兵行不上十里远近，便顶头遇见改世王的大兵，浩浩荡荡杀奔前来。左良玉命将人马摆开，大骂："李、俞二贼快快出来领死！"改世王拍马舞刀，大喝道："吾乃高王部下大将改世王也。有本领的，一齐都清上来！"左良玉大怒，喝道："无名小卒，何足污我宝刀，吾儿梦庚何在？快去替我取了他的首级来罢！"说犹未了，只见他的儿子左梦庚提刀跃马，大叫："反贼休走，看刀罢！"说时，一口宝刀早向改世王顶门上劈了下来，改世王连忙举刀架住，两个人顿时大战起来。梦庚看见改世王刀法娴熟，勇力兼具，一时不能取胜，他便趁了一个空子，把马踢了一脚，一气飞向改世王的身后。改世王未及回头，梦庚早将左手提着大刀，腾开右手，急向腰边拔出佩剑，照定改世王的脑后大喊一声，一剑砍了下去。改世王未及提防，竟被他砍得脑浆进出，落马而死。左良玉麾兵大进，一直追杀了二十余里，方才收住了人马。

次日午前，俞彬、李过、罗虎三支人马一齐杀到，左良玉金盔银甲，立马阵前，大叫："李、俞二人出战！"门旗开处，三员大将顶盔贯甲，一字儿排出阵前，俞彬居中，李过在左，罗虎在右，三个人齐声大叫道："左将军，我等久闻你的大名，如雷贯耳，今日特来请教，有本领的就请上来！"左良玉大怒，喝道："反国逆贼，有几颗头颅，敢在本帅面前这么猖狂！"说时举枪一挥，背后转出大将石荣，手抡着月牙大斧，直向俞彬杀了上来。罗虎大怒，手舞长矛直刺石荣，二人一矛一斧，大战了三十余回合，石荣措手不及，被罗虎大吼一声，一矛刺于马下，李过、俞彬一齐引兵扑杀了上来。左良玉大惊，急忙下令，叫大将张虎、周茂火速上前迎战。俞彬等三人抖擞精神，奋勇苦战，周、张二将抵敌不住，一齐败下阵来。左良玉大怒，亲自舞动钢枪上前迎战，一时金鼓齐鸣，喊杀连天。后面左梦庚的人马又复接应上来，大家混战了一场，方才鸣金收军。

这一场大战，官兵死伤极多。左良玉回到营中，心头十分懊恼，次日亲率大兵再来与俞彬等决战，俞、李、罗三人一齐引兵出迎。官兵阵里是副将周茂，舞刀跃马上前突阵；俞彬便命罗虎接住厮杀。两个人一口气大战了五六十回合，未能分出胜负。左良玉大怒，传令叫左右的将士一齐冲杀上去，副将张虎手舞大刀，一匹马首先陷阵，迎头与李过大战起来，后面俞彬又复麾兵杀上，只闻得金鼓齐鸣，喊杀连天。

两军正在苦战之时，李过钢刀起处，已斩张虎于马下，周茂身带重伤，立时向后退走，官军如天崩地塌一般败退下来。左良玉大惊，急忙下令，叫左梦庚率领败兵火速退走，自己同部将曹鸣鹗督住后军，且战且走。俞彬等乘胜进兵，势如潮涌，鸣鹗力战阵亡，直杀得官兵尸横遍野，四散逃走。

左良玉看见连折数将兵，势不可复振，只得率了残部，一直退向武安去了。俞彬等一步不让，跟踪追杀上去，一鼓又攻陷了武安。左良玉又率败兵退保潞安。潞王常芳大惊，一连三次向朝廷上疏告急，一面严催河南抚按及总督陈奇瑜，火速发兵援救。

这里李自成闻知前军大胜，左良玉退守潞安，他便请高迎祥率领后军，暂住怀庆府，自己率了大兵，向武安一带长驱而来。

那时崇祯帝连接潞王告急表章，又闻武安失守，左良玉连战大败，一时大形震怒，立敕兵部，严催陈奇瑜克日进兵。又降严旨，责成河南抚按固守开封省城，左良玉先行革职，戴罪防守潞安，协同倪宠、王朴等立功自赎。

陈奇瑜奉到旨意，又见李自成的声势日渐猖獗，只得亲自督率了延绥副将李卑等，星夜前来决战。

李自成闻知官兵四集，又见武安是个偏僻小邑，难资战守，于是拿定了主意，下令叫全军人马即日离开武安，分派老回回、刘芳亮、高一功、高立功、李友等各率本部人马，分头去迎敌各路官兵，自己率了中军大队来与王朴等两路京兵迎战。谁知他的人马刚才出发，不防老回回等五路大兵都被官兵扼住了险要，一时不能前进。李自成看见事法不好，立刻率领大队向太行一带杀了前去，不料他的人马刚刚行至太行山下，正与陈奇瑜由山西调来曹文昭的大兵中途相遇。这山西兵将休息日久，士饱马腾，加以李自成迭次被晋军杀败，今日见了曹文昭，未免便有些胆怯起来。况且山路崎岖，曹文昭已经占据了险要，李自成大惊，急忙指挥诸将上前夺险，被曹文昭居高临下，杀得抛盔弃甲，大败而逃。

李自成不敢向前，只得尽率大兵折回原路。曹文昭的人马在后面节节追赶。却得俞彬、李过等率了后军人马，星夜赶到，与官兵舍命大战了一场，方才把曹文昭挡住。李自成见后面追兵渐远，刚欲整顿人马向怀庆一带来与高迎祥回合兵，不料那探马纷纷飞报前来，说是陈奇瑜所调各镇大兵一齐都杀到了，目下左良玉、汤九州两镇官兵在前，王朴、倪宠两支京兵在后，总督陈奇瑜、巡抚元默分督五省大兵，步步围攻上来了。

李自成这回有一点大意，竟落了陈奇瑜的圈套，一时孤军深入，四面受敌，马上急得暴跳起来。正在进退维谷的时候，不防那高迎祥的大部早被官兵杀败，也向这条路上逃奔来了。李自成大惊，急忙令李双喜、马维兴等率领人马，将高迎祥及一班将士保护到来。谁知高迎祥等刚才下马入帐，只见一连三骑探马飞到帐前，说是刘芳亮、高一功两路人马又被左良玉、邓玘连败于官村、沁水、清化、万善等处；李友一路也被汤九州的部将杀败于河内、叶县等处。这两个探子刚刚下去，接住又是一个侦探飞到中军，口称："我军大败于济源，老回回已被曹变蛟所斩，官兵大部已由叶县小武当一路杀了前来。"

李自成闻报大惊，急忙同高迎祥商议对付官兵的方法，一时七嘴八舌，没有一定的主意。牛金星上前说道："目下事机已迫，瞬息万变。趁官兵尚未合围之时，赶紧筹备船只，渡过黄河以南，再作区处。"李自成道："这也使得。"即刻传令，叫李过、李友连夜去向黄河岸边调集民船，准备南渡。一面整顿人马，预备与官兵决战。

岂知这一回因为朝廷连降严旨，勒期就要灭贼，前次李自成逸出武安时候，一班统兵文武人人惧干重遣，所以他们都一齐奋勇，步步合围上来。此时向山西那一条路，早被曹文昭的人马分头扼住了险要，河北各路又被左良玉、汤九州、王朴、倪宠等四镇大兵节节合攻了上来。眼看得前有黄河，后有大兵！李过等奉了李自成之命来到河岸时候，不料那上下游的民船早被沿河文武一律提向南岸去了。李自成闻报，这一惊非同小可，眼前便成了个四决无路、束手待毙的样子。各镇官兵，也料定李自成等一伙人马已经成了釜中之鱼，早晚便可灭亡的了。这个时候，那五省总督陈奇瑜也亲率诸军，上前督阵来了。

这个风声直把高迎祥、李自成两个急得茶饭无心，坐卧不宁。李自成无可奈何，只得把牛金星、顾君恩及一班将领请入中军，向他们说道："我兵自入河北以来，战胜攻克，势如破竹，不意一旦失败于此！目下前阻黄河，后有大兵，胜则或可幸免，败则同归于尽，愿众位兄弟，大家抖起精神，来与官兵决个死战，看能寻出一条生路否？"

众人闻言，一个个面面相觑，一句也不言语。李自成见了这个情形，长叹了一声，顿时低首便不言语了。牛金星道："目下我军深入绝地，非可以力取胜。以某愚见，不如暂时投降，以全实力，待有机会再作区处。"李自成叹道："吾自起兵以来，战无不胜，攻无不克，今日一败至此，是天绝我也！大丈夫死即死耳，安能低首乞怜，受他人的笞使，异日有何面目再见银州的父老耶？"高迎祥道："牛君说得有理，老贤甥休得过于执拗。况胜负乃兵家常事，能屈能伸者，方才算得真正的英雄！不如还是暂依牛先生之言，缓开了这一口气，再好设法。"李自成道："这些事我是干不来的。"便向牛金星拱手道："既是这么，一切都烦先生办去罢！"一面又向顾君恩说道："顾先生，你也同他帮帮忙。"顾君恩笑道："将军放心罢！这些捣鬼弄人的事，牛君是第一把好手，管保成功就是了。"牛金星红了脸道："这岂是说笑之时！赶紧进行，脱离这个险关要紧。"一面说着，一面就辞了出去，连夜进行他的计策去了。

果然是钱可通神！不上五六天工夫，他就走了那监军太监杨应朝的门路，给他重重的送了一份厚礼，说是要向官兵投降，一切都托他临时关照。杨应朝受了礼物，便暗中授意与牛金星，说那些统兵文武，眼看大功告成，万难去与他们说话。若要投降，可速备降书，直向河南布政使衙门投降，这里再暗中维持，便可止住各镇进兵。

高迎祥、李自成得了这个消息，立刻修了降书，仍遣牛金星赍了前去，如法进行。河南布政使常道立接到高迎祥的降书，一时也不敢做主，正待咨呈陈奇瑜及抚按监军会商办法的时候，恰好监军杨应朝早已闻风先到，向道立说道："国家费了许多兵力，耗了无数军饷，好容易今日窘寇来降，阁下若不据实奏闻，将来不免还要因此受累。况且他们一班文武，汗马勤劳尚未成功，我们这里不动声色，轻轻地收抚了巨寇，岂不是一件意外的机会？依我愚见，不若我两人一同会衔入奏，保能大大的邀个恩赏。"

道立听了他的这一片话，顿时兴高采烈，随时批准了降书，一面与应朝合拟奏疏，连夜飞章入告，一面由杨应朝咨知总督陈奇瑜，并通饬前敌将士，一体严守关隘，不许进战。

这个时候，李自成看见将官兵暂时止住了，便令李过等连夜赶造船只，预备渡河南奔。谁知那船只尚未造就，天气忽然陡变，一夜北风怒号，竟把黄河水面结了一层三尺多厚的坚冰。这乃是从古未闻的怪事。今日李自成到了危急时候，忽然得了这一宗天助，可见天下事真也有些奇怪了。

李自成闻报，这一喜非同小可！立刻传令，调齐了全部人马，连夜拔队起行。衔枚急走。大队乘着坚冰，由毛家渡一带渡过了黄河南岸。此时南岸文武，毫无防备，大兵一到，连陷渑池、伊阳、卢氏三县，主事李正中、举人靳谦吉等力战身死。时烽火连天，河南大震！

陈奇瑜闻报大惊，急忙飞调各镇大兵，分途并进，再向河南而来。

第七回

陈奇瑜师援南阳郡　李自成中计陷车厢

李自成乘着坚冰，由河北入河南，一连攻破了三县，大队人马直扑内乡。内乡县知县姓艾名毓初，也是米脂人氏，与李自成正是同乡，闻知李自成犯境，他遂一面向抚按告急，一面召集了兵民，悉众固守城池。及李自成的先锋李守信、马维兴、黑杀神等三支人马杀到了城下，一声呼哨，把一座内乡县城层层围了三匝，一连四天都未能攻下。

后面李自成的大队也铺天盖地杀了上来，看见城中防守得十分坚固，一时不易攻下，他便请了牛金星进帐说道："这艾知县是我的乡亲，今日大兵到来，他不但不肯献城投降，反倒抵抗起来，真是令人气杀！请先生替我与他修书一函，切切实实地劝他一番，先生以为如何？"牛金星道："这个甚好！量他一个文官，如何挡得住我们的人马？此书一去，定当开门出降。"李自成大喜，立刻请牛金星写好了书信，派了一名精细的人，即日进城去。

这时候毓初正在敌楼上面，闻得李自成遣人送书到来，便笑了一笑道："吾早已料定他有此一举，果然不错。"立刻传令，叫把来人吊上城来。毓初把书拆开，看了一遍，向来人说道："你且回去，告诉你们李将军，他的好意，我心已领了。但是，我受了国家守土重任，岂可轻易改节，叫后世的人骂我艾某不忠不孝？那时候，便连乡亲的脸上也就太不光彩了。今天我是要与这一座内乡县城存亡与共，生死听天，成败看大家的本领吧！"说毕，叫左右将来人放下城去。

李自成得了回报，顿时怒发冲冠，下令即刻进兵，攻打内乡县城。

李自成全身披挂，挺矛立马，在城外大呼艾知县搭话。毓初在城上向李自成拱手道："某与将军谊属桑梓，不敢不以正言相告：将军以盖世英才，天挺伟人，既负奇异之姿，便当勉力自爱，及早归命朝廷，建

· 49 ·

一番不朽的功业，将来裂土分茅，前程未可限量。今乃不齿之出，专恃血气之勇，逆天作乱，残杀生灵。试观自古及今，那些乱臣贼子，有几个逃了天诛的？到后来身败名裂，终就戮辱，岂不是辜负了这天赋的异表？那时候虽然后悔，也就来不及了。尚乞三思鄙言，勿得过于执拗！"李自成闻言厉声道："迂儒腐论，闻之熟矣。汝既不顾乡谊，以后便莫怪我失礼。"说毕把矛一挥，那部下的人马如翻波迭浪，百道进攻，一时喊杀连天，铳炮齐鸣。毓初亲冒矢石，在城头仗剑督守。

正在攻守猛烈时候，忽然城外一声震响，犹如霹雳乍鸣，一时烟焰弥天，土石飞舞，李自成的人马有许多腾空飞起，直送入半天云里，但见人仰马翻，队伍大乱。这个时候，只见那城门开处，精兵突然涌出，大刀阔斧的拼杀，杀得李自成的人马大败而逃。

原来艾毓初当李自成未到以前，他早派人在城外埋下大炮滚地雷，本欲将李自成毁灭了，以为朝廷戡乱。谁知那李自成天命未终，恰恰的被他闪开了这个地雷，真所谓"谋事在人，成事在天"！但是这一场，却也很折了许多的兵马，挫了十分的锐气。

李自成大败回到帐中，心中异常愤怒，并拍案大骂，誓要攻下城池，活捉毓初。不防当天晚上，忽然连接探报，说是官兵四路出发来救内乡，即日便将杀到。牛金星道："内乡小县，得之无用，不如趁官兵未到以前，我们先从小道直攻南阳，彼处官兵无备，必能一鼓而破之。占住南阳，便是官兵来了，也可以战守自如。"李自成大喜，立刻禀知了高迎祥，传令叫大队人马一齐杀奔南阳而来。万不料他的人马刚刚杀到，那陈奇瑜的大队也同时开到来了。霎时间大军云集，烽烟弥漫了一个南阳郡。

原来这陈奇瑜起先督率了五省官兵，将山、陕两省的隘口一律把守的铁桶一般，随手分调大兵。将李自成一步一步逼到黄河的岸边，一面又飞檄沿河文武，将上、下游所有民船全数提向南岸，料定这一回定把李自成等弄到绝地，盘马弯弓，满望着早晚就要大功告成的了，不料被杨应朝两道咨文止住了进兵，加以河冰乍结，竟被李自成全部逃出了险地。陈奇瑜功败垂成，既忿且怒，只好叹了一口气，再督大兵赶紧向南阳府来护藩封，一面飞檄郧阳抚治都御史蒋允仪，连夜会师夹攻。

那时陈奇瑜的先锋大将陈武首先杀到南阳，与李自成前部高杰、掌世王等两支人马在南阳城外首先接触起来。高杰命掌世王上前，与陈武大战了三五十回合，陈武手起刀落，斩掌世王于马下，官兵一声呐喊，蜂拥杀上前来。高杰大怒，立刻挺枪跃马，大叫："翻山鹞子高杰在此，谁敢上前比一比武艺？"一头说一头举起枪来，直刺陈武。陈武亦翻转身子挥刀接战，一时金鼓齐鸣，喊杀连天。二人大战了七八十回合未分胜负，直至天晚，方才鸣金收军。

次日一早，双方同时进兵，正在苦战的时候，那官军阵后忽然尘头高起，鼓角喧天，探马飞报，说是郧阳抚治蒋允仪、部将李斌率领大兵杀到；陈武大喜，下令叫全军人马一齐上前奋战。后面郧阳官兵又如排山倒海杀了上来，李斌亲自杀出阵前来与陈武帮助。高杰力战二将，看看部下的兵将支持不住了，只得丢开二人。率领人马一直败下阵来，陈、李二人乘胜追赶了五六十里，方才收回人马，人守南阳府城。

李自成闻知高杰兵败，掌世王被杀，他便督催着大队人马，星夜赶到南阳城下，安放大炮，架起云梯，四面猛攻起来。谁知那城中却守御坚固，加以兵多于民，矢石铳炮异常厉害。因此，李自成一连攻打了两天，毫无一点希望。又闻陈奇瑜、蒋允仪两人一齐亲率大兵来救南阳，李自成十分忿懑，向高迎祥说道："这里城池未能攻下，四面的援兵又复大至，岂不又成了个腹背受敌之势，这该如何是好？"正在商议的时候，那陈奇瑜已经督率总兵贺人龙、左光先等两镇大兵，风驰杀到。李自成大惊，立刻点起人马，亲赴前敌，来与陈奇瑜交战。

原来这南阳府乃是太祖高皇帝二十三子唐定王建国之处，陈奇瑜因为藩封重地，诚恐万一有失，将来是罪名很大的，因此他便亲自赶了前来。

这里李自成刚刚要与陈奇瑜交锋，不防那探马又报，说是河南巡按张任学督率了大将罗岱，由泌阳、唐县一带杀了前来。李自成大惊，向牛金星道："先生，这该如何是好呢？你说南阳一鼓可下，今日南阳未得，反弄成进退无路。"牛金星道："事已至此，牛某想张任学未经战阵，其部下亦不及陈奇瑜的精锐。目下只可分派几员上将，率领大兵，向枣阳、当阳、汝宁、上津、郧西等处，分头去牵掣住各路援兵。将军这里自率精兵，去与任学接战，只要杀败了任学，便可寻出一条路来。"李自成道："我也是这样的想法。"一头说一头下令：叫大将刘宗敏、马维兴、萧云林、周风梧等各率本部人马，速向汝宁一带分头出发，待将官兵杀败了，再来会师进取。一面又令李过、高立功二人率领人马督住后军，防备陈奇瑜的追兵，然后自率中军人马，同高迎祥直向泌阳一带浩浩荡荡杀了前来。

且说这张任学本是河南巡按，论他的职分，是代天子巡狩，专按各省藩服大臣，府、州、县官的政绩，无论文武官员，大大小小，倘有贪赃枉法者，一经查出来了，马上就可以摘去印绶，专折奏参；若遇那些土豪劣绅以及一切恃强凌弱、不讲公理的棍徒，一经查出，轻者锁押监禁，重者立毙杖下；若遇地方上有了强盗，马上就可以调兵剿捕；若有重大的军情，还须要同巡抚会商。他自己身边只有中军参将一员，所带不过卫队一营，是不能上前出阵的；若是巡按兼监军御史，格外有旗牌官，可以遇紧急时候调兵出战，总而言之，他的责任专重的是纠劾文武官吏，剪除劣绅豪蛀；至于出兵打仗的事，却用不着他来负责，今日张任学以巡按文臣，居然身临前敌，岂不成了个越职多事吗？这其中有个缘故，不得不把他来补叙明白。

原来这河南开封省城，乃是周王建国之地。当初太祖高皇帝第五子周定王楪，于洪武十四年就藩于此，比起后世所封的藩王，更是尊贵，平时遇有风鹤之警，那抚、按二臣定要留一个在省城卫护藩王的。自从李自成入豫以来，那河南巡抚元默便督兵出省，到处分布人马，防堵险要，并援应各处郡县。后来李自成的人马渡河而南去，风声日形险恶，周王恭枵一连下了三道令旨，把元默调回开封，防守省城。任学看见贼势日急，官兵疲于奔命，那一般将帅没有一个肯去舍命出力，因此他就一时忠勇奋发，想要替朝廷大大的去出一把力，便连夜拜疏，自请弃文改武，亲赴前敌督战。崇祯帝览疏大喜，立刻传旨嘉奖，改他为前军都督府都督金事，署河南总兵官，即日督率开封兵马，驰赴前敌，听候陈奇瑜节制调遣；一面另放了一员监察御史高名衡，代他为河南巡按。任学奉了旨意，立刻调集了人马，令前锋副将罗岱为中军，即日督率大兵，星夜杀奔南阳而来，兵行两日便与李自成的人马顶头碰见。双方摆开了阵势。

任学全身披挂，立马阵前，大骂："万死逆贼，还不早早投降，更待何时！"李自成大怒，用鞭向后一指，转出了大将混十万，拍马挺枪直取任学。任学急令罗岱上前迎战，罗岱应声而出，挥刀直劈混十万，两人一刀一枪，大战十五六回合，罗岱钢刀起处，早斩混十万于马下。任学麾兵杀上，一时喊声大震，官兵如排山倒海，直向李自成阵前奔杀上来。

李自成大怒，挥动了长矛，亲自上前接战。他的坐马尚未出发，背后早转出大将顺天王，跃马舞刀，大叫"不劳主将动手待我取了这厮的首级来献"。一头说，一头飞马出阵，一口刀拦住罗岱，大战了七八十回合，胜负未分。罗岱看见顺天王武艺高强，一时不易取胜，他便心生一计，向顺天王面上虚晃了一刀，随手拖刀向后而走。顺天王舞刀追赶了上来，两马相近之时，罗岱猛然回转身来，大喝一声，手起刀落，劈顺天王于马下。

官兵阵里见罗岱连斩二将，顿时人人奋勇，个个争先，一齐奔杀上来。李自成的前军首先溃败下来，冲动了中军人马。李自成大惊，急调李双喜、马世跃两支人马上前接战，自己率了俞彬、贺锦、田虎、李友等一班勇将，在后接应。李自成手执长矛，鸣鼓催战，连斩逃将三员，方才把人马止住。一直战至天晚，方才收住了人马，双方各自停战回营。

这一场大战，李自成连折大将两员，损伤的人马不可胜计。正待整顿兵马再与任学决战，不防那探马飞报，说是李过已被贺人龙杀败，那些逃兵败将纷纷退了下来。李自成大惊，急忙来见高迎祥，请了牛金星一同商议进兵之策。主意尚未商定，接着探马又报，说是总兵王朴、倪宠两路大兵又复杀到。高迎祥大惊道："这还了得！贤甥不可再图进取，火速由镇平、内乡急向陕西退兵为要！"牛金星道："事已至此，只有这样才好！"李自成便下令，叫探马飞告各路人马，叫他们一齐向陕西边界杀去，一面自率大部人马，直奔镇平一带而来。

岂知他的人马前足开拔，那贺人龙的大队跟手也就追赶到了，王朴、倪宠、张任学三路大兵也分头杀来。李自成见官兵四路来攻，一时大恐，便向高迎祥道："目下时机迫切，险象环生，请舅王先率一半兵马，由镇平、内乡的小道杀入商南，暂行驻足，愚甥自率一半兵马，督住后路，且战且走，若能到了陕西，一切就好进行了。"

高迎祥无可奈何，只得率了人马首先回陕。李自成待高迎祥起身之后，方才部署兵将，回军来与贺人龙决战。

此时贺人龙奉了陈奇瑜的将令，督率全镇得胜人马，星夜追赶到此。当下两军相遇，李自成横矛勒马，大叫"贺总镇搭话"。只见官军阵上门旗开处，贺人龙金盔金甲，骏马钢刀，左有周国卿，右有贺明

第七回　陈奇瑜师援南阳郡　李自成中计陷车厢

威，背后拥着何人敌、魏大亨、贺国贤、高进库、高汝利、董学礼、贺勇等一班上将，一齐排出阵前。贺人龙望见李自成大声喝道："李自成反贼，逆天作乱，今日天兵四至，汝辈已成釜中之鱼，笼中之鸟，死到临头，还不快快投降，随了本镇前去请死，更待何时？"

李自成在马上欠身说道："某与将军，谊属桑梓，曾共游侠江湖，暌违十载。遽以刀兵相见，人事变迁，殊深感叹。但今日相逢，敢有一言贡献，尚祈采纳。现在明朝天运已终，海内豪杰各思趁时飞腾，自己建立一番事业。将军以盖世英才，亟宜独树一帜，将雄兵十万，向中原自逐秦鹿，何必听人驱策，甘作牛马奴隶？窃为将军深惜而不取焉。"

贺人龙喝道："无知的狂徒，胆敢信口胡说。本帅世笃忠贞，受恩深重，今日钦奉圣旨前来拿你！曾记得二十年前，吾与尔在故乡惧乐岩前比武角力，汝屡次屈服于我？今日吾率了精兵十万，上将千员，汝岂是我敌手。汝若诚心畏惧，便可悔罪投诚，我看在桑梓份上，情愿奏明圣上，以保汝全家不死；倘若不信我言，就此与汝对天立誓吧！"

李自成道："将军不可执拗。今日朝纲愈坏，权奸用事，忠臣尽被诛杀。将军纵然为国效忠，诚恐茅土之荣未必，而斧钺之诛立至。熊廷弼、袁崇焕之事，可为殷鉴。大丈夫生在世上，需要自拿主意，岂可随波逐流，将来悔之无及了！"

贺人龙大怒，厉声喝道："逆贼安敢巧说，谁去替本帅取了他的首级来？"说犹未毕，背后已经转出了大将贺明威，跃马舞刀，直取李自成。李自成背后亦闪出一员上将，生得身长丈二，面貌狞恶，手提一口宽背鬼头大刀，大喝一声："来将休走，显道神在此，看刀吧！"说时一匹马飞到阵前，挥刀直劈贺明威。明威看见他这一副尊容，早已骇了一跳，心想这是那里跑出来的怪物，真正名不虚传了。一面想一面舞刀迎战，不料这显道神异常凶猛，只见那一刀砍了下来，明威急忙举刀架住，忽听得当的一声响亮，明威两只手的虎口都震麻了。随手左边一刀，右边一刀，横三顺四，杀得明威手忙脚乱，看看的招架不住了。旁边恼了大将周国卿，立刻提刀跃马上前助战。显道神力战二将，毫不畏怯。

贺人龙在阵前看见显道神这样猖獗，顿时大怒，喝令："二将退后，待本帅亲自来斩这个野虫。"说犹未毕，一马冲出阵前，挥刀直取显道神。显道神丢开了二将，回刀便与贺人龙接战，谁知他那一口刀顾了上边，顾不了下边，顾了左边，顾不了右边，一时心忙意乱，一个不留心，竟被贺人龙大喝一声，斩于马下。

李自成看见大怒，正待挥矛出战，忽然背后又转出大将草上飞，大叫："不劳主将动手，待小将前去看他！"这显道神乃是李自成部下的著名勇将，今日竟被贺人龙斩于阵前，草上飞是何等武艺，他偏偏敢来出头者？这其中有一个缘故。原来这个草上飞生得身材短小，矫捷如猿，他的枪法又十分烂熟，平日常常说，显道神不懂刀法，一味地靠着勇力野战，将来若遇见了智勇双全的人，便要吃亏，因此他便不甚服气显道神，又见李自成平日以上将资格来看待显道神，他的心里更觉愤愤不平。今见显道神被杀，正应了他的言语，又要乘势在李自成面前夸一夸他的武艺，所以便冒冒失失地跑了出来，挺枪直刺贺人龙。

贺人龙见他来了，顺势就与他交手。战了三五个回合，觉得他的枪法很是熟习，身手也十分灵活，便笑了一笑，向他说道："你也看一看本帅的枪法吧。"一头说，一头把手中的宝刀向后一撩，顺手接过来一支钢枪，腾空飞舞，直向草上飞杀了上来。草上飞吃了一惊，急忙打起精神，奋勇苦战。贺人龙把手中的枪向他一晃，趁空将坐马又踢了一脚，那马腾空飞起，一跳便向草上飞的背后直冲了过去。草上飞未及回头，贺人龙已拗转身子，举手一枪，直从他的后心穿透了前心，蓦地就马上把他挑了起来，大喝一声，直向李自成面前摔了过去，只闻得"扑通"一声，那草上飞已经从空掷下。一时双方阵里齐声喝彩，李自成也由不得叫了一声好。

贺人龙连斩二将，官兵勇气百倍，一时鸣金击鼓，呼哨杀奔前来。李自成大惊，急忙亲舞长矛，上前迎战。背后李双喜、马世耀、闯塌天、射塌天等四员大将一齐飞马上前，刀枪并举，舍命来战贺人龙。无奈官兵锐气正盛，势若潮涌，李自成不能抵挡，顿时大败而逃。贺人龙乘胜进兵，一直追赶了五六十里，方才收住人马。

李自成回到帐中，便同牛金星商议分兵拒敌，连夜把部下的人马分为六大队，令李双喜、周凤梧、高一功、高杰、俞彬、马世耀等六员大将，分头率了人马，去拒住贺人龙、左良玉、张任学、王朴、倪宠诸路官兵。一面暗中令李过率领精兵五千人为先锋，一直由白河湾、杏花山一带小道，杀奔镇平而来。正当这时各路官兵先后一齐赶到，李双喜等扼险拒战，拼死不退。贺人龙探得李自成已经由白河湾逃走，不禁吃了一惊，急令周国卿率了人马，星夜前去堵截。

周国卿兵至杏花山，恰恰与李自成的中军刺斜相遇。李自成见了，心里十分愤怒，立刻令李过上前迎战，两军就在杏花山前苦战起来。

正在相持不下的时候，那李双喜等六路大兵一齐战败，都向镇平一带退了下来。俞彬由小道退走，反殿在周国卿的阵后，看见周国卿正在与李过交锋，他便尽率人马，在后面夹攻上来。周国卿看见腹背受敌，便不敢恋战，急急率领所部，由山后退走，李自成亦无暇追赶。便与俞彬等五将回合兵一处，连夜奔入镇平，扼险休兵。

总督陈奇瑜起先以李自成逸出南阳，便催督各镇大兵昼夜追赶。及官兵追至镇平，李自成已经由镇平入内乡；贺人龙等追至内乡，李自成已由荆紫关杀入陕西商州、雒南一带，与高迎祥回合兵去了。陈奇瑜大惊，连夜飞檄总兵李卓，率兵扼守山阳一带，一面分调大兵，四路入陕，来追李自成。

李自成看见大兵云集于关中，生怕陷入绝地，一连召集部下的将士开了几个会议，决定主意。同高迎祥尽率全部人马，由陕西向湖北郧阳一带，直取襄阳。前部先锋马维兴刚刚渡过了汉江，不想那湖广巡抚唐晖早督了大将杨正芳等，把荆州、承天一带的水陆隘口防守得铁桶一般。李自成看见楚兵有备，即刻把人马折回洵阳，分兵四出，攻陷了房县、竹溪、保康三县，保康知县方国儒、竹溪训导王绍正先后战死。

此时新任郧阳抚治都御史卢象升，部下只有标兵二千名，除了守城之外，不能前去救援各县，因此他便一面防守，一面向朝廷飞章告急。

李自成由湖北复回陕西，尽率大队人马，由巴陵、夷陵、紫阳、白河一带，浩浩荡荡向四川杀了前去。大兵到处，连陷夔州、大宁、兴山、通江、巫山等处，夔州同知何承光、大宁知县高日临、兴山知县刘定国、通江巡检郭缵化、大宁训导高锡、巡检陈国俊、指挥王永年、守备郭震辰、田实等先后战死，一时烽火连天，四川抚按告急的文书雪片似飞来，陈奇瑜大惊，连夜移檄四川抚按，叫他们速率本省官兵，设险扼守，一面飞调大兵，星夜向四川进剿。

李自成看见官兵全数入了四川，他却又把人马分为三大股，趁空复向湖广飞驰电掣地杀了回来。那二路人马，一路由均州入湖南，一路由郧阳犯淅川，李自成自率一路，由金漆坪复入商南一带，梓潼教谕詹嘉言战死。

李自成的人马刚刚行至兴安府一带地方，谁知这一回却没有算准，恰恰的又与陈奇瑜由四川撤回的大兵碰了个正好。李自成看见官兵大至，又见这兴安一带山路崎岖，他便不敢与官兵接战，立刻率了人马向后退走。岂知他的队伍刚才到了车厢峡一条路上，忽然闻得金鼓齐鸣，喊声四起，一连三骑探马飞报前来，说是总兵李卑率领大兵在前面拦住了去路。李自成大惊，急令李双喜率领大将破甲锥、过天星火速前去迎战，务要将官兵杀败，方能进兵。

　　这路人马刚才调上前去，不防那后面的杀声又起，探马飞报，说是总兵王朴、倪宠两支人马又从后面追杀到来。李自成听了，忧念交集，即刻传令，叫李过、俞彬、夜不收三员大将各率本部精兵，前去迎敌；三将领命而去。

　　这时候，前后两处同时交战起来，只闻得金鼓连天，喊声惊天动地，不上片刻功夫，探马飞报，说是破甲锥、过天星二将已被官兵所斩，李双喜引兵败退下来。李自成正待亲自上前之时，不防后面的探马又到，说是李过、俞彬被官兵杀败，退回来了，夜不收被王朴斩了，两路官兵直向峡口夹攻上来。李自成大惊，急忙与高迎祥分督了李守信、高立功、高一功、马维兴、刘宗敏、闯塌天、射塌天、贺珍、贺锦、高杰、田虎、罗虎及新从河南归附的刘虎、袁宗第、郝永忠、马进忠、马士秀等一班大将分头死战，一面令李双喜、李过、俞彬、周风梧等各率死士，向左右山岩边爬山越岭，设法去截击官兵的后路，意欲冲出这个险地，再看退兵之路。不料此时官兵异常勇猛，李自成等几次冲锋，皆被官兵杀得大败而回。李自成十分愤怒，传令叫马维兴上前冲锋，自己在后督阵。一时金鼓齐鸣，喊声大震。马维兴杀入官兵阵里，手斩副将高文、杜震，官兵立时败退下去。李自成正待催兵杀出，不防那左边山外鼓声又起，人报"贺人龙的大兵赶杀来了"。说犹未毕，右边山上的鼓声又起，一时人喊马嘶，尘头高起，探马连报，说是"左良玉、汤九州两镇大兵又杀到了"。李自成听罢，长叹了一声道："大事去了。"即刻传令，叫全部人马悉数退入峡中，暂时休息。官兵见他们已经陷入了车厢峡，便也不再进兵，立刻分布人马，将前后峡口及四面山顶小路重重扼守，困了个水泄不通，此时的李自成率领的这支部下面临着严峻的考验。

　　且说这一回的官兵如何来得这样神妙？原来那陈奇瑜起先看见李自

第七回　陈奇瑜师援南阳郡　李自成中计陷车厢

成的大部入了四川，表面上虽然羽檄星驰，飞调各镇大兵入川会剿，其实他暗中早有个成竹在胸，所以那各省的大兵并没有许多开入川境。当李自成兵入夔州时，他却连夜驰至均州，深知李自成所发出均州、郧阳两支人马皆系乌回合新附之众，又无勇将谋士，不足为虑，至其宿将精卒，全数都在川陕边境上随着李自成的。因此他便认定，要聚集兵力，专来扑灭此股人马，就在均州飞檄陕西巡抚练国事，督率关中、固原的大兵，驻商南扼堵西北；郧阳抚治卢象升，督率抚标兵马，驻房山扼守正西；河南巡抚元默，督率本省官兵，驻卢氏扼堵东北；湖广巡抚唐晖，率湖北官兵，驻南漳扼守东南。因此神不知鬼不觉，不上一月工夫，便安排得齐齐整整，消消停停。李自成一着棋输，被官兵步步蹙至兴安小道，一时大兵云集，四面合剿，马上陷入车厢绝地，其余那两支人马，早被唐晖等杀得落花流水，瓦解冰消，不成问题了。

　　此时，李自成被官兵四面压迫，一直退到车厢峡里，举目四顾，但见两面峭壁，中间一条狭路，迤南接着一片荒地，连林木都不生长。外面又被官兵层层围困，犹如铁桶一般，看到这个情形，便是插上翅也不容易飞了出去。李自成下得马来，见了高迎祥，双泪直流道："愚甥不才，今日败入绝地，又连累了舅王。与其大家束手就戮，不如愚甥先自寻死，舅王拿了愚甥的这颗头颅，去向官兵乞降，或者尚能免得一死。"说时飕的一声拔出了佩剑，向颈上便抹，高迎祥大惊，急同诸将一齐上前救护

第八回

顾君恩用计脱险地　李自成兵败走平凉

李自成正欲拔剑自刎，被左右上前拉住，夺去他手中的宝剑，将他扶到帐中，大家暂时扎营安息。偏偏这个时候，又值连夜大雨，遍地泥泞，李自成等万分愁楚，只得搭起帐篷，待天气稍晴，再作区处。岂知这一场雨，竟连绵不绝，一直下了二十多天。那各营的兵将，饥寒交迫，每日坐卧泥水之中，十人九病；弓箭上的胶皮、羽毛完全都潮脱下来。

危急情形眼看一日紧似一日，高迎祥、李自成急得忧心如焚。又见那两面山顶上的官兵，都纷纷用箭向峡中射了下来，箭头上面都裹着一张告示，各营将士人人传观，私下议论不已。李自成闻知这个光景，当下命人取了一张进来，展开一看，只见那上面大书道：

兵部侍郎、总督五省兵马、都察院、右副都御史、赐尚方剑陈钦差监督楚豫晋川陕五省官兵、提督大教场、兼管乾清宫事杨为出示招抚事，照得本钦差：此次奉旨讨贼，剿抚兼施。现在大兵云集，贼众坐困于死地。本当督兵进剿，歼厥丑类，特体朝廷好生之德，权施法外之仁，网开一面，予以自新。凡尔被胁难民及诸头目，苟能洗心革面，悔祸输诚，本钦差必能曲予保全，俾其效力自赎。若有将高、李二逆生擒来献及函首军门者，尤当奏明圣主，立予破格之赏。倘若顽梗不化，抵抗天兵，一旦逆巢攻破，势必骈首就戮。尔等皆有身家性命，为祸为福，速自择之。切切此示。

李自成看了这个告示，越发急得坐卧不安，诚恐手下兵将立刻哗变起来，肘腋之祸，近在眉睫了。

这时座旁早走出一人，口称："将军且慢着急，某有一策，可以脱离险关。"

李自成视之，不是别人，正是谋士顾君恩也。李自成道："先生有何妙计？快快说了出来！"

顾君恩道："告示上那个姓杨的，就是从前在河南受我们运动的杨应朝。这个人贪鄙异常，又是崇祯帝跟前的心腹太监。今日事到临危，不如再多多拿些宝物，仍去钻他这条门路，定然有个办法的。"

李自成摇头道："我们从前既降而叛，已经失了信用，他岂肯再来相信？"

顾君恩道："我们从前降的是常道立，听说奏章到京时候，我们已经变了，因此应朝的同党竟把那个本章压搁住，始终没有奏闻。后来应朝还奏劾统兵文武，贻误军机，放走了我们。可见从前的事，朝廷并不知道。如今我们一面用重贿再去诱他，一面极力表示我们这一回的诚心归顺，求他在暗中斡旋一切；一面直向陈奇瑜军前请降，陈奇瑜仗着兵多，必不虑我们叛走，又怕我们窘急拼命，必定准其投降。缓开了这一口气，再寻设法也好。"

高迎祥道："先生说得不错，我就是有这样想法。不然他们一两日内，一鼓进兵，岂不完了吗？"

李自成道："这也使得。此间有的是金珠锦绣，可以多多拿去。"一头说，一头向牛金星拱手道："此事又要先生辛苦一趟了。"

牛金星道："这个不妥。我前次食了言的，今日再去，岂非自行送死？我的性命不打紧，误了大家的事不好。"

顾君恩笑道："老牛，你何苦拿般做势的？我知道你有这个手段，快快的去罢！你还要高王同李将军与你下话才好吗？"

牛金星道："去是可以去的，杀是杀不了我的，但是不能保定成功吧。"

高迎祥道："尽人事以听天命吧。"

牛金星应命，即日打捆了许多金珠宝物，收拾齐全后，又遣了一名精细小校，由山僻小道，攀藤附葛，越过了一重山岭，直向倪宠的营前，声称要见杨监军，求他们带去见面。那些兵士不敢怠慢，立刻回明了主将，转禀应朝知道，才带他进去，呈上了牛金星的密函。应朝看见了，即刻发下令箭一支，叫旗牌官随同来人持赴峡口，传谕前敌将士，把牛金星及随行赍带礼物的一行若干人放了出来，自去干他们的勾当。

且说这监军一职，是何等重要责任，如何打发出太监来充当？说起来，从前秦始皇曾遣太子扶苏监蒙恬之军于上郡，那是尽人皆知的。就是明朝的监军，普通都是由都察院、简放金都御史、监察御史或是由兵部侍郎亲自出去充当。

当年赵文华就是以兵部侍郎出监胡宗宪的兵马。甚至有时候事情重大，还放出一位藩王来，至小也是一个监军道。可见这监军一席，威权至重，责任是很不小的了。后来朝廷因为：不放心外任文武，特地放出这些内官，寄以耳目腹心之任。你想他们这些身体不全的奴才，哪里知道忠孝廉耻？哪里懂得用兵的韬略？到了无事之时，他专会作福作威，妄自尊大；一旦军务吃紧了，马上传一道号令，将那些勃兵健将，一齐调来，做了他的护卫，赶到前头打了败仗，他就拔开腿，一溜烟首先逃走。逃走之后，还要咬文嚼字，奏参这一个临阵退缩，那一个贻误军机，弄得一班统兵文武，敢怒而不敢言，大凡有志气的男儿，谁肯去受他们的狗气？不受又不得过去，因此越弄越糟，武功毫无起色，这一宗，确是明朝大大失着之处，后人应该晓得才是。

且说那牛金星携带了重宝来到杨应朝军中，呈上高、李二人的禀启，一面极言"前次之变，本出自三五私人之意，以致煽动了全部。后来李自成因为在监军处失了信用，立刻把他们都斩首号令起来。目下全部将士，皆已畏惧天威，个个情愿担风险"等语，说了个天花乱坠。

杨应朝见了这许多的金宝，又听了牛金星的一片恭维话，立刻心花乱放，满脸堆下笑容，说道："只要你们诚心归顺，这里的事，我总一力维持，你回去快快送降表吧。"

牛金星得了这个上卦，即刻辞了回去，告知高迎祥、李自成，连夜写了降表，遣精细偏将一员，赍走陈奇瑜军门请降。

此时陈奇瑜督率各省官兵，把李自成节节逼入峡中，加以大雨连天，眼看得他们不是病死便是饿死，这一场大功，马上就要告成了。陈奇瑜正在得意之时，忽见旗牌官入帐禀称："高迎祥遣人来送降书，现在辕门候令。"陈奇瑜听了并不商量，便传令叫把来人斩首号令。

帐前的武士答应一声，立刻就要动手。只见那监军杨应朝陡然立起身来，喝声："慢着！"回头向陈奇瑜说道："两国交兵，不斩来使，况他们是窘急来降，岂可连降书都不看，便把使者杀了！"

陈奇瑜道："这高、李二贼奸狡异常，岂可轻易信他！况且他们已经陷入绝地，指日便将授首，又何必去多费这些唇舌？"

杨应朝道:"老先生之言错了!'困兽犹斗',古有明箴。今日他们来降,风平浪静,克成不世之功,这是天赐我们的机会,岂可失之交臂?倘若操之过急,那一班亡命之徒,左右是个死字,一旦拼起命来,谁能操这个必胜之券?况且朝廷屡降剿抚并行之旨,今日不准他们投降万一事变不测,叫他们铤而走险,虎兕出柙,伊时损兵折将,老先生又当怎样向朝廷交代?这一宗事,我做监军的先当不起,还要慎重才好。"说罢连连摇头不已,又连声说道:"从前旷日持久,劳师糜饷,都迭次降旨,严重整饬过好几次。今天这事,岂可任意激变,这还了得!"

陈奇瑜被他这一片大话说得顿时没了主意,又想这杨应朝是天子面前的红人,平常说一是一,说二是二,此刻违拗了他的意思,难免马上就要飞章入奏,将来果能擒贼献俘,固然是无甚说的;但是用兵一道,变化无穷,万一被高、李二逆逃了,那崇祯帝的脾气,是毫不容情的,无论你是什么阁老大臣,元勋世胄,要是贻误了军机,马上就要斩首西市的。因此他便想了一想道:"监军说得有理。"立刻传令,叫取了降书上来,提起笔就要批准。

只见帐下闪出总兵曹文昭,连声道:"不可不可!这高、李二贼穷凶极恶,奸诈异常,今日穷五省兵力,费无数的粮饷,方才把他困入绝地,岂可听其片语伪辞,轻轻的纵出险要?况他从前在河南既降复叛,今天又用这个诡计,这事还请监军慎重才好。"

应朝听了,冷笑了两声道:"捣穴擒渠,将军自然是封侯赐爵的了。但是你只看见猛虎在陷,还要知道困兽犹斗。若是逼得他们无路可走,回头与我们拼起命来,将军固然是英勇无敌,诚恐别的将帅没有!这样武艺,岂不误了我们万岁爷的大事!那时候,谁来担这个重咎?只要将军肯负全责,我便立刻入奏,将来这个大功,完全让你一人吧!"

曹文昭听了,气得满脸发青,一句都不言语。

此时陈奇瑜也把这事看得容易,当下批准了降书,传令前敌将士,不许妄自进兵。一面限定第三日午刻,先叫高迎祥、李自成二人单身出见;其余兵将各按队伍,都在峡口点名,待收过兵器,听候改编。

这个号令一下,那各镇的总兵、副将及大小将,都遵令各守汛地,专候李自成等出降,大家都好分功。

到了那日午正初刻,陈奇瑜便抽调了各镇官兵,分扎在峡口两旁,一时旌旗蔽日,鼓角喧天。一班将帅都披坚执锐,怒目环视,一行一行的挺身侍立。这个时候，但见那高迎祥、李自成甥舅二人，都衔璧自捆，从峡里走了出来，一直由那夹道剑戟之中，低首而行，行至中军，匍匐军门，泥首请死。后面随着牛金星，捧呈兵符册籍。陈奇瑜传令，先把二人的绳子解了，然后入帐跪见，又向他二人宣布朝廷的恩威，勉励他们以后赤心报效朝廷。二人叩首谢恩，退了出来。陈奇瑜又下令，叫把峡内的人马按照名册，依次点出。一直点了三天半，方才点毕，总计大小将校六百七十八员，步兵四万四千五百名，骑兵一万六千三百名，共收各种兵器七万八千余件，辎重、粮、饷、马匹不可胜计。各镇总兵将人马、器械、粮饷一齐汇了总册，然后入帐缴令，请示定夺。

陈奇瑜虽然收抚了高、李的全部，但是这一般骄兵悍将，一时应该若何安插？便向应朝道："这新抚之众，都是狼子野心，不如把他们一队一队地划分出来，交与各镇，零碎夹编在官兵里头，过上一两年，自能化桀骜为驯良，方免得意外之变。"

杨应朝道："用人勿疑，疑人勿用。今日他们两个既然归顺了朝廷，就算是朝廷的将士。依我看来，不如把那些人马仍旧交还高、李二人统辖，免得他们疑心，日后若有缓急，方能够得他的死力办事。况且他们那些人马，别人是驾驭不住的，把他们夹插在官兵队里，那些人看见我们不以诚心待他，他们难道就不顾虑？万一都在暗中煽惑起来，岂不是我们故意把奸细请了进来？一旦出了意外的乱子，岂非前功尽弃，还要受大大的危险吗？"

陈奇瑜这回也是合该倒霉，不知不觉，又听了他的鬼话，随即下令，叫把新降的人马，仍旧拨归高迎祥、李自成二人统带，所收的械器马匹，一律发还。

这个号令一下，只见那帐下又走出两员大将，连声请督帅慎重。陈奇瑜视之，乃是总兵曹文昭、左良玉也。二人看见陈奇瑜要将人马、军器发还李自成，因此便齐声说道："不可，不可！这高、李二贼，诡诈异常，从前在河南的时候，使我军功败垂成，覆辙不远，前车可鉴。今日幸而堕入樊笼之中，纵不枭首军门，也当献俘京师。岂可再予兵权，致生他变，所以这样做，是万万不可！"

说犹未毕，座上恼了监军杨应朝，大声喝道："汝二人一勇之夫，只知道擒贼立功，去讨朝廷的懋赏，那里晓得'杀降不祥'，古已有的良言。朝廷屡降明旨，凡是悔罪投诚的，无论何人，一律赦死录用。你二人焉敢固执己见，定要杀害他们，以伤我皇上如天之仁，这是何等居心！"二人碰了这个钉子，只得垂头丧气，不再固执己见，退回本班。

这里陈奇瑜将人马交还了高、李二人，连夜同杨应朝会衔上疏，由八百里加班奏捷。

兵部尚书杨嗣昌得了这个捷报，立刻据情转奏。崇祯帝大悦，马上传旨，敕下吏、兵二部，将在事出力的文武查明现任职衔，分别议叙，请旨定夺。一面又敕陕西巡按，将军前受伤、阵亡及被害地方情形，详细造册汇奏。其总督、监军、抚、按、各镇总兵等，均待将善后安插等事办理妥善后，另候特旨升赏。又敕陈奇瑜，勒令高、李二人，限期将张献忠全股荡平，准其赎罪录用。这几道旨意一下，那一班文武，自然遵旨赶办，无容赘述了。

再说那李自成，自从经了这么一番挫折，深知道用兵须要讲究韬略，不可专靠着武力取胜。因此投了官兵之后，日日提心吊胆，生怕部下的兵士闹出一点事来，马上就要弄险的，每日除巡查队伍之外，便叫牛金星、顾君恩二人来在帐中，与他讲说《三国演义》《说岳传》等书并一切古今的战阵兵法。李自成本来是浅浅能认得几个字的，因为他的天分聪敏，所以不多几日，便把那些讲过的书，一齐都完全记忆在心，慢慢的自己连小说都能看得下去了。从此以后，他的智识日增，用兵也日渐长进，甚至小说之外稍深一点的书，也能涉猎了。此是后话。

再说那总督陈奇瑜，自从奉到朝旨之后，便将各省人兵除抽留外先后都调回原防，一面遵旨叫高迎祥、李自成所部的人马，火速开赴汉南一带，前去剿灭张献忠，立功自赎。

李自成得了这个将令，心中大喜，立刻把部下的将领及牛、顾两谋士一齐招至中军，向他们发言道："我们这回因为失了计算，以致败入绝地，所以从新做了这个诡计，以济眉急。但是大丈夫生在世上，终要独树旗帜，焉能长久被人羁捆！今日既令我们移兵汉南，正是天赐的机会，诸君以为如何？"

李自成说完了这些话，只见那在座的将校，一齐立起身来，齐声说道："将军说得有理，我辈都愿听指挥。"

顾君恩道："这事千万不可造次。此去山路崎岖，非常的险峻，倘若走漏了风声，被官兵两头截杀起来，还是无路可走。以某愚见，目下只可将人马暗中布置齐备，表面上务要小心恭顺，遵令而行。待将前途的栈道过了，然后给他个迅雷不及掩耳，方能保得万全。"

李自成道："先生说得有理！"便令李双喜、马维兴、李守信等悄悄出去，授意各营将士。一面约了高迎祥，亲向军门叩见陈奇瑜，请示开拔日期，并求通饬前途所过的州县，预备粮秣。次日又向陈奇瑜、应朝两处去参见，恳请面授机宜等事，喜得杨应朝心花怒放，向他们说道："你们二人今天做了朝廷的武将了，便要好好地去替国家出力。我回京之后，定要在皇上面前大大地抬举你们，将来稍能立一点功，便可以加官进禄了。"

二人闻言，连忙叩首谢恩，然后回到营中，下令出兵。李双喜先行，高迎祥居中，李自成督诸将殿后。大军次第开拔，陆续起行。沿途一带的文武，都奉了陈奇瑜通檄，将军用粮秣预备齐全，踮踮没有缺误。临行之时，应朝又派了三十员随营文武，来在军中，沿途护送，免得所过州县发生误会。因此李自成的人马一路上风平浪静，居然渡过了栈道。

李自成见险关已过，便把人马扎住，休兵一日，然后传了一个密令。这个号令一下，各部的人马顿时哗变，尽杀护送及安抚官五十余人，将沿途所过的州县、村镇大行焚掠起来。霎时间烽火连天，烟尘四起，各县告急文书雪片似的飞来。

陈奇瑜一连接了五个警报，这一惊非同小可，马上传令：飞调总兵贺人龙、李卑星夜驰赴汉中府，迎头截剿。一面飞咨三边总督洪承畴，火速派兵协剿；一面亲自督率了各镇大兵，兼程出发，来与李自成决战。

陈奇瑜在这里调兵遣将，分头并进，再说李自成率了人马，沿途攻城掠地，直向汉中一带杀来。行了不上两日，只见那前头的探马飞报，说是总兵李卑率领大队人马拦住了去路。李自成大怒，即刻指挥人马上前迎战，双方就在平坦之处摆开阵势。

李卑横刀勒马，在阵前大叫："李自成反贼，快快上前领死！"李自成大怒，传令叫大将老张飞率兵出战。老张飞领命，立刻挺枪跃马直取李卑。李卑厉声喝道："无名小卒，焉足污我宝刀，快快回去，叫李自成出来洗颈就戮吧！"老张飞哪里理会？举手一枪，直向李卑刺来；李卑大喝一声，挥刀便与他接战，双方阵里金鼓齐鸣，顿时喊杀连天。交战不上十回合，李卑手起一刀，斩老张飞于马下。官兵一声呐喊，直向阵前冲杀上来。

李自成大惊，急忙向后军调了大将马维兴上前接战。马维兴奉令，提刀杀出阵来，交战一口气大战了七八十回合。二人武艺高强，从午至未不分胜负。李自成看见风头不好，立刻鸣金收军，一面调弓弩手射住阵角，然后缓缓地收住人马，传令叫各营坚守壁垒，不许出战。

次日一早，李卑又鸣鼓进兵，前来搦战。李自成仍旧深沟高垒，不肯出战，一面向高迎祥商议道："此去道路险窄，李卑又是著名的勇将，看前日阵上情形，这一支官兵是很难对付的了。依甥愚见，不如弃了正路，趁他们不曾防备之时，我们尽率全部人马，由凤翔一带杀入陇右，再作良图吧。"

说犹未毕，只见牛金星立起身来，拍掌笑道："这个计策好。目下我兵在这里哗变，各路官兵都向汉中开发。他们的意思，总以为我们必然去取汉中府的。如今出其不意，我兵复向这一路杀了过去，弄得他们千里跋涉，疲于奔命，然后相机而行，以逸攻劳，一鼓可以破之。"

高迎祥道："既是这样，便可赶紧出发。"

李自成领命，立刻下令，叫李过、俞彬、李守信三人各率本部精兵，前去各要隘加意扼守，防备贺人龙一支人马，并截左良玉的来路；李双喜、萧云林、高杰、周凤梧四人，各率大部精兵，分头扼险，敌住李卑的大队，并防堵陈奇瑜来追。两路人马开拔之后，李自成便把中军大队一齐调向后方，一面令催李双喜开营出战，直向李卑的大营杀了前去。

此时李卑看见李自成一连两自不战，正在疑惑之间，忽闻李双喜率领人马扣垒苦战，李卑大异，立刻披挂上马，来与李双喜交锋。二人见了面更不打话，一气大战了七八十回合，未分出胜负。这时周凤梧看见李卑英勇难敌，他便挺枪跃马上前助战。李卑部将伍维藩看见周凤梧出马，他亦舞刀杀出阵来，接着与周凤梧大战，一时金鼓齐鸣，喊杀连天，一直杀至天晚，方才各自收兵。

前方正在相持不下之际，李自成便趁着这个时候，留下高一功、李友二人接应前军，自己同高迎祥尽率全部大队，连夜拔营起行，直趋凤翔一带而来。此时西路官兵毫无防备，李自成大兵一到，连陷凤翔、凤县、山阳、麟游、崇信、巩昌、临洮、平凉、泾州。崇信知县庞瑜、山阳知县董三模、凤县主簿吉永祚、教谕之蔚、乡官魏炳、泾州知州娄琇、麟游知县吕名世等，先后战死。一时烽火连天，震动了甘肃全省地面。

甘肃抚按连章向朝廷告急，崇祯帝览奏大怒。因为凤翔一带防守无备，把陕西巡抚练国事革职拿问，另以金都御史甘学阔巡抚陕西，责成他督率陕西官兵，协同洪承畴入甘会剿。

这个时候李自成的大兵已经杀入平凉一带，那李双喜等两路人马亦相继入甘。李自成会回合了诸将，便向大众商量道："我兵在陕西几次失利，今幸安安稳稳脱离了险地。现在各路有兵又将追至，究竟应该向何处进兵？大家商议一个妥善之策才好，请众位各抒己见，我们取个折中办法，免得临时忙乱，再蹈前辙。"

牛金星道："目下我军虽然出了险地，但是那三边洪承畴的人马不久定要杀到。这巩昌、平凉皆非用武之地，不如趁洪承畴未曾回镇之时，我们先移兵去取固原。若能得了固原州，那时候进可以战，退可以守，便不害怕他们了。"

高迎祥道："这话不错。固原地当险要，人们素称富庶，趁他大兵远出之时，一鼓可以攻下。"

李自成道："既然如此，便是愚甥亲自出马吧。"

高迎祥大喜，即刻传令，叫李自成先行，自己率了大队随后出发。

李自成领命，立刻点起人马，仍令李双喜为先锋，率领八千人马，逢山开路，遇水搭桥，中军大队继续前进。一路上浩浩荡荡杀奔固原而来。

第九回

守固原李梦龙战死　张李二人攻占凤阳

　　崇祯七年秋八月，李自成亲督大兵进攻固原，前部先锋李双喜连败副将周天礼、张应昌两支人马，警报到了固原。分守固原道金事姓陆名梦龙，闻得李自成兵至，他便传令游击贺奇勋率了人马，火速前去迎战。一面向抚按请兵援应，一面分布人马及城中的居民，昼夜防守城池。

　　这个时候，李自成的人马已经围攻了隆德县城，隆德知县费彦芳一面死守，一面向固原告急。

　　此时固原总兵早已督兵远出，陆梦龙得了隆德告急的文书，他遂率了都司石崇德及官兵三千人，星夜来救隆德县。一面飞檄贺奇勋，首先赴援。岂知奇勋的人马尚未赶到，李双喜早已攻破了隆德县城，知县费彦芳战死，李自成的大兵由硝河一带长驱而来。

　　李双喜一军首先与贺奇勋的援军打了一个照面，双方摆开了人马。李双喜手提大刀在阵前耀武扬威，大叫："来将早早让开大路，免伤和气。"贺奇勋大怒，挺枪跃马直取李双喜，李双喜挥刀接战。交马三十余回合，奇勋料敌不过，拨马向后退走。李双喜麾兵杀上，官兵大败而走。

　　李双喜趁胜追赶，一直追至老虎沟地方，忽见前面尘头高起，喊杀连天，探马飞报，说是固原道陆梦龙亲率大兵前来接应。李双喜闻报，当下传令，把部下的兵马依山扎住。一面摆开阵势，令大将袁宗第、郝永忠率精兵五千人，分两翼预备与官兵苦战。

　　这个时候，陆梦龙的大兵早已摇旗击鼓，风驰而来，与贺奇勋合兵一处，直扑李双喜阵前挑战。李双喜看见官兵来势凶猛便下令叫大将贺珍首先破阵。贺珍应声而出，挺枪跃马直取陆梦龙。陆梦龙阵上的大将贺奇勋、石崇德双枪并举，一齐出马来战贺珍。战了片刻工夫，贺珍早已枪法错乱，卖了一个破绽，拖枪败下阵来。梦龙亲自擂鼓，麾兵奋战。李双喜大怒，立刻拍马舞刀来战二将。无奈那贺、石二人殊死奋斗，后面又有陆梦龙拼命督战，一时两军阵里金鼓齐鸣，喊声四起。

正在双方苦战之时，不防那李自成的大队又铺天盖地杀了前来，前军马维兴、高立功、高一功、周凤梧等各引铁骑三千一声呼啸，把官兵足足围绕了三匝。

陆梦龙大惊，急忙收兵一处，与石、贺二将向着李自成帅旗，一直杀了前去。陆梦龙刚才杀出第一重战场，顶头便撞着李过、俞彬的两支人马，迎面截杀上来，陆梦龙大怒，急令部将王忠率领本部人马上前接战，王忠领命，拍马舞刀直取李过。李过大喝一声，举刀直劈王忠，王忠大惊，连忙用枪架住，未及还手李过又是一刀砍来，横三顺四，杀得王忠手忙足乱，拨马向后便走。李过飞马赶上，照定脑后一刀劈王忠于马下，部下一声呐喊，直向陆梦龙扑杀上来。贺奇勋、崇德急忙上前救护，双刀并举，与李过大战不休。李自成在后军催督诸将，一齐围杀上来。一时喊声四起，金鼓喧天，石、贺二将先后力战阵亡，李自成的人马齐声大叫："梦龙早早投降，免污刀斧。"陆梦龙大怒，率了数十骑亲兵东冲西突，奋勇死战。无奈那敌兵越战越多，陆梦龙部下的人马简直死亡殆尽了，陆梦龙身中三矢，看看敌兵杀近身来，恐怕被执受辱，就在马上拔出了佩剑，仰天长叹一声，自刎落马而死。

李自成见陆梦龙已死，官兵全军覆灭，他便催督大兵直奔固原而来，岂知他的大队尚未杀到，那甘肃巡抚早派了副将郭天喜率领精兵五千人，将沿途的隘口一律扼守住了，因此李自成的人马一时不能前进。

此时，三边总督洪承畴闻知梦龙兵败战死，他便连夜赶到陇州，一面分调大兵去守固原，一面申奏朝廷，请敕各省官兵入甘会剿。

崇祯帝接到洪承畴的奏报，方才知道李自成等既降复叛，完全是监军杨应朝一人的包庇，陈奇瑜因为听了他的言语，以致纵虎归山，贻患无穷，因此大为震怒，立刻降旨，将监军太监杨应朝发交洪承畴军前正法，总督陈奇瑜即行革职，拿解来京交刑部治罪，所有山西、陕西、河南、湖广、四川五省兵马着洪承畴暂行兼督，即日鼓励兵将迅速灭贼。

陈奇瑜辛苦了几年，一场功业尽付东流。论起他的为人，总算是一个忠心赤胆、尽忠于国，万不可以后来的成败便错怪了好人。但是那崇

祯帝对于他，也算得特达之知。他本是山西保德州人氏，由进士出身，从河南按察使升陕西布政使，崇祯帝知道他勤慎知兵，特擢右佥都御史，代张福臻巡抚延绥；平贼有功，再擢兵部右侍郎，总督五省兵马。

陈奇瑜有一个妹妹，未出阁的时候那郎君便得病身亡，他妹妹闻知这个凶信，便天天涕泣，立誓不字别人，定要过婆婆家侍奉翁姑，嗣子守节。但是他的母亲怜女心切，不肯答应她这个主意，还要赶紧与她另觅一个相当的女婿，以便挽回她的痴心。她看见母亲与她意见不同，又怕夺了她的志气，因此便痛哭了一场，趁空跳入一个莲花池中而死。当时就惊动了保德州的人士，联名向官府呈请旌表。崇祯帝见了这个奏疏，又因她是陈奇瑜的胞妹，不禁大为嘉叹，说："满朝文武都是堂堂须眉，哪一个像这女儿的贞烈？若是内外臣工都能比得上她，国事决不能弄到这步田地！当此世风浇薄、四维不张之际，若不将这个贞女特加旌奖，实不足以维持纲常，风励天下。"于是立敕礼部，传旨旌表陈氏贞女，并行文该省抚按，在保德州建立专祠，并御制七言诗一首，悬于祠内，诗曰：

未谋夫面继夫亡，不比寻常烈女行。

白发犹难持晚节，青年谁肯负春光？

魂飞天外云霞散，魄落池中草木香。

朕泪从来轻未下，为卿千载振纲常。

崇祯帝既已旌表了陈氏，又念陈奇瑜正在督兵讨贼之时，特地降了一道温旨，夸他一门忠孝，劝他不可过于伤感，在他们当日君臣之间，也就算得个殊恩异数，有加无已了。及至他事败之后削职回家，后来京师失陷，清朝定鼎北京，他想起前朝的恩遇，日日痛哭流涕，也学了他妹妹的故智，乘间投河身死。看来这位先生也总算是有点人格的。

再说那京营总兵官王朴率领大部官兵，由合水来援固原，恰恰与李自成在中途相遇。这时候李自成因为郭天喜扼守了隘口，大兵不能前进，一见王朴兵到，他便传令，叫大将高杰、俞彬各率精兵五千人，即日驰往镇原，与王朴接战，一面自率人马，随后接应。

两方大兵相遇，各将队伍摆开。王朴横枪立马，首先搦战；俞彬也不搭话，跃马挺枪杀上阵来。一时金鼓齐鸣，喊杀连天。两人交手大战了五六十回合，王朴料敌不过，拖枪败下阵来，俞彬麾兵杀上，官兵大败而走。正在追杀时候，却得后面倪宠的大兵又到，两方混战了一场，方才各自收兵。到了次日一早，那倪、王二镇又复鸣鼓进兵，倪宠在前，王朴继后，直向俞彬寨里冲杀上来。俞彬、高杰急忙把人马分开，暗中设下两处埋伏，然后披挂上马，引兵出迎。高杰一马当先专寻倪宠，两马相交，大战了三十余回合，倪宠招架不住，拖刀向后便走。高杰那里肯舍？一马追杀上去。不防前面王朴的人马又被俞彬杀败，这时候官兵后军在前，前军在后，中间夹着俞彬的人马，后面又是高杰的追兵，直杀得两路官兵抛盔弃甲，大败而奔。倪、王二将看见不能抵挡，急忙收集残兵，连夜向安化、合水一带退走去了。

李自成得了前军捷报，立刻率领人马，星夜折回前去，再与郭天喜夺隘进兵。不防这个时候，忽然接了两个急报，说是总兵李卑由安化杀来，贺人龙由合水杀来，会合了倪、王二镇，声势十分浩大，高、俞二将连夜向李自成请兵援应。李自成大惊！要待合兵一处去与官兵决战，又怕郭天喜从后面杀来。因此自己仍旧守住大营，与天喜互相抗峙，一面传令，叫大将马维兴、扫地王、高一功、周凤梧等，各率精兵三千人，星夜向镇原去协助高、俞二将，抵御官兵。

此时高、俞二人闻得贺人龙、李卑两镇人马到来，他们二人便不敢浪战，只得深沟高垒，以待援兵；如今看见马维兴等到来，就立刻请了四人来营，商议进兵的方略。俞彬首先发话道："这贺人龙、李卑都是陕西的名将，不可轻易出战。明天我同高、马二将军各引本部人马，去向安化迎敌李卑，黑煞神老弟同周、高二位尽率所部人马，向合水去敌贺人龙。无论如何总要把这两路官兵杀退，方能与他们争锋。"众人听了一齐赞成他的主张，情愿奋勇去干一场。

俞彬道："来日一战，关系非轻，倘若战而不胜，叫他们长驱过了镇原，那时候又成了腹背受敌之势了。依我愚见，不若再向高王处去请李双喜兄前来帮助更好。"众人闻言，都说使得。于是俞彬便差马再向高迎祥处去调李双喜。

到了次日一早，两路六支人马分头出发，去与官兵接战，就中单说俞彬同高杰、马维兴三人兵至安化，前头李卑的兵马早已列阵相待。李卑横刀勒马，大叫："俞彬、高杰、马维兴你们三个都是当世的好男儿，为何不替朝廷效力，取封侯之赏，却甘心去失身匪类，自寻灭族之祸？本镇今日饶你一死，快快的解甲投诚，随了本镇前去立功吧。"

俞彬厉声答道："今日之事，各为其主，不必多言，有本领的快快上来吧。"

李卑大怒，喝声："谁去与我斩了这厮来报？"

说犹未毕，背后转出了大将万夫雄，手抡一柄月牙大斧，大喝："贼将休走！"一马冲上阵前，挥斧直劈俞彬。俞彬背后转出大将杜清，跃马舞刀，拦住夫雄大战了十五六回合。夫雄打起精神向杜清顶门上一斧砍了下来，杜清急忙举刀架住，觉得他那一把斧重如泰山，直震得两只手的虎口酸麻，未及还刀，夫雄又是一斧从空劈下，杜清措手不及，竟被砍下马来。官兵一声呐喊，直向阵前冲杀了上来。

俞彬、高杰、马维兴等看见杜清被斩，急忙率领人马分头杀上，高杰一马当先，与李卑交手大战了三十余回合，引兵向后退走。俞彬正在与万夫雄大战，不防高杰的人马由前敌退回，反冲动了他的队伍。李卑麾兵奋进，俞、高、马三将回合兵一处，方才把官兵抵挡住了。一直杀至天晚，方才各自收兵。

俞彬等败了一阵，又折了杜清，心中十分烦恼。正在商议对付官兵的方法，忽见探马飞报，说是合水一路也被官兵杀败，扫地王已被贺人龙所斩，周、高二将节节退了回来。俞彬大惊，只得连夜向李自成大营请兵援应，一面遣人告知周凤梧，约同各守险隘，扼守镇原大道。

此时李双喜已经奉了李自成的将令，督率精兵五千，副将十员，星夜赶上前来。因为官兵的势力十分浩大，李双喜等也不敢轻易出战，只得仍旧把人马分屯各要隘，连夜再向高迎祥、李自成请示机宜。这段暂且拦住。

再说那崇祯帝，起先闻得贼入甘肃，平凉等处相继失守，固原亦危在旦夕，因此便连降严旨，责成洪承畴迅速灭贼，并敕山东巡抚朱大典、郧阳抚治卢象升，各调本省及所辖兵马，会同楚、蜀、晋、豫四省官兵，火速入甘会剿叛军。因此那洪承畴也添调了左光先，督率大兵，前来协攻镇原。

李自成在甘肃探知四路官兵皆已出动，安化、合水两路人马也是败报连来，一时四面楚歌，军心摇动，他便大形忧闷，立刻请了牛、顾二谋士来到中军，同高迎祥商议用兵的方针。

牛金星道："目下官兵四至，固原又不能取得，为今之计，不如趁官兵未曾杀到，赶紧收兵一处，连夜退入终南山，扼险固守，使官兵不能长驱进攻。一面再遣人去与张献忠联络，叫他尽率所部来会，然后由陈州再入河南。现在官兵全数开入陕、甘，待他们千里而来，我们又入了豫境，若官兵杀入河南，我们便可趁势向安徽的凤阳、泗州一带杀了前去。如此则我兵逍遥自如，官兵已疲于奔命矣！"

听罢，李自成大喜道："先生这个主意，正与我的心意相同。"高迎祥亦说这样甚好。李自成立刻走到帐前传令，叫前敌将士且战且走，陆续都向陇东一带取道入陕，然后径向终南山进发，自己同高迎祥率了大部人马，亦跟手拔队起行。一面又遣顾君恩去与张献忠联络，劝他早日出师，以便厚集兵力，去与官兵决战。

原来那张献忠，上回因为不肯与李自成合作，后来在商洛一带被杀了个四分五裂，他便收集了残部，窜入深山之内，苟延残喘。正在那无聊之际，忽闻李自成又来同他联合，约他同入河南，他便大喜，即刻点起人马，从陈州一路先入河南，自己却带了少数亲兵，一直向终南山来与李自成相会。

李自成闻知张献忠来了，立刻同高迎祥出来把他迎入帐中，设宴相待。彼此商议了两天，决定两家人马一齐进发。可巧那李双喜、李过等各路人马与官兵左光先、贺人龙等在陇州大战了四十余日，后来也陆续向终南山退了回来。李自成见人马已经会齐，便同张献忠分兵两路，令大将李双喜率兵三万人出郧阳，张献忠的部将罗汝才尽率所部人马，就近出河南，大将李守信率兵一万人居中策应。李自成同高迎祥、张献忠尽倾大队离了终南山，由陕入豫，霎时间烽火连天，湖北、河南同时告急。总督洪承畴大惊，连夜飞檄各省文武，严守封疆，一面咨报兵部，并奏劾陕西巡抚甘学阔防剿不力，贻误军机。朝廷降旨：将学阔革职遣戍，另以副都御史孙传庭巡抚陕西。这时候，李自成的声威大震，洪承畴先后所调各路官兵：大将杨正芳、张上选因攻击李自成的后路，被周凤梧、萧云林等奋勇大战，官兵全军覆灭，杨、张二将同时阵亡；洪承畴又调左良玉、汤九州两镇大兵，连夜追杀到来，前锋大将凌元机、胡良翰又被凤梧杀败，胡、凌二将先后战死。洪承畴看见敌势浩大，官兵连战失利，遂飞檄总兵猛如虎、虎大威速率本部官兵，扼守黄河沿岸，调左良玉移兵守新安，陈邦治守汝州，陈永福守南阳去先把各处要害安置妥当了，然后亲督各镇大兵，出关来与李自成决战。

此时李自成的人马已经由陈州、灵宝一带直向河北进发，崇祯八年春正月，侦闻洪承畴与朱大典并力入豫进剿，高迎祥遂召集各路义军十

第九回　守固原李梦龙战死　张李二人攻占凤阳

· 73 ·

三部七十二营首领大会荥阳，共商应敌之策。李自成下令，叫马世耀、革里眼、左金王率兵三万人，挡川、湖官兵；张献忠部将李定国及俞彬率兵二万人，挡山西官兵；张献忠部将艾能奇及混天王、混十万率兵三万人，挡陕西官兵；又令张献忠部将罗汝才及大将过天星率兵二万人扼守河上，以防官兵的来路，又令大将老回回马士秀、田虎率铁骑一万人，为四路援应。部署已定，然后高迎祥、李自成、张献忠分督了精兵猛将分道南下，直扑湖广、江南两处而来。众纳李自成"一夫犹奋，况十万众乎！官兵无能为也，宜分兵定所向，利钝听之天"的建议，分四路击敌。高迎祥、李自成、张献忠东进，破霍丘、攻寿州、入颍州，杀知州尹梦龙、州判赵士宽、尚书张鹤鸣。乘胜径取凤阳，焚皇陵，杀留守朱相国，斩指挥袁瑞征、吕承荫、知府颜答暄、推官万文英等，尽放囚犯百余人。崇祯闻报，几欲惊死，素服避殿，哭告祖庙。市斩凤阳巡抚杨一鹏。

当李自成等尚未出发的时候，那洪承畴业已督率大兵驰出了潼关，山东巡抚朱大典也奉旨督了大队人马前来会剿，一时川、陕、晋、豫、楚各省官兵先后出动，那陕军贺人龙、李卑两镇大兵早已杀奔前来。艾能奇等迎战于陈州，被贺人龙一阵杀败，混天王亦被贺人龙所斩，贺、李两镇星夜杀奔荥阳而来。

此时李自成等连接败报，正待发兵去救能奇并堵挡陕西官兵，不防探马又报，说是川、湖两省大兵又至，左金工兵败战死，马世耀等一齐退败下来了！高迎祥大惊，急忙同李自成等商议妥当，将各路人马一齐调向江北，都向凤泗一带杀奔前去。

这时南京兵部尚书吕维祺闻知李自成等声势浩大，江北情形危急，他遂连夜拜疏，奏陈流寇猖獗，凤阳皇陵重地，不可无重兵防守，请敕淮抚杨一鹏由淮安移守凤阳，以防李自成等来犯。这个奏疏一到，崇祯帝便发交大学士、六部、九卿会议。这时大学士周延儒、王应熊二人，都是杨一鹏的亲戚，明知凤阳地当冲要，是一个极危险的所在，因此便把这个奏疏格住，不肯施行。

李自成探知这一路的防备空虚，所以尽倾所部，悉数杀入江北。大兵到处，势如破竹，连陷固始、霍丘、颍州、永年、巢县、太湖、霍山、真阳等州县，霍丘县丞张有俊，教谕倪可大，训导河炳，颍州知州尹梦鳌，通判赵士宽，副使张鹤腾，中书田之颖，知县刘道远，光禄署正李生白，训导丁嘉遇，指挥李从师，王廷俊，千户孙升，百户罗元庆，田得民，王之麟，永年知县卢谦，巢县知县严觉，太湖知县金应元，训导扈永宁，真阳知县王信，罗田知县梁志仁，典史单思仁，教谕吴凤来，训导罗大受及举人郭三杰、王毓贞、张受、毕尹周、戴廷对、诸生韩光祖等，先后尽节身死。

李自成既入了颍州，杀了一班文武，这时有一位里居致仕兵部尚书张鹤鸣，就是当年党庇王化贞陷害了辽东经略熊廷弼的，年纪已经八十多岁，当城破之时，被李自成的部将熊豹将他拿获，劝他投降，鹤鸣誓死不屈，熊豹将他捆到中军，鹤鸣见了李自成挺身大骂，说："我乃是朝廷大臣，断不能屈降于你，快快将我杀了，好去见太祖高皇帝吧！"

李自成闻言把眼一翻，厉声喝道："你既知道是朝廷的大臣，想必是受恩深重的了，就应该拿出忠心赤胆来报效国家，为何当年又挟嫌济私，贻误辽东军务，致熊经略身陷大辟，甚至以封疆大臣传首九边，不但叫天下豪杰寒心，就是于明朝的体统也未免太不冠冕，以致满洲鞑子日渐猖狂，大明的疆土日渐消亡。照这样大臣，恐怕那太祖高皇帝也不愿见他的面吧？"

张鹤鸣闻言，低头一句也不言语。李自成道："杀了你，未免太便宜了你。"便传令，叫熊豹仍旧将他拖了出去，用绳子倒吊在颍州城头。张鹤鸣大骂不已。看看将要气绝的时候，李自成又叫把他放了下来，然后将他杀死。论来这张鹤鸣以致仕大臣，慷慨殉国，当然是一位忠臣烈士。且说张鹤鸣还是万历年间进士，由历城知县升至右佥都御史，巡抚贵州。以讨擒老蜡鸡，威名甚著，迁兵部左侍郎。天启初，升兵部尚书。督师辽东，筹办调解熊廷弼与巡抚王化贞不和，致使边疆事大坏。廷议经、抚去留，他主撤廷弼，专任化贞。议上，化贞已弃广宁逃遁。张鹤鸣惧罪，自请行边，至使无所筹划，被弹劾，谢病归。

时魏忠贤势大，起用他为南京工部尚书、兵部尚书，总督贵州、四川、云南、湖广、广西军务。庄烈帝嗣位，被弹劾，求归。张鹤鸣一生也算是个忠义之诚，只可惜他对于熊廷弼一事，竟受了天下万世的疵论，瑕不掩瑜。李自成杀了鹤鸣，又与张献忠尽率全部人马，由颍州进攻凤阳。这凤阳乃是大明发祥之地，因为皇陵所在，常常设有重兵防守，并有中官守陵太监一员专司陵寝事务。

当崇祯五年秋间，那凤阳府的百姓每日晚间闻得陵上发出一种悲号之声，异常凄楚。当时守陵文武便派了许多军民去陵上，查验看守，后来知道这个悲音确系由土中发出，于是人人惊异，料定不是一种吉祥之兆。接住又是地震，皇陵附近一日震动了十三次，那悲号之声一连三年没有一天间断。一直到了崇祯七年秋间，有一天，那皇陵前面松林中忽然发现一个朱衣人同一个黑衣人互相殴打奋击，这时悲风泪起，松涛怒吼，天色忽变阴惨，那朱衣人一战败北，被黑衣人追逐甚急，旁观的军民一齐奔来捉拿，忽见那两个人都向地下一滚，突然化作两头苍犬，瞬间都不见了。过了不多几时，那李自成便由陕西窜入皖境，接住又由颍州大举来犯。

警报传到了凤阳，一时军民大震！留守朱国相、知府颜容暄连夜向抚按告急，一面督率军民预备战守。那凤阳的人民因为守陵太监杨泽平常贪淫暴虐，与百姓结怨太深，人人都盼望李自成早些来到，以便群起诛杀这个仇人。因此，人心涣散，不能团结起来。而凤阳府虽属繁盛之邦，但是因为地脉关系，并未建筑城池，当那一班文武正在扼守府治，分防陵寝，纷纷扰扰的时候，李自成的前部先锋马维兴、高杰、田虎等，已经率领大兵，浩浩荡荡杀奔前来。这时总督漕运兼淮扬巡抚杨一鹏、巡按淮扬监察御史吴振缨，连接凤阳告急的文书，恐怕皇陵有失，连夜分督人马，由淮安来救凤阳。

这里官兵刚才出发，那李自成的大队早已逼近了凤阳。留守朱国相看见马维兴兵至，急遣部将陈宏祖、陈其忠引兵前去迎敌。马维兴等把人马就平敞处摆开了阵势。官兵阵里陈宏祖手提大刀，跃马杀上阵来。高杰见他来了，立刻挺枪出迎，二人一刀一枪，大战了三十余回合，未分胜负。此时天色已晚，两方各自收兵。

次日一早，高杰、田虎又复引兵杀上前来，官兵共分二路，国相居中，宏祖在左，其忠在右。田虎一马当先杀入官兵阵里，与陈宏祖首先大战起来，右军陈其忠跟手也与高杰交锋。双方里金鼓齐鸣，喊杀连天。朱国相趁空亦率了精兵，从中间杀奔前来，马维兴急忙上前迎战。六员大将混战做一堆，直杀得两军矢尽弓折，人仰马翻。国相的部将袁瑞征看见官兵不能取胜，他便率了后军，一直冲杀上来。高杰见他来了，急忙丢开陈其忠，挺枪来与瑞征接战。背后陈其忠又复反攻上来，立刻把高杰困在垓心。恰好田虎杀败了陈宏祖，闻知高杰被围，他便引了人马前来接应。宏祖见他向左移动，立刻又翻转身来，追在田虎之后。其忠、宏祖、瑞征二将奋勇大战一阵，将田、高二人杀得手忙脚乱，大败而走。马维兴看见两翼兵败，急忙下令收军。国相亲冒矢石，趁胜奋进，马维兴不敢恋战，急忙收兵退走，其忠、宏祖大呼陷阵，所向披靡，一直追杀了三十余里。

这时李双喜的第二路人马又复赶到，闻知前军失利，他便率了生力兵马接应上来。马维兴等见援兵到来，一齐勒转马头，再来与官兵决战。国相见了，便令其忠等分兵迎战，自己挺枪跃马，专搠李双喜交锋。李双喜更不搭话，挥刀便与他大战起来，一直到了天晚，方才各自收住了人马，暂时休息。

到了次日，那高迎祥、李自成、张献忠大部人马一齐都杀到了，李双喜等三将连忙迎接入帐，回明昨日交战情形。李自成大怒道："汝等以两万精兵，连这少数的官军都抵不住，岂不令人耻笑？本日准其休兵一天，明日仍要你们三人去做先锋。倘有畏缩不前者，定以军法从事！"三人碰了钉子，诺诺连声而退。李自成又商同张献忠，约定尽率大兵，来日一齐进战，务要一鼓杀退官兵，攻下凤阳府治。

到了次日，各路人马鸣鼓并进，势如排山倒海，直向官军阵前压将下来。朱国相亲督诸将分头迎敌，只闻得金鼓之声，喊杀之声，一时两军如怒涛汹涌，短刀接触，矢石横飞，自辰至午，直杀得天昏地暗，日色无光。那五六千官兵在这平原旷野之中，如何敌得住李自成等数万如狼似虎的百战枭徒？霎时工夫，官兵便大败下来，陈宏祖、陈其忠二人力战阵亡，国相急忙下令，叫袁瑞征督住前军，自己率了人马退守府治。李自成麾兵奋进，瑞征身中三枪，大呼陷阵而死。大兵一涌向前，进逼凤阳府。凤阳无城可守，李自成兵至，立时土崩瓦解，人民四散奔走，守陵太监杨泽首先迎降，朱国相巷战身死，凤阳府知府颜容暄看见大势已去，便向着北方痛哭一场，解带自缢而死，守将指挥吕承荫、郭希圣、张鹏翼、周时望、李郁、岳光祚、金龙化、程永宁、陈永龄、百户盛可学、教渝龚元祥、训导姚恭允、推官万之英、举人蒋思宸等，一个个尽节身死。

是年四月，高迎祥、李自成西趋归德，会回合曹操、过天星等部义军，复入陕西。五月，高迎祥与各路义军会师陕西，回合兵二十万，直逼西安，连营五十里。烽火照西京。洪承畴、曹文昭死守，高迎祥移兵西攻平凉。设伏宁州漱头镇，诱杀明将艾万年、曹文昭。七月，复向西

安挺进，未果，西走武功。八月，攻扶风、岐山等县。九月，高迎祥、自成、张献忠合兵，与洪承畴大战关中。十月，义军战明军不力，张献忠等部出潼关，分十三营东进，高迎祥、李自成大战胃南、临潼，东逾华阴南原绝岭，出朱阳关。十一月，高迎祥、李自成、张献忠会师河南闵乡，回合攻左良玉军，进取陕州，直逼洛阳，攻占光州、霍丘后，向江北挺进。高迎祥、李自成、张献忠等长驱入了凤阳府，一面下令休兵，一面大开筵宴，犒赏三军人马，然后商议进取之策。

第十回

恣淫虐张李绝友谊　战襄乐曹艾两捐躯

　　李自成等连战大胜，兵入凤阳，警报到了北京，举朝大震！维时大学士温体仁，因为从前吕维祺淮抚移镇一疏，是自己阻隔未行，今日凤阳失守，侵犯了皇陵，这个罪名非等闲可比的；加以淮阳巡按吴振缨又是他的亲家，杨一鹏还是大学士王应熊的老师。因此，温体仁便暗中商同了王应熊，把这个败报暂时压搁起来，心想待官兵把凤阳克复了，然后一并奏闻，叫天子稍平一点怒气，乘势好将杨、吴二人拟个免死的罪名，自己也能少担一点处分。

　　岂知这个风声日甚一日，正所谓"好事不出门，恶音千里闻"，不上三天，那一个北京早已传得满城风雨，给事中何楷，主事郑尔说、胡江等，交章劾体仁、应熊"朋比欺罔，故匿败报"！崇祯帝览奏大惊，即刻痛哭辍朝，一面遣官祭告太庙，一面传旨切责大学士温体仁、王应熊，立敕锦衣卫，将巡抚杨杨一鹏、巡按吴振缨拿解来京，交刑部议罪。又敕兵部飞檄洪承畴，发兵入皖，克期灭贼。次日又降旨，授郧阳抚治卢象升兵部右侍郎兼都监院副都御史，赐尚方剑，总理江南、河南、山东、湖广、四川军务，即日督兵入皖剿贼；所有山西、陕西、甘肃诸军，仍归洪承畴节制；又调山东巡抚朱大典为漕运总督兼淮阳巡抚。管辖卢、凤、淮、扬四郡，即日移镇凤阳，防护陵寝。

　　旨意下去不多几日，便把杨、吴二人逮入京师，崇祯帝异常愤怒，也不原谅那淮安凤阳相去数百里之遥，平日未奉移镇之旨，巡抚是不能擅离职守的，一旦李自成兵至，远水救不了近火。便冤冤枉枉，将他即日正法，看来那专制帝王，真是毫不讲理的。崇祯帝既杀了杨一鹏，又把吴振缨发往极边充军，方才消了他的怒气；但是对于那温、王二位大学士，却并没有给他一点处分，这便是那明朝的刑赏失当，所以叫一班文武大臣人人寒心起来。

但是，天下事莫非前定。听说那杨一鹏当年任成都推官时候，曾去游峨眉山，遇见一个异僧，与他谈得十分契合，并说前生同他是最好的朋友，许他日后官至督抚，荣膺节钺；但是二十年后有一个大劫，临时他还须亲自来救度一番，不知人力可以挽回天意否。到了后来，果然一帆风顺，官至漕运总督兼淮阳巡抚，应了那僧的言语。这时李自成已由陕西入江北，军书旁午之际，有一天三鼓时候，辕门外忽然来了一个僧人，口称有紧急军情，必须面见抚军。杨一鹏已将从前的话忘了，又因军务吃紧，未暇接见，便传令叫他暂时安歇，次日再来相见。那僧闻言，长叹了一声道："天意不可挽回了！"遂向怀中掏出一封书来，交与旗牌官道："明天抚军问我时，烦将此书呈上吧！"言毕飘然而去。到了次日，旗牌官把那僧的话回明了杨一鹏，并呈上书信，杨一鹏拆开一看，但见内中缄着七绝诗三首道：

二十年前忆旧游，峨眉山畔白云收。
劝君快醒封侯梦，得罢休时早罢休。

应识生前种凤因，拟将杯水救车薪。
今宵老衲无缘见，回首难追百载身。

一片西风匝地秋，不堪回首事悠悠。
苍鹰黄犬成遗恨，云黯家山泣冷楸。

杨一鹏看罢，心中诧异不已，细玩那诗中的意趣，甚是不佳。一时猛然想起当年峨眉僧的遗言，不禁大骇起来！正在彷徨之际，那凤阳告急的文书早已雪片似的飞来，杨一鹏无可如何，只得连夜督率大兵前去援救。他的人马刚才出了淮安，那凤阳失守的噩耗又传到了。杨一鹏见大势已去，顿足长叹道："罢了，罢了！"自悔那天晚上不立刻接见那僧，因此便就死心塌地，引颈待戮了。

再说李自成兵入凤阳之后，一面休兵补马，一面又下令，把那高墙内所囚的罪宗，一律都释放了，一面又遣人去请张献忠来到中军，商议军机大事。不料一连请了三次，张献忠却全然不理。你道这是个什么缘故？原来这张献忠的生性脾气，与李自成却大不相同。自从入了凤阳之后，别的他一概不管，每日起来，专门放纵了手下的兵将，到处剽掠，不是杀人，便是放火，把那太监杨泽用五刑逼出黄金二万两，然后将他斩首。又放火烧焚文武官署及凤阳龙兴寺，皇陵享殿陵前的回合抱大松柏三万余株，一齐顺风燃着。但见烈焰飞腾，烟雾弥天，一直烧了五六昼夜，尚未扑灭。又要伐掘皇陵，探取内中所藏的宝物。

李自成见了这个情形，直急得三尸神暴跳，七窍内生烟，立刻亲自来到张献忠的帐里，向他劝道："我辈连年争战，原欲将来图谋个大事，这区区殉葬之物，何足贪图？况且洪承畴、卢象升、朱大典等部奉了朝廷严旨，不日七省精兵一齐杀到了，还不大家趁早筹商个战守之策，将来官兵猝至，如何得了！"

张献忠怒道："你是想成大事做皇帝的，你尽管装你的好，咱老子便是做强盗，你也管不着！"

李自成闻言，顿时大怒，手指着张献忠喝道："我李自成做不了皇帝便罢，若是真个做了皇帝，还能眼看着你这个强盗横行吗！"

张献忠闻言，顿时暴跳起来，顺手向案头提起一口宝剑，便向李自成用武，李自成亦拔出佩剑与他互相对敌。此时早惊动了左右的将士，一齐都奔入帐中，将他二人死力拖开。李自成回到帐中向牛金星道："我早知此贼狼子野心，今若再与他回合作，将来必然误我大事。"

牛金星道："目下官兵四路来攻，我们的内部断乎不可分裂，还要和衷共济方好。老张的为人恃勇好杀，只可婉言相劝，不可同他使气。将军且不用着急，待某自去劝他，还是大家同心协力，也好对付官兵。"

李自成道："此人终非善类，将来难与长久共事的。你若能劝转他，便叫他早早来此，商议迎敌官兵的计划吧。"

牛金星领命，即刻亲自来到张献忠营里。张献忠见他来了，开门便说道："牛先生，你们老李不许我发掘皇陵，他想独自发财，你说可气不可气！"

牛金星笑道："你哪里知道他的意思？这凤阳府的皇陵，乃是明太祖未得天下以前的祖墓。那时候，朱家尚是个庶民百姓，墓中哪里来的宝物？如今费上许多的气力，将来一无所得，岂不令人耻笑吗？"

张献忠闻言，鼓掌大笑道："牛先生，你说得一句也不错。既是这样，咱老子也不去干这倒霉事了。"

牛金星道："目下官兵四路出发，早晚便将杀到，你们三位还是趁早商量个对付的法子，免得临时忙乱。"

张献忠道："你说得不错，明天我准定过来，大家一同商量吧。"牛金星辞了出来，回复了李自成。

次日一早，李自成来到高迎祥帐中，招集了全体将士，并遣人去催张献忠，一同解决用兵的机宜。不料那遣去的人去了半天方才回来，口称："八大王正在帐中饮酒，左右陪着无数的青年妇女，还有皇陵上的十几个小太监，在那里鼓吹作乐。小人回他说这里来请，八大王便动了气，说是'我正在这里喝酒，哪里管他那些闲事！'"

李自成道："你再去，就说我这里也想快乐一天，叫他把那会吹的小太监一同都带了来吧！"没有片刻工夫，那遣去的人又抱头鼠窜回来，口称："八大王因为打搅了他的高兴，立刻就要将小人斩首，幸亏左右再三劝解，方才逃得了性命，这一差小人办不了的，请大王另派别人吧。"

李自成闻言，勃然大怒道："这种野虫，真不可以理喻了！"于是同高迎祥决定了主意，不与张献忠同谋，各自另打主意，暗中布置去了。

再说那洪承畴、卢象升、朱大典等奉了朝旨，分督大队人马，四路出发，回合攻凤阳。李自成得了这个探报，知道官兵日近一日，他便开了一个军事会议，向大众说道："现在官兵四路杀来，我们的内部又不一致，若是坐守此地，断乎不能支持的。依我的意思，趁着官兵专向这条路上进攻时候，我们出其不意，连夜拔队，向怀远、蒙城、涡阳一带西取归德。待他们赶到了归德，我们又向河北杀去，叫他们个千里跋涉，道疲无功。至于那老张，他既不听良言，我们也不去与他通知，待官兵到了，叫他独自一人挡去吧！"

高迎祥道："此计大妙。"于是决意不通张献忠知道，暗暗地传了一道密令，叫李双喜、周凤梧二人为先锋，首先率兵出发，大队人马陆续继进，人不知、鬼不觉，两天工夫，除了驻扎凤阳府治的少数兵马外，其余的部分完全都向怀远一带开拔尽净。李自成直待大队都开完了，然后他才率了随身将士及在府治人马，一夜之中，衔枚急走，比及天明张献忠知道的时候，他已奔驰了一百多里。

张献忠顿足大骂，说李自成失信背友，立刻就要点起人马前来追赶。正在忙乱之时，不防那前方的探马接二连三报称，官兵大队人马已由泗州、滁州、凤台一带铺天盖地地杀了前来。张献忠闻报，顿时急得手忙足乱。欲待率兵迎战，又知道军心散涣，众寡不敌。左思右想，仍是三十六计走为上策，立刻点起全部人马，向庐州一带风驰而去。刚刚到了定远地方，顶头便遇见了李皐的大队拦住去路。张献忠大怒，传令叫大将李定国、艾能奇二人一齐上前迎战。此时官兵勇气正盛，定国等一战大败下来。张献忠无心恋战，急急收拾残兵，一直逃奔庐州去了，沿途攻城掠寨，到处焚杀，应城知县张绍登、训导张国勋、乡官饶可久、广济典史魏时光等，先后守城战死。

官兵也不追赶，一齐都向凤阳府长驱而来。不料各镇大兵赶到的时候，那高、李、张三部人马早已走得干干净净。官兵克复了府治，但见颓垣败壁，一片焦土，那一种荒凉景况，真令人目不忍观。

此时李自成的一支人马早已由涡阳攻陷永城，入了河南归德府。此时总督洪承畴、总理卢象升都到了汝州地方，看见李自成东击西走，飘忽如风雨一般，心中十分着急，于是飞檄前敌将士，一面分兵扼守湖南、湖北、河南、郧阳各处的隘口，一面抽调勃旅，由凤阳进攻归德。李自成在归德，看见官兵悉众人了大江南北，不日就向归德进发，他遂率了全部人马，弃了归德，由怀庆、卫辉一带攻入卢氏、陕州，陕州知州史记言、训导王诚心、教谕龚敏行、姚良弼、指挥李君赐、杨道太、阮我疆、镇抚陈三元、卢氏知县白楹等，先后战死，大兵由陕州复入陕西边界。此时陕军的精锐全数被督理二人先后调赴江南，剩下那些老弱残兵，如何抵挡得住？所以李自成兵到之处，势如破竹，连陷华阴、华州、渭南、临潼。一时烽火连天，三秦大震。陕西抚按向朝廷连章告急，一面飞咨三边总督洪承畴、七省总理卢象升，火速督兵回陕。

这个时候正值崇祯八年，陕西亢旱成灾，赤地千里，李自成看见行军的粮秣大感困难，遂变了一个就食宁夏的主意，又恐怕孙传庭从后面追赶上来，于是同高迎祥、牛金星等决定了主意，尽率人马，先攻西安，以挫官兵的锐气。

巡抚孙传庭闻知李自成等悉众来攻省城，他便督率了军民昼夜防守，一面飞马向洪承畴告急。洪承畴闻报大惊，连发令箭，飞调总兵艾万年火速督兵往援；又调总兵曹文昭、副将柳国镇由山西入陕西，总制各路援兵；又飞檄总兵左良玉，率领所部人马，随同朱大典防守凤阳；自己即日督率各镇官兵，再行入陕。

这时候，李自成见西安守御坚固，曹、艾两镇即日就将杀到，他遂

弃了西安，星夜向甘肃一带杀奔而来，分兵攻陷了咸阳、永寿等县，咸阳知县赵跻昌、永寿知县薄匡宇相继战死，李自成的大部由陕西入甘肃，一直杀到了宁夏。不料他的人马刚才到了，那艾万年的大兵也就跟手追至。李自成闻报吃了一惊，连忙召集部下将士，商议迎战之策。

高迎祥道："艾万年乃北山名将，非等闲可比，这回还须要贤甥亲自出马才好。"

李自成道："舅王说得极是，愚甥就去与他试一试高低吧。"

说犹未了，只见帐下转出大将李过，高声说道："不劳叔父出马，侄儿不才，愿擒艾万年献于帐下。"

李自成道："你要去也未尝不可，但须还得一个帮手。"

话未说完，忽见帐下又转出大将曹豹、刘彪，齐声说道："我二人自从到了这里，未曾立下一点功劳，今日愿助小将军去破官兵。"

李自成道："你二人愿去也好，但是步步须要留心，不可大意才好。"三人领命而去，立刻点起人马，前来迎战。

原来这艾万年也是米脂人氏，字硫华，家里原是个诗书世族，他父亲应甲，县城西南官庄人。由原生考中武举，以军功擢升神木参将，参与镇压农民起义军。曾做过四川真安知州。艾万年为诸生的时候，看见天下大乱，正是英雄出头之日，遂弃文习武，由武举出身，年未三十便仕至专阃，由孤山副将擢山西大同镇总兵官。他这一镇官兵，人强马壮，所向无敌，今日与李过等两军对垒，三通鼓罢，李过金盔金甲，勒马横刀，专擒艾万年出战；只见门旗开处，艾万年全身披挂，手握钢枪，座下骏马，大叫李过听话："本帅与尔谊同桑梓，愿以忠言相告：今日若能翻然悔过，本帅愿保尔以不死，去与朝廷效力，将来的前程未可限量；倘若执迷不悟，将来死到临头，悔之晚矣。"

李过并不搭话，跃马舞刀直取艾万年。艾万年大怒，喝声："不识死的匹夫，谁去与我拿了过来？"说犹未了，背后转出大将刘成功，拍马挺枪，迎住李过大战。一时金鼓齐鸣，喊声大震。战了三十余回合，成功料敌不住，拨马向后退走，李过提刀赶了上来，艾万年大怒，举枪向李过一挥，大喝："贼将休走？"李过急忙丢开了成功，挥刀便与艾万年接战。不防那艾万年的武艺高强，枪法烂熟，一阵杀得李过手忙足乱，拖刀败下阵来。刘豹、曹彪看见李过战败，急忙双刀并举，一齐杀上阵来，艾万年大怒，舞动了长枪便与二人交战。不上片刻工夫，曹、刘二人先后中枪落马,官兵一声呐喊,蜂拥杀了上来。李过不敢恋战,急忙率领人马大败而逃,艾万年一直追杀了三十余里,后面曹文昭的大队跟手也开到了。

李自成看见李过兵败逃回,又怕宁夏的官兵夹攻上来,于是即刻把大部人马率了,由静宁、秦安、清水一直向秦州而来,那曹文昭、艾万年二人亦各率大兵,节节追赶上来。

李自成到了秦州,因为该处地势险要,可资战守,于是把他的大队人马四面分布,扼险固守,一面再令大将周凤梧、李双喜、刘希元、罗虎等四人协同李过,再与官兵接战。

四员大将刚才引兵出发,那李过在前敌已被官兵连战杀败,一直败退下来。李双喜闻报,立刻赶上前来,把李过的人马放过后边作为后队,自己同凤梧等尽督大兵上前迎战。官军阵里是副将刘成功首先出马,李双喜便令罗虎上前迎敌,二人大战了三十余回合未分胜负。

刘希元看见罗虎不能取胜,他便舞动了长矛,飞马上前助战。艾万年大怒,喝声:"贼将休走!"举枪直取希元,交马不上三回合,手起一枪,刺希元于马下。罗虎大惊,拨马向后便走,艾万年、成功麾兵扑杀了上来。

李双喜大惊,急忙同周凤梧率了人马,死力上前抵住。一时杀声大震,山谷皆应。罗虎翻转身来再与成功交战,李双喜、凤梧一刀一枪双战艾万年,艾万年力战二将毫无畏惧。正在酣战之时,周凤梧一点大意,被艾万年一枪刺了过来,凤梧大惊,急忙向右边一闪,枪头过处,那左肩上面早已穿过一层坚甲。凤梧叫声不好,勒马向后便走,李双喜大惊,急忙挥刀上前敌住,艾万年打起精神,一阵杀得李双喜拖刀败下阵来。

官兵一声呐喊,四路扑杀上去,李双喜率了人马风驰而逃。艾万年见他走得远了,急忙把枪向胯下一压,拈弓搭箭,照定李双喜的后心,一箭射了过去,大叫:"贼将看箭!"李双喜听得弓弦一响,急忙将身子向马鞍桥上一伏,那支箭一直从李双喜背上斜飞了过去。李双喜刚才将身子一竖,不防那第二支箭嗖的一声又射过来,恰恰的中在李双喜右肩上面。李双喜大惊,急忙向坐马的肚下一滚,使了个镫里藏身之法,一溜烟向阵后逃奔去了。艾万年看见他这样活泼,不禁大叫:"贼将好个身手!"举鞭一挥,那部下的人马犹如排山倒海杀将上来!罗虎等率了人马大败而走，艾万年一直追赶了五十余里，方才收住人马。这一场大战，官兵大获全胜，李双喜身带重伤，连夜向李自成的大营飞马告急。

这时李自成早已亲督大兵接应上来，闻知刘希元业已阵亡，李双喜亦创重不起，这一惊非同小可！立刻传令，把前敌人马调回休养，仍令李过协同罗虎扼住官兵的来路，暂时休兵停战。又因李双喜的右肩受伤太重，竟至骨折肋伤，遂差人向后军，连夜把一位太医名叫老神仙的请来医治，方才将李双喜的箭伤疗好。

且说这老神仙的历史。原来他姓陈名士庆，本籍河南邓州人氏，自幼聪敏过人，读书过目成诵。

十五六岁时，一日误行入了深山，日暮途穷，忽然看见路旁有一间茅屋，其中坐着一位老人，闭目凝神，相貌十分奇古，陈士庆知道他不是一个凡人，遂跪在旁边，恭恭敬敬地屏息以待。过了半日，那老人忽然把双目一睁，问他来此何干？陈士庆便叩首说："愿随仙师前去修道。"老人把他端详了一会，摇头道："你的俗骨太多，不是神仙中人，但是既然遇见了我，总算是有缘的，不可令你空空回去。我今赠你一物，回去细心研究，一生吃着不尽了。"说毕，向座旁取出一卷书来，递于陈士庆道："去吧。"陈士庆翻开一看，只见那书中所载的都是一切符咒禁方，那仙翁又给他指示了一遍，方才把他送出茅屋，指给了途径，叫他快快回去。

陈士庆回到家中，闭户焚香，把那一卷书练习了几天。从此以后，他便能续筋补骨，起死回生，无论内科外症，跌打损伤，一经他的疗治，无不应手回春。至于他的治病，并不用一切药品，或用一锅清水，在火上一熬，便成了膏药；或是把他人的手足割了下来，安在病人损伤之处，过上三天，便成了天然的一般；又能向那盗贼屠杀过地方，将女人的生殖器割了下来，熬成膏药，疗治一切刀伤、箭伤，应验如神。因此李自成便将他聘入营中，待以上宾之礼。

有一天，李自成军中的一员上将在阵前伤重气绝，抬到营中，李自成十分哀痛。正在预备装殓之时，陈士庆忽然走了上来，用手摸了一摸道："快快不要忙乱，这个人，还可以活的。"李自成以为他是扯谎，大怒道："军中岂可以戏言？你若弄他不活，便要偿命！"陈士庆闻言，正色道："愿责军令状如何？"李自成大喜，立刻挥开了从人，请他就地疗治。陈士庆不慌不忙，取了一盂清水，将他身上从头至尾喷了一遍，又用棉花将他厚厚地包裹起来，然后用两块木板紧紧夹定，放在静室之中。过了三天打开一看，那人居然活转回来。李自成见他这样神术，立刻亲自拜谢，口称："先生真是一位神仙！"因此那营中的将士一齐都尊他为老神仙，他的名声日盛一日，后来因为与牛金星意见不合，他又混入张献忠的营里，及至清朝定鼎之后，他遂改名易姓，飘然不知所终了。

再说李自成把李双喜的箭伤调养好了，然后亲督大兵来与官兵决战。传令叫李过、罗虎分两翼把人马退开，自率中军向艾万年的阵前指名叫战。

艾万年闻知李自成到来，立刻大开营门，摆阵出迎。艾万年立马阵前，大叫李自成答话。李自成在马上欠身道："将军别来无恙。现在朝纲紊乱，海内豪杰之士趁时四起，眼看得明祚将终，将军何不弃暗投明，共图大事？"艾万年大怒，叱道："逆贼无礼，敢在本镇面前信口胡说！似尔这样的逆天作乱，贻辱乡里，本镇今日若不取尔首级，不足以彰朝廷的天威！"李自成大怒，用矛向后一招，背后飞出大将马维兴，拍马舞刀，直取艾万年。

艾万年阵里转出副将白全，大叫"贼将休走"，挺枪跃马，接住马维兴大战了三十余回合，未分胜负。李自成恐怕马维兴有失，立刻舞动长矛上前助战，艾万年背后又转出副将刘成功，亦挺枪接住李自成厮杀。四个人正在混战的时候，李过又率了左翼人马接应上来，部将胡太一马当先，杀入官军阵里，顶头便遇见了艾万年。艾万年大喝："贼将休走！"挥枪直取胡太，胡太大惊，急忙舞刀来迎，交马不上三回合，早被艾万年手起一枪，刺死于马下。艾万年扬鞭大笑道："这种无用之徒，胜之不足为武，'擒贼须要擒王'！"说时，挺抢跃马直取李自成。李自成大惊，连忙丢开了刘成功，便与艾万年交战。后面刘成功、白全分左右扑杀上来，马维兴急忙挥刀上前迎战，却被艾万年的部将李升引兵从斜刺里截住大战。官兵人人奋勇，杀声震天！李自成前锋的偏将一连伤亡了二十余员，那大队人马顿时败退下来。李自成看见艾万年武艺高强，所部人马又十分精锐，明知不能取胜，只得率了人马向后退走。艾万年麾兵追杀，一直赶了五十余里方才扎住人马。

李自成连战大败，便召集了诸将，商议抵挡官兵之策。这时诸将都

第十回　恣淫虐张李绝友谊　战襄乐曹艾两捐躯

　　看见官兵精锐异常，非等闲可比，一时七嘴八舌，没有一定的计策。李自成道："官兵连胜之下，兵骄将傲，必然轻视我军。只要大众都肯出一把气力，破敌取胜，正当这时矣！"众人闻言，齐声道："愿听号令，去与官兵决战。"李自成道："这样很好。"立刻下令：叫大将高一功、萧云林各率铁骑三千人，分左右向山谷中埋伏，待官兵杀过，即行抄入阵后，又令李过、罗虎各率步兵三千人，向阵后十里之深林中分左右埋伏，多备强弓硬弩，待官兵到来，即行迎头截射；又令部将田见秀引兵一千五百人前去挑战，许败不许胜，只要将官兵引过了两重伏兵，便算首功；又令大将李守信、李万庆、马维兴、刘宗敏等各率马步精兵，张两翼拥护中军。各路人马即日开拔，然后自己督率了一班大将，居中策应。

　　分布已定，次日五鼓便擂鼓进兵。没有两个时辰，只闻前面一片人喊马嘶之声，金鼓乱鸣，杀声连天。那前部先锋田见秀早已引兵败退下来，艾万年、刘成功分督大兵蜂拥追杀而来。李自成看见官兵大至，只得拔队退走。官兵摇旗呐喊，一直追至宁州的襄乐村附近，忽闻前面金鼓齐鸣，尘头高起。李自成把中军人马顿时调转头来，直向官兵奋勇冲杀，大将袁宗第、田虎、贺珍、贺锦等身先士卒，一涌杀将上来。艾万年大怒，传令叫刘成功、白全二将分兵上前迎敌。两军正在苦战之际，忽闻前面炮声大震，李自成的中军人马猛然向后退走，田虎等一齐飞马败退。艾万年正待追赶之时，不防那左右树林之中突然一声炮响，万弩齐发。艾万年知是中计，急忙下令退兵。无奈那林木深处矢如飞蝗，前锋将士都纷纷中箭落马。这个时候，那李自成的大队又复卷土重来，利刀阔斧，势不可挡。

　　艾万年大惊，只得率同诸将火速退兵，一面令刘成功、李升分兵两路，且战且走。行不五里，忽闻前头的鼓声又起，原来是李守信等早已绕出官兵背后，向前倒攻上来。艾万年正待亲自上前接战之时，不防那李过等也从左右赶杀上来，一时四面的杀声惊天动地。李守信、李万庆、马维兴、刘宗敏、李过、罗虎、袁宗第、高一功、贺珍、贺锦、田虎、高立功等一班大将，各率马步大兵，把官兵团团围住。

　　李自成亲自率了李双喜、周凤梧、俞彬等，风驰电掣杀入核心来捉艾万年，只闻得一片金鼓声，夹着喊杀之声，摇山动岳。副将刘成功身带七伤，首先阵亡。艾万年手握长枪，大呼陷阵，左冲右突，手斩偏将六员，李自成的兵将一拥杀上前来。此时官兵早被李自成的兵将杀得七零八落，死亡过半。艾万年身边只剩下部将张广见、高国勋二人，各率残兵死战不退。李自成又传令，叫部下人马大呼："艾万年早早投降，免遭诛戮！"艾万年料不能脱，便向高、张二将说道："本帅与尔生同乡里，素知二公忠勇，今日大势已去，徒死无益，可急拔身早出，速向督帅军前报信，留下身子好替国家出力，好为我米脂人争光！"说毕，就在马上拔剑自刎而死。

李自成见他落马，立刻麾兵奋进，四面兜杀，霎时工夫官兵全军覆灭，李自成下令收兵。那一片战场，顿时变成了血肉腥膻，尸骸狼藉，日色都无光了！后来邑举人原任江西新城县知县冯汝为有诗叹曰：

忠孝家声旧，威名震九边。

十年拼马革，千里逐狼烟。

数叹封侯塞，空怀报国坚。

宁州城外水，千载尚呜咽。

艾万年既死，高、张二将方才混入士卒中，各自逃回陕西去了。后来二人都以战功卓著，广见官至湖广宝庆总兵官，国勋官至京师提督副将这是后话。

再说那曹文昭正在由晋入陕之时，忽闻艾万年兵败战死，想起袍泽之情，不禁放声大哭！一面催督人马星夜进兵，来与艾万年复仇，因此他这一支大兵来得非常迅速。

李自成闻知曹文昭兵至，立刻率了人马，星夜赶奔了五六十里，便与官兵恰恰遇着。李自成下令，叫大将马世耀率领人马火速出战。

曹文昭望见了世耀，便咬牙切齿，立叫副将柳国镇上前迎战。国镇挺枪而出，与世耀一刀一枪，大战了三十余回合未分胜负。副将曹变蛟看见国镇不能取胜，立刻率领人马上前助战。世耀抵挡不住，顿时败下阵来，曹文昭麾兵追杀上去，便与李自成的大队相遇。前军大将李过与变蛟一气苦战七八十回合，李自成看见变蛟武艺高强，恐怕李过有失，急忙下令叫高立功、萧云林率了人马分左右杀上前去，曹文昭亦调副将柳国镇、张全斌分头迎敌。一时金鼓齐鸣，杀声四起。

曹文昭亦舞动大刀，亲自杀出阵来，顶头便遇着了李守信，交马大战了三十余回合，李守信料敌不住，拖刀败阵而走。李自成大怒，急令大将罗虎、史太一齐出马，来战曹文昭。曹文昭大喝："无名小贼，何苦白白的送死！"说时举刀一挥，斩史太于马下，顺势回转刀来，直劈罗虎。罗虎大惊，急忙舞刀迎住，交马不上十回合，早被曹文昭杀得大败而逃。曹文昭也不追赶，飞马向中军一直来斩李自成。李自成大惊，连忙亲舞钢矛上前迎战。这时背后的将士看见李自成出马，一齐都杀上前来，刀、枪、剑、戟围住曹文昭，四面夹攻。曹文昭大怒，舞动手中的钢刀，连斩上将三员，背后柳、张二将也杀退了两翼敌兵，乘胜上前接应。官兵人人奋勇，一阵杀得李自成的人马抛盔弃甲，大败而走。曹文昭也不追赶，下令收回了人马，安营下寨。次日一早，又率领大队人马上前搦战。不料李自成营中即是深沟高垒，任他如何叫骂，到底没有一个人出来应战。

一连待了两天，曹文昭心中大疑。到了第三天一早，忽见探马飞报，说是李自成的大队昨夜晚间已经全数退走，前面只剩下一座空营了。曹文昭道："看这情形，大约是怕西安的官兵抄入后路，因此连夜宵遁。趁此军心摇动之时，可以一鼓破之。"立刻下令进兵，星夜追赶了前去。沿途所过之处，都是鸦雀无声，并不见李自成的一兵一将。曹文昭追赶了一天，大兵刚刚杀到真宁之湫头镇地方，忽闻四面炮声大震，一时金鼓乱鸣，喊杀连天。曹文昭大惊，急忙引兵退走，此时四面伏兵齐起，矢石横飞，李自成的人马如潮水一般汹涌而来。曹文昭见事不好，急令副将曹变蛟、参将王锡命、守备曹鼎蛟率领人马向左右冲杀，自己同副将曹文耀、柳国镇由中间来与李自成死战。维时天已冥黑，在那更深云黯之中，官兵自相践踏，一时队伍大乱，只闻得金鼓之声、呼号之声、喊杀之声一阵阵随着悲风而来。一直杀至东方大明，只见那官军的将士东偏西倒，尸如山积，血流成河。那总兵曹文昭、副将柳国镇二人也随着一般兵士，尸横沙场，湮然长逝了。

这时悲风四起，草木都带出一种凄凉之色，后人有诗叹曰：

赵国多良将，英才出晋阳。

将军能继武，社稷救金汤。

威望关西著，声名冀北彰。

钟山王气敛，大宿殒光芒。

曹文昭等既死，他的兄弟文耀，侄儿变蛟、鼎蛟等，在那千军万马之中，杀出一条血路，一直投奔洪承畴的大营去了。

原来那李自成因为曹文昭威名久著，他的兵将闻风先已丧胆，所以连战皆败，未可以力取胜，因此设了这么一个圈套，不料曹文昭竟尔中计捐躯，折了朝廷的干城虎将，看来也是明朝的气运使然。

但是官兵连覆两镇精兵，折了两员大将，噩耗传到总督行营，洪承畴放声大哭，顿足长叹道："国家失此股肱之臣，大事不可为了。"一面拜章申奏朝廷，一面再调大兵，亲自来与李自成决战。

崇祯帝览奏大为震悼，随即降旨：追赠曹文昭太子太保左都督，赐祭葬，世荫指挥佥事；艾万年加赠都督佥事，赐祭葬；其余阵亡将士着陕西巡按会同洪承畴查明汇奏，统交兵部，从优议恤。一面又责成洪承畴、卢象升即日督兵进剿。又降严旨，申饬兵部尚书张凤翼，责成他统筹全局，限期荡平各处的流寇。凤翼大惧，即日上疏，言："巢贼原调七万二千官兵，随贼所向，以殄灭为期。督臣洪承畴以三万人分布楚、豫两省，地阔兵少，以致尤世威、徐来朝等先后溃败，以二万人分布三秦，千里迢迢，孤军无援，故曹文昭、艾万年先后战殁。今臣又调祖宽、李重镇、倪宠、牟文绶等四镇官兵及楚兵七千人，先后开赴前敌，兵力已厚，当可灭贼。请饬下督师文武，将潼关以内属之洪承畴，潼关以外属之卢象升，划地分防，鼓勇进兵，当不难指日灭贼也！"崇祯帝准奏，即日饬下督、理二臣，依议遵行。

这个旨意刚刚下去，李自成人马已经由甘肃再入陕西，又遣了游骑绕出河南，将张献忠从前剩下的残兵一并会回合起来，分途扰乱官兵来路，连陷了渑池、邓州两处坚城，渑池知县李迈林、邓州知州孙泽盛、同知薛应龄等先后力战身死。一时烽火连天，陕西、河南两省同时告急！总理卢象升连夜率了大兵，身先士卒，先将河南的大股杀退，然后尽督大兵来与洪承畴会师，共商进兵之策。

第十一回

洪承畴泾阳破李闯　孙传庭擒获高迎祥

　　三边总督洪承畴、七省总理兼郧阳抚治卢象升连奉朝旨，分调各镇大兵来与李自成决战。此时总兵贺人龙、张全昌两镇大兵首先奉令杀来，大败李自成于清水。李自成大怒，亲自督率人马，一阵杀败了官兵，都司田应龙、守备张应春先后战死。李自成乘胜前进，分兵四出，连陷陕甘各州县，陇州知州胡尔纯、扶风知县王国训、主簿夏建忠、典史陈绍南、教谕张宏纲、训导陈儒正、阶州学正孙仲嗣等先后战死。

　　洪承畴连接紧报，星夜飞调贺人龙、李卑、左光先、左良玉等四镇官兵，一齐向陕甘界上节节进剿。卢象升也调了山东、河南的官兵，先后开入潼关。

　　李自成看见官兵声势浩大，遂同高迎祥商议，把部下的人马分为两股：李自成率了多数兵将，由富平向潼关，来挡洪、卢二人的大部，高迎祥率了少数，由陇州攻凤翔，以牵制陕军，专与孙传庭对敌。两部人马即日拔队分行。

　　这时李自成一部早已杀过了富平，深知洪承畴亲自率领大兵前来决战，他便飞调李守信率兵三千人扼守蒲州，高杰率兵五千人扼守朝邑，俞彬、贺珍同率精兵一万人驻守三原，然后自己率同诸将驻扎泾阳县，专待官兵一到，便与交锋。

　　这个时候，李自成刚刚把四路人马分布妥当，不防那高迎祥一部早已在凤翔被总兵曹变蛟、副将尤翟文、守备孙守法等杀败；高迎祥退走乾州，又被总兵左光先拦住痛剿了一场，高迎祥被左光先一箭射中了左胁，连夜率了败兵，由华阴一路直趋泾阳而来。李自成大惊，正待商议出兵之时，又见探马飞报，说是总兵左良玉引兵杀到来了！李自成闻报，立刻走到中军，下令叫大将李过、罗虎辅助高迎祥留守泾阳，自己率了诸将来与左良玉决战。

前锋大将马维兴的一支人马首先便与官兵相遇。马维兴横刀勒马，在阵前耀武扬威，大叫："左良玉匹夫，快快出来领死！"

左良玉厉声喝道："逆贼休得无礼，本镇亲奉圣旨，率了精兵猛将，入关讨贼，倘有抗拒天兵者，一概诛杀无赦。尔以当世英豪，可惜失身盗贼之中。本帅今日剀切劝尔，大丈夫生在天地之间。需要见机明决，及早回头，方才算得真正英雄。今日既然遇见本帅，便可解甲投诚，去与朝廷立功，免得兵败之下，玉石俱焚，岂不悔之晚矣！"

马维兴闻言大怒，喝道："方今朝廷昏乱，是非颠倒，但凡有志之士，谁肯去与他效力？这些腐论，说与谁听？不必多言，放马过来吧！"

左良玉大怒道："匹夫无礼，敢欺本帅不能斩尔首级耶，哪一个快去替我斩此逆贼？"

话犹未了，背后早已转出一员大将，挺枪跃马，直取马维兴。左良玉视之，乃是部将鲍武也。马维兴更不搭话，挥刀直劈鲍武。鲍武舞枪迎战，二人一气大战了七八十回合，直至天晚双方方才鸣金收军。

次日，左良玉又命其子左梦庚督住中军人马，自己引了前锋，亲自出马来战马维兴。两人武艺高强，正在苦战之时，那官军阵后忽然尘头高起，喊杀连天，总兵李卑的大队又复赶杀到来，先锋大将万夫雄一马当先，直扑阵前而来。马维兴大惊，立刻率兵退走，左良玉麾兵进战，马维兴不能抵挡，一战大败下来，后面左光先、贺人龙两镇大兵又复相继杀到，马维兴立营不住，只得率领残兵，星夜回奔李自成的大营去了。

官兵趁着得胜兵威，便分头去援各县的城池，左光先一支人马已经杀到朝邑。此时李自成的大将高杰闻知左光先兵至。便亲自率了人马上前迎战。

两阵对圆，左光先立马横枪，大叫："贼将快快投降，免污刀斧。"

高杰大怒道："吾乃翻山鹞子高杰也，你这个匹夫有几颗头颅，敢来这里送死！"

左光先大怒，叱道："本镇奉旨剿贼，专要捉拿李自成，似你这样无名小卒，本帅哪里记得。但是你既然叫做翻山鹞子，就该幡然改过，归顺朝廷，何敢抵抗天兵，自取灭亡？"

高杰大怒道："你从前也是同我一样，今日有何面目竟敢在此口大出狂言？你到底有多大本领，快快上来比武吧！"说时飞马上前，一支枪直刺左光先。

左光先背后转出大将杜楠，大喝"贼将休走！"舞刀跃马拦住高杰大战。高杰大笑道："你这种无名鄙夫，也要充做大将，看枪吧！"说时一枪刺了过来，杜楠急忙举枪架住，二人一来一往，战到十五六回合，高杰趁他个空子，手起一枪，刺杜楠于马下。高杰把枪一挥，部下人马蜂拥杀了上来。左光先大惊，急忙挺枪迎战，交手三十余回合，又被高杰杀了个手忙足乱，急急引兵败退下去。高杰因为奉了李自成的密令，不许他妄自进兵，因此便不追赶，即行收兵回城。

这时候，李自成在泾阳，因为马维兴连战大败，高杰又遣人请兵援应，正在商议出兵之时，不防那蒲州李守信又被贺人龙杀败，总理卢象升亲自赶到蒲州，一时军心惶惶，谣言四起。李自成大惊，急忙下令，叫大将翻山动率领精兵五千人，前往泾阳帮助高杰，翻山动领命出发。

此时那四镇官兵都奉了洪承畴的将令，一齐进攻朝邑。高杰看见官兵大至，明知孤城不能坐守，于是点起人马，与翻山动出城迎战。行了不上五里，便与官兵先锋万夫雄的大队相遇，双方就在平敞处摆开了阵势。

夫雄横刀勒马厉声叫战，高杰背后转出大将马三才，挺枪跃马上前接战。一时金鼓齐鸣，喊声大震。交马二十余回合，夫雄手起刀落，斩三才于马下。高杰大怒，正待亲自出战，不防他的部将卜忠早已飞出阵前，来与夫雄接战，战了不上十回合，又被夫雄一刀劈下马来。官兵看见夫雄连斩二将，立时军威大振，一声呐喊，四面扑杀了上来。高杰大惊，急忙同翻山动各率人马，一齐上前迎敌。

正在苦战之时，忽见前面尘头蔽天，杀声大震，原来是左光先同李卑等四镇大兵一齐赶杀来了。高杰看见事法不好，连忙下令退兵，翻山动在后军，又被左良玉所斩。左良玉麾兵奋进，一鼓夺回了朝邑，会同各镇大兵，星夜向三原进攻——这一回仍是李卑的人马为先锋，浩浩荡荡，一直杀奔三原而来。此时李自成在泾阳，闻知朝邑失守，三原告急，这一惊非同小可，急忙同高迎祥请了牛金星商议了一番，下令叫大将李双喜、周凤梧、蝎子块、罗虎等各率本部精兵，星夜前往三原助战。

四将领命出发，行了不上五六十里，只见前面尘头高起，喊杀连天，人报俞、高二人已经被官兵杀败，失守了三原，尽率残兵败退下来了。李双喜见了俞、高二将，一面传令把人马扎住，一面遣人飞报李自成。李自成大惊，立刻传令，叫他们六人迎头先与官兵接战，一面再遣大将萧云林、高一功各率骑三千人，火速上前接应。

　　这个时候，那李双喜等早与官兵的前锋接触起来，副将万夫雄首先败了一阵，李卑大怒，立刻亲督大兵上前督战。李双喜看见李卑出马，便传令叫大将蝎子块率兵上前专拿李卑骂战，李卑大怒，挥刀纵马直取蝎子块。一时金鼓乱鸣，喊杀四起，交马三十余回合，李卑大喝一声，一刀劈蝎子块于马下。官兵见主帅阵斩敌将，顿时勇气百倍，一声呐喊，四面扑杀上来。李双喜等力战不支，急忙引兵退走，后面左良玉等三镇大兵一齐赶杀上来。李双喜大惊，只得勒转人马，同俞彬等五将再与官兵死战。

　　这个时候，李自成又连接探报，说是陕西巡抚孙传庭又率了士兵，由西安前来夹攻，总兵祖宽、李重镇，倪宠、牟文绶等四镇人马，亦分道杀向前来。李自成大惊，连夜召集了诸将，商议一切战守机宜。高迎祥首先发言道："现在官兵四路来攻，形势异常险恶，万不可聚在一处，叫官兵粹集了兵力，来与我们作对。依我的意思，还是请贤甥把多数人马带了，去与洪、卢二人分头进战，为舅自带当年的旧部，独挡孙传庭一面，如此方能分开官兵的势力，再作区处吧！"

　　李自成道："舅王言之有理。"立刻传令，叫大队人马分途进行，又下令把李道、李进两支人马拨去辅助高迎祥，又令李过尽率前部精兵作为先锋，与高迎祥一同出发。分布已定，然后亲自督率大兵来与李卑决战。不料此时官兵连胜之下，勇气百倍，他的大队刚才出发，前方李双喜等七员大将又被官兵杀败，一直败溃回来。那李卑、贺人龙各率大兵。跟踪追来，李自成大怒，急忙下令，把前锋人马分左右荡开，自己率了中军大队，大开营门，来与官兵接战。

　　这时李卑、贺人龙一齐立马阵前，扬鞭大叫："李自成兵败势窘，还不及早投降，更待何时！"李自成怒不可遏，举矛向后一挥，背后转出了大将马世耀，舞刀跃马直取李卑。李卑大怒，喝声："死在须臾的逆贼，焉敢抗拒天兵！"拍马舞刀亲自来战马世耀。一时金鼓齐鸣，喊声大震。战到三五十回合，马世耀抵挡不住，拖刀败下阵来。李自成将

田虎看见马世耀战败，急忙飞马上阵，来与李卑接战。马世耀看见田虎出马，急忙翻转身来，双刀并举，围住李卑死战不退。李卑力敌二将，刀法毫不错乱。

正在苦战不休的时候，李自成在中军忽然连接探报，说是高迎祥与孙传庭一战大败，折了许多兵马，高迎祥率了败兵，一直退向凤翔、武功一带去了。李自成得报大惊，生怕孙传庭的人马再向这里夹攻上来，那时候便成了腹背受敌、退兵无路之势了，于是不敢再与官兵恋战，急忙下令收兵，叫李双喜等扼住险要，自己率了大队且战且走，弃了泾阳，一直向河南、湖北两省边界上退了下来。李卑等看见李自成将人马移动，立刻趋兵追杀。李双喜连战大败，反把李自成的大队冲动，因此官兵长趋杀来，李自成的人马望风溃走。

刚刚到了白沙镇地方，不防前面烟尘四起，原来是张献忠的大部又被官兵杀败，也向这里逃奔而来。张献忠看见追兵甚急，自己的兵将业已死伤过半，于是又低首下气，再来求与李自成合作。李自成本来深恶张献忠的人格，但是因为要凑合兵力，一同抵挡官兵，因此又勉强答应了他。

所以他们二人就在白沙镇言归于好，从新合作起来。但是这张献忠自从凤阳一败，后来闹下许多的乱子，都在那皖、豫两省境内。既然叙到这里，不好不把他已往之事略为补述一遍。

原来张献忠自从由安徽窜入河南之后，所到之处，肆行屠杀。后来被应天巡抚张国维率大将许自强等与他大战了几场，双方互有胜负，官兵守备朱士允力战身死，张献忠的声势一日大出一日。张国维又会同了'河南巡抚陈必谦檄调辽东总兵祖宽，会师进攻，大败张献忠于朱阳关。张献忠引兵逃走，必谦等乘胜追杀。又败之于嵩县九皋山。张献忠逃至汝州，又被副将罗岱杀了个落花流水，因此便急急收拾残兵，一直来投李自成。二人既已回合兵一处，又见官兵的锐气正盛，万难再与争锋、接战，因此他们两人便取了个同意，一齐率了人马，由郧阳小道绕了过去，连夜退入商洛山中，分派兵将，据险固守，暂作休兵之计。

此时官兵连胜之下，七省总理卢象升大会诸将于凤阳，分兵调将，预备克期平贼。一面飞咨三边总督洪承畴，速调大兵，回合攻李自成。于是总兵左良玉、贺人龙、左光先、汤九州、祖宽、李卑等各统大兵，先后进围商洛。

李自成闻知这个消息，立刻请了牛金星等，连夜商量了一个主意，下令把部下的兵将分为两路，趁官兵四路出发之时，他却同张献忠各率一部人马，出其不意，仍由湖北郧阳一带杀入安徽，直攻庐州。这时候，庐州兵单饷缺，正在危急万分之时，却得南京兵部尚书范景文连夜飞调了大兵赶来援救。李自成就在庐州城下与官兵大战了七天七夜，到底又被官兵杀败，于是弃了庐州，掉转马头来一鼓攻破了含山、和州，和州知州黎宏业、州判钱大用、吏目景一嵩、学正康正谏、训导赵世选、乡官马如蛟、马如虹、马如虬等同时战死。李自成入了和州之后，休兵三日，复率大兵进攻滁州，滁州知州刘大巩一面督率了兵民昼夜防守；一面又飞马向各处告急。

此时卢象升同总兵祖宽、张任学两支人马早已星夜赶上前来。李自成看见官兵大至，急忙再把人马分开，叫张献忠率领所部督攻城池。自己便督了诸将，就与官兵在滁州境上大战起来。双方正在战争激烈之时，不防凤阳总督朱大典又率了大兵杀上前来，李自成腹背受敌，一战大败，只得尽率人马由寿州走归德，迎头又遇见总兵祖大乐，截住大战了一场。李自成看见所部的将士伤亡太多，于是不敢再与官兵恋战，又弃了归德，连夜逃奔朱仙镇去了，这一段叙述到此暂且搁住。

再说那高迎祥在陕西被孙传庭连战杀败，李过的一支人马又被洪承畴在武功一带四面兜剿，部下兵将十丧八九，李过看见不支，便率了残骑由山僻小道一直也向河南逃奔而来，向李自成请求速派大兵去救高迎祥。这个时候，高迎祥正在扶风一带收集了溃兵逃将，专候李自成来救。岂知道远水救不了近火，那孙传庭早已亲自督率了大兵，由武功来攻扶风。高迎祥闻报大惊，环顾部下的精兵猛将，均已死伤殆尽，只剩下亲军左都督黄龙、右都督刘哲及大将罗汝才、刘国能、李道、李进、王嘉胤等几个人，其中罗汝才本是由张献忠部下拨来帮助他的。

话说这罗汝才为人狡诈多谋，反复无常，别号曹操。罗汝才善于调和各部之间的关系，所以谁都愿意与之回合作。打下城池之后，子女财物大家平分，盗亦有道。清廉的官员一律不碰，打的就是贪官，这就是罗汝才的江湖道义。有一位首领替人报仇，攻下了城池，杀了清廉官员一家，气得罗汝才将该首领五马分尸。通常一个县只有三五百守军，流

贼动辄数十万之众，官军是守不住城池的。罗汝才与高迎祥回合作的时候最多，都是老江湖了，高迎祥过去是个盗马贼。罗汝才喜欢奢侈，属于穷人乍富型的暴发户，享受够了死了也不屈。过去罗汝才娶不上媳妇，当了流贼首领之后，身边美女不下百名，个个如花似玉，这就是罗汝才喜欢做流贼的理由。劫富济贫、替天行道只不过是个口号，能够自保就算不错了。都是些乌合之众，胜不相让，败不相救，聚到一起就是为了打家劫舍，没有别的目的。

这样算起来这些人里，就只有罗汝才同刘国能两个的武艺最高，罗汝才善谋，国能善战，一军的台柱，就看他二人支持了。高迎祥想来想去，只得下令，叫他两人率了人马前去迎敌官兵。

此时总兵贺人龙早已奉令开到，首先便与罗、刘两支人马打了一个照面，双方里摆开阵势。官兵阵里是大将贺勇跃马挺枪，上前搦战。汝才背后转出大将高垣，拍马舞刀，接住贺勇大战。一时金鼓齐鸣，喊声大震。二人战了二十余回合，贺勇手起一枪，刺高垣于马下。贺人龙望见高垣被斩，立刻麾兵杀了上来。汝才大惊，急同刘国能双枪并举，一齐杀奔贺人龙而来。贺人龙大怒，立刻舞动长矛直刺汝才，交马不十回合，早杀得汝才大败而逃，后面贺明威、周国卿等各率大部精兵一拥杀上阵来。国能抵挡不住，急忙引兵退走，贺人龙趁胜进兵，罗、刘二将大败而逃，官兵长驱而来，一气追到了扶风。高迎祥大惊，连夜弃了扶风，率同人马退守周至。

贺人龙克复了扶风，一面向孙传庭军前报捷，一面再督大兵进攻周至。这个时候，那孙传庭也亲率大兵，由鄠县一路截杀了上来，并飞檄贺人龙，叫他火速进兵，以便会师周至，好收一鼓荡平之功。

果然是兵以气胜。官兵当此屡胜之下，勇气百倍，调发亦更神速，不上三日功夫，两处大兵早将一个周至县城围了个水泄不通。这样一座小小县城，平日积存粮草是有限的，高迎祥坐困城中，外面足足地围了五七层官兵，漫说打仗的话，就是不言不语的，围困上一两个月，内中的粮草吃尽了，不是活活饿死，便是束手待擒的了。那孙传庭因为成功在即，所以亲自驰到前敌，连日指挥了一班将士，分头攻打城池，自己就在城外一座土山上扎下营垒，每日居高临下，催督那些兵将轮番攻打，昼夜不息。

这个时候可急坏了一个高迎祥。欲要出城决战，无奈那部下的人马皆已七死八伤，实在没人出去替他拼命，欲要死守待援，又明知李自成已经败入河南，千里迢迢，如何指望得到？加以城中的粮秣告尽，人情汹汹，势将变起肘腋。一时左思右想，马上就如滚油浇心起来。又闻那城外一阵阵喊杀连天，大炮轰轰，瓦屋皆惊，高迎祥急得走投无路，在帐中绕来绕去，犹如热锅上的蚂蚁一般。

正在莫可奈何之时，只见帐下走出一员大将，向高迎祥说道："现在军情危急，险状环生，与其死守孤城，束手待毙，不若冒险出去，背城大战一场，或可寻出一条生路来吧。"

高迎祥举目一看，这个不是别人，正是那多年不曾露面的王嘉胤也！高迎祥闻他的话，低头想了一想道："贤弟说得不错，但是应怎么一个出战逃走之法，快快说来我听吧。"

王嘉胤道："趁着今夜三更时候，先叫罗、刘二将军分兵从东南两门杀出，再令两位李将军率领所部由北门杀了出去，待官兵二路交战之时，某与黄、刘二将军趁他不备，保护着大王由西门杀出。官兵不及提防，必能逃出这个险地，然后循着小道向河南去回老营，再行设法恢复。愚意如此，不知大王意下如何？"

高迎祥此时早已没了主意，只得遣人向城上把罗汝才等传了进来，告知这个主意，立刻下令叫他们马上准备行李，赶本夜三更，一齐都要出发。

此时孙传庭驻师城外山上，天天催督了各路兵将，奋勇猛攻。这天早上，孙传庭独自带了两名亲兵，到山顶最高之处遥望城中的动静，忽然一阵狂风由东而西刮了过来，顿时把高迎祥的一面中军大纛吹倒下来，那一片帅字红旗随风飘荡，一直卷入西南一带，飞出城墙去了，霎时间，满城黑雾四起，浓烟弥漫。孙传庭看见这个景象，回头向从人说道："不出今夜，我军的大功就要告成了！"说毕，便回到营中，立传总兵贺人龙进见。贺人龙来到中军，孙传庭叱退了左右，向贺人龙把刚才所见的情形告诉了他一遍，并言："城中的黑气，是主败兆；中军大旗被风吹出西城，主贼首必从西门逃走。这个机会万万不可失去。"又向贺人龙耳边暗授机宜，限定今夜三更务要生擒高迎祥。贺人龙奉了将令，立刻回到营中点兵派将，暗中不露声色，布置了个千妥万当的程序。

一直待到了三更时候，那罗汝才、刘国能二将果然各率人马，由东南两门杀了出来。刚刚越过城壕，不防周国卿、何人敌二将早已在那里等候多时，一声呼啸，犹如风驰电掣一般，将他二人的兵马分做两处包围上去。霎时间四面金鼓齐鸣，喊杀连天！周国卿、何人敌一直杀入阵中，刀枪过处，高迎祥的将士纷纷落马。罗、刘二将奋勇苦战了一场，看看部下的兵士皆已死亡殆尽，汝才料定风头不好，立刻抛盔弃甲，装成一个小卒的模样，趁乱逃出重围去了；国能独自一人在阵中左冲右突，身带重伤，看见支持不住了，方才杀开一条血路，弃了残兵，单骑落荒而逃。

这时那李进、李道的两支人马，也被贺勇、贺明威在北门外杀了个落花流水，四散奔逃。明威等也率了大兵一直杀奔西门，会同国卿、人敌来擒高迎祥。

这时，那高迎祥果然趁着外面交战之时，他便率了兵将，一溜烟向西门突了出去，息鼓掩旗，衔枚急走。不料他的人马行了不到二里远近，忽闻前面的炮声乱响，一时左、右、前、后伏兵四起，犹如山崩潮涌杀了上来，为首一员大将挺矛跃马，直取高迎祥。高迎祥大惊，趁着月色朦胧之下定睛一看，这位大将不是别人，正是贺人龙也！高迎祥大骇，顿时急得手忙足乱连忙勒转了马头向后飞跑。不料贺明威等各路人马偏偏又从后面赶杀上来，一时两面夹攻，杀声震动了天地。高迎祥看见无路可走，便传令，叫黄龙、刘哲分兵去迎敌前后两路官兵，自己同王嘉胤率了残兵，急向左边阵角上死力杀奔出去。贺人龙看见高迎祥拼命突走，生怕被他逃了出去，急忙率领人马飞赶上来，由刺斜里拦住了他的去路。高迎祥大惊，急忙叫王嘉胤上前迎敌，自己同黄、刘二将复向阵侧逃了出去。王嘉胤无可奈何，只得勉强上前，交马只一回合，早被贺人龙飞马赶到身边，一把拉住了勒甲绦，随手向地下一扯，早将王嘉胤掷下马来，左右一声呐喊，便把他捆绑起来，押回大营去了。

贺人龙擒了王嘉胤，随即催督人马向前来追高迎祥，一直赶到黑水峪地方。高迎祥正在舍命狂奔之时，不防那前面的喊声又起，原来是贺人龙的儿子贺大明奉了孙传庭密令，由小道赶出前头来了。大明望见官兵追赶高迎祥到来，他遂掉转马头向高迎祥夹攻上来。这时候，四面官兵云集，人人奋勇，个个争先，霎时间犹如风扫残云，把高迎祥的人马杀的杀，逃的逃，弄了个干干净净，黄、刘二将一齐身带重伤，先后都被官兵擒去，单单的剩下高迎祥一个孤家寡人，直急得上天无路，入地无门。副将孙守法麾兵一拥上前，连拖带捆，闹做了一团。高迎祥大叫一声："天绝孤哉！"可怜高迎祥一个绿林豪杰，十余年横行天下，今日兵败之下，竟被官兵生擒活捉去了。

第十二回

袭王号闯王入巴蜀　战成都承畴首立功

　　贺人龙大破敌兵于黑水峪，生擒了高迎祥、王嘉胤、黄龙、刘哲等，然后奏凯回营。看见黄、刘二人已经受伤太重，怕他逃了天诛，于是下令，叫把他二人先行斩首。然后把高迎祥、王嘉胤二人，剥去衣服，赤身背绑起来，一直押到孙传庭大营前来献功。孙传庭闻报大喜，传令叫贺人龙将二人暂时禁在营中，到了次日午前，孙传庭方才升座中军。贺人龙率了诸将上前参见毕，然后由孙传庭下令，叫把高、王二人推进帐来。左右一声答应，七手八足便将高迎祥等拖了进来。

　　高迎祥望见孙传庭，只向上面打了一恭，立在那里，昂然不跪。孙传庭大怒，拍案大喝道："不知死的逆贼，你造下弥天大罪，今日被本部院拿获住了，还敢妄自尊大么！"

　　高迎祥道："大人息怒。我高迎祥也是一世的英雄，久已有心归顺朝廷，只是没有机会可趁，大人若能相信，愿去劝说吾甥李自成来降。倘若把我杀害了，我那外甥日后替我复起仇来，大人须要小心。"

　　孙传庭闻言大笑道："你这逆贼有几颗头颅，敢拿大话来骇本部院？朝廷的精兵猛将，数不胜数，那里用得着你们这种狼子野心之辈？本部院今日也不杀你，且把你申送到总督军前，再行献俘京师，叫你看一看朝廷的天威，你就死了，也好作个明白之鬼！"说毕，吩咐旗牌官把他钉上镣肘，装入槛车之内，即日派人押送总督军前献功。一面又向王嘉胤厉声问道："你有何说？"骇得王嘉胤连连叩头，口称："小人该死！小人家中尚有八旬老母，祈大人赦蝼蚁之命，愿在军前效犬马之劳。若是送到北京，小人就有命难逃了。"孙传庭大笑道："你哪里够得上向京师献俘？似你这种无用的草包，本部院也不劳你效力了，还是早早送你还家吧！"说毕便喝："刀斧手，与我把这厮推去砍了！"

王嘉胤闻令，直哭得泪人一般，死跪在那里不肯动身，禁不住那些刽子手连拖带滚将他架出帐外，王嘉胤放声大哭，把脖项缩着一团，蹲在地下高呼"大人饶命"，闹得那些刽子手没有法子，只好出来一个人，把他的头发抓住，用力扯展了颈项，方才将脑袋砍了下来，进帐缴令。孙传庭吩咐：将他的首级号令军前。一面班师回省。

那高迎祥后来由洪承畴将他解送北京，崇祯帝大喜，传旨将他发交刑部，处了一个千刀万剐的凌迟死罪，又降旨，将孙传庭、贺人龙等均交吏、兵二部从优议叙，不题。

再说那李自成在河南连次被官兵击败后，由朱仙镇复入陕西，崇祯帝因为河南的文武防剿不力，特地把巡抚陈必谦调回北京，另以金都御史王家祯为河南巡抚，即日督率大兵回合剿李自成。李自成看见官兵节节追赶，张献忠亦中道分手，因此他便拿定了主意，拼命去救高迎祥。所以他入陕之后，便整顿了人马，由汧阳向陇州一带分途杀奔前去。

大兵到了凤翔，李自成尚不曾接得高迎祥被擒之信，正待绕道去救周至时，不防那贺人龙的大队已经赶到，迎头大战了一场。李自成看见风头不好，急忙由凤翔渡过了渭河，由南山逾商洛，一直杀回延绥而来。

这时候，那陕北的官兵先后奉调南下，所以李自成兵至，如入无人之境。一直回到了米脂，方才大阅兵马，检点部下将士，所有当初起义的那些朋友，都因连年与官兵争战，大半死于锋刃之下，李自成十分伤感，便将剩下的人马汰弱留强，简兵搜乘，连鄜延一带又召集了五六万人马，一面又收罗延绥健儿及四方豪俊先后投效者，有张鼐、党守素、辛思宗、谷可成、王文耀、任继忠、吴汝义、刘芳亮、刘体纯、刘苏、刘虎、刘希尧等一般勇将，又有他的堂侄李遵、李遒、李暹、李适、李通、李达、李逸、李迪、李友、李牟，堂孙李时亨、李运亨、李其亨等，一齐都来在他部下，随军效力。李自成大喜，于是分部人马，兵势复振。

正待大举南下来与孙传庭决战，忽然连接探报，说是孙传庭已经克了周至，高迎祥兵败被擒，传闻高迎祥已被孙传庭所杀。李自成闻报，顿时放声大哭，立刻下令，叫三军人马都与高迎祥挂孝，克日兴师南下，来与高迎祥报仇。过了一日，那刘国能、李进等也先后逃奔前来，见了李自成，哭诉兵败的情形，并说罗汝才业已逃向张献忠那里去了。

李自成听罢，心头十分悲愤，立刻请了牛金星前来，商议出兵之策。

牛金星道："日下我兵屡次败北，高王已经薨逝，这部下许多兵将岂可无一统制之人？以某愚见，将军急宜先继闯王之号，以统驭全军，然后侦探官兵的虚实，伺机而动，方能保得万全。"

李自成哭道："先王宾天未久，大仇未报，我何忍便袭了他的王位？"牛金星与诸将再三苦劝了一遍，李自成方才应允。即日传令，召集了全体将士，就在米脂城北马鞍山中军大营内，告天即位，从此以后，李自成便改称为李闯王了。

李自成因为复仇心切，天天与牛金星商议进兵的机宜。牛金星道："报仇雪耻，非一朝一夕便可成功。兵法云：'知己知彼，百战百胜。'今者我兵新败之下，士气不振，断难再与官兵争雄。况洪承畴、卢象升、孙传庭三个，都是长于用兵之人，这陕西、河南一带是不能再去的了。以某愚见，不如丢了陕、豫两省，改变宗旨，另向四川进取。四川民殷物富，古称天府之国。今日趁官兵无备，由庆阳入甘肃，出秦州入昭化，直攻成都，苟能取得成都——那时候雄踞两川，然后整军经武，再图中原，则先王之仇可复，而大王之业可成也！"

李自成道："先生之言是也，孤亦久慕蜀中富庶。但是大仇未报，还须先去与孙传庭决一胜负，然后入川不迟。"牛金星道："报仇何分迟早？待得了成都再来与孙传庭决战，方能操必胜之算。目下若果轻举妄动，万一有失，岂不把先王十年的功业完全丢了？还祈大王三思。"

李自成闻言点头道："先生之言字字珠玑，孤岂敢不听？"立刻传令，叫大将马维兴、萧云林二人为先锋，即日开拔入甘，一面亲督大兵随后起行。临行时候又把米脂县知县边大绶唤了出来，当面嘱咐他："好好的抚慰疮痍，不可虐待我的父老。"又与他留下黄金三万两，叫他缮修城池，重建文庙，并在北门外马鞍山营址建筑营房一百间，以便日后驻兵之用。诸事安置妥当，然后率众出发。

这时候署延绥总兵官的，就是从前那个俞翀霄，起先李自成由鄜延北窜之时，他因为部下兵将大半皆已奉调出征，所余的兵力太弱，实在不能出来争战，因此他便拿定了主意，一味死守榆林镇城。李自成因为桑梓关系，也不愿穷兵黩武，多伤陕北民命。因此官兵不来惹他，他也不肯去无故挑衅。到了李自成快要出兵之前，俞翀霄一连奉了抚按的三道羽檄并延绥巡抚张伯鲸的命令，叫他火速率了人马，向三边一带扼堵李自成入甘之路，以便会同西安、太原官兵四面兜剿。俞翀霄不敢怠慢，只得连夜率了官兵赶到安定一带，恰恰的便与马维兴等前锋人马撞了个正好，双方就在安定大战了一场。官兵因众寡不敌，被马维兴等杀得七零八落，四散逃走。俞翀霄力战阵亡，马维兴等一直由庆阳杀入甘肃而来。

此时甘肃文武并无一点防备，李自成大兵一到，势如破竹，连陷庆阳、镇原、华亭、清水，一时烽火连天。甘肃抚按连夜向朝廷飞章告急，一面调兵遣将，分头出去迎敌。及至官兵赶了前来，那李自成的人马已经杀过甘境，由昭化一带杀入四川去了。

那四川的官兵也是毫无预备，当李自成人马杀到川境之时四川巡抚王维章、巡按陈良谟方才连夜飞章告急，一面调了总兵侯良柱率了大部官兵，星夜驰赴川边，扼守沿边的隘口；又调总兵刘佳印、刘镇藩，各率大兵一齐进援成都省城。这几路官兵尚未赶到防地，那李自成的大部早已由昭化攻陷了剑州，昭化知县王时化、剑州知州徐尚卿、吏目李英等先后战死，兵不留行，直扑成都而来。

马维兴、萧云林二人率了先锋人马，兼程并进，首先便与侯良柱的大兵相遇。马维兴看见官兵到来，立刻摆开了人马，同萧云林上前搦战。良柱大怒，下令叫副将赵武出阵迎敌。赵武领命，跃马杀出阵来，挺枪直取马维兴。马维兴把马踢了一下，挥开大刀便与赵武交手大战起来。一时金鼓齐鸣，喊杀连天。战到三十余回合，赵武料敌不过，顿时枪法错乱，拨马向后便走。马维兴飞马赶了上来，手起刀落，斩赵武于马下。

云林看见马维兴得胜，一声鼓响，率了部下人马，直向官兵阵前杀奔上来。良柱大惊，急忙舞刀纵马，亲自上前接战。马维兴、云林双刀并举，一齐来攻良柱。良柱的武艺高强，枪法烂熟，一场大战刚才把马、萧二人抵挡住了，不防那李自成的第二队大将李遏、贺锦又复率领大兵，拼命赶杀了上来。良柱看见众寡不敌，急忙传令，叫他的儿子侯天锡率领人马火速退走，自己督住了后军且战且退。无奈那李遏等两支生力兵马趁胜追杀了上来，良柱人乏马困，一战大败下来。加以四川官兵多年未经战阵，所以一败之下，那些兵将便已四分五裂，不可复战。良柱看见大势已去，只得率领那些残兵败将，一直向绵州境上风驰而来。

马维兴等那里肯舍？率了四部精兵跟踪追赶，刚刚入了绵州地界，便把良柱的全部团团围了个水泄不通。良柱十分愤怒，便同了几员偏将及他的儿子天锡一齐跃马陷阵，拼命大战了一场。良柱身带重伤，看看部下的残兵皆已死亡尽净，他便仰天长叹了一声，挥开天锡，叫他赶紧杀出重围，去向成都报信，一面向腰边抽出佩剑，力斩了几员敌将，方才自刎落马而死。

马维兴等杀散了官兵，一面遣人飞报李自成，请其速率大兵向前进发，一面同萧云林等率了得胜之军，浩浩荡荡杀奔成都而来。

此时那川东总兵官刘镇藩、川北总兵官刘佳印先后奉了将令，一齐率领大兵，星夜赶到成都来援省城。

马维兴等看见大兵云集，成都城内素号兵精粮足，因此便不敢轻易进兵，遂把人马暂行扎住，待李自成到来，再作进攻之计。

隔了一日，那李自成的大队果然陆续开到，马维兴等见过了李自成，把官兵的情形详细回复了一遍。李自成遂下令，叫大将高杰、俞彬、李道三人率领人马，前去迎敌川东官兵，又令李过、罗虎、高立功率领人马，前去迎敌川北官兵，然后亲自率了全部大队及一班勇将来攻成都省城。

分布已定，次日五更造饭，黎明出发，三路大兵一齐鸣金击鼓，分头并进。一时铳炮喧天，杀声四起，高杰等两支人马早与东、北两镇官兵同时大战起来。李自成的中军大队，趁势直扑成都城下，巨炮如雷，飞箭若雨，霎时间成都城下满布了云梯。李自成的兵将冒死直前，前仆后继，一直猛攻了半天，皆被城上官兵矢石交下，杀得那些攻城的将士尸骸狼藉，堆满了壕堑。李自成看见这个情形，心头十分愤怒，一连攻打了两天，不惟不能攻下城池，简直连那成都城上的砖石都没有取得一块。且说这是一个什么缘故？原来这成都乃是当年蜀汉建都之地，那一座省城的的确确是当年诸葛武侯所建，其地襟山带河，东环锦水，北倚武檐，中间沃野千里，形势极其伟壮。那一座省城周回四十二里，城垣上一色都用巨石坚砖建筑得非常坚固，昔人所谓"金城汤池"，不为过也！加以地大物博，鱼盐丝枲之利，富甲天下。那一位蜀王平日又礼贤下士，深得民心，城中的武备虽无带甲十万，却是兵精饷足，人人奋勇。外面的援兵四集，内里的守御益固，抚按三司日日亲临城上，鼓励兵民，因此李自成的人马虽多，到底把他无可。

正在攻守相持的时候，不防那李自成又一连接了三个急报，说是西、南两镇官兵不日又将开到。李自成大惊！正待抽调兵将，连夜去扼堵官兵的来路，不防那高杰等两路人马又被官兵杀败，一齐向成都城下飞奔而来。李自成看见官兵四至，又知道成都省城一时不易攻下，深恐四方援军到来，再蹈泾阳覆辙；加以这成都附近平原千里，无险可守，想来想去，这一着棋又下输了，于是拿定主意，趁着官兵未至之前，传了一道紧急号令，叫部下人马一齐离开成都，向梓潼一带连夜退走。

毛维章看见李自成解围退兵，他便把成都的防务交与陈良谟代管，自己却率了人马出屯保宁府，号召诸道官兵，来与李自成交战。

这时候，李自成连陷潼川、江油、彰明、安县、罗江、盐亭、德阳、汉州、雅州、青神、郫县、金堂等州县城，江油知县马宏源，郫县主簿张应奇、金堂典史潘梦科等先后战死。

崇祯帝起先接到四川抚按的奏报，知道李自成由陕入川，刚才降旨，叫洪承畴等飞调大兵，前去追讨。不料接着又由兵部探报，说是李自成长驱入蜀，总兵侯良柱兵败阵亡，成都危在旦夕，外面失陷了三十六个州县，因此他便大形震怒，马上传旨：将四川巡抚王维章革职逮京治罪，另以兵备副使邵捷春加佥都御史，代维章巡抚四川。又因已故兵部尚书张凤翼调度乖方，致李自成不能早日扑灭，于是复降了特旨，以本部侍郎杨嗣昌升任中枢，又降旨调卢象升为兵部侍郎，总督宣大、山西军务；又调总督两广军务兼署福建巡抚熊文灿回京，赐尚方剑，代王家桢巡抚湖广，兼总理畿南、河南、山西、陕西、四川、湖北等处军务，即日驰往郧阳，会同三边总督洪承畴、陕西巡抚孙传庭等，一同入川讨贼。这几道旨意一下，那些文武大臣只得分头出发，星夜入川来剿李自成。

原来这位新任兵部尚书杨嗣昌不是别人，正是出生于书香门第，祖父杨时芳为武陵名士，重视地方文化建设，曾自资在德山孤峰岭修建石塔和八方楼；他父亲是已革三边总督杨鹤，其人生得相貌修伟，机变灵活，每次奏对的时候谈到用兵，他便议论风生，口若悬河，因此崇祯帝便十分喜悦，认定他是一个文武全才，步入仕途后，杨嗣昌历任杭州府教授、南京国子监博士、户部郎中。天启三年受阉党排挤，称病辞职归里。

崇祯元年起为河南副使，加右参政。后升任右佥都御史，巡抚永平、山海关诸处，以知兵闻名朝野。崇祯七年，授兵部右侍郎兼右佥都御史，总督宣府、大同、山西军务。所以就接二连三把他升到兵部尚书。他既位至本兵，又想得一个心腹私人前来与他帮忙，在外面统辖重兵，方能呼吸相通，早收成功之效，因此又举荐了熊文灿出来替代了王家祯。旋以其父母相继去世而回家丁忧。崇祯十年，农民起义席卷中原，他受命为兵部尚书，主持镇压起义，制定"四正六隅十面网"的围剿计划，陕西、河南、湖广、江北为四正，四巡抚分剿而专防；以延绥、山西、山东、江南、江西、四川为六隅，六巡抚分防而协剿；是谓十面之网。杨嗣昌增兵十四万，加饷二百八十万两。由熊文灿为总理五省军务，剿抚兼施。此举在一年内颇见成效。张献忠、罗汝才等民军兵败降明，李自成在渭南潼关南原遭遇洪承畴、孙传庭的埋伏被击溃，带着刘宗敏等残部十七人躲到陕西东南的商洛山中。次年六月，杨嗣昌被任为"礼部尚书兼东阁大学士，人参机务，仍掌兵部事"，成为明末权倾一时的宰相式人物，武陵民间有"杨阁老""杨相"之称。这年冬天，清军三路大军第四度南侵，北京震动，崇祯皇帝和战不定，杨嗣昌力主议和；但卢象升主张坚决抵抗，遂率诸将分道出击，与清军战於庆都、真定（今河北望都、正定）等地。然杨嗣昌手握兵权，事事掣肘卢象升，卢象升屡战失利。

这和杨嗣昌的为人有一定的关系，虽然有点才干，然而生性忮刻，凡是正人君子他都没有一个能包容得下。比如孙传庭在陕西屡立大功，迭次奉旨议叙，他却在暗中挑拨，始终把这个恩诏压搁起来，又与卢象升意见不合，事事掣肘，弄得后来叫象升兵败身亡，诸如此类不可枚举，因此朝廷的武功一天不如一天，成了个江河日下之势了。

再说这时候正值崇祯十年春二月，朝廷正待大举来剿李自成时，不防那安徽、江苏两省的告急表章，又似雪片一般飞下来，说是张献忠、罗汝才等率了大部，由襄阳东下，直犯扬州，南京兵部尚书范景文、江都御史王道直率了总兵杨御藩等且战且守，盼望援兵甚急。崇祯帝览奏大怒，立敕兵部：飞调总兵左良玉、刘良佐火速率了大兵，前去围剿，又降旨：以兵备副使史可法前往监督两镇大兵，按照严格规定的时间进剿，倘有畏惧不前者，即以军法从事！

且说这史可法字宪之，又字道邻，汉族，祥符（今北京）人，东汉溧阳侯史崇第四十九世裔孙，其师为左光斗。明南京兵部尚书东阁大学士，因抗清被俘，不屈而死。南明朝廷谥之忠靖。崇祯元年进士。授西安府推官。历任户部员外郎，郎中。崇祯八年随卢象升镇压各地农民起义。崇祯十年，被张国维推荐升任都御史，巡抚安庆、庐州、太平、池州及河南江西湖广部分府县。时年正是他行使的官职的时机。

刘、左二人奉了旨意，星夜驰入江南，大破张献忠于安庆石牌镇。张献忠率了败兵，由六安走潜山，沿途攻城掠寨，肆意焚杀，盱眙知县蒋佳徵、泗州都司王寅、守备陈正亨、右寨巡检吴畅春等先后战死。史可法又催督大兵连夜追赶上来，又把张献忠杀败了一场。张献忠狼狈而逃，一直攻陷了随州，知州王焘力战身死。及官兵赶到随州，他又向宿迁一带逃走去了。史可法大怒，立刻飞檄副将许自强、陈于玉、潘可大、程龙等，各率大兵四面合攻。张献忠看见无路可走，他便拼出命来作了个困兽之斗，反把官兵杀了个大败，许、陈、程、潘及武举詹兆鹏、陆王犹、莫世晔、詹世龙、千户王定远、指挥包文达、百户王弘猷等一齐战死。

这个败报传到了北京，崇祯帝大惊，立刻降旨：把左良玉等革职发往军前，效力赎罪。又敕总理熊文灿由湖北移兵入皖，专剿张献忠一股，洪承畴、孙传庭仍率各镇大兵，专剿李自成一股。

这个时候，那洪承畴、孙传庭二人早已督率了左光先、曹变蛟等各路官兵，分道入川，大破李自成于川西。四川巡抚邵捷春又率了成都官兵，把李自成节节逼困在梓潼一带。

李自成看见四路的大兵来了，正待整顿兵马去与官兵决战，不防洪承畴早已亲自赶到前敌，指挥了一班将士，直向梓潼围攻了上来。李自成大惊，急忙下令：叫李过、俞彬各率一万人马，星夜前去扼守剑阁关，挡住孙传庭的人马；又下令：叫马维兴、萧云林各率一万人马，前去敌住邵捷春的官兵。两路大兵分头出发之后，李自成方才率了中军大队来与洪承畴接战。

此时陕军贺人龙的大兵早已由昭化来夺剑阁，李过、俞彬二人居高临下，且战且守。贺人龙一连猛攻了几次，皆因山势险峻，不能得手。看看后面孙传庭的大队也将开到，自己的前锋尚未攻下剑阁，因此他便大形着急起来。一时情急智生，立刻回到营中，传令叫副将周国卿、贺明威各率本部人马，由迤西小道抄向剑阁左侧深林中去埋伏，专候号炮一响，便杀出来，就近前去抢关，不准贻误！二将领命去了。贺人龙看

第十二回　袭王号闯王入巴蜀　战成都承畴首立功

见这一路人马已经安顿妥帖，然后传了一道急令，把中军人马趁着月黑天阴撤退了三十余里，方才安下营寨，所有前方的营寨、帐篷完全不许携带。

　　到了次日一早，李过等在关上望见官兵营中烟火全无，又见有几个鸦雀向那帐中出入飞鸣，那一片帅字大旗上也歇着几个雀儿，把一座堂堂大营陡然出现一种萧索气象。李过看见这个光景，急忙向俞彬道："这必定是老张的人马又从江南杀回陕西来了，所以洪承畴才把贺人龙调去扼堵。我们趁着他退兵之际，一鼓追赶上去，可以杀他个片甲不留。"于是便同俞彬点起了部下精兵，大开关门，鸣金击鼓，一直赶杀前来。

　　兵行不到十里远近，忽闻四面山头上号炮齐鸣，前面一片喊杀之声。尘头起处，那贺人龙早已率了大兵蜂拥杀上前来。李、俞二人大惊！明知中了贺人龙之计，因此不敢恋战，急急勒转马头，舍命向关上逃奔回来。他的人马刚才奔到了剑阁山下，不防那周国卿、贺明威两支人马早已趁空杀入关去，占据了险隘，明威反率了精兵从关上倒攻了下来。李过看见剑阁失守，这一惊非同小可，急忙请俞彬前去敌住明威，自己率了人马回头来与贺人龙决战。不料这时候官兵锐气正盛，李过与贺人龙刚才交马，那部下的兵士早已不战自溃，纷纷向后败退下来。李过把他们制止不住，只得率了败兵火速退走。贺人龙一马当先，紧紧地追赶了上来。

　　这时俞彬的一支人马又被贺明威杀退，也向这条路上败逃下来。贺人龙便会合了明威，乘胜穷追不已。逼得李、俞二人忍耐不住了，李过便回转马来挥刀再与明威决战。两马相交，一气大战了五六十回合，明威的一口刀忽然从空中直向李过顶门上劈了下来，李过大惊，急忙把身子一闪，那口刀不偏不倚，恰恰地砍在李过的坐马后胯上面，那马着了痛，顿时把身子一耸，蓦地就将李过撂了下来。明威的部将宋诗看见李过落马，急忙挺了长枪，飞马上前来刺。就在这个万分危急时，李过却也奋不顾身，就那平地下蓦地举起大刀，照着宋诗的面上一刀倒削了上去。宋诗不及提防，竟被他削掉了半边面孔，顿时从马上倒栽下去。李过乘势将身子一耸，平空跨上了那匹战马，舞动大刀，直奔明威而来。明威大惊，赞一声："好个一只虎李过，果然名不虚传了！"交马又战了三五十回合。李过不敢恋战，卖了一个破绽，拖刀向西北一带逃走去了。

贺人龙大获全胜，入了剑阁，即日督率全军进攻梓潼。这时四川巡抚邵捷春早已杀败了马维兴、萧云林两路人马，三边总督洪承畴亦连破李自成，飞檄孙传庭、捷春及总兵左光先、贺人龙、李卑、河南总兵官猛如虎、副将颇希牧、川东总兵官刘镇藩、川北总兵官刘佳印等，先后率兵赶到。半月之间，大兵云集，各向苍溪、昭化、剑州、彰明一带分头下寨，无形之中便把李自成的全部困入了死地，这便是洪承畴入川后的用兵调度策略了。

再说那李自成在梓潼，看见官兵四至，梓潼的形势日趋险恶，欲待再向成都方面进取，又被邵捷春截住了各处隘口；欲待向陕西退走，又被孙传庭的大兵挡住。因此前后受敌，一时便没了主意，只得仍旧把牛金星请了前来，叫他出个主意。

牛金星道："这回洪承畴所调的人马，多是豫、陕、甘三省勃旅。所以我兵连战失利，不能与他们争锋。但是现在驻扎松潘一带颇希牧的一支人马多系新募之众，又没有多经战阵，比起别的官兵来似乎容易对待。如今我们把精兵猛将粹集在一处，出其不意，用全力攻之，可操必胜之券，只要杀出了这条路，便可绕道甘边，再入陕西。为今之计，急宜把人马分为两路，一路进攻松潘，步步设防，留备将来的后路；一路由大王亲自督率，去与洪承畴决战。一战而胜固然是好，万一不胜，便可率了人马，由松潘退走。此进退两全之策也！"

李自成道："此计甚好！"立刻升座中军，下令：叫大将李双喜率领刘宗敏、刘希尧、田见秀、李迪、李进、党守素、辛思宗、谷可成、吴汝义、任继忠等十部精兵，向松潘一路去破颇希牧的人马，所过之处步步留下兵马，防守隘口，务要杀退官兵，打开退兵的大道；又下令：叫大将高杰、俞彬各率本部精兵，留守梓潼；又下令：叫李过为先锋，率领精兵一万人，星夜开赴前方，直向洪承畴的大营搦战。分拨已定，然后亲自率了一班大将，随后出发。

原来那三边总督洪承畴自从奉了朝旨，亲自督师入川之后，他便向各省调集了大兵，意在一鼓荡平，把李自成的人马全数扑灭。当李自成由梓潼出发之时，那各省官兵也向梓潼一带四面进攻。因此这李过的前锋人马刚刚走了一程，便与洪承畴的先锋大将张武打了一个照面。

李过看见官兵到来，立时摆开了人马，提刀出阵来与张武搦战。张

武看见李过的来势凶猛，便下令叫部将沈良出去接战。沈良应声而出，挺枪跃马，直取李过，李过亦挥刀迎战。一时金鼓齐鸣，喊杀连天。战到三十余回合，沈良措手不及，竟被李过一刀斩于马下。

李过斩了沈良，立刻麾兵杀上前来。张武大怒，亲自舞动长枪来战李过。两马相交，大战了三五十回合，张武抵敌不住节节败退下来。正在危急之时，却得后军彭明的人马赶杀到来，方才把李过杀退，双方各自收住了人马。

洪承畴闻知这个消息，知道李自成亲自向这条路上杀来，因此他便连夜发出三道将令，飞调贺人龙、左光先、刘佳印等三镇大兵，赶第三日午正三刻一齐赶上前来，夹攻李自成的人马。次日一早，又派了中军将副将周祥赍了令箭，飞马驰赴前敌，督饬着张武、彭明二人火速督兵进战，所有前敌将士无论何人，倘有临阵退后者，即行斩首号令。

彭、张二将奉了将令，顿时点起人马，来与李过大战。自辰至午，两军苦战不休，一直杀到午正三刻。忽闻得四面山谷之中鼓角齐鸣，喊声大震，尘头起处，只见那贺人龙等三镇大兵一齐杀奔前来，总兵刘佳印舞刀跃马，首先陷阵，贺人龙、光先张两翼分左右夹攻上来。李过大惊！急忙率了人马向后退走。彭、张二将奋勇杀上，李过抵敌不住，顿时大败而走。这一场大战直杀得李过抛盔弃甲，死亡载道，一直引了败兵退走到五六十里，方才与后军高一功、周凤梧的两支骑兵相遇了。

高、周二人看见官兵追赶到来，当下把李过放了过去，然后率了人马前来挡住官兵决战。双方的人马刚才交锋，不防那贺人龙、左光先两镇大兵又复蜂拥杀到。高、周二将大败而定，官兵趁胜穷追，次日一早，便与李自成的大队相遇，两家方才扎住了人马。隔了一宿，两军阵里一齐鸣金击鼓，同时摆阵出战。总兵贺人龙一马当先，亲自杀入阵中来擒李自成，李自成的大将李守信、马世耀二人两马齐出，双刀并举，一边一个，接住贺人龙大战起来。维时双方金鼓齐鸣，喊声大震。

正在殊死苦战之时，那总兵刘佳印的一支人马又复风驰而来，一直杀上前敌，大刀阔斧，势不可挡。李自成在阵上望见官兵锐气正盛，生怕前军有失，挫了后军的壮志，于是亲自率了李友、李牟、李道、田虎、罗虎、李万庆、刘国能、八金刚、九条龙、革里眼等一班勇将，分头杀上前来，与贺人龙等拼命死战。官军阵里的总兵刘镇藩、左光先望见李自成等来势凶猛，立刻率了部下的偏裨将校蜂拥杀上阵来，四位总兵一个个亲冒矢石，奋勇争先。贺人龙在阵前斩了九条龙，李自成的人马一齐向后退走。李自成大怒，手掣佩剑，连斩逃将三员，部下的人马一拥上前，顿时把官兵杀退了二里阵地。

贺人龙等正在苦战之时，只见那监军御史、四川巡按陈良谟又催督了张武、彭明的两支官兵飞奔前来，良谟亲自杖着尚方宝剑，飞马驰赴阵前督战。诸将看见这回的号令森严，哪一个还敢怠慢？于是一鼓作气，直向李自成的军前猛攻上来。一时金鼓乱鸣，喊杀连天，顿时杀得天昏地暗，日色都无光了。李自成的人马一战大败，洪承畴躬督诸将连战皆捷，一直把李自成仍旧杀回了梓潼县境。

李自成看见风头不好，急忙传令，叫高杰、俞彬二人守住前方险要，自己尽率大部人马，连夜向松潘一带退走。这时候那李双喜等已将颇希牧的官兵杀败，李自成一路无阻，大兵过了松潘，方才飞檄高杰等且战且走，火速随同大队绕道由甘边再向陕西而来。

洪承畴闻知李自成逃走，遂又飞调陕、甘两省的官兵，星夜赶上前去，迎头痛剿。李自成连战败退，一直被官兵追至陕西白水县，陕西巡抚孙传庭、兵备副使黄纲督率大兵，截住了去路。李自成大怒，一连与孙传庭等大战于南原、潼关等处，又复大败，部下的兵将死亡甚众，军器辎重沿途遗失了十之八九。李自成看见支持不住，便尽率残部，一直逃入商洛山中去了。

洪承畴催督大兵正待连夜进攻，一鼓荡平，不防这时候却又平空出了一个变故，以致洪承畴的功败垂成。原来那张献忠在楚、皖一带被官兵四面兜剿，所领部下的人马死亡过了半数，后来又被左良玉将他杀得单骑逃走，左良玉亲自追赶，箭中其面，刃及其背，几乎把他生擒活捉住了。张献忠计穷力竭，便率了残部去向总理熊文灿的军前投降。这文灿当年在广东，本以收抚海盗功，得蒙朝廷不次之赏，由福建布政使迁巡抚，再擢兵部右侍郎、都察院副都御史，总督两广军务。他的为人本是一个书生本色，毫无一点用兵的智识，自从以抚盗升官之后，对于各省流寇并不敢认真剿杀，一味想去收抚成功。后来因杨嗣昌的举荐，由福建调河南，总理七省军务，专办张献忠一股。他自从受命以来，便同杨嗣昌秘密商定了一个主意，仍旧是以收抚为唯一的宗旨。及至张献忠兵败乞降之时，当时的一班将帅皆以张献忠兵败势窘，早晚就要擒获，劝他不可收抚。文灿执意不从，反下了一道通令，不准那些武将妄自进兵，倘敢杀伤张献忠的一人一骑，还要以军法从事，随手便准了张献忠归降，把他的全部人马调驻谷城一带。这时在朝的文武，也有许多人说张献忠是狼子野心，不如趁早将他除灭了，免生后害。折子上去，都被杨嗣昌一力庇护，因此那熊文灿便趾高气扬，专待再把李自成收抚了，早晚凯旋回京，好同杨嗣昌去受封侯之赏。谁知那张献忠却不来与他争气，趁着官兵不防之时，他遂突然哗变，杀了谷城知县阮之钿、房县知县郝景春、守备杨道选等，分兵四出，京、楚震动！朝廷迭降严旨，敕洪承畴等火速调兵往剿。

这个旨意刚才下去，不防那满洲的胡骑又由喜峰口突了进来，蓟辽总督吴阿衡、巡关御史王肇坤、光禄寺卿鹿继善、知州薛一鹗、副将鲁宗文等先后战死，清兵乘胜深入，直犯畿辅。崇祯帝大惊！连夜下诏，召宣大总督卢象升督天下援师，入京勤王。卢象升奉诏，便率了山西总兵虎大威、宣府总兵杨国柱、大同总兵王仆等三镇大兵，星夜驰至北京。

崇祯帝闻知勤王兵至，连夜召见大学士温体仁、周延儒、刘宇亮、兵部尚书杨嗣昌及卢象升等于平台，咨询退兵的方略。这个时候，那杨嗣昌因为敌人畿辅，他自己身为大司马，首先成了一个罪人，因此便想与清兵议和，叫他们早早退出关外，免得在内地多蹂躏一天，他的罪名越重一天。岂知他的话刚才说了半句，早被卢象升拨了回去，并说"与敌人讲和，大伤国体，臣愿尽率勤王之兵，去与清兵决一死战，以彰天讨"等语。于是崇祯帝便允了此奏，敕他去与清兵交战。

杨嗣昌向来与象升意见不回合，今日又见他在皇上面前告了奋勇，顿时又嫉又怒，回到部中，故意与象升为难，通檄前敌文武，戒他们不许浪战。又暗中授意于监军太监高起潜，把守关精兵全数调驻鸡泽县，因此那些将士多半不肯认真出来卖力。到了次日，象升便陛辞出来，与清兵背城大战；一连三日，杨嗣昌故意不肯发兵援应。因此，象升的人马连战大败，一直杀至贾庄，象升兵尽饷绝，力战阵亡。

败报到了兵部，杨嗣昌又把象升的死状隐匿，说他兵败逃走，崇祯帝也就信了他的言语，始终没有降旨恤荫。象升既死，他的中军副将陈安也相继阵亡，官兵全军覆灭。因此朝廷便降旨，加陕西巡抚孙传庭为兵部右侍郎，赐尚方剑，代象升为宣大总督，兼督各省勤王官兵，与三边总督洪承畴星夜来京，与清兵交战。又升大学士刘宇亮驰赴通州，督师进战。又敕关南兵备副使丁启睿为都察院右佥都御史，代孙传庭巡抚陕西。

朝廷既把各省的官兵先后调赴京师，所以李自成在商洛山中得以休兵养马，补造兵器。比及清兵退出了关外，那时候李自成也就在商洛整兵经武，大举突出了武关。不料他的人马刚才杀出，又与洪承畴由京撤回的官兵顶头撞见，双方大战了一场。李自成看见洪承畴亲自赶到，加以秦、晋、豫、甘各省大兵一齐杀上前来，他便不敢向河南进取，仍旧率了全部，趁个空子复向四川一路杀了进去。

洪承畴见他逃走，一面飞檄各镇大兵，火速入川会剿，一面躬率诸将，昼夜穷追，连破李自成的人马于巴西。李自成不敢恋战，急急率兵退走，不料他的人马刚才行到鱼腹山地方，那前途隘口早被重庆官兵层层扼守住了。李自成看见这条路上的山形险恶，不是用武之地，因此便把大队勒转回去，向后退走。岂知那后路的官兵早已铺天盖地杀了上来，所有沿途水陆隘口一齐都被截断，李自成大惊，急忙下令，叫高杰、俞彬二将火速率了精兵前去与重庆兵接战，务要杀退官兵，夺取隘口交令；又令李过、罗虎勒转后军，去与陕军接战。两路人马同时出发，一面亲自督率了中军大队，居中策应。

此时秋高气爽，金风飒飒，铁马萧萧，只闻得两处的杀声并起，鼓角喧天。不上半日功夫，那前后两路人马一齐都被官兵杀败，蜂拥逃奔回来。四面的官兵摇旗呐喊，分途并进，李自成不能抵挡，只得把人马带了，一直向鱼腹山中退走。

岂知这个鱼腹山乃是巴西著名的险地，巉岩峭壁，鸟道崎岖，断断不是用武之地。今日李自成因为地利不熟，一点大意，又被官兵把他送入这个绝地。他的人马刚刚退入山中，那各路官兵早把四面的隘口完全扼守，洪承畴、丁启睿分督大兵步步围剿了上来。这一回比起上年在车厢峡时，更是危险，量那李自成虽长了三头六臂，也难插翅飞去的！

第十三回

脱重围神签占胜兆　窃侍婢高杰投官军

李自成因为地利不熟，被洪承畴困在巴西鱼腹山中，眼看得粮秣告尽，部下兵将人人枵腹待毙！李自成看见没有办法，便下令，叫把军中的老弱战马完全杀倒，分与各营充饥。老弱的吃完了，接住又杀壮健的。过了几天，那些骏马也杀完了，看看军心摇动起来。这里洪承畴鉴于从前陈奇瑜、熊文灿二人抚寇失败之误，所以他却并不打那收抚的主意，一味添兵调将，预备要收扫穴擒渠之功。

李自成看见大势已去，便把部下的全体将士一齐招到帐中，向他们叹息说道："孤自起兵以来，所到之处，势如破竹，本欲将来建一个非常大大的事业，与诸公同享富贵。不料事与愿违，今日再陷绝地，看来正是天绝我了。但是我们起事一场，亦不可同归于尽。那官兵所注意的，不过在孤一人而已。今日就请各位兄弟先行下手，拿了孤的这颗首级前去投降，必能免死录用，日后的富贵自在，比之束手待毙死而无益。"

众人听了这些话，一个个都流涕唏嘘，面面相觑。

李自成叹道："看来诸公是不忍下手的了，还得孤家自己来寻个方便才好，免得被洪承畴所辱。"说毕便向腰间拔出了佩剑，就要自刎。

维时那班中早已闪出李过、李通、高杰、俞彬等，一齐奔上前来，夺了佩剑，众人七手八足方才把李自成拥入帐后。李自成连声长叹，回到帐后，一言不发，众人劝慰了几句，方才各自散回本营去了。

这一班将士当中，只有大将刘宗敏早已看出，这回大败之下，万难再图幸免，他的心里却时时怀个自保的意思。今日又看见李自成这番光景，越发把他的念头引了起来，所以当那李自成发言之时，别的将帅没有一个不伤心下泪的，独他一人却立在那里默默不语，有时又偷着拿眼来觑视李自成。李自成是何等的枭雄？虽在伤心叹息之际，而冷眼之间早已窥破他的隐态，只是表面上不肯说破罢了。过了两天又被李过看出他形迹可疑，私下里便向李双喜告诉了一遍，说："刘宗敏举动异常，心怀叵测，倘若再把别人煽惑动了，难免便要祸起萧墙。不若我们先行下手，把他除灭了，免生后患。"

李双喜道："目下正当人心惶惶之际，不可冒昧从事。倘若激变了军心，如何了得？"于是兄弟二人商议了一会儿，仍旧一齐来到中军，把宗敏的态度详细与李自成禀诉了一番。

李自成听罢，把眉头皱了半天，向他二人说道："你们各自回去吧，不准再向别人多说，这事我有办法。"二人闻言，只得一齐退了出去。

这里李自成打发了二人之后，便独自一人步出中军，慢慢来到刘宗敏的营中。刘宗敏见他来了，急忙将他迎入帐内。李自成坐定之后，便向刘宗敏说道："目下官兵日众，我军危在旦夕，孤有几句心腹密言，须得一个僻静之处与阁下相商才好。"刘宗敏闻言便叱退了护卫，同李自成走出营来。四面一望，忽见那西南半山上露出一座小小的破庙，李自成遂携了刘宗敏的手，向那山上拾级而上。二人进得庙来，就在檐前席地坐下。

李自成道："孤兵败势窘，无心再作恢复计。前日已经把这个志愿对众宣布过了，无奈诸公都不肯听从，以致这里的形势日趋险恶。但是大局已坏，纵然诸君都能舍命干去，也不过多伤我的士卒，其实无济于事。所以我特地来此，与阁下商量，好在这里就是神祠，仰仗威灵，正好解决我们的疑团了。就请阁下向那神前代我去占一卦，倘若我李自成命中合有天下，便请三赐上上签，否则只好就此自尽，将这一颗好头颅送与阁下去投官兵，只要求他们不杀我的将士，我就死而无怨了。"

刘宗敏遵了他的言语，立刻走到神前，毕恭毕敬地叩了三个头，举起卦来，三卦三得上上大吉。宗敏看得清楚，当下站了起来，朝着李自成倒身便拜，口称万岁："微臣刘宗敏情愿生死跟随陛下。倘敢稍存异志，神灵在上，愿受天诛！"

李自成看了，不禁心中失笑起来，连忙将他扶起，连声道："贤弟休得如此。纵然天意有在，还须得大众一心才好。"

李自成说罢了，然后再同牛金星商议对付官兵之策。

牛金星道："天时不如地利，地利不如人和。只要将士同心，某有一策可脱这个险地。现在官兵在这里围攻，已将半月之久，锐气也怠惰了。大王可将各营的精锐抽调出来，另外编成三支劲旅，其余的老弱总共编成一支，遣大将一员率了由正面山口鸣鼓出战。官兵不知底细，必然悉众来敌，大王就趁这个空子，率了三支精兵及全体将士，由山后迤西的一条小道杀了出去。某已探知这条路上的守兵不多，正北上虽有重兵，闻知前方交战，必然分兵往援，我以精锐之兵当彼半数之众，必然一鼓破之。只要杀出这个隘口，自可设法恢复势力了。但是这条路上蚕丛鸟道十分危险，大兵一出，只可进战，不能退后。大王可先派一员大将前去开路，再留一将扼住后军，自己居中调度，还须装作溃围逃走的乱兵，方能免得官军来注意追赶，愈速愈妙，不可迟误才好。"

李自成道："事已至此，只好这样吧！"于是下令，把各营的精锐挑出四万人来，即令刘宗敏率了一万先行，李双喜率领一万断后，自己率了诸将，同那两万大兵居中出发。又传令，叫大将俞彬率了那些老弱残兵，直向正面山口杀了出去，与官兵接战，只待大队一走，即行各自散去，不可认真苦战，多事杀伤。

布置已定，次日四更造饭，五更起马，李自成传了一道急令，把各营的棚帐、粮秣一齐放火焚烧。霎时间烟焰弥天，林木皆被覆盖，那俞彬的一支人马鸣金击鼓杀出山口而来。此时官兵坐守日久，人马懈怠，不防李自成的大队突然杀了出来，于是大家都认定是李自成溃围出走。一时大军云集，四路的官兵先后赶上前来，那些总兵副将一个个跃马舞刀，一齐杀入阵前，争先来捉李自成。但闻金鼓齐鸣，喊声大震，顿时把李自成的人马团团围攻上来。谁知那俞彬更是灵滑异常，当那大队杀出山口之时，不知怎么他早换了一身兵士衣服，一溜烟就向西北小道逃奔去了。这里官兵不知底细，只把一伙无主的乱兵围住，剿杀了半天，始终没有一将出来迎战。

那些将帅正在狐疑之间，李自成早已率了人马由小路冲杀出去。果然这条路上的守兵不多，刘宗敏大兵一到，便已杀得七零八落，四散逃奔去了。李自成催督人马，一日一夜便驰出了险地。正在奔走之时，只见俞彬也单骑逃至。李自成大喜，就在一座荒山前面扎住人马，休息了一天，然后检点部下，连同先后奔来的总共尚有四万五千人马。于是重行分配编制了一番，趁着官兵无备之时，再从湖北郧阳府复向内乡一带杀了前去。

这里洪承畴督住各镇人马，将那些无主残兵四下兜剿一场，乱兵无将，顿时溃散去了。洪承畴率了人马长驱杀入隘口，恐怕李自成在里面拼命杀出，因此分调了大兵，又将第二层隘口扼住。谁知一连两天不见动静，忽然连接郧阳、内乡两处告急文书，说是李自成的大队由秦入豫，总兵汤九州力战阵亡，请求速派大兵前往援救。

洪承畴大惊，急忙催兵上前，一鼓杀入山中。但见一片荒烟蔓草，尸骸狼藉，废垒萧条，连一个人影儿都不见了。洪承畴至此方才知道李自成已经逃走去了，这一气非同小可，只得连夜调兵遣将，再向河南进发。一面申奏朝廷，自请议处，一面飞咨总理熊文灿，叫他发兵剿堵。

谁知这个时候，那朝里朝外的大局又变动了一番。原来自从卢象升阵亡之后，当时在朝的文武人人归咎于杨嗣昌。后来清兵退出了关外，杨嗣昌知道舆论不佳，便推举了四川巡抚傅宗龙，代他为兵部尚书，自己连疏告退，求朝廷准他休致回家。谁知那崇祯帝不惟不准他告退，反加他太子太保、武英殿大学士，预机务，入阁辅政。

杨嗣昌既拜了相，正想替熊文灿暗中维持，待他再立功后，便可开复从前的处分。谁知这熊文灿太不争气，又被张献忠在河南杀了个大败，熊文灿急得手足无措，又调总兵张任学前去追剿。

任学奉了将令，与张献忠大战于这一带的山上。官兵孤军深入，又被张献忠杀败，副将罗岱力战阵亡。败书到了京师，崇祯帝大怒，立刻降旨，将总理熊文灿拿交刑部即行正法，一面召见大学士、六部、九卿、翰、詹、科、道，商议简放督师大员，前去讨贼。

维时班中走出大学士杨嗣昌，上前奏道："当今内乱外侮，国事日见危急，正所谓主忧臣辱之时。乃各路统兵文武又不能感发忠奋，以分皇上宵旰焦劳，臣实痛焉！臣虽不才，愿以阁臣亲赴前敌督师，仰仗主上洪福，必能迅扫逆氛，以报皇上知遇之恩。"

崇祯帝闻奏大喜，立刻降旨，以大学士杨嗣昌为督师大臣，赐尚方剑，总督陕西、山西、甘肃、河南、四川、云南、湖北、湖南各省军务，所有各省文武均归杨嗣昌节制调遣。又敕钦天监选择吉日，兵部选调精兵，工部预备器械，礼部赶备仪仗，户部筹拨粮饷，仿照古制，举行遣将典礼。到了那日，崇祯帝排了法驾，亲出正阳门，所有在京的文武一齐随驾饯送。出城之后，杨嗣昌率了随征文武，朝着圣驾三跪九叩，俯伏请训。崇祯帝手赐御酒三杯，并颁发代天征讨大旗一面。杨嗣

第十三回　脱重围神签占胜兆　窃侍婢高杰投官军

昌再拜领受毕，两旁的鼓乐齐鸣，三军人马次第出发。临行之时，崇祯帝又御制七言诗一章，赐予杨嗣昌道：

盐梅令暂作干城，大将威严细柳营。

一洗寇氛从此靖，还期教养遂民生。

杨嗣昌受命出都，星夜驰往襄阳府，接收了熊文灿的兵马。一面飞檄四川抚按，叫他们把川兵精锐悉数调赴河南；又饬晋、陕、甘三省官兵，一齐入豫协剿。在杨嗣昌的意思，本来是要把张献忠一股全数逼入四川，然后扼险兜剿，以期一鼓荡平。但是这么一办，自然是把四川全省当作一个试验场，所有一切生命财产，完全置之度外了。四川巡抚邵捷春奉到调兵命令，一连向杨嗣昌上了三次咨呈，恳请留兵防川，杨嗣昌执意不允。川兵刚才调了出来，不防那夷陵一带的告急文书又复连翩飞至，说湖广巡抚方孔昭所遣的副将杨世恩及荆门守将罗安邦先后战死，张献忠的声势十分浩大，恳请速派大兵，星夜来援。杨嗣昌大惊！急忙飞檄总兵左良玉，火速出兵追剿。

正在忙乱之时，那李自成又由南阳攻陷了宜阳，沿途胁从饥民数万人，一时烽火连天，军势复振。宜阳知县唐启泰力战阵亡，大兵再陷了偃师、永宁，永宁知县武大烈、主簿魏国辅、教谕任维清、守备王正已、百户孙世英、郿师知县徐日泰等先后战死，万安王采金轻不屈被杀。李自成入偃师，进取杞县，然后添兵补马，预备大举出犯。

两路败书同时递到了北京，兵部尚书傅宗龙、职方郎中杨廷麟，连疏奏劾杨嗣昌"劳师糜饷，玩寇殃民"。杨嗣昌大怒，亦拜疏参劾傅宗龙"调度乖方，贻误戎机"。两位大臣正在互相参劾之际，一班在朝的文武一齐都出来说杨嗣昌的坏话。崇祯帝偏偏同他们治气，越发信任杨嗣昌。当那前次清兵内犯之时，杨嗣昌身为兵部尚书，论法便是要处死罪的；及至清兵破了山东，先后残破了许多郡县，伤亡了许多文武，此时山东巡抚颜继祖奉旨移守德州，一时援救不及，以致清兵入了济南，杀了德王由枢，山东巡按宋学朱、布政使张秉文、副使周之训、参政邓谦、盐运使唐世熊、济南知府苟好善、河间知府颜胤明、同知陈虞孕、通判熊烈献、历城知县韩承宣、兵部主事刘大年、临邑知县宋希尧、博平知县张列宿、茌平知县黄建极、武城知县李承芳、丘县知县高重光、御史李应荐、致仕兵部尚书马从聘、员外耿荫楼、举人刘化光、刘汉仪等，先后都与清兵战死，高阳致仕大学士孙承宗全家殉难，所有山东、直隶两省地面被清兵蹂躏了大半。闹了这么一场，崇祯帝始终没有把杨嗣昌申斥一句，只将那京外的文武如顺天巡抚陈祖苞、保定巡抚张其平、山东巡抚颜继祖、蓟镇总兵吴国俊、陈国威、山东总兵倪宠、援剿总兵祖宽、李重镇、蓟镇总监太监邓希诏、分监孙茂霖等，一齐下狱论死，因此内外的文武臣工，人人都抱不平。今日杨嗣昌又与傅宗龙互相参奏，崇祯帝便认定是一班廷臣有心来排挤杨嗣昌，不禁触动了他的怒气，立刻降旨，将傅宗龙解任候勘，另以原任宣大总督陈新甲为兵部尚书。又因杨嗣昌与洪承畴意见不合，辽东军务又十分吃紧，因此又调洪承畴为蓟辽总督，督兵出山海关，去与清兵接战；另以副都御使郑崇俭加兵部侍郎，代洪承畴总督陕西三边军务，即日驰驿入陕，来剿李自成。

这时候，李自成却在河南出了一宗意外之变，不得不再来详细补述一番。原来那李自成的为人生性异常骨鲠，既不贪财，又不好色；从前见那张献忠、罗汝才等到处花天酒地，任意胡闹，他早心头憎恶起来，常常骂他们不是做事的豪杰。他的身边除了嫡妻高氏之外，却并没有一个侧室，独有上年在陕西时曾遇见一个卖艺的武妓，姓邢名秀娘，生得姿色艳丽，武艺绝伦，李自成爱她的技艺，便向秀娘的父亲把她讨了来做了侧室，时常随在军中，做了压寨夫人。但是李自成本非好色之徒，虽然一时高兴娶了她来，无奈那平日的爱情却是很有限的。有时候动了真气，片言不合，还要拿刀弄杖，不是要打，便是要杀，弄得秀娘既愁且怕，天天如坐针毡似的。

李自成待女人虽然如此，他待将士又十分偏爱，所有手下的一班将校，无论是谁，一概视若手足，平时在他卧室之中平出平入，毫无禁忌。

那个翻山鹞子高杰，更是米脂人氏，李自成直把他当个小兄弟看待。高杰又是一个少年英俊，生得面如冠玉，唇若涂朱，堂堂乎一表人才，更兼武艺超群，能言善辩，秀娘在军中早已冷眼看中了他。后来趁着空子便向他眉目传情，暗中诉说自己的苦况，并表达了慕爱他的意思。高杰本是一个色中的饿鬼，平时对于秀娘已是十二分的垂涎，今日一闻此言，正所谓恰中下怀，只是害怕李自成知道，不敢任意放肆。禁不得秀娘天天向他游说，说是"做盗贼的终究不是长局，一旦势败之下，难免骈首就戮，不如趁早设个法子去投官兵，以将军的才貌就想封侯拜相亦非难事，何必甘心叛逆，作这个营生"？说得高杰心动了，又见那秀娘柔情腻语，袅袅动人，于是便死心塌地拜在秀娘的石榴裙下，后来不知弄了多少圈套。有一天趁了个空子，人不知，鬼不觉，秀娘便学了个红拂投李靖的故事，与高杰双宿双飞，一同投往官军去了。

这时三边总督洪承畴闻知高杰来降，知道他与李自成成了个誓不两立的对头，因此拿他大加奖励了一番，拨归总兵贺人龙军前效力，不多几日，又升他为中军副将。从此以后，高杰遂脱离了李自成，变为朝廷的大将，不上五年功夫便升至总兵左都督、太子太保，封兴平伯，后来在扬州军中被副将许定国所刺，应了从前对李自成所发的重誓，这也是冥冥中若或使之然者。

李自成在军中闻知秀娘私自逃走，却也没有介意。左右的将士几次要去追赶，李自成不许，说是"我本不甚喜欢这些人的，况且古人说的，'月里嫦娥爱少年'，你们瞧瞧孤的这副面孔，也难怪她看不上眼；没的委屈了那孩子，让她自寻方便去吧"！后来过了几天，才知道那高杰也失了踪迹，因此背后你言我语，都说是他把秀娘拐带去了。

李自成闻知这个消息，这一气非同小可，顿时就地跳了起来，大骂："高杰小子，这样忘恩负义！孤平日以手足一般待你，竟敢干下这种伤天灭理害事，真正是：怀里揣哈犬，看不出人中的禽兽。不杀此子，誓不罢休！"马上传令就要亲率人马，前去捉拿高杰。

李自成越骂越气，越气越骂，立刻就要点兵出发。急得李双喜等一班武将没有法子，只好去请了牛金星、顾君恩前来再三劝住，说："高杰既然负义潜逃，这时候不是投降官兵，便是栖身岩穴，那里就能将他拿获？万一定要捉他，也须慢慢打探得个消息方可动手。如今贸然兴师动众，该向那里去的才好？"李自成被他二人的一番言语劝解，过了几天，方才渐渐地把气消了。

岂知事有凑巧，此时杞县有一位孝廉姓李名信，他本出身世族，自幼广读兵书，深通谋略，加以才兼文武，蕴藉风流。因为看见李自成的声势日大，朝廷内忧外患，国事日非，他便暗中存了个乘时飞腾的思想。

他平日在县中又急公好义，颇得人民信仰，因此他的名誉也就渐渐传闻远近，提起李公子的名字，无人不景仰钦佩。当时又有那邢秀娘的妹妹名叫红娘的，自从她姊姊跟了李自成之后，她的父母又相继去世，红娘仗着一身好武艺，便同那一班师兄师妹聚了一伙绿林之徒，趁着国家多事之秋，便占了一座山寨造起反来。红娘久闻李信的大名，又羡慕他少年英俊，因此一心一意要委身于他。后来同那些党羽商量定了，趁个空子便率了人马，一鼓攻破杞县，出其不意把李信擒拿回寨，不由分说把他强奸了，作为压寨郎君。比及官兵来救杞县，他们早已退回山寨，据险自守。官兵把她无可如何，只得报了个"克复县城"，班师回镇去了。但那李信本来是个有志的男儿，常思建功立业，做一场不朽之事。今日忽被这个蛾眉女子无端软禁在温柔乡里，失了他的自由主权。无论那红娘生得如花似玉，万种柔情，在他心里总觉得醉翁之意终不在酒。

过了两个月，他便趁了个空子逃出山寨，一直奔回县城，意欲报告官府，引兵前去剿灭他们。不料他前足跷进了城，后足早跟上两个侦探。及至回到家门，但见那两扇大门紧紧地闭着，门缝上十字交叉贴着杞县的封条。李信看了大惊！正待询问所犯的是什么罪名，不防那街前街后早已来了几十个如狼似虎的捕快，不由分说，把他一条绳子背绑起来，风驰电掣拿向杞县衙门去了。

且说这个是何缘故？原来自从邢红娘攻破杞县之后，守城文武因为要脱卸自己的处分，又看见李信随了那一伙逃走，因此便把这个罪名完全给他推在身上，一口咬定，说他是"勾结女寇，袭破县城"，把他家中的老幼男女一齐拘禁起来，所有家产全数查抄，一面申详抚按，行文通缉。李信不知这个底细，冒冒失失地跑了回来，所以顿时就被拿获住了。

杞县知县闻知李信被获，立刻将他锁禁监中，一面申详上宪，听候发落。李信到了这步田地，只得长叹了一声，坐在狱中。引颈待戮而已。

不料，那红娘倒是一个多情多义的女儿。她起初看见李信私自逃走，尚不十分着急；后来闻得官府把他拿去，已经定了斩罪，她便勃然大怒，发誓要去救他出来。因此便把手下的著名健儿调齐了三五十个，带了三百名精骑，昼行夜宿，由山僻小道一直奔至杞县城外十里的一个山坳里伏下，专待三更以后前去劫狱。

这个时候，那杞县知县恰好奉了上宪的回文，叫他把李信就地正法。知县得了批示，连夜通知了捕厅、城守营及三班捕快预备一切，来

日午刻，要将李信提赴较场明正典刑。到了这天晚上，那侍候李信的狱卒便备办了几样酒菜，送到室中，前来与他解闷。正在喝酒之时，忽然听得城内城外杀声大震。李信大惊，正待探听消息，忽见远远的火光四起，一片人喊马嘶，夹着男号女哭之声，摇天动地。狱门启处，突见五六个彪形大汉手提大刀，一拥杀入狱室，横三顺四砍倒几个狱卒。内串一个人飞身上前，打开了他的镣肘，一弯腰将他撩在背上，大踏步子杀了出来。这时满街的烟火弥天，人马乱奔。那人背了李信，一气跑出西门。刚刚出得城外，便见有几个骑兵在那里待着，看见李信来了，立刻将他撩上马鞍，加了两鞭，簇拥着他一气奔向山林之中去了。行了不上五里，又闻背后人喊马嘶，尘头起处，红娘已经率了人马追赶上来。众人汇合在一处，仍旧奔回了山寨方才歇马。

李信到了此时，如醉如痴，如梦初醒。睁开眼来，只见红娘坐在身旁，哭得像一枝带露海棠似的，一头哭，一头说道："你为什么不通我知道，便私自逃走回去，险些儿送了性命？要不是我动手得早，岂不叫他们把你害了？我的这一生去靠谁呀！"说罢犹在那里娇啼不已。李信当初本痛恨她误了自己全家性命，因此卧在那里咬牙切齿，不去理她。后来禁不住红娘哭一阵，说一阵，娇莺百啭，楚楚动人，那一种柔情腻语、妩媚风流的态度，直弄得李信一腔怨气早已云散烟消，由不得抬起手来把她的素腕握住，长叹了一声道："罢了、罢了，灭门之祸是你，救命之恩也是你！事已至此，还又哭的什么？"说时便拉了罗巾，替她来揩香泪。红娘见他这样温存，乘势将身子向他怀中一躺。从这日起，他们夫妻二人方才如鱼得水，恩恩爱爱，不是从前那种貌合神离、同床异梦的情形了。

良宵易过。到了次日起来，李信便向红娘说道："我们既已逆天抗命，造起反来，这个地方岂是久居之所？一旦官兵四至，难免骈首就戮。事到如今，不如率了人马索性去投那闯王李自成，方可免得杀身之祸。"红娘道："妾既以身委君，此后生死相从。你说去投李闯王，我们就投李闯王吧！况且妾的胞姊现在李闯王跟前，此去定蒙容纳。"商议已定，他们夫妻二人便连夜点起人马，星夜离了山寨。一直投往李自成去了。

第十四回

筹大计李信进忠告　聘军师闯王入嵩山

李信夫妻二人正要来投李自成之时，不料事有凑巧，那李自成的人马先倒攻入杞县来了。二人闻知大喜，便率了人马，一直去投李自成的军前效力。李自成在河南久已闻知李信大名，今日见他来降，心上便十分高兴，立刻下令，叫把他请了进来，待以上宾之礼。李信再三逊谢，不敢上座。李自成道："鄙人久闻大名如雷贯耳，今日辱承光降，实为天赐机缘。况先生是读书贤士，鄙人草莽之夫，岂敢轻慢！如蒙不弃，便请与牛先生一同代我运筹帷幄。"于是即日拜牛金星为左军师，李信为右军师。

李信拜谢之后，又引了红娘前来叩见。算起来这红娘原是李自成的小姨子，当下袅袅婷婷走进了帐中，向李自成跪拜礼毕，敛衽低头侍立在一旁。李自成连忙谦让了两句，一面仔细把她端详了一遍：见她生得眉弯翠柳，脸映桃腮，娉娉婷婷之中却露出一种英武气象，正所谓"艳如桃李，冷如冰霜"者是也！李自成一边看，一边向她说道："不想一个小小年纪的女儿便能舍命救夫，真可谓女中豪杰，比起你那秀姊的人格真是强得多了。"说罢便回头吩咐左右，取出珠冠一顶、表里八端赐予红娘，红娘再拜称谢，然后退了出去。这里李自成便同李信慢慢地谈论用兵事宜。

李信道："欲成大事，必收民心。方今朝纲紊乱，法令严酷，士大夫以及庶民，罔不人人自危，非倾家破产，即诛戮流亡。当此时机，大王诚宜严申军令，广布恩施，使天下人民箪食壶浆以迎王师，则中原疆土不难指日而定也！盖彼用严刑重敛以驱民，我利施仁布惠以纳民。民心归之，如水之就下，不必全仗武力戡定，此千载一时之机也！倘若不务仁义恩惠之行，而以暴易暴，则有明三百年之基，根深蒂固，未可轻李自成道："孤也计划及此，无奈军中没人代为布置此事。只有牛先生一人，他也实在照应不来。从今日起，凡属这些施仁布义、俯顺民心的事，统统拜托先生，所有应办的，都可以便宜行事吧。"

于是李信便替他拟定军令三十六条，严禁军士：不准杀戮人民，不准焚烧房屋，不准奸淫妇女等类，呈明李自成，即日传令施行。一面又大张布告，广纳天下的英豪贤士，凡愿投军效力的，无论文武，皆准量才录用。又暗中传出了一个口号，说是"从闯王，不纳粮，十八孩儿主庙堂"。这个谣言一出，那些百姓一齐都注意了李自成，后来又见他所到之处，并不是从前的一味混杀，而且每得一城便由李信将那仓廒府库及富家的钱米一概发了出来，赈济贫民，比起那张献忠的杀人放火、任意胡来，这李自成的人马简直就成了堂堂天兵。加以朝廷连年用兵，筹饷孔急，百姓因为负担日重，一个个叫苦连天，直把个李自成形容出一种吊民伐罪的样子。因此李自成兵到之处，百姓个个欢迎，不到五六年工夫，便推翻了大明的一统江山，这其中李信的力量实居大半，看来这个人大是不凡的了。

但是这李信的历史却另有一种必须研究讨论的，不能不再来补叙一番。据《明史》上"李自成传"所载，这李信本是逆案中原任山东巡抚李精白之子，的的确确是个乱臣贼子，父子济恶无疑的了。但是世俗相传及诸家野史记载，说得明明白白，那李精白的儿子名叫李栩，因为他父亲与魏忠贤创建生祠，在历史上落了污点，他便心怀羞愤，时时刻刻想做个忠臣孝子，冀盖父愆。所以当李自成兵入颖州之时，那个李栩便尽散家财，召集了一班义士保卫桑梓，一连杀败了各处的土寇。总督朱大典因他骁勇善战，札授他为都司，驻守颖州。后来李栩连战有功，又收抚了袁时中的全部，一时军声大振。可惜他命运不好，恰又遇着李自成把时中暗地联络了，时中怕他掣肘，听了部将李奎的话，遂将他刺杀于王老人集。算起来这位李栩也够得上一个奇烈的男子，万不料那《明史》上竟颠倒是非，把他认作杞县举人李信，说他是李自成的军师，把杞县李信认作山东巡抚、颖州李精白的儿子李栩。总而言之，信冠栩戴，把两个人硬做成一个人，岂不冤哉！后来那个李栩的英魂不泯，到了清朝乾隆年间，曾降乩诉冤，并有乩诗一首曰：

此恨竟终古，无人一讨论。

由来青史上，大半是冤魂。

如此看来，那一朝的史书也是绝对不可尽信的了，这一段事有纪晓岚的《阅微草堂笔记》及俞荫甫的《右台仙馆笔记·荟蕞编》、范光阳之《双雪堂集》等书均载得十分详细，可见是实有其事，绝非附会之说，作书的人叙事至此，实不能不代为抱屈，为辩白也！

再说那崇祯帝看见李自成的声势日大，张献忠既降复叛，秦、豫、蜀、楚在烽屯，圣心异常焦劳，连降严旨，责成督师杨杨嗣昌会同三边总督郑崇俭及各省文武，迅速灭贼。又敕兵部及五军都督府，派出京营总兵官孙应元、黄得功、周遇吉等督率禁旅南征；特派太监刘元斌、卢九德前往监军，专剿张献忠一股。

这时候张献忠看见官兵大至，他便尽率人马，趁空杀入四川去了。杨嗣昌见他入了四川，便调总兵左良玉、贺人龙两镇大兵，星夜开往追剿；又令孙应元、黄得功、周遇吉等各率大兵，移守荆门一带的隘口；然后又命监军副使万元吉等先行入川，督师进剿。

这时张献忠的大部早已由楚入蜀，四川巡抚邵捷春连接边吏告急文书，他便亲自率了大将方国安、王伦等，与张献忠大战于川陕边界。张献忠不能取胜，又率了人马由川边折回陕西，却得三边总督郑崇俭率了总兵李国奇、副将张令把兴安一带的隘口，严行扼守；一面飞檄贺人龙星夜前进，与张献忠大战于兴安附近。张献忠兵败，仍旧舍命杀入四川。其时督师杨嗣昌亦飞檄湖广巡抚方孔昭、陕西巡抚丁启睿、河南巡抚李仙风、郧阳抚治袁继咸、总兵官陈洪范、监军太监刘元斌等，大誓三军于襄阳，然后分督大兵，先后杀入四川来讨张献忠。

杨嗣昌的大队刚才出发，那张献忠早已杀入开县，女将秦良玉力战了七八天，因为后军不继，被张献忠一鼓攻破了隘口，屠了绵州，大学士刘宇亮全家殉难。川抚邵捷春大惊，连夜调了副将邵仲光，率领大兵前去防守各路隘口。这时张献忠的声势浩大，官兵因为众寡不敌，所以连战大败，仲光节节退守，张献忠的人马长驱而入。

这时候那巡抚邵捷春正率了大兵驻守重庆，巡按陈良谟看见贼势日迫，一面向杨嗣昌告急，一面檄调防兵，与张献忠分头大战，双方互有杀伤。杨嗣昌闻知川兵大败，张献忠节节深入，他便不分皂白，将邵仲光斩首军前，一面率了诸将进驻重庆，令监军副使万元吉大会诸将于保宁，催督总兵猛如虎、副将张应元率了大兵进攻绵州。

第十四回　筹大计李信进忠告　聘军师闯王入嵩山

张献忠看见官兵大至，他遂率了人马，由汉州、中江一带杀败守将方国安，由什邡、绵竹、安县、德阳、金堂、简州、资阳、仁寿一带杀了前去，仁寿知县刘三策拒战身死、一时烽火连天，全川大震。

杨嗣昌大惊，连发令箭，飞调总兵贺人龙、副将张令、参将汪之凤等率了大兵前去截堵。此时张、汪二将早已赶赴前敌，而张献忠入川途中，在太平县的玛瑙山又受到郑崇俭和左良玉的夹击，伤亡惨重。接着又受到湖广军、四川军和陕西军的追击堵截，义军连受重创，退居兴安归州山中，又被左良玉等军围住，义军陷于困境。为此，张献忠利用杨嗣昌和左良玉的矛盾，派人携重宝贿左良玉，说："张献忠在，故公见重。公所部多杀掠，而阁部猜且专。无张献忠，即公灭不久矣。"左良玉斗志松懈，张献忠乘机收聚散亡，在山民的帮助下，走出兴安，与罗汝才等部会合。张献忠又利用四川巡抚邵捷春和杨嗣昌之间的矛盾，集中兵力，猛攻邵捷春防守的新宁（今四川开江）。邵捷春根本没有想到义军如此神速，官军一触即溃。义军突破新宁防线后，顺利地进入了四川。义军的入川，打破了杨嗣昌的围剿计划，并在军事上也从防御转入了进攻。杨嗣昌刚愎自用，满以为官军已把张献忠、罗汝才等部包围在鄂、川、陕三省交界地区，胜利在握了。但实际上是"总督之令不能行于将帅，将帅之令不能行于士卒"。张献忠尽量避免与官军打阵地战，而采取"以走制敌"的策略，一昼夜能行三百余里，快速流动，常常把官军搞得顾此失彼，腹背受敌，疲于奔命。

而然张献忠部下大战了三天，独有贺人龙因为与杨嗣昌意见不回合，所以他这一支人马九檄不到，弄得前军深入，后军不继，张令、汪之凤二人力战阵亡，副将张应元、猛先捷、游击郭开先等先后兵败战死。三路败报一齐到了重庆，杨嗣昌大惊！

看见贺人龙不肯出力，只得亲自率了左良玉连夜赶上前去，一连与张献忠大战了几场，方才把他杀退。左良玉乘胜追杀，一直到了太平县的玛瑙山方才把张献忠四面蹙住。左良玉亲自上前破阵，监军万元吉仗了佩剑在后催督，一连斩了三员逃将，官兵人人震骇，一鼓作气杀了上来。自辰至午，张献忠不能抵挡，一战大败下来。

捷报到了重庆，杨嗣昌大喜，连夜发出榜文，悬了重赏：无论何人，能擒得张献忠及斩首来报的，即刻申奏朝廷，赏给黄金三万两，以示鼓励。一面又飞调各镇大兵，火速上前围剿。岂知他的榜文刚才发贴出去，次日一早那督师行辕中内内外外、上上下下，一色贴着三寸长的条子，上面写得明明白白："有人取得杨督师首级来献者，赏给纹银三钱。"杨嗣昌看了，骇得倒抽了一口冷气，顿时手忙脚乱，眼看见肘腋之间都成了奸细，一时坐卧不安，举止失措起来。

崇祯十三年十二月，杨嗣昌眼看无法消灭义军，就采用"招抚"办法，妄图分化瓦解。他宣布赦免罗汝才罪，归降者授以官职，唯不赦张献忠，有能擒获张献忠者赏万金，封侯爵。但第二天杨嗣昌驻地的墙壁上就出现"有能斩督师来献者，赏银三钱"的布告。义军针锋相对的回击，使得杨嗣昌非常的沮丧，并怀疑左右都通义军。

杨嗣昌正在着急之时，不防那前方一连传来几个败报，张献忠的声势马上又陡涨起来。杨嗣昌大惊，连夜拜疏，奏参"三边总督郑崇俭撤兵太早，致逆贼突出了险要，四川巡抚邵捷春援剿不力，失地丧师"等罪。这个表章上去的时候，正与辽东告急的表章一齐递到，原来是清兵攻陷了宁远，辽东总兵官金国风力战阵亡。崇祯帝览奏大怒，立刻降旨，将四川巡抚邵捷春革职逮问，另以兵备副使廖大亨加都察院右佥都御史，代捷春巡抚四川；三边总督郑崇俭降三级留任，勒令平贼赎罪。一面严旨责成督师大学士杨嗣昌迅速灭贼，毋得任其猖獗等语。杨嗣昌奉了旨意，只得整顿兵马，再来同张献忠周旋。

再说那李信自从投了李自成之后，他遂更名曰李岩，所以从此以后，书中便称他为李岩了。自从他的那个口号传出之后，各省人民一人传十，十人传百，都说李自成是个真龙天子，应运而生，不久就要一统天下的了。因此那秦、豫、晋三省的绿林豪杰，人人作了从龙之想，先后向李自成军前来投效者，不下三百余人，因此李自成的声势也就一日比一日浩大。那部下的兵将自从颁发军令之后，一齐都换了一副精神，不是从前的样子，因此所到之处，官兵越难措手。

李自成看见队伍已经整顿齐全，便大会诸将，商议要设法去取开封，以为根据之地，请大家各抒所见，看如何进兵才好，当时便是李岩首先发言道："开封乃周藩建国之地，兵精饷足，城池坚固，非仓促所能攻下。以某愚见，不如舍却开封，先取洛阳。洛阳居中州形胜之要，而且民殷物阜，较之攻取开封可称事半而功倍。福王封藩未久，且素不得民心，我兵一到，可操胜券必矣！但用兵一道，变化莫测，非有非常之士，难成非常之功。今大王欲谋大事，必须得非常之奇人以自辅，方能有济于事，否则虽百战百胜，亦不过匹夫之勇而已。"李自成道："现有你同牛先生在此，何事不能办到？"李岩摇头道："不然，不然。当三国时候，刘玄德手下的猛将如云，谋臣如雨，若非后来得了诸葛孔明，也未见得便能鼎分一足吧？"

李自成道："虽然如此，但是如今哪里来的孔明，好与咱们帮忙？"

李岩道："孔明未必没有，但不知大王能效刘先主三顾草庐的故事否？"

李自成闻言大异道："这个有何难处！先生快快说，这孔明现在哪里？"

李岩道："大王请听，此人姓宋名献策，原籍河南南阳府人氏，自幼广读兵书，深通谋略，有管仲乐毅之才，鬼神不测之机，大王如得之以为辅佐，则天下事不难定也。"

李自成大喜道："这个甚好，快快唤他来吧。"

牛金星笑道："要是这个人，某也久闻大名了。此人平日以卧龙自比，常常隐居在嵩山深处，要去见他一面，甚不容易，岂可一呼便至？大王必欲得此人自助，须得仿照三顾的故事，或可请他出山，否则绝难应命也。"

李自成大怒道："吾攻城陷阵，取王侯如拾草芥，量此乡村腐儒，焉敢妄自尊大，违抗孤的命令？"喝一声："李道听令！"李道应声上前，李自成顺手抛下令箭一支，叫他带领铁骑五百名："即日前往嵩山，将那姓宋的拿来见孤。"

李岩见李自成动了真气，急忙上前劝道："大王息怒。昔文王求太公于渭水，先主谒孔明于南阳，不惜万乘之尊，下顾岩壑之士。今者大王甫兴吊民伐罪之师，便如此侮慢名贤，使天下之士闻风远扬，窃为大王不取焉。鄙意如此，愿祈大王三思。"

牛金星亦再三相劝，李自成当时醒悟道："孤便亲去一遭吧。"于是隔了一日，便同牛、李二人率了三百名亲兵，一直向嵩山进发。

这杞县嵩山路途遥远，非一朝一夕可到之地。李自成等一行人马晓行夜宿，一直走了四天方才达到。不料这河南府一带连年兵燹，四野萧条，至于入嵩山的一条路更是满目荒凉，连人烟都断绝了。李岩等费了好些周折，方才寻得一个年老的村夫，将他们引入正路。

嵩山本是五岳名山之一，山在登封县之北，高二十里，周围一百三十里，回环三十六峰，崇山峻岭，道路十分难行。李自成的人马裹粮入山，一直寻了两天，但见层峦叠嶂，峭壁飞瀑，鸟道曲折，古木参天，自从入山后连一个人影儿都不曾看见。一直到了第三天，方才远远地望见一丛修竹，中间隐隐地露出几间茅屋来。李岩用手指道："这个大约是了。"李自成大喜，立刻把带来的人马扎住，自己同牛、李二人一齐下马，步行了上去。走到相去不远，只见那林木深处流出一泓清泉，迂回曲折，直向东南一带松树林中流了过去。溪畔蹲着一个童子，在那里涤洗瓦砚上的陈墨。

李岩迈步上前向他问道："你莫非宋先生的书童么？"童子闻言抬起头来，把他看了一看，笑嘻嘻地说："你问我们先生做什么？"

李岩指着李自成向他道："这一位便是陕西的李大王，因为仰慕你们先生的大名，特来拜访的。"

童子闻言便放下瓦砚，就向溪水里把手洗了双方，立起身来答道："我们宋先生昨天同几位朋友出游去了。"

牛金星道："他几时可以回来？"

童子道："今天晚间就回来了。"

话犹未毕，只见那丛竹里又走来一个童子、一个农夫。那童子笑向洗砚的童子说道："阿哥，咱们又该快活两天了。刚才先生遣松涛回来，把兰亭真迹取了去，说是三日以内不回家来了。"

李岩闻言向那童子问道："这话可是真的么？"

洗砚的道："是真的，他是才从家里来的。"

李岩想了一想便向李自成道："如此请大王暂且先回，待过几日再来吧。"李自成闻言怅然若失，欲待回去，岂不失了求贤的诚意；欲待等着，又怕军中有了事故。李岩道："大王军事重要，可同牛先生先回，某在此多候几日，也免得往返之劳。万一能够把他劝出山来，便省了大王再来的劳顿了。"李自成见他这样的诚心办事，便应允了他，又留下二十骑人马一同在此等候。自己同牛金星带了人马连夜下山，驰回杞县去了。

过了七八天光景，李自成正在营中与牛金星闲谈之际，忽见帐下的小校报称："李军师回来了。"说犹未毕，李岩已经跨进帐来，口称："大王恭喜。"李自成忙问："宋先生来了吗？"李岩一面坐下一面说道："某自大王去后便折回山下，日日遣人探听。到了七天以后，方才依着

原路再去寻访，仰托大王洪福，这一次可把他找到了。见面之后便把大王的来意及仰慕的话细述了一遍，不料他闻言之下执意不允，并说当此天下纷乱、民不聊生、正所谓'邦无道则隐'的时候，他目击心伤，所以隐居岩壑之间，但求苟全性命足矣，实不愿建功立业，留名万世，某见他词意坚决，遂再三相劝，极力宣布大王的威德，说：'大王也是痛念人民的疾苦，方才兴了吊民伐罪之师。阁下既然恫瘝在抱，就应该早早出来辅翊李王，拯万民于水深火热之中，方算仁者居心，为天下造福；倘若蕴椟深藏，自高身价，那便成了独善其身之辈，窃为阁下不取。'他经了这一番驳责，沉默了半晌，随手又向某道：'你说得固然不错。但不知李王的待士若何？古人云：良禽择木而栖，要是轻贤慢士之人，某还是不能去的。'某又盛称'大王尊贤礼士，如某这样菲材，大王都待以上宾之礼，别的人不卜可知矣'。他听了这一片话方才答应下山。此人惠然肯来，足见大王洪福齐天了。"

李自成道："那么你就该同他前来才好。"

李岩道："岂能这样容易？他平日以卧龙自比，大王亦宜以卧龙待之。目下只可赶紧预备纶巾、羽扇、八卦衣、四轮车，由某再去回请。大王亲率人马出城十里迎接，一面在校场中筑起将台，参拜军师，由大王亲授印剑，令三军将士悉听号令，假以威权，方能尽其才而收其效也。"

李自成大喜，即刻下令，叫各营将士整顿衣甲旗帜，又责成顾君恩连夜赶办军师应用的一切物品，又命牛金星替他代拟了一封书信，极言"军事倥偬，自己不克亲自迎驾，特遣右军师李岩前来恭代"等语，并附了一首劝驾诗道：

久仰南阳有卧龙，碧潭深护白云封。

愿君早作甘霖雨，共拯斯民靖寇烽。

隔了两天，诸事都已齐备，李岩带了五百名铁骑及一切衣冠车辆，由杞县再向登封县出发。临行之时，李自成又命大将李遵、李迪一同前去护卫军师。李岩等领命而去，李自成在杞县殷殷盼望。到了第八天晚上，李岩便遣人送信，说是军师已经离开了嵩山，明天午刻准到杞县，请大王快快预备一切仪仗，出城迎接。李自成听了，即刻传令，叫部下大小将士各带全部人马，于明日午前三刻齐集大校场，参见军师，务要盔甲整齐，剑戟鲜明，违令者立斩！一面又准备一切仪仗，连夜发出三班探马前去探信。一直闹到次日巳牌时分，只见那校场之上人山人海，那些大小将士一个个披坚执锐，贯甲顶盔，一营一营的排齐了队伍在那里侍候。李自成也全副戎装，率了牛金星、李双喜等一班文武，出城十里前来迎接。

到了午时初刻，忽见尘头起处，前面远远的一骑快马腾空飞来。望见李自成的旗号，那人便滚鞍下马，口称"军师即刻将至，请大王就此等候"。话犹未了，前面尘头又起，鸾铃响处，两骑探马一齐飞奔前来，说是军师已经到了。随手又有两员偏将乘马驰至，报告了几句，于是李自成首先下马，恭立道左，随行的文武一齐向两旁鹄立。又待了片刻，方才望见远远的来了一簇人马，旗幡招展，刀剑重重，中间拥着一辆四轮小车缓缓而来，李岩乘马在前，诸将围绕在后。看看相去不远了，李岩便飞身下马，这边轰、轰、轰一连发了三声大炮。李自成率了文官武将赶上前去，口称"米脂匹夫李自成恭迎大驾！"宋献策见了连忙要下车还礼，不防已被左右将他挡住。李自成翻转身子跨上马来，开道前行，所有随来的人马一齐前呼后拥，把宋献策的小车一直送往大校场而来。此时校场上驻扎了雄师十万，上将千员，旌旗蔽野，剑戟鲜明，乱哄哄金鼓齐鸣，一阵阵战马骄嘶。那各营将士人人顶盔贯甲，佩剑执刀，由校场门首分为两行，一直站至将台前面。将台上高高的飞起一面三军司令大红旗。小车到了校场门首，轰、轰、轰又是三声大炮，将台上面鼓乐齐鸣，李自成大踏脚步走至车前，向上连打三恭："请军师下车登台受参。"

此时校场之上百万人马，那一个不想争先快睹这位新聘的军师？所以那些文文武武、老老少少，一个个眼中的视线都注射到这辆四轮车上。当此万众瞩目之时，猛见那车中走出一人，头戴纶巾，手摇羽扇，驼背曲腰，长不三尺，身上穿一件八卦衣，倒有一半拖在地下，摇摇摆摆走上前来，远远望见好像一个半截人似的。众人一见这个光景，不禁一齐都发起呆来！

原来这位宋先生天生不过三尺高低的身材，并且是个驼子。他苦读书，学识渊博，尤精通"术数"，以"术士"为生，长期云游四方，为人占卜吉凶祸福。因为他的心思诡秘，机变万端，人家便替他起了个绰号叫做"三尺鬼"，陕西人又尊他为"背锅军师"。当初顾君恩替他监制八卦衣时候，总以为他是颀然而长的一位伟丈夫，万不料他却是这样一个体态，所以那件八卦衣比起他的身材来，尺码就未免太长了些，行起路来足足的有一尺多拖在地上，因此看起来也就不太雅观。

李自成看见这个情形，便呆了一呆，愣在那里，脸上很露出一种不高兴的样子。李岩看出苗头不好，急忙把李自成的衣襟拉了一下。李自成会意，连忙迈步上前，请军师登台受参。宋献策又着实谦让了一番，然后升台坐定。李自成亲手捧了军符印剑，首先送上台去；回头下令，叫各营将士一齐上前参见。这个时候，那两旁的兵将早已看得呆了。李自成的号令一下，有的已经听见，有的尚在出神，前头的已经站起，后面的方才跪下。站起来的把头一抬，望见台上坐着一个不满三尺的怪物，回头向背后的看了一眼，"扑哧"一声便笑了起来。众人又彼此互看一眼，不禁哄场大笑，一时校场上面笑声如雷，李自成也撑不住笑了起来，急忙又掩住了口，竭力上前弹压。李岩看见这个样子，着实太不成体统了，立刻仗剑而出，厉声吆喝了几句，方才把秩序维持住了。

这个时候，宋献策高坐将台上面，起先看见众人参前落后，已经不成事体了；后来越发哄场大笑，肆无忌惮，他便紫涨了脸，顿时恼羞变怒，大喝："行军司马何在？"喊声未毕，班中早已闪出两员大将，应声上前。献策指着二人喝道："汝二人身为司马，理回合整齐队伍，肃静无哗。今日校场之上竟成了这种景象，要汝二人何用！"立叱刀斧手将他两个推出辕门斩首，众人看见这情景不免大惊失色！李岩、牛金星急忙率了诸将一齐跪着求情，李自成亦上前鞠躬道："军纪不振，他二人咎有应得。但念其平日多立战功，乞恕了他这一次，以后责成他两个认真整顿，将功折罪便了。"宋献策道："昔孙武所以能战胜攻取者，以令出法行也！方今海内沸腾，群雄竞争，若废法不行，何以制胜！"当不得李岩等再三恳求，宋献策也思念今日初次登坛便斩他的大将，恐怕失了人心，只要他们知道害怕也就罢了，遂说道："既大王同诸公如此说来，今日姑且饶过初次，倘敢再犯，定以军法从事！"众人闻之个个凛然，于是重新排齐了行次，上前参见。

一时礼毕，李自成便同牛金星、李岩等将献策请下台来，一同迎入中军帐里，大开筵宴，与宋献策接风洗尘。痛饮三日，然后商议一切军机大事。

第十五回

破洛阳军师初用计　守汴梁周王散积金

崇祯十三年冬，李自成在杞县拜宋献策为正军师，牛金星为左军师，李岩为右军师，顾君恩为参军，一同参预军机要务，然后大会文武，商议进兵的方略。正军师宋献策首先发言道："大王的尊意若何？请先说了出来，大家商议。"

李自成道："孤想连年征战，不能得一驻足之所，意欲去取开封，以为根据之地，不知先生以为如何？"

宋献策道："开封兵精饷足，城池坚固，一时不易攻取。与其劳师糜饷，倒不如先取洛阳。洛阳居天下之中，民殷物阜，富庶不亚开封；况福藩建国未久，骄奢淫逸，不比周藩之礼贤下士，素得民心。以某愚见，最好是先取洛阳，然后再图开封。我军连年征战，利用的是飘忽无定，所以官兵千里跋涉，疲劳无功，倘若坐守一隅，恐不免自困绝地，反使官兵易于着手了。因此那根本地盘，倒也在可有可无之间，还请大王勿作偏安之念，总须要直取燕京，那才算得万年不拔之基。山野鄙见，还乞大王采择行之。"

李自成听毕，离席而起，长揖谢道："先生高论，顿开茅塞，如此就请代孤一行罢！"说毕即刻升帐，下令叫李过、俞彬、马世耀、高一功四将各率本部精兵七千人，大将马维兴、郝永忠各率铁骑三千名，随同军师宋献策即日去取洛阳。

宋献策奉了李自成之命，次日便辞了李自成，率了人马，浩浩荡荡，一直杀奔洛阳而来。

这时候开藩洛阳的那位福王名字叫做朱常洵，亦称福恭王。明神宗第三子，南明弘光帝朱由崧之父。母郑贵妃恃宠，欲立其为太子，遂引起争国本。万历二十九受封福王。四十二年就藩洛阳，得庄田二万顷，盐引千计。他是神宗皇帝第一个爱子，就是当今崇祯帝的胞叔。当那福王就国时候，那神宗帝后尽把宫中历代积存的金玉珠宝扫数赏给了他，又把山西、陕西、河南三省的膏腴沃田给他作为王庄，临行之时，由京师至洛阳，水陆舟车，搬运了五六个月，尚未把他的东西运完。所以这位福王论起年代来，确是建国未久，若讲到富庶，的的确确与那秦、晋、蜀、楚、辽、沈、周、代、庆、肃、岷、唐等太祖高皇帝时所封的大国有过之、无不及。只可惜那福王乃是一个庸庸碌碌之人，平日只知道饮酒吃肉，与一班宫女淫戏，并无一点远大的志向。当崇祯十四年春，李自成在杞县操兵练将，声势汹汹，洛阳文武天天入宫朝见，请输金募勇，预备战守之具，无奈他却是一毛不拔，抵死不肯承认。及至李过等大兵由杞县杀了前来，一连接了三个紧报，顿时把他急得手忙足乱，连夜发了两道表章向朝廷告急，另外严饬河南抚按，调兵来援。

这个时候，那河南巡抚李仙风统兵在外，巡按高名衡保护周王防守开封，福王的令旨一到，名衡便檄调总兵王绍禹，副将刘见义、罗太、刘英等率领大兵，先后来援洛阳。这时风声日急，洛阳城中一夕数惊。致仕南京兵部尚书吕维祺、河南道参政王荫昌等督率了文武兵民，分城固守。王绍禹等大兵到来，便驻扎洛阳城外。

隔了一宿，李过的前锋人马便已杀到来了。刘英、罗太二将不待他安下营寨，便率了大兵上前迎战。李过见他二人来势凶猛，立刻约住了大队，挥刀纵马上前接战。官军阵里是刘英首先出阵，与李过交手大战了三五十回合，刘英料敌不过，拖枪向后败走。罗太见他败下阵来，急忙拍马舞刀赶了上去，李过阵里又转出大将俞彬挺枪上前，接住罗太厮杀。一时金鼓齐鸣，喊杀连天。正在苦战不休之时，不防那马世耀、高一功的两支人马又复蜂拥杀上前来。罗、刘二将不能抵挡，一战大败下来。李过也不追赶，就在洛阳城外十里安下了营寨。

次日午前，那宋献策亲督马维兴、郝永忠两支骑兵也陆续开到。罗、刘二将奉了福王令旨，又复引兵来战。宋献策闻报，便传令前军，叫李过火速出战，只许败走，不许进追，违令者立斩不贷；又令俞彬、马世耀各率本部人马，分两翼以待官兵杀到，即行上前夹攻。双方抄入阵后，务要把官兵杀个片甲不回。三人领命去了，宋献策又把马维兴、郝永忠二人唤到帐中，叫他们整顿人马，预备官兵一败，即行上前追杀，不得有误。

分拨已定，这时李过的一支人马早与官兵冲突起来。罗、刘二将奋勇上前，杀得李过大败而走。二人乘胜追赶，李过翻转身来再与他们交战；战了十五六回合又复拖刀败走，一直把他二人引了五六里远近。忽闻一声喊起，俞、马二将各率了精兵分头夹攻上来。罗太大惊，急忙同刘英引兵退走。惟时李过早已勒转了马头，手舞大刀，大喝"来将休走"，纵马上前直取刘英。刘英大惊，措手不及，竟被李过一刀劈下马来。罗太见事不好，连忙率了人马飞奔退走，不防后面马维兴、郝永忠两支骑兵又复风驰而至. 大刀阔斧，杀得官兵尸横遍野，血流成河。罗太看见全军已覆，只得单枪匹马落荒而走。宋献策大获全胜，立刻指挥了人马直扑洛阳城下。

此时总兵王绍禹已经督兵入城，那些官兵在城上鸣金击鼓，万弩齐发，吕维祺等也亲冒矢石百般抵御。宋献策在城下整整攻打了一天，还是不能攻下城池，反被吕维祺等用弩箭擂石打伤了他许多人马。

宋献策看见这个洛阳城不易攻取，他便传令，叫李过等前敌将士暂缓进攻，一面回到帐中唤了一名亲兵，向他耳边嘱咐了几句，又写了一封密信叫他带在身上，装作一个采樵的农夫，趁空混入城中，与王绍禹的部下勾结通了，双方约定到了次日，举火为号，以应外兵。所以到了第四天宋献策便传令，叫各营的将士一齐向城下进攻。正在双方对敌之时，只见那洛阳城中忽然火光四起，烈焰冲天。城上的守兵正在分头去救之时，不防那北门已被城内的内应砍开，李过、俞彬、马世耀、高一功等分率人马，大呼杀人。王绍禹看见这个光景，首先弃城逃走，只有吕维祺等各率官兵死战不退。此时短兵接触，喊杀连天，自午至未，所有堵战的官兵完全死亡殆尽，吕维祺等一班文武也被李过所擒拿。

福王常洵看见城池已失，敌兵直扑王府而来，他便换了一身破烂衣服，飞跑出府，意欲混入乱民之中趁空逃走。无奈他是个金枝玉叶、膏粱子弟，平时既不能文，又不能武，安富尊荣，只长了一身的好肉。因为他身体太胖，所以行走起来异常迟慢，今日到了国破家亡的时候，心里一着急，那两条腿更是重如千钧，一步都拔不动了。刚刚出得宫门，顶头就被李过的前驱将士将他拿住，一直拥回府内。这时府中的富娥乱走，甲士充斥，一片号哭之声摇天动地。福王正在着急之时，忽见一群乱兵拥着一位美人，啼啼哭哭走了出来。福王定睛一看，这位美人不是别人，正是他的宠妃常氏。这常妃年纪不过三十多岁，生得冰肌玉肤，风致嫣然。李过的部将杀进王府时，首先把她拥了出来。福王见她鬓乱钗斜，由那些乱兵连拖带扯，一直架弄了出去，顿时又急又气，大叫了一声："妃子，待一待，与孤一同死吧！"那些乱兵闻言大笑道："朱胖子，你死尽管你死去，这个美人儿我们可舍不得她死啊。"说时，便把常妃拥出宫门去了。福王气极了，两眼一瞪，顿时一口痰涌了上来，咚的一声早已跌倒在地。众人见他这样，立刻把他拖出府门，歇了半天方才转回过来。

宋献策等入了洛阳，一面飞马向李自成告捷，一面传令大犒三军，待李自成到来再行进取开封。

过了三天，那李自成的大队人马早已长驱而来，宋献策亲自率了诸将，把李自成迎接入城。李自成大喜，一面向宋献策道劳，一面升座王府大殿，传令叫把福王及吕维祺等一干文武先后绑了进来。李自成在河南曾久仰吕维祺是个当代名流，意思想要将他收罗在自己部下，借以号召一切。所以刽子手将吕维祺推进殿来，李自成望见是他，立刻走下丹墀，亲自替他解捆，口称："鄙人无状，冒犯尊严。"话犹未毕，不防吕维祺蓦地挺起身，朝着李自成劈面唾了一口，大骂："叛逆匹夫，指日天兵一到，逆贼碎尸万段，千刀万剐！"他这是骂了个痛快淋漓。李自成碰了这个钉子，顿时恼羞变怒，立刻退回座上，拍案大骂，喝令："刀斧手，快快把这不配抬举的东西给我推去砍了！"

吕维祺面不改色，大踏步走出了府门，顶头又遇见福王，赤身背绑着推了进来。吕维祺看见福王，不觉一阵心酸，凄然落下泪来，连忙高声喊道："殿下乃天潢贵胄，纲常至重，万勿失身自辱。"说毕就在府门外挺身就戮。同时殉难的是兵备副使工荫长、河南通判白守文、洛阳县训导张道脉、里居知县刘芳奕、吕维结、韩金声、推官常克念、翰林院待诏郭显星、行人王明、举人来秉衡、杨莘、苟良翰等，不可胜记。

李自成杀了吕维祺，又向福王喝道："似尔这种无用的东西，留在世上何用！"叱刀斧手："快快推去斩了！"可怜福王一位天潢贵胄，只因为吝惜金钱，不肯及早招募民壮预备城守，竟至国破家亡，一旦毙命刀下，后人有诗叹曰：

漫将贵胄说天潢，肉食谁谋御寇方。

家国黄金同日尽，令人千载叹痴王。

又有诗吊吕维祺曰：

爱国良谋属老成，山陵绸缪见忠贞。

可怜血化苌弘碧，洒向黄河水亦清。

李自成既杀了福王，部下的兵将又取了福王之血和在酒里，杂了些鹿肉，欢呼痛饮，名叫做"福禄宴"。一连混闹了三天，方才下令安民，另外由李岩把府库的粮米全行发了出来，散给贫民。

这个紧报递到了北京，崇祯帝大惊！念及福王是懿亲近属，惨死非命，不禁失声痛哭，立刻传旨：将河南巡抚李仙凤革职暂充为事官，勒令按照严格规定的时间灭贼；一面责成三边总督郑崇俭、督师大学士杨嗣昌等分督大兵，迅速入豫会剿。

不料这时候，那辽东总兵官吴三桂又被清兵围困在松山一带，清兵的声势十分浩大。崇祯帝忧愤交迫，连夜降旨，由兵部飞调东协总兵官援剿总兵官左光先、山海总兵官马科等三镇大兵，星夜开赴辽东，随同洪承畴前往援救。

这几道旨意刚才下去，那张献忠率了全部人马，由重庆席卷出川，急得杨嗣昌首尾不能相顾，只得飞檄各路官兵跟踪追赶，一面亲统舟师下云阳，以扼张献忠去路。不料他的人马尚未赶到，张献忠的大队已经由蜀入楚，前锋人马直扑当阳而来。

郧阳抚治袁继咸闻知张献忠兵至，立刻督率了大兵，星夜赶来抵挡。张献忠看见这个底细，他便把大队交与罗汝才，替他去与袁继咸交战，自己率了三千名精骑，趁着空子，由小路衔枚急走，一日一夜飞奔了三百余里，路上正遇着杨嗣昌派赴襄阳的使者，张献忠便将那人杀了，取得军符令箭，星夜直扑襄阳而来。

这襄阳乃江汉间的水陆重镇，又是襄王建国之地。杨嗣昌奉旨督师之后，便在那襄阳城外挑了三重深壕，引江汉之水灌入壕中，壕上建起吊桥，城内驻有重兵，非有令箭印信者，无论是谁，不能放过一人，所以沿江数十处郡县皆倚襄阳为天险的屏障。

张献忠兵至近郊，令大将李定国带了军符令箭，假充做督帅使者，并随从二十八骑，直奔襄阳城外。守壕兵将验过文书，立刻放下吊桥，把定国等一千人放了过去，送入城中。不防那张献忠的大队人马跟手就杀到了，张献忠亲自上前，一鼓杀过了三道深壕，鸣金击鼓，直扑襄阳城下。定国等二十八人闻得外面兵至，他们就在城内放起一把火来，分头砍开了城门。城中的文武从梦中惊醒，人不及甲、马未备鞍之际，那张献忠的大队早已一拥杀了进来，襄阳立时失守，寄居襄阳的贵阳王朱常法及监军兵备副使张克俭、推官邝日广、知县李大觉、游击黎安民等，一齐骂贼身死。

襄王翊铭被张献忠部将艾能奇所获，翊铭见了张献忠，挺身大骂，不肯投降，张献忠长叹了一声道："说来你本是无罪之人，不应该杀害你的。只是那杨嗣昌与咱势不两立，前日洛阳失陷，尚不足置他于死地；今日再借你这一颗头颅，叫他连陷两藩，自然要受朝廷的重典，不须咱去杀他了。"说毕便叱左右，将他推出斩了，又向狱中取出他的夫人高氏、敖氏及军师潘独鳌等，方才大犒三军，休息人马。张献忠终于攻克了襄阳。襄阳是明朝的军事重镇，军需饷银，都聚集在城内。张献忠以所获饷银，分十万两赈济饥民，因将襄王朱翊铭和贵阳王朱常法等处死。义军受到百姓的拥护，欢声雷动。至此，张献忠完全粉碎了杨嗣昌的"四正六隅"计划，彻底摧毁了他所谓的"十面网"。

且说襄阳狱中所禁的高氏、敖氏是甚么缘故？原来是前年张献忠在河南被官兵杀败，他看见支持不住，便弃了人马，只身逃走出去。官兵赶上前来，踏了他的营垒，把他的两个爱妾及潘独鳌等全数擒获，解送到襄阳府狱中监禁起来。此时署襄阳府知府姓王名承曾，本是一个少年纨绔，平生最是好色不过的，因为看见高氏、敖氏都生得秾桃艳李，媚态横生，这位风流太守未免就动了一点垂涎之意，每日便借着巡监为名，时时亲自来到狱中问长问短，与两个美人着实勾搭。后来被潘独鳌看破他的意思，便自告奋勇，竭力替他拉了皮条，成了好事。因此这王太尊天天到狱中饮酒作乐，毫无顾忌，有时候还叫一个皂班把两位美人背到府署三堂里去供他的差使。王太尊快乐极了，未免饮水思源，不能不感激潘独鳌斡旋之功，因此遂把独鳌的镣肘松了，听其在监中出入自由，狱卒都不敢来约束他的。听说张献忠这回赚破府城，独鳌也在内中大大的出力，因此马到成功，不费一点气力。张献忠入了府城，与两位美人破镜重圆，心上十分高兴。后来被他访问出那王承曾的风流案件，又知道是潘独鳌一力维持，替他戴上这一顶绿头巾，顿时虓怒起来，也不问青红皂白，立刻把王、潘二人绑到府中，亲手大砍了八块，方才平了气。

义军接着又渡长江攻下樊城，与罗汝才回合兵北上。四月，攻应山不下，转攻随州，克之。六月，张献忠率部打南阳，东略信阳。

张献忠战胜攻克，兵威所至，势如破竹，警报到了夷陵，杨嗣昌大惊，连夜征兵调将，与袁继咸分头出兵，前来追剿。他的人马刚才出发，张献忠已经率了大部由信阳直攻南阳，南阳府知府颜日愉一面飞马向抚按告急，一面率了兵民，死守待援。比及总兵左良玉的大兵赶到时候，那颜日愉已经在城上中箭身死。张献忠看见左良玉的官兵到来，他又弃了南阳，向泌阳、汝阳一带杀奔去了，泌阳知县王士昌力战身死。

是年七月，张献忠又陷郧西，至信阳。这时候，那督师大学士杨嗣昌正率了各镇大兵，由夷陵至沙市，忽然连接襄阳失守的报告，并探悉了福、襄二王的死状，顿时急得他走投无路，自知连陷两藩，死了三位亲王，论起国法是万难幸免的。从前蓟辽总督王应豸、山西巡抚耿如杞、四川巡抚王维章、邵捷春、淮扬巡抚杨一朋及熊文灿等，或因兵变，或以克饷，或为失守封疆，一个个革职论死；今日自己以阁部大臣出来督师，坐视藩封失陷，藩王连遭惨杀，比起他们来，厥罪更觉有加无已。

况且崇祯帝的脾气自己素所深知的当崇祯九年，清兵由墙子岭入犯畿辅之时，兵部尚书张凤翼、宣大总督梁廷栋，一个以失守所辖汛地，致敌人深入京畿；一个以本兵大臣，事前既无防范，临时又不能运筹决胜，二人自知罪重，于戎马仓皇之中一齐服毒身死，后来朝廷还恨他们逃了刑章，仍旧定了一个斩罪、一个徒罪，均以既死免究。他自己就是继凤翼为本兵的想到这里越发害怕起来。思前虑后，拿自己这么一个身份，与其伏锁西市，何若自寻方便，免得许多的难为。因此他便拿定了主意，引了个大臣不辱的例子，连夜缮写了遗疏，敬谨拜发，一面趁个空子便服毒而死。杨嗣昌死后，崇祯帝命陕西三边总督丁启睿接任督师，继续围剿义军。原在一边观望不战的左良玉，亦率部前来追击张献忠。

秋八月张献忠在信阳为左良玉部所败，带伤出商城，商城知县盛以恒、典史吕维显、教渝曹维正、里居都御史杨所修、副使洪允衡、检讨马刚中、教授段增辉、信阳知州高孝志、训导李逢旭、程所闻、里居知县张映宿、光山典史魏光远、固始巡检郝瑞日、兴山典史张达、都司徐日曜及各县里居乡官通判姚若时、教谕赵良栋、知州梁可栋、同知万大成、知县张质、杨士英、邵可灼等先后力战身死。张献忠走英山方向，又被王允成击败，"众道散且尽，从骑止数十"。在此之前，罗汝才与

第十五回　破洛阳军师初用计　守汴梁周王散积金

张献忠不回合，投奔了闯王李自成。信阳败后，张献忠也往投李自成。李自成"以部曲遇之，不从，自成欲杀之"，为罗汝才阻止。罗汝才私赠五百骑，张献忠自河南经安徽东下。这时，李自成的义军正围攻开封。督师丁启睿和左良玉等官军主力，都北上救援开封。年底，张献忠乘间陷亳州，入英、霍山区，与"革左五营"相见，"革左五营"是由老回回马守应、革里眼贺一龙、左金王贺锦、争世王刘希尧、乱地王蔺养成五营联军组成的。从此，义军的声势又复振，一时烽火连天，远近震惊。

这个消息传到了北京，崇祯帝因为连接河南败报，又闻杨嗣昌畏罪自尽，一时悲忿交集，圣心异常愁惨。因为平日与杨嗣昌的感情极好，一旦闻他寻了短见，心上反觉得十分凄楚。但是国家的刑赏大事又不得不照例行去，于是降旨道：督师大学士杨嗣昌奉命督剿，无城守专责，乃诈城夜袭之檄，严饬再三，地方文武置若罔闻。今日襄藩失陷，亦不得专罪杨嗣昌。且临戎二载，屡著战功，尽瘁殒身，勤劳难泯！着即遣柩归葬，免其议罪；三边总督郑崇俭、郧阳抚治袁继咸调度乖方，致贼逸出四川，深入楚境，着即革职逮问；另以副都御史丁启睿代崇俭为三边总督，佥都御史王永祚代继咸为郧阳抚治。河南巡抚李仙风援剿不力，坐视藩封失陷，着巡按高名衡即行派员押解来京，交部治罪；所遗豫抚一缺，即以名衡升任，另以监察御史严云京代名衡巡按河南。又降特旨：起原任兵部尚书傅宗龙，以原官兼都察院副都御史，赐尚方剑，代杨嗣昌为督师，即日分督大兵，前往剿贼。

这几道旨意下去，崇祯帝又追恨郑崇俭在四川撤兵太早，以致张献忠不能扑灭，说他有心与杨嗣昌为难，以致贻误军机，误了国家大事。因此不待刑部审讯，便将他传旨正法。论起郑崇俭，自任总督以来，屡立大功，未曾失陷一处城池。今日朝廷竟以臆度之词，冤冤枉枉将他处以大辟，未免令人大抱不平！这一宗冤狱一直到了弘光监国时候，方才将他特旨昭雪，赐祭赐葬，可见公道自在人心了。

再说那李自成攻陷洛阳之后，又复分兵四出，连破湖北、河南两省的郡县，宝丰知县朱由槷、密县知县朱敏汀、太仆寺卿魏持衡、汝州知州钱征祚等，先后力战身死。李自成趁着破竹之势，尽率大兵，由洛阳进攻开封。

这开封乃是周王建国之地，当初太祖高皇帝第五子周定王橚，于洪武十四年就国于此。开封本北宋都城，城池异常坚固，加以兵精饷足，那周王恭枵又是当时的贤王，平日礼贤下士，素得民心。当洛阳失陷之后，他便发出府中的积金，大募壮丁，每日督同在城文武认真操练，预备守城之用。及李自成的大兵杀到开封，那河南巡抚高名衡、巡按严云京、总兵官陈永福等，便率了兵民分城固守。李自成的人马一连攻打了半月，不唯不能攻下城池，反被周王用重赏鼓励了一伙死士，几番杀出城来，伤害了他许多兵将。

李自成十分愤怒，正在督兵猛攻之时，忽然连接了两个探报，说是保定巡抚杨文岳奉了朝旨，督率总兵虎大威、副将张应昌的大队，星夜来援开封。李自成闻报大惊，急忙下令，叫李过、俞彬各率精兵五千人，星夜前往迎敌，务要截住官兵的来路；倘敢放过一人一骑者，即行斩首示众。

二人奉了将令，立刻点起人马，连夜出发。大兵到了鸣皋镇，便与文岳的大队顶头遇着了。这时总兵虎大威早已立马阵前，扬鞭大骂："反国逆贼，还不快快下马受捆。"李过见他出阵，便也不去搭话，顿时挥刀跃马直取大威。大威背后转出副将张德昌，拍马挺枪，接住李过大战起来。一时金鼓齐鸣，喊杀连天。二人战到三十余回合德昌料敌不过，拖枪败下阵来。大威大怒，手舞月牙巨斧，大吼一声，飞马直劈李过。李过丢开德昌，挥刀便与大威接战。二人一刀一斧，一直战至下午未分胜负。俞彬恐怕李过有失，急忙下令收军，大威亦引兵回营休息去了。

次日一早，李、俞二将又复引兵前进，与官兵大战了一日，仍旧不分胜负。到了第三天，杨文岳也亲自赶到阵前，下令叫前敌将士火速进兵，他自己抱了战鼓，亲自督阵。于是官兵人人奋勇，一鼓杀上前来。虎大威、张德昌二人跃马大呼，首先陷阵。李过、俞彬正在分头迎战之时，李自成又令大将李通率了后军，铺天盖地杀了上来。文岳大惊，急忙下令叫副将贾悌、王昌分两翼上前接应，一面又发令箭，飞调总兵左良玉率领大兵星夜前来助战。

这时周王恭枵闻知保定援兵到来，他便大开府库，搬出历代积存的金银宝器，再行招募了壮丁，预备出城去夹攻李自成。这里官兵连战两日，夺了鸣皋镇，一直杀至开封近郊。李自成大怒，便下令，叫宋献策督率前锋将士，代他攻打省城；自己尽调了精锐，来与文岳决战，霎时

第十五回　破洛阳军师初用计　守汴梁周王散积金

间战云弥漫了汴梁城外。城中的百姓闻知援兵大至，又见左良玉的大队也跟手开到，他们的胆子顿时壮了起来。所谓"重赏之下，必有勇夫"，转眼间便聚集了五六千壮士，一个个摩拳擦掌，自告奋勇，巡抚高名衡便令游击高谦为主将，统率了他们，听令出发；一面又令总兵陈永福，督率精兵五千人，准备出城大战；一面又通知了杨文岳，约定双方夹攻的日子。

到了第三天早上，文岳便督率了虎大威、左良玉两镇官兵，趁着城上攻守猛烈之时，鼓噪进兵，来与李自成交战。李自成亦亲自上前，指挥了一班勇将，奋勇迎杀。霎时间金鼓齐鸣，杀声动地，自辰至午，直杀得天昏地暗，日色无光。双方正在苦战之时，忽见城门启处，陈永福、高谦的两支人马蜂拥突出。高谦率了民壮出其不意，猛攻围城的兵马——那五六千死士一个个赤身披发，手执大刀，逢人杀人，遇马破马——宋献策猝不及防，顿时人仰马翻，部队大乱。正待分头迎战之时，又被陈永福的大兵鸣金击鼓，一直向围城兵中横冲过去，直扑李自成的后队，永福身先士卒，大呼陷阵。李自成大惊，急忙下令，叫大将刘希尧、谷可成、李守信、高一功、袁宗第、李道、李迪等各率人马，向后迎战。无奈此时的官兵人人奋勇，锐气百倍，这七员大将一阵被他们杀得抛盔弃甲，大败而逃，李自成的前军又被左、虎二镇节节杀退下来，一时全军大乱，诸将四散奔走。

李自成看见势不能支，急忙传令，叫李双喜、周凤梧、马维兴、郝永忠等各率人马，火速上前，死力抵住左、虎二镇兵马，自己尽率诸将来与宋献策回合兵反攻。不防这时候那宋献策的大营已被高谦踏破，五六千壮士蜂拥而前，杀得宋献策手忙足乱，狼狈奔走，与李自成恰好打了个照面。李自成看见两路兵败，官兵又腹背夹攻上来，顿时急得五内如焚！正待催兵混战之时，忽然又接探报，说是河内知县王汉统率各县乡兵，由金龙口一带杀到来了。李自成大惊，急忙下令撤退围城兵马，弃了开封，连夜率兵向陈留一带退走去了。杨文岳、左良玉、虎大威、陈永福等，一面分兵防守省城及各路隘口，一面督饬大兵，一步一步向陈留追赶。

这一场大战顿时解了开封的重围，把李自成的人马驱逐了。以累卵孤城，卒能转危为安者，一半由于援兵得力，一半也赖那周王仗义疏财，深得民心，比起日后的秦、晋二王，那就有天壤之别了。

官兵杀退李自成之后，巡抚高名衡、巡按严云京便督率了兵民，昼夜补修城池，一面整顿兵马，一面赈济难民。杨文岳奉周王令旨，驻兵省城之内，左良玉率领人马驻扎城外，虎大威、陈永福两支官兵星夜近逼陈留。

李自成又退守内乡县，与几位军师开了一个紧急会议，商量用兵的方针。正军师宋献策首先发话道："官兵正当锐气极盛之时，只可智取，不可力争。现在淅川有一个绿林首领，姓袁名时中，部下有精兵五万人，虽被朱大典派人招抚，但是他同官兵同床异梦，常常怀了疑忌之心。我们若能与他联回合一气，叫他叛变，然后再去反攻开封，则官兵首尾不能兼顾，此必胜之道者。"

李自成道："前日李双喜也曾向孤提过此人，但不知此间何人可去与他说话？"

宋献策道："时中乃江湖豪杰，非等闲可比，某凭这三寸不烂之舌，愿说时中来降。"

李自成闻言大喜，立刻下令，叫李逊率骑兵五百名，护送宋献策向淅川去做说客，一面通令全军将士，一律严守关隘，不准无故出战。

一连沉闷了七八天光景，宋献策方才回来，口称："时中在淅川，被总督江北军务凤阳总督朱大典率总兵刘良佐的大兵把他无形包围。时中大形恐惶，迫人求救于张献忠，张献忠派罗汝才率兵来援，也被官兵杀得抛盔弃甲。正在危险之际，宋献策赶到那里，见了时中，告诉了来意，并盛称大王的威德。时中零涕，指天立誓，愿受大王的指挥。罗汝才因与张献忠意见不回合，亦愿归顺大王，听候驱使。"李自成大喜，即日遣牛金星赍了金帛，前往淅川县犒赏袁、罗两部人马，一面再将部下人马大加整顿，汰弱留强，回合起淅川罗、袁二部，共计马步大兵二十五万之众，克日大举出发，再围开封，不题。

再说那崇祯皇帝起先接到周王告急的表章，跟手又闻得贼围开封省城，早已连降严旨，责成各路统兵文武星夜赴援，后来又闻杨文岳等大破敌兵于开封城下，李自成退走内乡，因此天颜大悦，立刻降旨，奖励在事文武，限他们克期进兵，待扫穴擒渠之后，一并论功升赏。又以河内知县王汉援剿有功，立召为户部主事，再擢刑科给事中转江南道监察御史，再赴河南监左良玉等火速进剿。旨意一下，那三边总督丁启睿、凤阳总督朱大典、保定巡抚杨文岳、陕西巡抚汪乔年等，先后调兵入豫；朝廷宵旰忧劳，日日盼望河南的捷音。

不防这个时候，那蓟辽总督洪承畴又咨报兵部，说是清兵大举来犯，围困了锦州。洪承畴大会诸将于宁远，亲督山海总兵吴三桂、辽东总兵王廷臣、东协总兵曹变蛟、援剿总兵杨国柱、王朴、唐通、马科、白广恩等步兵十三万，骑兵四万，即日出发，准备与清兵决一死战。朝廷得了这个报告，圣心异常焦虑，日日召集大学士、六部、九卿商议用兵的机宜。无奈朝中文武没有一个赤心为国的，那大学士周延儒、温体仁两个都是狼狈为奸，没有一点良心，可怜崇祯帝一个人，急得孤掌难鸣。傅宗龙、洪承畴两路的捷书尚未递到，郧阳抚治王永祚告急的表章又复飞至，说是逆贼张献忠大举来攻，永祚督兵镇守襄阳不能兼顾，兵备副使高斗枢、知府徐启元、游击王光恩、王光兴等，且战且守，恳请饬下兵部，火速调兵援救等语。这个表章到了没有两天，那洪承畴又复来了一个急奏，说是官兵大败于锦州，总兵杨国柱阵亡。

崇祯帝一连得了这几个噩耗，直急得茶饭无心，坐卧不宁，只得同兵部尚书陈新甲商议，传旨叫洪承畴相机进兵，缓图恢复，不可轻易出战。又敕傅宗龙督率湖广、河南、四川三省兵马，专剿李自成一股；丁启睿督率山西、陕西及三边兵马，专剿张献忠。股限定三个月内，便要一律肃清！

正当这时张献忠又率了全部杀入河南，官兵剿不胜剿。各县告急的文书如雪片一般飞了前来，傅宗龙、丁启睿看见张、李二人的声势浩大，只得征兵调将，分头向楚、豫两省发兵进剿。

第十六回

傅宗龙战殁项城县　边大绥伐墓断龙山

崇祯十四年秋，李自成在开封大败之后，复在内乡集回合了袁、罗二部，一时声势复振。正待大举再攻开封之时，那总督丁启睿率了川、陕大兵，由光山、固始一带进兵来剿张献忠，督师傅宗龙调了楚、晋、豫三省大兵，分道来与李自成决战。傅宗龙又亲自督率贺人龙、李国奇两镇大兵，进驻新蔡，一面飞檄保定巡抚杨文岳，速率虎大威的人马会师夹攻。

傅宗龙见大队都到齐了，便传令前锋人马，连夜赶造浮桥，火速东渡，进兵项城。这个时候，李自成也在上游搭起浮桥，运兵西渡，向汝州一带进发。双方人马相遇于孟家庄，官兵先锋虎大威连战大胜，兵势十分精锐。李自成看见力难取胜，便请了宋献策前来商议。

宋献策道："官兵屡胜之余，不可以力相敌。目下只可传令，叫各营将士一律深沟高垒，暂缓出战。待其锐气稍惰，然后出其不意，方可破之。"

李自成道："不战而守，岂不令人耻笑？孤请先生是要筹一破敌之策，不料先生倒长起他人锐气，灭了自己威风！"

宋献策道："兵不厌诈，古有名言，岂坚守几日便挫了我们的兵威？"

李自成不听，遂又传令，叫李过、罗虎速率本部精兵再去搦战，又令高一功、周凤梧、一条龙、白额虎等四员大将，各率三千人马随后接应。六队人马限定即日开赴前敌，违令者立斩！

诸将领命令下来，这时李过的一支人马首先出发，直向虎大威军前扣营搦战。大威闻知李过来了，当下引兵出迎。二人并不搭话，两马齐出，一刀一斧，顿时大战起来。战到三十余回合，罗虎看见李过不能取胜，立刻挥动钢刀上前助阵。大威抖起精神，力战二将。正在双方苦战之时，不防那贺人龙、李国奇两支人马又复分左右两翼呼啸杀来，李过、罗虎不能抵挡，一齐大败而走。大威等乘胜追杀，行了不上十里远近，那高一功、周凤梧的两路大兵早已接应上来。官兵阵里贺人龙在左，挡住一功，李国奇在右，挡住凤梧，虎大威仍旧居中，与李过等交锋。双方六路大兵同时并进，只闻金鼓齐鸣，喊杀连天，自午至未，李过等舍命奋战，殊死不退，双方互有杀伤。

正在难舍难分之际，不防那杨文岳又复率了抚标人马，亲自驰上阵前仗剑督战，无论大小将士，凡有临阵退后者，立刻斩首示众！因此那各路的官兵人人奋勇，一鼓气杀上前去。李过等三路人马犹如天崩地塌，一时大败而走。大威等跟踪追杀，一直踏破了李过的后军，大威斩了一条龙，李国奇斩了白额虎，文岳催督大兵，一直追杀了五十余里方才收住人马。后面傅宗龙亦督率大兵，星夜驰至孟家庄，与李自成的人马隔河下寨。李自成大惊，只好仍旧请了宋献策前来商议。

宋献策道："官兵锐气方盛，万不可以力取之。以某愚见，不如尽率人马退向百里以外，并将沿河的民船全数调过东岸，官兵看见这个样子，定然以我为怯，势必设法渡河来追我兵。我们趁其不备，用伏兵半渡击之，可获全胜。"李自成从之，遂传令，叫全军人马一齐退兵百里下寨。一面收调船只一面下令，叫李过、李牟、俞彬、罗虎四将各率精兵三千人，向离河十里之山谷深林中埋伏，官兵渡河时不许迎战，专待他们败回之时，然后上前截杀；又令李双喜、高一功、刘芳亮、周凤梧等四将，各率本部精兵，离河五十里埋伏，专候号炮一响，即行引兵杀出；又令马维兴、萧云林、吴汝义、田见秀四将，各率马步精兵，离河六十里扎住营垒，专待官兵折回，即便迎头痛击。十二员大将一齐领命退去，宋献策又悄悄地令刘希尧、袁宗第二将分率了些老弱残兵，一直进向距河八十里的大道上屯住营垒，若是官兵到来，只准败退，待与马维兴等相遇时再行返攻。布置已定，到了第三天，那傅宗龙、杨文岳都连接探报，说是敌军全部宵遁，又见沿河的民船全数被他们提得一干二净。傅、杨二人看见这个光景，料定李自成是不敢再战，连夜退兵向陕边一带逃走的样子，因此各下急令，叫三军人马一齐赶搭浮桥，并搜调船只，马上尽率大兵杀过河来追赶李自成。

先锋总兵官李国奇率了全镇大兵，首先飞渡过河，奋勇前进。兵行不上一日，早望见前面大道上有许多兵马拦住了去路，李国奇一面飞报中军主帅，一面提兵上前，挥刀跃马厉声叫战。

那边刘希尧、袁宗第也率了人马一齐上前迎战。李国奇大怒，挥刀直取希尧，希尧亦挺枪接战。两马相交，战了三十余回合，希尧抵敌不住，拖刀向后而走。李国奇麾兵杀上，袁宗第急忙上前迎堵，交手十五六回合，又复大败下来。李国奇连败二将，耀武扬威地率了大兵，一直追杀前去，后面虎大威亦引了大兵跟踪杀到。二人催督官兵，一直追赶了十五六里远近。

正行之间，忽见前面依山一带旌旗蔽野，鼓角喧天，那马维兴、萧云林、吴汝义、田见秀等四员大将都全装贯带，一字儿排出阵前，大叫："来将已经中计，还不早早下马投降，更待什么时候？"李国奇大怒，立刻催兵进战。正当这时袁、刘二将早已勒转了马头直扑阵前，来与官兵决战。虎大威急调部将白贵、吴清率了人马，接住刘、袁两路，自己尽率大兵同李国奇直攻马维兴等大营而来。一时金鼓齐鸣，喊杀连天。战了不上两个时辰，官军的左翼首先败退，白贵被袁宗第所斩，萧云林率了骑兵直向官军阵里蜂拥杀来。李国奇大惊，急令副将李国彬分兵上前敌住。其时吴汝义、田见秀两支人马又把虎大威团团围住，后面马维兴、萧云林、刘希尧等各率精兵，犹如排山倒海，呼啸杀奔前来。

李、虎二将知道不能抵挡，只得率了残兵，火速向后退走。这时总兵贺人龙也率了大兵接应上来，三将合兵一处，方欲回马返攻之时，猛听得四面山头上连珠炮响，一时尘头高起，喊杀连天，忽有无数军马从山谷里杀了出来，李双喜、高一功、刘芳亮、周凤梧等，一个个舞刀跃马，风驰杀来。贺人龙大惊，急同虎、李二镇一头接战，一头向后退兵。李双喜等贾勇上前，一时十路大兵犹如铺天盖地，浩浩荡荡地分头杀来。

贺人龙等一直退至河岸二里远近，那傅宗龙、杨文岳二人也亲督后军杀过河来。

这时李过、李牟、俞彬、罗虎等看见官兵扫数渡河，前锋业已败回河岸，遂率了人马分头杀出，沿河截住了去路，同时十四路人马把官兵四面包围，李双喜、周凤梧率了铁骑一万人，大呼杀入官军阵里而来。贺人龙、李国奇急忙引兵上前迎敌，后面马维兴又把虎大威围困在西北角上，一时杀声四起，山谷皆应。傅宗龙见势不好，急忙策马奔上一座土山，向诸将大声喊道："我军深入敌境，进则可以图生，退则葬身无地矣。大丈夫建功立业就在今日，流芳百世也在今日，万不可低首乞降，教敌人耻笑！"说毕又同文岳驰下山来，分头上前督战。

这时双方大战了一场，变化了阵势。官军贺人龙在前，李国奇在后。正在拼命奋斗之时，那高一功、马维兴两支人马又复横冲过来，将官兵截为两段，后面李自成又亲督大兵，蜂拥杀来。只闻两军金鼓之声，喊杀之声，短兵相接之声，霎时间天昏地暗，日色无光。三镇官兵同时大败下来，前军李国奇首先退走，反冲动了杨文岳的中军，保定兵马立时四散奔溃。贺人龙、虎大威在后面拼命死战，看看部下的兵将越战越少，又被李双喜、马世耀等由左右斜抄上来，贺、虎二将不能抵挡，一直率了残兵大败而走，路上又与李国奇相遇，正待回兵来救督师时，又被李过等各路人马截住了来路。三位总兵看见大势已去，只得各引残兵一齐退向沈丘去了。

傅、杨二人看见三路兵败，将帅不知存亡，一时悲愤交加，都率了标兵家将，大呼杀入阵来。保军副将陈忠在前，陕军副将王昆在后，一直冲过重围后面。李双喜等又复分催人马。步步追杀上来。傅宗龙等一直奔至火烧店占据了一座小山，方才歇住兵马。李自成也因为大战两日，弄得人乏马困，便也分开人马，把这一座山团团围住，相持了一夜。

到了第二天，傅宗龙看见事不可为，便同文岳相议，遣人装作逃难的人民，向沈丘飞檄贺人龙等火速来援。一面尽率残兵于午后未时，分头杀下山来，意欲与贺人龙等援兵相会。不想他的人马刚才下山，早被李双喜等一声号炮，各路人马蜂拥而来兜了一个圈子，把官兵四面围攻上来。官兵连败之下，已成惊弓之鸟，立时四分五裂，不战而走。

文岳正待亲身出战，不防被他的部将陈忠引了四五员偏将，不由分说，簇拥着由项城一带逃奔陈州去了。傅宗龙看见文岳已去，心中越发悲愤，便率了部将王昆、李本实二人上前混战。此时部下只有三百余骑，傅宗龙见势不支，只得且战且走，一直奔至距项城县八里地方，直杀得抛盔弃甲，人仰马翻，又被李双喜、萧云林两支骑兵绕出前边，回合着后面的步兵兜了一个圈子，又把傅宗龙及所部的残兵败将围了个水泄不通。

这时李自成早已赶到阵前，闻知放走了杨文岳，不禁勃然大怒，马上传令：叫诸将火速进兵，倘再放走了傅宗龙，便要将前敌将士一概斩首。号令一下，众将人人争先，一片声叫"傅宗龙快快出降"。傅宗龙大怒，亲自仗剑来与李自成大战了一场。李本实、王昆二将均带重伤，先后杀出重围，落荒而走。李自成催督人马一拥上前，大叫："傅宗龙兵败势穷，何不前去唤开项城县的城门，便可免得一死。"傅宗龙大怒，喝道："本部院乃朝廷的大臣，生既不能杀贼报国，死亦当诛汝逆魂，以雪此恨！"一头喝着，一头早已掣出佩剑，向颈上一抹——但见鲜血四溅，翻身落马而死。后人有诗叹曰：

貔貅十万逐疆场，誓扫谗枪气慷慨。未见红旗飞露布，先流碧血化光芒。封侯自昔多奇数，报国而今见烈肠。飒飒英姿千古在，永垂大节振纲常。

李自成见傅宗龙已死，立刻催督人马，一鼓攻陷了项城、商水、扶沟等县。贺人龙、李国奇闻知督师阵亡，遂各自率了残兵，一齐奔回陕西去了。虎大威亦收拾余众，跟着杨文岳退回保定去了。河南巡抚高名衡、巡按监军御史严云京先后飞章入奏。崇祯帝闻知项城兵败、傅宗龙慷慨捐躯，一时异常震悼，连降谕旨，追赠傅宗龙太子太保、兵部尚书，谥忠壮，荫一子锦衣千户；加陕西巡抚汪乔年兵部右侍郎兼都察院副都御史，赐尚方剑，即日驰往河南，代傅宗龙督师进剿；另以金都御史张尔忠代乔年为陕西巡抚。又降旨：将保定总督杨文岳及总兵贺人龙、虎大威、李国奇等一齐革职留任，勒令立功自赎。这一班文武奉了旨意，自然简兵搜乘，分头再向河南来剿李自成，毋庸赘言了。

再说那崇祯帝看见李自成的声势日大，傅宗龙又兵败身死，日日忧形于色，每遇临朝之时，天颜十分愁黲。当时朝中便有人上了一本密奏，说是李自成的祖墓占了西北王气，所以他的声势一天大出一天，若能趁早把他的祖茔伐掘，挖断了来龙，则李自成当不战自败，崇祯帝听了此言，立传密旨，敕下督师汪乔年，叫他将陕西米脂县李自成原籍的祖墓即行查明开伐，不得迟误，乔年奉到旨意后，立即饬下米脂县知县边大绥，叫他访查确定，禀明候批。

这个风声早已惊动了米脂全城人士、城乡绅民，有的看见李自成浸淫日盛，早晚将成大业，若把他的祖墓伐了，一旦兴师讨罪，难免要连累全城的民命；有的说李自成是绿林出身，断乎不能成事，与其流毒天下，倒不如早就灭亡。因此纷纷议论，全城鼎沸起来！更有一等左祖李自成的，便暗中联络多人，密谋设法保护李自成的祖墓。所以这本地绅民首先分了两派，内中主张保护的是候补知府艾朝栋、湖广通道县知县高映元、兴汉镇都司高齐恒、抚标中军参将常昌运、原任山西隰州知州白钊及诸生冯起龙等三十余人；主张开伐的是新授广东香山县知县李振奇、山西寿阳县知县高自明、河南延津县知县艾伯闻、四川武隆县知县艾有聪、广东大埔县知县艾十奇、山西灵丘县知县李重华、山东莱芜县知县李培、山西大同府经历李景隆、京营守备高台翰及诸生艾诏、贺时雨等五十余人。

这两党互相暗斗，风声直达到县署里，知县边大绶大惊，连夜将这个危险情形密禀了陕西巡按金毓峒，请他火速调兵弹压，免得出了意外之变。毓峒此时正按临延安府，接到这个急报，随时令他的中军参将张璘率了人马，星夜驰往弹压，一面飞檄延绥总兵官，叫他派兵接防。这么一办，方才把一番谣言压住。大绶看见有了靠山，方才暗地里把那一位老贡生姓艾名诏字凤喈的请了前来，托他亲自下乡去访李自成的祖墓。

这位艾凤喈先生平日本是中了书毒最深的人，自幼把那些忠君爱国之话深深的印入脑筋，自伐墓风潮起后，他便约同一位老友贺时雨与李振奇等，力主开伐。这贺时雨不是别人，正是那总兵贺人龙的父亲，他因为儿子身为大将，与国家效力疆场，所以也竭力赞助，因此这一派之中便推他们二人为主要分子，所以边大绶便郑重其事，把这一差使特地委他们办理。

艾诏奉了面谕，立刻把身子一挺，向大绶回道："生员世代读书，受国家三百年豢养之恩，恨不能手刃逆贼，以纾国难！今蒙老父台见委，生员虽粉身碎骨都愿去干。"大绶见他这样慷慨，立刻把拇指一竖，赞一声："阁下真不愧'忠孝传家'了。国家有了这样忠义之士，真是我皇上如天洪福。"说毕又连声夸赞不已。

艾诏辞了大绶连夜回家，收拾了随身行李，次日一早便独自一人渡过了无定河，慢慢地向李继迁寨一路探访而来。次日到了李继迁寨附近，他便留心观望，忽见田畔歇着一个农人，在那里向阳扪虱。艾诏此时已走得精疲力竭，便也凑向前去席地坐下，在怀中掏出一支小小的烟管，向那农人乞火对吸，一边慢慢地盘问他姓甚名谁。

那人见问便答道："老夫姓李名诚，就是这李继迁寨的人氏。先生是何处贵客，路过这里有何贵干？"

艾诏闻言，心里怦然一跳！便笑了一笑道："你既是这里的人，你们李王不日就要做皇帝了，你何苦受这样的窘困？"

李诚摇头笑道："我们虽然是比邻，却是同姓不同宗的，这些福无论如何也挨不到我享。"艾诏闻言心中暗暗欢喜，又歇了一歇，便叹声道："我十五年前曾路过此地，早看出此方的山形水势有些不同，今日果然出了这个真人。可见地理之说是一点不会错的了。"

李诚笑道："原来是一位风鉴先生，失敬得很！但是你说这方的山势虽好，如何那李王的祖墓反倒看不出一点好处，难道你们讲究风水，是看远不看近吗？"

艾诏闻言，心中更觉欢喜，接住说道："那好处你们如何懂得？若像李王这样的非常人物，他的祖墓岂能与常人相比，只怕你未必见过他的真正祖墓吧？"

李诚闻言拍手笑道："要说别的我也不敢夸嘴，要是这李王的祖、父二墓，哪一个不是我亲自下手替他安葬的，这个还会错吗？你若不信时，只要不怕翻山，我立刻就引你去看吧！"

艾诏道："我们是说闲话，好与不好，谁去管他？"随便又说了些不要紧的话，方才慢慢地站了起来，别了李诚，连夜回到城中，立刻禀见边大绶。将这段情形详细回复。

大绶闻言，马上飞出一支火签，派了十二名捕快，连夜赶到李继迁寨，不问青红皂白，一条绳子将李诚拿回县署，骇得李诚浑身乱战，不知是什么人把他告下。及至到了衙门，大绶便吩咐，将他的绳子解了，又拿酒肉给他压惊，然后把他唤入三堂，当着艾诏将前天的话与他宣布明白，又告诉他："这是奉旨差办的事件，非等闲可比。你若能把李自成的真正祖墓指出，日后朝廷自有破格之赏，倘若误开了别人的墓，日后被人告发，那开棺见尸，按律就要斩首的，你需小心才好。"

李诚闻言，连连叩首道："若是别的事，小人实在不敢承办，至于这李自成的祖、父二墓，先后都是小人亲手替他埋葬。那李海墓中是用一个黑碗点灯，放在铁檠上，有证可凭，断乎不会错的。大老爷不信，将来开出铁灯黑碗就知道了。"

大绶大喜，连夜飞禀督师汪乔年，一面将李诚禁在署中。过了几日便奉到乔年的回批，叫他亲率夫役前往开伐。

大绶奉文之后，随即传集了三班捕快及乡勇民夫，偕同艾诏、李诚二人，亲向李继迁寨出发。这时候正是崇祯十五年正月初八日，大绶亲自率了一千人马出了县城，渡过了无定河，一直向西而行。此时正值北风紧急，彤云密布，行了不上三五里路，满天便降下大雪来了，霎时间那远山近水一齐都变成了琉璃世界。大绶骑在马上冒雪前进，行了一昼一夜，方才到了李继迁寨。大绶下马歇了片刻，又用过了点心，然后由李诚上前引导，一直向山中迤逦前进。岂知这黄龙岭一带山路崎岖，道途十分难行。翻山越岭走了半天，又经过两重峻岭，大绶在马上远远望见前面峰峦高起，山势平开，一片的苍松翠柏映着日光雪色，照眼夺目。

大绶正在玩赏之时，那李诚早已跪在马前，手指前面的树林回道："那前头便是三峰子山李自成的祖墓了。"大绶暗暗称奇，将马加上两鞭，又转过一个山湾，一直来到林前，方才下马，缓缓步入林中，周围游览踏勘了一遍。果然这个地势与众不同！那黄岭一条龙脉蜿蜒屈曲，若断若续，若起若伏，自北而南一直到了三峰子山前结了一个大穴，穴后三峰矗立，插天而起，左右龙、虎两山形如刀剑旗帜。茔前万山奔集，势如朝拱，山下有土石结成的螭头巨碑及旗杆一对，拔地直起，高逾数丈。大绶仔细端详了一会儿，果然是龙真穴正，沙明水秀。又见那林木葱郁，佳气勃勃，不禁失声叫好道："不想这边陲之地竟有这样山水，可惜！可惜！"

一头赞叹，一面转入茔前数了一数。这林中总计大小坟墓一共二十三座，都是李自成近支祖墓，并无他姓坟茔。就中有一墓，顶上生出榆树一株，虬枝天骄，形如龙凤，大绶一见，心中大大的惊异。李诚指道："这林中就是李自成父亲李守忠之墓了。"大绶惊疑不已，歇了片刻，便下令，叫带来的夫役一齐下手，先由正中主墓起，次第开伐。岂知刚刚开了四五座墓，忽闻地下隐隐有声，犹如春雷初发，接着四面的山谷都响应起来。

大绶立在这浓阴惨绿的墓道中，不禁毛骨悚然，立刻命艾诏催督夫役，火速开伐。只见那所伐之墓，尸骨皆生黄毛。及伐至李海墓中，果然铁檠上黑碗所燃之灯尚荧荧未灭，尸体亦未腐化，周身皆生鳞甲、黄毛。开到李守忠之墓，那些夫役用斧先将榆树砍倒，刀斧过处，树上皆有鲜血流出。树倒墓前，然后将棺木拽了出来。只见那穴中的白气如云雾一般喷了出来，冲在空中，都结成了五色云头，随风飞散。

大绶亲自上前命将守忠的棺木打开。棺内尸骸不变，面色如生，额前生出白毛，长约五六寸，自颈以下遍体龙鳞；胸前盘着白蛇一条，长一尺二寸，头角崭然，望见日光便腾空飞了起来，盘旋翔舞，咋咋有声。艾诏急忙举起木杖，将那蛇用刀击毙，连同黑碗一并收藏起来，然后把二十三座坟墓一齐开伐。一面又传集了各村人民，将茔内的大小松柏、杂树共一千三百余株悉行砍倒，并那伐出的尸骨一齐放在树上，纵火燃烧。只见烈焰冲天，烟雾四起，霎时间天昏地暗，连日色都无光了。大绶眼看着将尸骨焚化，一面又饬人夫把黄龙岭至三峰子山一带的龙脉拦腰挖断，然后才率了一干人众星夜回城，一面申详督师、抚按，一面发出库银，重重地赏了李诚。至今米脂县尚存有边大绶当日伐墓的塘报稿及墓地形势数编，一并附录于后，以供读者考证。但是那稿上所说的与俗传颇有异同。听说边大绶因为三峰子山附近的冢墓尚多，恐怕说得太神奇了，难免还要波及无辜，因此不敢将那些异状和盘托出，说来还算是他的一点忠厚存心，并不是做书的人有意铺张，故神其说也。
附录米脂县知县边大绶塘报稿一陕西延安府米脂县为塘报事：窃维流寇猖獗，李逆尤甚，其本籍实隶米脂，在职属下所辖境内。兹遵令访得逆祖李海、父守忠两世坟墓，

并在城西一百三十里外。相茔葬时，有异人为之指画，以为三世之后当得极贵，今者其言将验矣！但地理固有明证，而天道不容久昧。今果伐其墓，剖其棺，毁其骸骨，断其龙脉，则贼之灭亡可立而待也。今访得本县民人李诚，系贼同里，曾为贼祖与父赞襄葬事，若得其人引导，则逆墓必可物色而得。兹有贡生艾诏，为人老成持重，已将李诚觅得，经职讯问确实，未敢擅专。伏乞制台谕允，俾得便宜行事，庶几闯逆可灭，而国耻立雪矣！理回合报明。

崇祯十四年十二月初四日塘报

陕西总督军门汪手札

读来文，足见门下报国热忱。但须体访确实，莫使波及无辜，庶天

理顺而人功亦易成也。他日灭贼。当以门下之功为首。此复。

陕西米脂县知县边大绶塘报稿二

陕西延安府米脂县为塘报事：职自正月初二日，连奉督、抚、按密札，随传贡生艾诏面谕机宜，再寻李诚去讫；至初八日，艾诏同李诚来见。据李诚称言，伊系李逆同里人，曾为逆祖父营葬。今年月已深，不记其祖葬处。但当日开土时，得三空穴，内有黑碗一枚，因填其二穴，用一穴安葬，仍以黑碗点灯，安置墓中，今但见有黑碗者即贼祖也。职随唤练总郝光正带领箭手三十名、乡夫六十名及艾诏、李诚等，于是日一同起行入山，一昼夜行一百三十里始到其地。地名三峰子山。时遇大雪，深二尺余，山路陡滑，马不能进。职下马步行五六里，至其山，鸟道崎岖，久绝人迹，旋开道攀缘而上。又一里许，见窑舍十余处，墙垣尚存，即闯之庄院也，又过一山，至其墓地，四面山势环抱，气概雄奇，林木翳天不下千余株，大小冢墓二十三座。伐五六冢，其骨皆血色油润，不类远年枯朽，亦皆无黑碗踪迹。值天晚，难以下山，遂坐贼旧窑中，向火。天明再镢数冢，而黑碗见，即李海也，骨黑如墨，额生白毛，长六七寸。其左侧稍下一冢，即李守忠墓，顶生榆树一株，枝叶诡异，用斧砍之。树断墓开，中蟠白蛇一条，长尺有二寸，头角崭然。随即取入郝光正顺袋中；伐其尸体，骨节间皆绿如铜青，额生黄白毛，亦六七寸许。其余骨骸有毛者凡七八冢，尽数伐掘。聚火焚化，大小林木一千三百余株，悉行砍伐，断其山脉。逆墓已破，王气已泄，贼势当自破矣！其黑碗白蛇。呈验军门。

崇祯十五年正月十四日塘报陕西总督军门汪再札据来报，知闯墓已开，可以制贼死命。他日功成，定当首叙以酬。上塘报稿为邑人、原任江苏金山县知县冯宗洙家藏抄本。谨按原文附载，未敢增删一字，以昭信实。附：

三峰子山李自成祖茔考

邑进士原任广东文昌县知县高钿记米脂西北乡百里外有武家坡，相去十里有野毛山，去山十里有黄龙岭，闯王李自成之祖墓在焉，其地名三峰子山。黄龙岭后有大王山，去山十里有折家营，李自成曾驻兵于此，后名五龙山。墓地去城实一百三十里。

三峰子山下，地名皇陵沟，两旁山石，形如鱼、鳖、鸡、鹅等类，互相对峙，又有土石结成螭首巨碑及旗杆一对，拔地特起，高逾数丈。茔后山势壁立而屈折，如锦屏罗列。由皇陵沟出马湖峪口，水入无定河，两山雄伟，形如狮象——地灵人杰，理或然欤？墓地广约三亩，虽冢墓平夷，士人尚禁樵采云。

第十七回

雪冤仇乔年甘授命　保全城艾诏勇捐生

上回书中所叙，李自成大破官兵于项城，杀了督师傅宗龙，军威大震，所向披靡，于是尽率得胜之师，由项城进攻南阳。此时分守南阳道参议艾毓初、镇守南阳总兵官猛如虎、援剿总兵官刘光祚、南阳府知府丘懋素、登封县知县姚运熙等，一面请唐王发金募勇，一面飞报抚按，并率城中兵民昼夜防守，又把刘光祚的人马调出城外驻扎。

这艾毓初自从上年在内乡县击败李自成后，河南抚按因他战守有功，于是连章奏保，不下两年工夫便升至右参议，分守南阳。李自成因为在内乡时已经同他翻过了脸，所以此次兵临城下，遂也不与他再讲乡谊，大兵一到，首先由刘光祚背城大战了一场。那三五千官兵如何敌得住李自成的百万精锐？因此一战大败，全军覆灭了。李自成长驱大进，向南阳城上百道猛攻，每日架起云梯，升起大炮，惊天动地地向城中攻击。

南阳城大兵少，外无援兵，内乏粮草，艾毓初等困守孤城，不上三五日竟被李自成将城池攻下，大兵一拥杀了进来。艾毓初看见大势已去，急忙跑上城来，仰天大痛了一场，又在敌楼上题了一首绝命诗，然后解下丝带，悬梁自缢而死，曾记米脂县志载邑举人原任江南溧水县知县高九思有诗吊之曰：威震南阳烈，忠腾逆焰张。西州数豪杰，慷慨姓名扬。

艾毓初既死，总兵猛如虎率了官兵在城内拼命死战，顶头与李过、李通、俞彬、马维兴等短兵血战了一场，如虎身带重伤，一直退至唐王府国门之前，被李过等四面包围着，团团攻杀上来。如虎见势不支，便朝着北方拜了九拜，拔剑自刎而死。李自成麾兵大进，一直杀入唐王府，唐王聿镆、总兵刘光祚、知县姚运熙、主簿门迎恩、训导杨气开等一齐抗战不降，先后被李自成所杀。

李自成克了南阳，又分兵四出，连陷各州府县，舞阳知县潘宏、邓州知州刘振世、吏目李国玺、千户余永荫、李锡、镇平知县锺其硕、内乡知县龚新、新野知县韩醇、汝阳知县姚昌祚、典史雷晋暹、许州府知府王应翼、都司张守正、兵备副使李乘云、鄢陵知县刘振之、典史杜邦举、通许知县费曾谋、太康知县魏令望、洧川知县柴荐裡、尉氏知县杨一朋、新郑知县刘孔辉、商水知县王化行、洪文衡、长葛典史杜复春、千总贾荫序等，先后力战身死，延津等五郡王亦被杀。李自成兵威所至，势如破竹，尽督得胜大兵，再围开封省城。一面传令，叫大将李双喜、周凤梧率领本部精兵为先锋，又令袁时中、罗汝才两支人马，由淅川一路即日出发，援应前方兵马，一面亲自督率全部精兵猛将，浩浩荡荡杀奔开封而来。一时风声鹤唳，中州大震。

警报到了开封，河南巡抚高名衡、巡按御史严云京，连夜飞章向朝廷告急，一面征兵调将，战守并行。这回也是李自成不该得志。原来那袁时中本是淅川的一个土棍出身，自己又没有真正本领，趁着河南连岁饥馑之时，他便混了一伙饿鬼灾民，论其额数足足十万有奇。但是乌合之众，那里比得上李自成部下的百战精锐？从前被山东官兵杀得不零不整，正在既降复叛、走投无路之时，恰好被李自成把他纠回合入伙。这回奉令出师之后，他便率了人马，一直来攻开封，与李双喜、周凤梧两支大兵先后赶到。

这时候，崇祯帝因为连接周王及河南抚按告急表章，知道李自成趁着锐气，大举再攻开封，这一惊非同小可！又因军新败之下，汪乔年莅任未几，所有部下人马尚未编练就绪，于是降旨，将原任陕西巡抚孙传庭从狱中赦了出来，开复原官，加兵部侍郎衔，督率京营人马往援开封；一面又敕保定总督杨文岳率虎大威等，克日进兵，与孙传庭会师进剿。

原来孙传庭自从在陕抚任内，与兵部尚书、大学士杨嗣昌意见不回合，后来孙传庭屡立大功，几次奉旨优叙，都被杨嗣昌留难住了，因此两人益形水火起来。及至清兵内犯，孙传庭与洪承畴一齐奉诏勤王，杨嗣昌与他议论军事，又复大形相反。孙传庭愤不可遏，便上疏告病，请朝廷另简贤能，接代他的军事。崇祯帝览奏大怒，说他有心欺罔，立刻将他革职下狱。孙传庭在狱中长系了四年，一直到了此刻方才赦罪录用。

此时杨文岳奉了旨意，早已引兵出发，命虎大威率了士兵前去迎敌袁时中，河南总兵陈永福率领大兵前去迎敌李双喜。这时李双喜等前锋人马异常精锐，陈永福因众寡不敌，被李双喜一阵杀败，攻入两道隘口。永福见势不支，只得尽率大兵，退向开封城外五十里下寨，一面飞马向文岳请兵援应。文岳得报大惊，即刻飞调总兵左良玉星夜前去援应。

左良玉的人马刚才赶到开封不远，便与李双喜的大队顶头相遇。左良玉望见敌兵，立刻把陈永福之军移为后队，自己亲提大兵上前搦战。左良玉立马阵前，看见李双喜便大声喝道："李双喜助逆匹夫，须要早识时务！今日天兵四集，若不赶紧归降，则断头之祸就在目前，还不快快醒悟，更待何时！"李双喜大怒，喝声："左良玉匹夫，你有多大本领，敢出大言！"说时挥刀跃马直取左良玉。左良玉把枪一招，背后转出大将曹芝，挺枪纵马接住李双喜大战起来。一时金鼓齐鸣，喊声四起。战到三十余回合，李双喜卖了一个破绽，手起刀落，斩曹芝于马下。背后周凤梧麾动人马大呼杀上。左良玉大惊，急忙指挥将士一齐上前抵挡。无奈众寡不敌，看看招架不住的时候，却得陈永福、左梦庚两支人马奉了周王令旨，一齐舍命杀了上来，冲出大队，直向李双喜等前锋人马奋勇厮杀。这两支人马都希望周王的重赏，那些将士人人奋勇，个个争先，大刀阔斧，一阵杀退了李双喜。左良玉在后军下令追赶，三军人马如潮涌一般杀了前去，一直追至天晚，方才下令收军。

次日一早，双方再进行交战，这时李自成的中军也赶上前来。

正在苦战之时，忽见东北角上尘头高起，喊杀连天，探马飞报，说是袁时中的大队被虎大威杀败，一直向这里逃奔来了。说犹未毕，那时中的败兵早已自东而西，向李自成中军犹如狂风急雨横冲而来。虎大威率了全镇官兵在后面长驱杀至，一时金鼓齐鸣，喊声四起，马上把李自成的中军队伍截做两段，霎时间狼奔豕突，人马大乱。

李自成大惊，急忙下令，叫李过、李遇、贺珍、俞彬等四将率领大刀队向前弹压，凡有败回的将士无论是谁，一概斩首示众。无奈那兵败如山倒，前方的败兵逃将仍旧蜂拥而来，虎大威、陈永福二将早已杀入阵里，直扑中军来捉李自成。李自成大惊，急令中军左右护卫将军路应标、常兆春二将率了人马，上前接应。双方混战了三五十回合，早被虎大威拦腰一刀把兆春劈下马来。应标大惊，拖刀向后便走，官兵一涌上前，左良玉等四面进兵，喊杀之声摇山动岳。李自成正待指挥将士分头迎敌之时，无奈那些败兵自相践踏，后军业已溃败奔走。李自成看见无法收拾残局，只得下令退兵，叫三军人马一齐向南阳退走。杨文岳哪里肯舍？连夜督催大兵，跟踪杀上前去。

　　此时新任督师汪乔年不待朝旨，早已督率贺人龙、郑嘉栋、牛成虎三镇大兵来援开封。孙传庭所统的京兵亦相继赶到。孙传庭驻扎开封附近。左左良玉又率了人马绕道前进，把李自成调驻临颍一带的后军全数杀败。李自成十分愤怒，看见官兵云集，成了腹背受敌之势，只好再下命令，命李双喜、党守素、袁宗第三将率了人马，前去迎敌陕军，自己再督诸将，来与文岳交锋。

　　大军刚才出发，便与陈永福的大队相遇。

　　这一回李自成是下了决心，定要与陈永福见个高低，双方摆开了阵势，李自成全身披挂，立马阵前，指名叫陈永福出战。陈永福大笑道："反国逆贼，现已兵败势窘，死到临头，还不快快投降，更待何时？"李自成大怒，不待诸将出战，便把马踢了一脚，大吼一声，挺矛直取陈永福。陈永福把刀向后一招，背后转出大将丁全，拍马舞刀，大喝："李自成逆贼，不配与元帅比武，待我来拿你吧！"说时一马驰入阵前，举刀直劈李自成。李自成大怒，挥矛便与丁全接战。两马相交，不上三五个回合，李自成大喝一声，手起一矛，刺丁全于马下。陈永福大怒，立刻舞动大刀，亲自上前接战。李自成打起精神，与陈永福一口气大战了七八十回合。陈永福看见李自成的武艺高强，一时不易取胜，于是心生一计，立刻勒转马头，向阵后飞跑回去。李自成那里肯舍？一马追上前来。陈永福趁这空子，早已拈弓搭箭，蓦地翻转身来，对准了李自成，叫了声"逆贼休走！"弓弦响处，那一支箭早中在李自成左目睛上，李自成大叫一声，几乎跌下马来，陈永福飞马上前来斩李自成。此时李过、李通、李进、李达、俞彬、贺锦、高立功、高一功、萧云林、马维兴等一班大将看见李自成中箭，一齐都飞马杀出，救回了李自成，挡住陈永福大战了一场。官兵乘胜进战，李过等不能抵挡，大败而走，一直率领败兵退守洧川。陈永福大获全胜，一面扎住了人马，一面飞马向开封报捷，并请示战守机宜，再行进兵。

　　且说李自成连战大败，左目又带了箭伤，一直败到洧川方才收集残

第十七回　雪冤仇乔年甘授命　保全城艾诏勇捐生

兵，另行整顿队伍。此时袁时中亦率了残部，狼狈奔了前来。李自成一见了他，想起这回大败，完全因为他首先败遁，以致冲乱了中军大队，被官兵钻了空子，弄得全军失利，不觉勃然大怒，拍案大骂道："匹夫无能，费了孤许多的粮饷；今日遇见敌人，竟敢不战先走，贻误全军。这种庸才，还来见孤做甚？"叱刀斧手把时中立刻推出斩首，一面把首级传视各营，以为临阵败退者戒。

李自成斩了时中，又命那位老神仙陈士庆把眼伤疗治好了，方才与宋献策等三位军师商议分兵进战。不想一连接到几个噩耗，知道汪乔年、边大绥等伐了三峰子山祖墓，李自成兵败中箭之日，正是那大绥伐墓之时，李自成听了，顿时放声大哭，拔剑裂眦，大骂："乔年老贼，作下这种伤天灭理之事，孤与你誓不两立！"马上就要下令出兵，前去报仇雪恨。正军师宋献策、右军师李岩一齐劝道："汪乔年伐了大王的祖陵，罪恶滔天，凡在属下，皆当手刃此贼，以泄其愤！但是报仇不在一时，仍须慎重缓行，以求万全，不可轻举妄动，自取失败之祸。"李自成闻言大怒道："天下岂有祖宗遗体被人毁辱了。尚顾万全吗？不杀汪、边二贼，誓不为人！"献策等见他动了真气，便不敢再说什么。李自成一头说一头走到中军，下令叫全军人马一齐都向陕边开拔，来与汪乔年决战。

这时候乔年已经出了潼关，将大队人马及火器营留驻洛阳，自己率了铁骑，先取襄城，又飞檄左良玉进兵郾城，听候回剿。

李自成早已探知这个消息，暗中遣李双喜、任继忠、吴汝义、刘体纯等率了精兵三万人，出其不意，把左良玉在郾城围了个水泄不通。左良玉因众寡不敌，连夜向督师军前告急。乔年大惊，急忙飞咨三边总督丁启睿、保定总督杨文岳火速发兵来援；自己一面分兵去救郾城，一面去与李自成接战。

乔年的大队刚才到了郏县，早与李自成的先锋大将李过、李迪首先遇着了。李过横刀勒马，大骂："乔年老贼，我家与汝素无仇怨，何故伤毁我先代的遗体？今日拿住了老贼，给你个千刀万剐，以雪此恨！"乔年扬鞭喝道："尔等逆贼，罪恶滔天，本部堂奉旨伐掘逆冢，指日天兵四集，逆贼立当败亡。死在临头，还不早早归降，何得抗拒天兵耶？"

李过一闻此言，犹如火上加油，那匹坐马顿时腾空飞起，直扑阵前。他那一口宝刀照定乔年的顶门上手起刀落，只闻得一声响亮，却被两员大将双枪并举，十字交叉架住了他的刀口。李过大怒，举目一看，这两员大将不是别人，正是定边副将田朝弼、兴武副将曹景云也。这两个人都是米脂人氏，与他们正是乡亲。李过厉声喝道："乔年老贼伐了我的先茔，我来捉他报仇，与汝二人何干？还不快快退去，免伤桑梓和气！"二人大怒，双舞长枪来战李过。李过挥刀上前，一阵杀退了田、曹二将，后面又是总兵牛成虎接住大战了三十余回合；成虎不能抵挡，拖枪败下阵来。乔年起先看见李过的来势凶猛，便调了贺人龙上前接战。李过刚刚杀退了成虎，贺人龙已经赶上前来，挺矛纵马，大喝"逆贼休走！"李过丢开成虎便与贺人龙交战，后面牛成虎又复翻身杀了回来。两路官兵大战了一场，方才把李过杀退，双方收兵回寨。

到了次日，李过、李迪两支人马又复鸣金击鼓，杀上前来。

乔年下令叫贺人龙在前，牛成虎继后；一齐上前迎战。李过见了贺人龙更不打话，一气大战了五六十回合。论来李过的武艺本非贺人龙敌手，但是今日因为报仇心急，在那气头之上，那手中的宝刀来得异常凶猛，因此战了一阵，贺人龙居然战他不过。背后李迪又率了精兵从左侧抄人官军阵后，贺人龙大惊，急令部将周国卿、贺明威引兵截住，自己与李过且战且走，慢慢地收兵退后。不料那第二路萧云林、辛思宗两路大兵又复杀上前来，乔年看见来势不好，急忙下令，叫大队人马速向襄城退走，一面催调后军郑嘉栋星夜来援。李过等尽率大兵，进逼襄城。

这时候，那杨文岳亦遣了大将张鹏翼、冯大栋两支人马去救郾城，与李双喜等大战了十一昼夜。李双喜折兵两千有奇，双方解了郾城之围。李自成得了这个败报，越发大怒起来，一面飞檄李双喜，叫他督率诸将退守各处隘口，不准放过官兵的一人一骑，一面自率全部精锐，向襄城席卷而来。

警报到了襄城，乔年大惊，连夜飞咨杨文岳，并檄调左良玉各军星夜来援，以便双方夹攻。岂知保定官兵又被李双喜等截住了去路，左良玉一路因为襄城形势险恶，亦遂观望不前，乔年一连发了三道令箭，调他不分昼夜火速来援，左良玉只是不肯发兵。乔年没有法子，只好下令，叫贺人龙、牛成虎各率本部人马上前接战；自己率了郑嘉栋背城驻兵，以备接应。此时李自成的声势浩大，猛将精兵势如潮涌，牛、贺二将连战大败，一直退至城下，乔年大愤，亲自督了郑嘉栋麾兵迎战。李自成亦指挥诸将用铁骑把官兵截为三段，然后又以步兵分头围杀，一时

163

呼声动地，喊杀连天，官兵支持不住，纷纷败退下来。李自成传令，叫三军将士务要将乔年生擒来献，倘若被他逃走了，前方将校一律都要斩首示众！

此时牛、贺二将所部的人马早已杀得抛盔弃甲，十丧八九，二将率了残兵一直杀入阵中来救乔年。无奈那李自成之众一齐鼓勇苦战，二将身带重伤，不能杀人。贺人龙看见大势已经不可挽回，便同成虎杀开一条血路，直向陕边投奔丁启睿的大营去了。这里汪乔年率了郑嘉栋背城大战了一场，那一镇人马早已死亡殆尽，剩下三百余骑犹在那里死战不退。嘉栋身带七伤，被一伙乱兵把他一直卷向西北角上去了，他看见不能再战，只得也趁空杀出重围，逃向陕西去了。

这里单单剩下乔年及随身偏将数员，左冲右突，看看到了危急之时，急闻西北角上一片的金鼓齐鸣，喊杀连天，远远望见一彪人马风驰电掣杀入李自成军中而来，为首一员大将身长丈二，腰阔十围，手抡一口宽背鬼头刀，逢人便砍，所向披靡。乔年大异，连忙命人去探。原来这员来将不是别人，正是当日李自成部下的著名勇将闯塌天李万庆也。李万庆本是李自成起义以来的心腹爱将，如何今天倒反同他作起对来？这其中尚有一个缘故，必须要把它补叙补叙。

当李自成在商洛兵败之后，李万庆同射塌天刘国能都被陕军李卑等围困在河北一带。二人死战不退，与官兵抗拒多日。后来李卑将李万庆的母亲由延安迎至军中，劝她亲手给李万庆写了一封书，叫他改邪归正，早早与朝廷效力赎罪。李万庆本是一个天性至孝之人，奉了母命，他遂不敢违拗，又转劝了刘国能，一齐去降在总理熊文灿军前。文灿大喜。立刻札授他二人为副将，后来国能又改隶河南巡抚标下，抚院便派他去守叶县。傅宗龙在项城败殁之后，李自成乘胜进兵，一鼓攻破了叶县，国能居然守城尽节，崇祯帝闻知大形嗟叹，把他交部议恤，饬终之典，异常优渥。李万庆在陕西东征西战，屡立大功，后来又奉督师汪乔年之令，叫他率了人马，进驻襄城。他奉檄之后，立刻点兵出发，刚刚赶到城下，正遇着官兵全军覆灭。乔年在那万分危急之时，因此他便忠勇奋发，一马当先杀入重围之中，来救乔年。李自成见他来了，正所谓"仇人相遇，分外眼明"，立刻下令：叫大将袁宗第、路应标、郝永忠、高立功等火速上前，务要将他拿获，以正从前叛逆之罪。李万庆力战四将，手斩偏将六员，一箭射中了高立功的右臂，一时翻波逐浪，杀得李自成的人马手忙脚乱。李万庆也不恋战，只望着督师的中军大纛杀奔前来。李自成怕他走了，连忙率了诸将一齐赶了上来，把他困在垓心。李万庆身带重伤，坐马又中了两箭，就在万马丛中步战了两个时辰，看看部下人马早已死亡净尽，知事不可为，又怕落在李自成手中，遂趁了个空子，拔剑自刎而死。

李自成见李万庆已死，便催督大兵直攻乔年。乔年与一班亲兵家将据住一个山坡脚下，死命奋斗。李自成又把火器营调上前来，朝着乔年的军中一连开放五大炮，一时天崩地塌，土石横飞。烟焰过处，乔年身边的帅字大旗并一班兵将，早已击得四分五裂，随烟散去。乔年身负重伤，被李双喜等一拥而上，立刻将他生擒活捉去了。

这一场大战，官兵死亡甚重，逃去者不过十分之二。一直杀至天晚，方才杀入襄城县城，襄城知县曹思正、典史赵凤豸、训导张信、诸生刘汉臣等，一齐巷战身死。

李自成入了襄城，次日一早，便升座中军，下令叫把汪乔年绑进帐来。李自成一见乔年，两眼的火星乱进，连连拍案大骂："老匹夫，我与你素无仇怨，何故辱我先人的遗体？今天被我拿获，尚有何说？"乔年不慌不忙挺身向前，喝道："本部堂身为朝廷大臣，奉旨督师，不能手刃逆贼，实无颜面去见天下人民。今日不幸陷入贼手，要杀便杀，有何多说！"李自成听了，用手把面前的大案一推，只听得呼啦啦一声响亮，早将那些印剑令旗之类推翻满地。李自成从座上腾空跳了下来，手指着乔年，一迭声叫"杀！杀！杀！"左右一声答应，闪出几十个刀斧手，一拥上前，要把乔年推出帐去。李自成又喝声："且住！先将老贼的舌头与我割下！"左右一声答应，早将乔年之舌割了下来。乔年把身子一跃，含着满口鲜血，直喷李自成。李自成大吼一声，向左右手中夺过一口大刀，朝着乔年顶门上一刀劈下，左右一拥向前，刀斧并下。可怜乔年一位忠臣义士，今日竟毙命乱刀之下，后人有诗叹曰：

大旗寂寞日沉西，塞马萧萧壁垒低。
弱卒应难歼虎豹，雄谋誓欲殄鲸鲵。
一怀怨结尸填马，半世忧深剑舞鸡。
不见沙场貂锦在，春来依旧草萋萋。

李自成既杀了汪乔年，并将督师麾下副将张国钦、张一贯、党威、监纪同知孙兆录、材官李可从等一齐杀害。然后又下令，叫大将马维兴、周凤梧、郝永忠、萧云林等分兵四出。所过州县，无不土崩瓦解，威震河洛之间，先后死难的文武有：睢陈兵备副使关永杰、西华知县刘伯骖、陈州知州侯君耀、守备张鹰扬、乡官崔泌之、举人全受爵、通政使李梦辰、监军佥事余爵、任栋、原任兵部尚书张维世、知府杜时髦、归德同知颜则孔、推官王世琇、经历徐一原、商丘知县梁以樟、致仕尚书周士朴、教谕夏世英、工部郎中沈试、主事朱国庆、中书侯忻、广西知府沈仔、知县张儒、举人徐作霖、吴伯胤、周士美、鹿邑知县纪懋勋、上蔡知县许永禧、西平知县高斗奎、遂平知县刘英、郏县知县李贞佐、乡官陈心学、举人张贺人龙、李得笋、鲁山知县杨呈芳、伊阳知县孔贞璞、虞城主簿孔亮、灵宝知县朱珽、汝州吏目顾王家、举人马体健、乡官来秉衡、刘芳奕、常克念、郭显星、韩金声、王明、杨萃、荀良翰等，都不屈而死。这些文武有的因为守土尽节，有的因为仗义捐躯，做书的人既不能详细稽考，亦不能个个点缀，只好总共记下个名字，庶几不至埋没诸公的忠孝大节罢了。

李自成既已大大地残破了中州各郡县，方才下令：叫三军人马一直向陕西进发，定要捉拿边大绶及一干伐墓之人。于是军师宋献策、李岩等一齐进帐谏曰："大王大败官兵，手刃汪乔年，大仇已报，急宜整顿兵马，预备战守机宜。目下朝廷连丧了两位督师，万不能白白干休，势必另调大兵，简放统兵大员，前来与我们周旋。稍一不慎，被官兵四路夹攻，岂不误了大事？依某愚见，趁着今日大胜之下，还是驱兵回去，急取开封为是。"

李自成未曾听完，便厉声喝道："此仇不报，誓不为人！军师等既怕深入陕北被官兵围困，就请在此留守，孤自提一旅回陕北去，务要把这几个逆贼碎尸万段，方雪心头之恨！"说毕即刻下令，叫宋献策等督率大兵，留守襄城、项城一带，自己率了李双喜、马维兴、李过、俞彬、李守信、郝永忠、李通、李进等各部人马，趁着陕军新败之下，一直向陕州绕道杀向陕北而来。李岩恐怕李自成孤军深入，无人赞助机宜，于是自告奋勇，情愿随同大军入陕。李自成答应了，三军人马浩浩荡荡杀了前去。

这个警报递到了北京，崇祯帝大惊，即刻降旨，将汪乔年交礼、兵二部从优议恤，即加孙传庭兵部尚书衔兼都察院副都御史，赐尚方剑，即日驰赴陕西督师剿贼。

这里陕西巡抚张尔忠、巡按御史金毓峒闻知李自成由豫入陕，连夜飞调了各镇大兵，防守沿边隘口。谁知陕军连败之下，所有各镇精锐均已十丧八九，李自成兵到之处，势如破竹，大兵由延安府直扑米脂县城，李自成仍旧驻扎于北门外之马鞍山。一面下令：叫各营将士限三日内定要攻下城池；城破之日，杀了个鸡犬不留。

这个号令还未发出，只见左军师李岩连声挡住道："不可，不可！米脂乃大王桑梓之邦，伐墓之举，不过出于三五人之赞助，未见得全城皆预逆谋。目下大局未定，京师未克而先屠杀丰沛。自伤王气，如何使得？愿大王息雷霆之怒，施雨露之恩，容某代拟檄文一道，送入城中，叫他们把伐墓的首逆一齐送了出来，尽法惩治，其余无辜人士一律赦免。诚如是，则米脂士民有生之日皆出大王所赐，生生世世感戴再造鸿恩。这个风声传了出去，天下人民知大王是仁者居心，则来归者如流水之就下，其孰能御之哉？愿大王三思鄙言为幸！"李自成听了沉吟了一会道："先生之言是也。"于是就命他赶撰檄文，叫米脂城中的绅民快快将知县边大绶及艾诏、贺时雨并预谋诸人一齐捆送出来；倘敢迟延观望，那时候便当屠戮全城。

且说李自成在城外按兵传檄，专待手刃仇人。再说那知县边大绶，自从正月间伐墓之后，米脂人情汹汹，一夕数惊，都说李自成早晚便来复仇，恐怕大兵一到，玉石俱焚。及李自成的行牌由河南传到西安，于是谣言四起，道路纷传，都说李自成要屠杀全城，以泄伐墓之恨，因此震动了全城人士。那偏袒李自成的一派暗中早已结了个团体，专待李自成大兵一到，便将边大绶及艾诏等一齐捆送军前，表示他们拥护的热忱。大绶一闻这个风声，直把他骇得上天无路，入地无门，于是连夜向抚院上了一个密禀，恳请另简贤员前来接替。谁知那抚院的回批，却拿他重重地申饬，说他有心规避，不许辞职；只令延绥总兵官酌派兵勇前往米脂弹压一切。大绶无可奈何，那风声一天紧似一天，眼看着迫在眉睫了，真是情急智生，忽然想起那按院金毓峒与他是同乡、同年，借着这点瓜葛，他遂恳恳切切又上了一个密禀，求他援手搭救，说到那危急的情形，简直声泪俱下了。毓峒接票后，果然是同乡谊重，立刻行文，说他"治绩丕著，着即调升榆林城堡厅"，一面专折奏奖，一面另委了一位知县张泰来前来接替。大绶得了升调的消息，也不待新任到来，立刻把印信交于本县典史冀沼暂行护理，连夜收拾行李，带了家小，由葭州渡过黄河，一直奔回直隶去了。

所以今日大兵到来，那新任知县张泰来便将全城绅耆招到署中，商议对付李自成的方法。但是这些绅民都在朝廷势力之下，纵然明知无法抵抗，谁又敢说出开城投降及捆送祸首等大逆不道的话来？所以这些人到了县署，一个个都垂头丧气，犹如哑巴一般；张知县亦连声长叹，一筹莫展。

这个时候只听得远远的一阵男号女哭之声，直达县署，又闻城外人喊马嘶，夹着炮声轰轰，像是马上就要攻城的样子。大家正在着急之时，忽然炮声大起，震撼檐牙，一时金鼓之声，喊杀之声，惊天动地起来，城中百姓一齐都放了哭声。知县大惊，急忙换上短衣，意欲出署巡视一切。这个时候，只见守城的民壮飞跑前来，投上檄文一纸。大众见了一齐拥上前去，都要争先快睹。泰来便立在大堂当中，把那檄文高声朗诵了一遍。

众人闻知专要为首的仇人，与那事外的人无干，于是人群中早走出几个乡绅，原任南京副总兵艾怀英、直隶阜城县知县杜本益等异口同声，都说："好了，好了，各人做事各人当，不要连累我们了。"知县看见这个情形，当时把那张檄文高高地贴在墙上，叫大家从长计议。众人七嘴八舌，都说照这檄文上的意思，这事是有办法的。

话未说完，忽见座上走出廪生贺时雨，挺身向众人说道："这伐墓的事当初赞助之人甚多，目下他们都赴任远出，谁肯来负此重咎？这事只好我一人当了罢，免得连累全城父老，请各位将我的首级拿了，去城外请罪吧。"说时已经从袖中突出小刀一柄，自向颈上一抹，顿时鲜血直流，倒身卧地而死，众人大惊！

正在忙乱之时，又见那艾诏从从容容地走了出来，向众人道："贺兄已经死了，我不可以独生。我想伐墓一事怨毒太深，李自成不能亲自手刃一人，断乎不肯甘休的，这一差我艾凤喈一身当了吧！就请诸公立刻将我送了出去，凭他千刀万剐，只要救得全城的父老，我便死也甘心了。"

知县听完他这一篇话，立刻走下座来，朝着他深深地作了一揖道："艾兄豪杰之士也！人谁不死？如二公之死，真可谓'有重于泰山'了。事到如今，本县也不便过于客气，以误全城的性命。古人所谓'杀身成仁'者，二公足以当之无愧了。"说毕连声嗟叹，一面又问众人的主意如何。

　　此刻在座的人都怕知县拘泥大节，要与李自成死抗；今见他赞成艾诏之请，保全城中人民生命，因此哪里还有一个不愿意的？于是异口同声，都说："随老父台如何办理，我们无不遵命。"

　　知县得了大众的同意，便马上传集了三班衙役，将贺时雨的尸身用棺木装殓。派人抬上，一面自己带了艾诏，亲自出城，来见李自成。

　　此时李自成从马鞍山大营驰至城南惧乐岩，指挥兵马预备攻城，忽报米脂县知县带了伐墓人犯，亲自来营禀见。李自成闻报，就在惧乐岩前李双喜营中下令："叫把那狗官给我拿了进来！"左右一声答应就要动手。只见左军师李岩上前劝道："不可，不可！这知县是好意送了人犯来的，还宜加以礼貌，不得一例仇视才好。"李自成喝道："边大绶老贼就是伐墓的首逆，今日见事危急，故意借此来装好人，这是第一个应该碎尸万段的，岂能说到礼貌的话！"李岩笑道："那姓边的早已交卸去了。这个张知县不干他事。"李自成听了猛然道："这个孤可忘记了。"于是传令："叫把张知县请了进来。"

　　说时，只见张知县已经走入帐中，见了李自成倒身下拜。李自成急忙上前扶起，口称："孤是米脂百姓，焉能当得起尊官的大礼？"一头说一头让泰来坐下。坐定之后，泰来方才慢慢地将前任边大绶畏罪解职及贺时雨自戕、艾诏亲自来营请死的话，从头至尾详细陈述了一遍，并代全城士民恳求开恩。

　　李自成听了默默不语，歇了片刻，向泰来道："贺时雨既经畏罪自戕，又未曾亲自伐墓，孤也就不为已甚了，可将他的尸首发了回去，听其子孙收领。姓艾的便可留在这里，孤家自行发落。贵县可先回城去，即刻派了人夫去三峰子山，将被毁的坟墓赶速修好，再向此间带去黄金三千两，纹银五万两，除重修坟墓外，其余的都拿去赈济城乡穷民，贵县亦须清慎自励，务使实惠均沾，将来孤成了大事，还有借重之处。"泰来连声应诺，又请示修理坟墓的形式。李自成闻言，便请了李岩来，叫他斟酌一个方法。

　　李岩回道："目下戎马倥偬之际，大王不宜在此久留，若俟将祖茔细细增修，那是万来不及的了。依某愚见，不如先将被毁的茔墓仍用土石妥为封固，并多派人夫，赶三五日内便要成功。大王祭奠过了，便要火速回豫，不宜迟延稽久，滋生他变。至于一切外表的崇饰，待大功告

第十七回　雪冤仇乔年甘授命　保全城艾诏勇捐生

成之后，再行增修也还不迟。只是那黄龙岭的山脉曾被边逆挖断，必须将他补筑起来才好。某按唐朝先代李虎的坟墓，在四川平武县牛心山上，到武后篡唐时代，曾遣人将那山的来龙凿断，后来明皇幸蜀，命龙州刺使尉迟锐督夫役三万人，将凿断之处用土补筑还原，明皇并脱了常穿的龙袍一领，筑在断处的土中，后来唐室子孙仍旧鼎兴起来。目下大王亦可将随身所服之衣交与张县令，赶速征调民夫，仿照明皇之法，把黄龙岭的山脉补筑还原，是为要紧。"李自成听了道："这样很好。"于是就在身上脱下一领织金滚龙战袍交与张泰来，如法办去；泰来答应了，吩咐从人把贺时雨的棺柩抬了回去，然后辞了李自成，回城赶办他的工程去了。

那么李自成这回不把贺时雨戮尸枭示，是什么缘故？要知这贺时雨不是别人，正是那总兵贺人龙的父亲。当李自成在汉南与官兵交战之时，有一天李自成兵败，被贺人龙把他杀得抛盔弃甲，匹马单枪而逃，贺人龙亦在后面舍命穷追。看看追至面前，李自成望见四面无人。便把手中之矛向地下一掷，厉声道："将军何其相逼太甚耶？古人云：狡兔死，走狗烹，飞鸟尽，良弓藏。朝廷所以重将军者，特以李某在也，李某朝亡，将军夕戮矣。杨嗣昌劾将军之本，汗牛充栋，朝廷岂真不一虑及乎？"贺人龙闻言，不觉打了两个失惊，又见李自成按弓备箭，不敢十分相逼，因此便勒转马头，让李自成逃走去了。后来贺人龙自悔中了李自成之计，每次交锋，总是拼命奋斗，李自成对于他的人马十分畏惧。今日所以保全贺时雨的尸身，无非是联络贺人龙的意思，借着他畏罪自尽，落得送了个顺水人情，这一点事也可以看出李自成的精细了。

再说那李自成送出张知县后，立刻升座中军，叫左右："将姓艾的拿了进来！"左右一声答应，顿时把艾诏赤身反接推入帷中，艾诏大踏步子挺身而立。李自成一见了他，那无名火早已直冲起来，拍案大骂道："艾贼艾贼，孤与你生同里闸，素无怨仇。你何苦做这些伤天灭理之事？究竟你是何等居心？同谋者还有几人？快快与孤说来！"艾诏听了，从容说道："李自成，你且息怒，这事头绪太多，一时说不清楚，你拿笔砚来，我给你详细开来一个供状吧！"李自成闻言，喝声："松了绑，拿纸笔给他快写！"艾诏执笔在手，向纸上一挥而就。左右呈了上去，李自成举目一看，只见上面两行草书写道：

尔为谋国，我为报国，志趣各殊，不可强迫。

事既难成，天不灭贼，一死完事，何必多说？

李自成看罢，越发大怒起来，把纸向地下一摔，大喝："不识死的匹夫，焉敢以文词相戏，你究竟是何居心？快快与孤说来！"艾诏立在地下，闭目平气，一声不响。李自成大怒，一连问了三次，声如虓虎，艾诏全然不理，毫无一点恐惧之色。李自成怒不可遏，喝令："把他的耳朵与孤割了下来！"左右呐喊一声，顿时割下艾诏的双耳。艾诏仍是闭目不语，毫无痛苦之状。李自成看了大吼一声，一脚踢翻了面前的大案，就手夺来一口钢刀，喝声："你不肯说，难道孤就不能看你这个心吗？"说时便照定艾诏的胸膛一刀搠了过来，但见鲜血四溅，艾诏应手倒地。左右见李自成动手，一齐赶上前来，只闻得乒乒乓乓一片刀斧之声。可怜艾凤喈先生一腔热血竟洒于银州城外，那一副忠义之躯霎时间已成齑粉！后来到了清朝，有一位米脂县知县唐一贞，据了这个情形，向朝廷请旨旌表，至今米脂柔远门外官道之旁，尚立着义士艾凤喈碑记，并题着唐一贞的赞语曰：

惟公赋性贞固，躬行笃实，痛国沦亡，忠诚奋发。偕友启冢，希灭叛逆，一片血忱，三秦增色。成仰高风，矧官兹邑。敬列黉宫。以垂不绝。

又邑举人、原任江西临川县知县高镇有诗吊贺时雨云：

漫笑书生抱杞忧，拟将压胜补金瓯。

从来成败休殊论，应向存亡定劣优。

赤手纵难诛叛逆，好头终要丧雠仇。

一从慷慨捐躯后，梓里英名永世留。

这里李自成既杀了艾诏，就在米脂城外休兵七日，又向三峰子山祭过了祖茔。原来那三峰子山坟墓，自从被边大绥伐掘之后，左右的农夫樵子，没有一个敢去过问的。及至张知县派了人夫前去修墓之时，方才将那些烧残的遗骸拾了起来，筑土成坟，由李自成派了李道等监视安葬，重加修理。李自成祭奠过了，然后大犒三军，又将那些近支族人全数带在军中，免得日后被官兵搜杀。诸事完毕，方才整顿兵马，再行大举入豫。欲知后事如何，请听下回分解。

第十八回

行反间贺人龙冤死　决黄河洪水灌开封

　　上回书中所叙，李自成已将艾、贺二人致死，他的仇人只剩下边大绶一个，后文另有表白，做书的人是一支笔，不能一齐叙出两宗事来，只好暂时把别的搁住，再说那李自成。

　　当初由川入豫之时，屡次被总兵贺人龙所败，伤亡的人马指不胜屈，虽然在汉南被他巧说脱逃了，然而平日提起贺人龙来，总觉得是一个大大的障碍。于是，军师宋献策便进了一策说："贺人龙恃勇而骄，屡次违抗督师将令，从前杨嗣昌曾专折奏参，朝中一班文臣无一个喜欢他的，今若暗中散布流言，只说'贺人龙与大王同乡，平日暗通声气，不肯认真剿杀'，那崇祯帝最是猜忌不过的人，一闻此言，定然疑心，加以各省督抚稍微说他一点坏话，必能置他于死地了。"李自成听了此言，便嘱宋献策如法施行。

　　果然不错，这个风声不久便传到了北京，被那些小太监知道了，立刻吹到崇祯帝耳中。崇祯帝本来就有一点疑心，因为上年张献忠犯蜀的时候，贺人龙与左良玉随同督师大学士杨嗣昌入川剿贼，杨嗣昌厌恶左良玉的骄恣跋扈，暗中曾许贺人龙代左良玉为平贼将军。后来左良玉连战有功，杨嗣昌不便无故将他降处。贺人龙见杨嗣昌食了前言，于是心怀怏怏，不肯与他卖力。及杨嗣昌在川东大战，张献忠败走重庆，飞檄贺人龙回合兵进剿，一连调了三次，贺人龙置之不理，以致官兵垂成之功，毁于一旦，杨嗣昌心中大恨，暗中向朝廷说了他的许多坏话。后来回到陕西，又奉旨向河南去剿杀李自成，襄城、项城官兵两次大败，傅宗龙、汪乔年相继战死，贺人龙身为大将，不能救护主帅，因此远因近果，崇祯帝早已积恨在心！今日一闻这个风声，正如火上浇油，一时大形震怒，立刻降旨：加孙传庭兵部尚书衔，代乔年为督师，总督各省兵马，即日驰往陕西剿办李自成。孙传庭奉了旨意，由开封驰驿回京，面奏机宜。次日陛见请训之时，崇祯帝便向他传了一个口诏，叫他一到陕西先把贺人龙就地正法。孙传庭回奏道："贺人龙是陕军宿将，屡建大功，平时恃宠骄慢，实所不免。若谓其私通流寇，则臣敢保其必无，还祈皇上天恩，赦其已往之罪，叫他立功自赎。"崇祯帝闻奏变色道："目下贼势狂獗，官兵屡战无功，若不将骄兵悍将明正典刑，何以儆将来！"孙传庭骇得诺诺连声，不敢再为分辩；及至出京之后，又恐怕走漏了消息，生出意外之变，因此他在路上又佯意上了一个奏疏，说"贺人龙是臣旧部，请贷其两丧督师之罪，留臣部下，令其立功自赎"。崇祯帝知道他的用意，他便故意批准，所以这回事情贺人龙始终没有察觉。及孙传庭入了西安，仍旧一点风声不露。

过了几日，正值李自成兵入北山，杀了艾诏、贺时雨，又将大举南下之时，孙传庭遂大会诸将，商议战守机宜。此时贺人龙正率领大兵驻扎三原、泾阳一带，迭奉督师将令，叫他严扼隘口，防备李自成南窜。正在布置之时，忽然又连奉三檄，叫他速来西安，以便面授机宜。贺人龙此时并不疑心，立刻率了三百名亲兵，星夜驰至省城。

此时正值崇祯十五年五月朔日，贺人龙随同诸镇将帅一齐来到督师府，维时巡抚张尔忠、巡按金毓峒及布政使、按察使、都指挥使并一班文武都到齐了。但见那大堂上蟒绣辉煌，剑戟森排，三声炮响，督师孙传庭升了上座，抚按分左右陪坐，三司以下文武都黑压压地分两旁侍立，那一种森严肃静的气象，令人不寒而栗。坐定后，由旗牌官传下命令，高呼："总兵贺人龙进见！"贺人龙闻令，急忙趋出班次，上前参见毕，站在一旁听候令下。

孙传庭受参毕方才慢慢地向他说道："本部堂此次奉旨督师，关系国家安危，文武官员均宜各舒忠奋，捍卫封疆。闻尔私通流寇，图谋不轨，辜负皇上的天恩，这是何说？"

贺人龙闻言大惊，急忙叩头道："小将受朝廷厚恩，誓以灭贼为志，岂敢存此不忠不孝之心，上负朝廷，下辱家门？还乞督师详察！"孙传庭道："此事本部堂亦难做主。"说时，早已立起身来，高声道："皇帝有旨，总兵贺人龙听宣！"贺人龙大骇，急忙向前跪下；左右文武闻得"有旨"二字，一齐都跪在下面。

孙传庭不慌不忙走下座来，站在大堂台上，朗声宣旨道："总兵贺

人龙，私通流寇，图谋不轨，襄城、项城两丧督师，贺人龙拥兵不救，实属辜负国恩，法难宽贷。着督师孙传庭会同该省抚按，即行传旨正法，以昭炯戒。钦此！”

贺人龙听罢叩头谢恩毕，仰天长叹了一声道：“不想我贺人龙为国家十年效命，今日落得这个下场，罢了罢了！”

孙传庭想起他平日的战功，今日被谗冤死，不觉也就流下泪来。无奈这是奉了特旨的事，实在无法维持，只得同了抚按一齐向北叩首，请出尚方宝剑，传令行刑；贺人龙引颈就刃，至死更无一言，邑举人、原任福建建阳县知县艾恒豫有诗叹曰：

十年汗马建奇功，闯献闻风亦计穷。

应是有明天数尽，庙堂先自戮元戎。

孙传庭杀了贺人龙之后，他的部将周国卿、魏大亨、贺明威、贺国贤、高进库、董学礼、贺勇等一个个都抱不平，要与贺人龙起兵复仇。后来由张尔忠调了副将孙守法率兵围剿，斩了周国卿，其余的一概就抚。这个贺明威原名叫做夔龙，乃是贺人龙的堂弟，后来官至副总兵。高进库亦升至广东琼州总兵官，都以骁勇著名，其用兵之法，仍守贺人龙的旧训。

再说李自成在米脂正欲举兵南下之时，忽然得到贺人龙被杀的消息，李自成大喜，向李岩道：“贺疯子死了，取关中如拾芥矣！”于是，即刻商议出兵去取西安。

李岩道：“孙传庭长于用兵，非他人可比。况我军大部皆在河南，一旦向关中移动，那保定兵马必然跟踪追击，岂不自取败衄？以某愚见，不如用个声东击西的法子，外面虚张声势，只说克日进取西安，待官兵全数调集入关之时，然后趁其无备，火速渡过了黄河，由山西入河南，一直去取开封。开封富庶甲天下，得之足以有为，较之攻取西安，事半而功倍矣。”李自成道：“先生之言是也。”于是下令，叫三军人马一律准备着，克日向西安进发。一面又发出行牌，叫沿途州县早早投降，免得大兵一到，玉石俱焚。

孙传庭在西安闻知这个风声，果然羽檄星驰，把各镇精兵一齐调集西安，分守各处隘口。这里李自成却尽统大队，由韩城渡过了黄河，向灵宝一带杀了前去。一面飞檄前军，叫宋献策即刻点起人马，星夜去取开封，自己率了大队随后接应。

此时河南官兵以为李自成是由延绥去取西安，那驻扎襄城的大队不日也要开拔入关，万不料他又折回河南，直扑开封，因此风声鹤唳，中州大震！加以河南地方的灾异迭见，民心惶惶不安，南阳府的草木都长成人马刀枪形状，孟县居民孙光显坟前有葡萄一株，结实如人物飞鸟，栩栩欲生——诸如此类。不可枚举。因此人人都知道不是一种吉祥之兆。

宋献策前军所到之处，官兵连战大败，前锋人马浩浩荡荡一直杀奔开封而来。巡抚河南佥都御史高名衡、巡按河南监军御史严云京闻知李自成三次来犯。开封情形十分危险，于是一齐来到周王府，朝见周王恭枵，商议战守之策。周王道："征兵调将，一切战守之事，你们抚按二人任之；至于赏功筹饷之责，寡人负之。"随即传谕左右宫监，发出府藏金银，交抚按二臣大募壮丁。一面悬了重赏，励众守城，一面再向朝廷飞章告急，又连发王府旨意，飞调各镇大兵，星夜来援。

部署未定，那李自成的先锋李守信、刘宗敏两支人马已由朱仙镇一路杀奔前来。高名衡急令总兵陈永福、参将周世忠各率精兵及死士一千人，分东、北二门出城驻扎，待敌兵一到，即行迎头痛击。一面同严云京督率民兵，分城固守，专待保定的援兵一到，便好内外夹攻。

此时李、刘二将的大队人马已经杀至开封城下，望见陈永福、周世忠把官兵一律摆开了阵势，二将首先率了一千名死士，赤身披发，手执大刀，一声呐喊，犹如狂风急雨杀奔前来。李、刘二人大惊，知道这些死士一个个都是贪图重赏前来拼命的，于是下令，叫把步兵退后，换骑兵上前应战。这时周世忠早已手舞大刀，飞马杀入阵来，正遇李守信的部将高成，交马大战了三十余回合，世忠手起刀落，斩高成于马下。一时金鼓齐鸣，喊杀连天。后面的死士一拥杀上前来，逢人杀人，遇马砍马，顿时杀得人仰马翻，李、刘二将一战大败而走。背后陈永福一马赶上前来，挥刀直取刘宗敏。宗敏大惊，急忙勒转马来与陈永福接战，交马三五十回合，早被陈永福杀得手忙脚乱，大败而逃。世忠望见宗敏飞马逃走，急忙弯弓搭箭，照定他的后心一箭射了过去，恰恰地中在左肩之上。宗敏应弦落马，陈永福连忙飞马来擒，早被宗敏的一班部将把他舍命救了回去。陈永福、世忠大获全胜，一直追杀了五十余里，方才收兵回营。

到了次日，李自成的第二路大将李双喜、高一功又复开到前敌，把刘宗敏送向后营养伤，自己同李守信率了大兵再向开封城下杀了前来。陈永福、世忠急忙引兵迎战，世忠首先陷阵，与高一功一气大战了三十余回合。

正在难分胜负之时，那陈永福又复指挥了两路死士上前冲锋，自己却率了官兵，分左右呼啸杀上，李双喜、李守信急忙分兵迎敌。不防那两千名死士早已杀入中军，大刀过处，人马纷纷落地，一时队伍大乱。高一功急忙舍了世忠，回身去顾本阵，不防那陈永福的大兵早将李双喜的人马四面包围上来。一功正待上前援应时，陈永福已令部将张勇、陈栋督率了两翼人马，分头进战，自己提了大刀直奔中军来捉李双喜。刚刚杀入阵时，顶头便遇见李双喜的部将焦太挺枪拦住了去路，陈永福大怒，挥刀直取焦太，交马不上三回合，陈永福手起刀落，斩焦太于马下。

李双喜看见风头不好，急令高一功、李守信截住左右敌兵，自己挥刀上前，专与陈永福苦战。二人武艺高强，正在酣战之时，不防周世忠又率了五百名死士蜂拥杀来，一时刀斧齐下，喊杀连天。李双喜看见左右的偏将纷纷落马，后面官兵又铺天盖地杀了上来，他又舍过陈永福，挥刀直取世忠。不防那匹坐马又早着了一刀，顿时腾空一跳，把李双喜送下鞍来。李双喜见事不好，立刻丢了长刀，向腰间抽出一柄宝剑，就地与一班乱兵混杀起来。这时李守信、高一功两支人马亦被官兵分两处围困，彼此不能相顾，李双喜独自一人在乱兵营中左冲右突。

正在万分危急之时，忽然望见官兵阵后如翻波迭浪一般荡开了一条血路，杀声起处，猛见一支人马从正西上风驰电掣地杀了进来，为首一员大将金盔金甲，手舞雪亮钢刀，连斩了官兵的五员偏将，横冲入阵来救李双喜。李双喜抬头一看，来的不是别人，正是堂弟李过也。李双喜大喜，高呼了一声："兄弟救我！"李过道，"我们的大队已到，叔父闻知大哥被困，特命小弟前来援应，叔父随后就杀来了！"李双喜见了李过，顿时夺得一匹战马，飞身上去，一齐来战世忠。

双方混战到未牌时候，巡抚高名衡探知李自成的大队到来，恐怕孤军有失，便发出命令，叫陈永福、世忠火速收兵入城，死守待援，恰好这个时候，那援剿总兵官刘泽清、副将罗武奉了周王之令，各率大兵来援开封。陈永福得了援兵，便不肯入城，仍旧驻扎城外。

李双喜等败了一阵，折了许多兵马，一齐到后军来见李自成。李自成闻知前军连战大败，刘宗敏又带了重伤，不禁勃然大怒，立刻下令，叫马维兴、马世耀、萧云林、周凤梧等四将协同李双喜再去决战，一面亲督大兵，在后接应。马维兴等奉了将令，一齐点起人马，直奔刘泽清军前鸣鼓搦战。泽清看见他们来势凶猛，一面约同陈永福等会师夹攻，一面传令所部的官兵摆阵出迎。此时周王恭枵已由城中颁出了无数的银牌、彩缎犒赏三军，因此那些兵将无不奋勇争先。李双喜等正在与泽清交战之时，陈永福与世忠又率了一千名死士上前助战。三路人马同时并进，只闻得金鼓喧天，杀声动地，霎时间开封城外早已翻波迭浪，鼎沸起来了。罗武杀败了萧云林，李双喜又杀败了周世忠，陈永福、刘泽清二人同马维兴、马世耀、周凤梧等在中军苦战，互有杀伤。自辰至午，到底又被那两千名死士把李双喜等杀败回去。

　　李自成闻报大怒，立刻就要亲督大兵上前决战。军师宋献策进曰："周藩素得民心，更兼陈永福等都是当代的宿将，只可智取，不可力争。"李自成道："军师以为该如何进行？就请代孤传令吧。"宋献策应诺，立刻走到中军下令，叫前军人马即刻退开十里下寨，一面再令大将辛思宗、任继光各率弓弩手一千名向左右松林中埋伏；又令吴汝义、刘芳亮二将亦率了弓弩手一千名，预备待两军交战之时即行抄入官军阵后，俟官军一败，即行迎头乱射；又传令李双喜等前敌将士不许浪战，只待官兵杀到之时，便把人马闪开，让官兵杀了过来，再行合攻。部署已定，又下令叫李过率了三千人马前去搦战，许败不许胜，务要把官兵引过伏兵地方，便算首功。李过领命退去。次日一早便鸣鼓进兵，直向官兵营前贾勇挑战。刘泽清闻知李过兵至，立刻引兵出迎，泽清舞动钢枪首先陷阵，与李过一气大战了二三十余回合。陈永福看见李过英勇难敌，暗中令周世忠率了死士上前助战。李过见世忠来了，交马战了三五回合，便卖了一个破绽拖刀向后而走。刘、周二将一直追赶前去，行了十五六里，忽见前面尘头高起，喊杀连天，李双喜等四将一齐杀奔前来。泽清大惊，急忙下令，叫罗武同周世忠火速退后，自己率了人马督住后队，且战且走。不防李双喜等并不交战，只把人马向左右分开，风驰电掣地卷入官军阵后。泽清见事不好，急忙指挥人马向后奔走。这时四面的喊声又起，李自成亲督大兵杀上前来，一时金鼓喧天，杀声动地，顿时把三路官兵截为数段。周世忠中箭身死，官兵如天崩地塌一般溃败了下来。泽清抵挡不住，只得向东南角上舍命逃走。此时前面的鼓

第十八回　行反间贺人龙冤死　决黄河洪水灌开封

声又起，乃是陈永福率了全镇官兵及死士前来接应，李自成看见陈永福来了，便下令叫前军荡开阵角，把陈永福的人马放了进来。此时泽清已经杀出重围，又复翻身杀了进来，与陈永福回合兵一处。无奈那李自成的人马越杀越多，陈永福不能抵挡，只得同泽清仍旧率了残兵溃围出走；后面李自成的大队亦跟踪追杀上来。

正行途中之时，忽闻一声炮响，那任继光、辛思宗二将率了弓弩手由左右飞奔前来，一时万弩齐发，矢如飞蝗，官兵猝不及防，顿时人马大乱，将士纷纷中箭落马。陈、刘二将一齐冒矢逃奔，刚才脱了险关，不防前面的炮声又起，原来是吴汝义、刘芳亮又复杀上前来。陈永福大怒，便让泽清督住后路，自己亲自上前来与吴、刘二人决战。不防敌阵中炮声又起，万马齐出，弩箭横飞，陈永福的坐马首先中了一箭，陈永福大惊，急忙换上战马麾兵前进。这时前方将士业已死亡载道，后面刘泽清亦只身杀了出去，陈永福看见势不能支，只得率了残兵、死士杀出一条血路，直向开封城下奔了回去。监军道任栋在后方督战陷阵身死，高名衡见陈、刘二镇同时溃败，敌兵已薄城下，只得率同文武死守待援。

这时候，朝廷因为连接开封告急表章，严旨敕下督师丁启睿率同总兵左良玉、虎大威等星夜赴援。及启睿等大兵赶到之时，李自成已经杀败了官兵，把开封省城围得铁桶一般水泄不通；又连出奇兵，将启睿所督之师先后杀败，左良玉引兵退走，虎大威力战中炮身死。从这日起，李自成每天分布人马在城外百般攻打，名衡亦率了文武在内中万方死守，日日炮声如雷，矢石如雨，一连攻、守了二十多天，外面虽来了几路援兵，都被李自成派出人马，或是扼住进兵之路，或是杀得大败逃回，因此把堂堂一个开封省城竟陷入孤立无援之境。

城中除兵民之外，那各县避难的人民总共计算起来，新旧男女，不下十万之众，因此那所有的粮草也就一天缺似一天了。周王看见这个情形，首先便把府中的存粮尽数发出来赈济兵民。过了几天，王府之粮吃完了，又将各富户的存粮勒令交了出来，每日按名分配。过了几天，富家的存粮也告尽了，于是又派出兵勇按户搜寻。搜寻了几天，所有民间的寄藏也搜完了，于是杀牛、杀马，杀羊、犬、猫、鼠等类，无不捕杀尽净。这些东西都吃完了，再吃药店中的山药、茯苓等无毒之品，羊袍、皮靴、皮箱、马鞍等类亦皆煮而食之。后来竟有吃马粪者。凡一骑过市，则拾粪之人蜂拥随之，甚至粪蛆一碗皆售青蚨一串。到了中秋以后，则人人相食矣！起初还是强者食弱，壮者食幼；到了后来，竟父子兄弟都相食起来了。死了人的都戒不敢哭，一闻哭声，则左邻右舍一齐奔了进来，不由分说，便把死人装殓到他们的饥肠中去了。那些守城的兵勇每日杀了无业穷民，把身子吃了，提了首级前来报功，官府仍旧将他折成兵粮，交还原人充饥，每头一颗，折兵粮一升。到了九月初间，城中的骱胳载道，白骨如山，断发满街，天日为昏。河墙下一班饥民每日翻取人骨，吸髓充饥。到了黄昏时候，满城的青磷隐隐，鬼声啾啾，触人而号。抚、按及三司文武看见这种光景，每日起来，只朝着北方痛哭，除过死守之外，一个个袖手无策，这种伤心惨目的现状真令人目不忍视，耳不忍闻的。听说到了清朝康熙初年，有当日的一个守城老兵年已六十多岁了，一日行至街前，突然遇见一个男子手中拿了些纸箔锡锭，朝他焚化了，抱住他的大腿号啕痛哭起来。老兵大惊，问他因为何事，那人只是痛哭，一时惊动了街前街后的人民，一齐上前询问，那人方才止哀说道："当年围城之时，我的父亲饿死在某处，我记得明明白白，是被这个将爷把他吃了，如今他的肚子便是我的父墓。今值清明时节，我是与我父亲上坟的。"说得那个老兵顿时紫涨了脸，一溜烟就偷跑了。从这一宗事看起来，则当日的惨状可想而知了。

再说那李自成率了百万之众围困了开封省城，城中的文武兵民却也一味死守，毫无异志。这时崇祯帝除敕丁启睿等赴援外，又令新任河南巡按王汉、监军御史王燮，督率总兵官卜从善率领大兵来援开封，会同督师丁启睿等克期进战。这里李自成屯兵日久，不能攻下省城，看看所部人马的锐气渐惰，官兵亦四路出发，长此旷日持久，一旦援师大集，难免腹背受敌，因此遂发了焦躁，每日催督将士拼命攻打，违令者都要斩首。

宋献策看见开封守御坚固，一时不易攻下，便向李自成进策道："我军攻城日久，伤亡了许多兵将，今日一味用武力攻打，仍是无济于事。以某愚见，用人不如用水，开封地势低洼，放着现成的一条黄河在此，何不把那大堤决开，放水灌了进来，谅他有百万精兵也无法抵挡，何况区区一座省城耶？"

李自成昕了拍手道："此计大妙，先生真神人也，请即刻照这么办去吧。"

宋献策道："用水又不比用人，岂能指挥如意？况以黄河平素之水，放入这千里梁园，何济于事？非得河水陡涨起来不能成功的。昔周公瑾大破曹孟德于赤壁，全凭孔明祭来东风，助了他的火攻计；今日我们要借水力，还须要设法叫河水暴涨起来才好。"

李自成听了，立刻走下座来，朝着宋献策深深地打了一躬道："孔明祭风，就请先生替孤祭水吧。"

宋献策连忙下座，摇首笑道："这个我可不能。大王请坐，容某举荐一人，可以办得此事。"

李自成道："谁能祭水？快快唤他来吧。"

宋献策道："某知睢州有一异人，姓黄名滔，此人生为河神，每日午睡之时，他的灵魂便去到河上当差。有时睡醒来后，不言不语，神色惨淡，人家便知道他弄了乱子，伤了生命。好事的人去询问底细，他便说'本日奉了上帝旨意，在某处踢翻了几只大船，溺死了几条人命'。众人去向他所说的地方一问，果然一字不差。因此这河南的人民都呼他为黄大王。此人既为河神，必能呼风唤雨，引水来助我军。若得其人，大事济矣。"

李自成大喜，即刻下令：叫大将李遵率了三百名骑兵，星夜前往睢州，把黄大王请来相见。

李遵去了没有一日工夫，便同了黄滔来见李自成。李自成大喜，问他如何这样神速，黄滔闻言，凄然下泪道："某前夜奉了上帝旨意，谓'开封人民，数百年来奢侈淫逸，暴殄天物，久当降罚。近来人心诡诈，无恶不作，大劫已至，敕某来助大王，借彰天讨'。因此不待呼使，自己来到这里投效，不意在途间便遇见了小将军，所以同来谒见。但是这开封城里的百万生灵不幸罹此浩劫，实所伤感耳！惟事由天定，人力万难挽回。大王目下究竟是个什么主意？请即明白示知，以便相助。"

李自成大喜，立刻把决堤的计划向他细说了一遍。黄滔道："既是这样，请以五日为期。今天戊寅，到了壬午夜间，准以风雨洪水相助。大王请先移营高处，一面遣人及早去挖掘河提，某就此拜别了。"李自成再三相留，黄滔不允，立刻辞了李自成，自回睢州去了。

可巧这个时候，城中被困日久，便有人也想起了这决河的计划向巡按严云京上了条陈，请把朱家口的大堤决开，用水来淹敌兵。附城另有土堤，可护城垣，不怕水入城来。云京把这个话又向巡抚高名衡说知，开封府推官、黄澍力主赞成，因为名衡也暗中遣了人去掘朱家口的河堤，以便放水来淹李自成的人马。李自成这里亦遣大将周凤梧、高一功等各率精兵，带了去掘马家口的河堤来灌省城，一面又令李友、李迪等各率人马，向黄河东西两岸调集了船只，听候使用，又通令全军将士，赶第四日晚间一律移营高阜之地。诸事分布已毕，那些兵将各各分头赶去了。

　　这也是天数有定，开封数千年繁盛之区，应该遭这一场浩劫。到了第五天，便是九月壬午夜间，果然天降大雨，通宵达旦，势如倾盆大雨一般。隐隐如有数百万金戈铁马之声，那黄河之水骤然猛涨起来，一时洪涛汹涌，直向马家口一带破堤奔流而入。开封形如釜底，水势长驱而来，霎时间翻波迭浪，冲破了护城堤，灌入城下。城外水深数丈，所有负郭一带的田园庐舍都变成了一片汪洋。周王恭枵看见形势危急，尽把府中的财产搬运出来，发交抚按，鼓励兵民昼截防堵。无奈那城中绝粮已久，人民死伤过半，城大兵少，实在不敷分布。眼看得洪水溃城而人，所有城中的官廨民房及周邸宫殿，一概都变成了泽国。周王恭枵率了宫眷及文武官员，一齐都向周府子城上露宿，一时男号女哭之声惨不忍闻。

　　这个时候，那王汉、王燮及卜从善等已经由归德星夜赶上前来，兵至开封，但见一片汪洋，远远地望见城中那般景况，王燮大惊，连忙下令：叫部下标兵赶紧向各方调集了数百只民船，同王汉二人亲自驾了，放入城中，将周王及官眷文武兵民等次第救了出来。至于那城内官民尽节的，实在不可胜记，如同知苏茂、通判彭士奇、大使徐日升、阁生白、知府亢梦桧、王荫长、亳州知州何燮、霍丘知县左相申、灵璧知县唐良锐、主簿胡渊、罗山知县郝日瑞、睢州通判李梦宸等一班文武，都先后战死，王汉等救出了一班生存残黎，一面飞章入奏，一面分布人马严守各处隘口，待水势稍退再行进兵。曾见吴梅村《鹿樵记闻》载后人咏周王的七绝一首曰：

　　　　挥金百万作城防，贼未枭头已自创。

　　　　天若资生王大统，国当磐石到无疆。

第十九回

李自成兵败朱仙镇　孙传庭师溃南阳城

　　崇祯十五年九月开封失陷的警报传到了北京，崇祯帝又连接王燮、王汉二人表章，知道开封失守，周王流离在外，念及三百年宗藩一旦沦亡，不禁悲从中来！正在伤心落泪之时，忽然又由兵部转奏辽东败报，说是蓟辽总督洪承畴兵败于义州，总兵官杨振战殁于松山，清兵长驱来窥蓟州。眼看得辽沈相继告陷，敌兵入了畿辅，因此悲忿交集，圣心异常愁惨，除敕大学士会同兵部商议调兵与清人决战外，又连降谕旨，遣官赍了银米，前往慰问周王；并敕河南抚按，随时加意保护，无得坐视流离。又以河南巡抚高名衡因病乞休，即加巡按御史王汉右佥都御史，代名衡巡抚河南，另以监察御史苏京代王汉为河南巡按，就责成他二人鼓励兵民，收拾开封残局。又将援剿不力的督师丁启睿交苏京派员拿解来京，由刑部审明足罪，即令三边总督孙传庭兼督各省兵马，代启睿督师入豫来剿李自成。

　　再说那李自成放水淹没了开封，正在分兵调将向四面疏泄水道，预备收拾省城之时，恰好那王汉等大部官兵随时赶到来了，李自成因为遍地皆水，不能用武，所以便听其把城中的官民救了出去，专待水势一退便一齐进入开封，坐镇中州。

　　岂知自从河决之后，一个阛阓富丽的开封省城，早已变成蜃楼海市，非乘了巨舟大舰不能驶入城去。至于城中的精华，完全都随波漂去，其余的房屋庐舍，一概没入污泥、洪水之中，虽然水势日退，然而那一座省城却有多半陷入泥淖。城里一片精光，除王府殿上的鸱吻尚露出三二尺外，别的一无所有。读者要知道，这黄河之水本发源于北方，其流域皆在黄土沙漠之境，水中所含的土质最为浓厚，无论山沟溪涧，一经他这浊流浸灌之后，其地便要增长土质三五尺高。如今开封省城被洪水积聚了将近两月，所有黄河大堤及梁园的浮土，一概都.随波拥入城中，因此竟把一座省城陷没了二丈多深。

李自成从前破洛阳、破南阳，所得唐、福二府的金银宝器数不胜数，这开封乃著名中州富庶之区，佳丽甲于天下，周邸又是三百多年的名藩，因此李自成对于开封更抱着满腹奢望，费了许多粮饷，伤了无数兵将，不惜花费巨额，用尽九牛二虎之力，方才把省城攻开，满望着一入城后便可大得收获，以补他的欲望。万不料城陷之后，竟成了这个景象，不唯一切子女玉帛完全都被龙王爷拿了个一干二净，简直说起来城中连个驻足之处都没有了。

李自成弄个功半事倍，一时便毛躁起来。又见援兵已至，那王汉、王燮二人天天分布人马，在四面山头上鸣金击鼓，不知道究竟来了许多兵马。李自成看见开封实在无可贪恋，因此同宋献策商议退兵朱仙镇，以便与官兵正式接战。

王汉看见李自成的人马移动，他遂叫王燮防备着后路，自己率了总兵卜从善、副将姜名武，尽统大兵，跟踪追杀上去。一面飞檄援剿总兵官方国安、杨德政、刘超等各率大兵，星夜会师朱仙镇，一面又令陈永福协同新任巡按苏京收集溃散逃亡，防守开封一带地方。

这里李自成见官兵节节追赶，又不知后路的虚实。因此，他便拿定主意，要把官兵引到朱仙镇后，方才给他个迅雷不及掩耳，以期一鼓荡平。岂知前锋李双喜的人马刚刚到了朱仙镇，顶头便遇着了方国安、刘超等两路大兵。李双喜见官兵已经占了朱仙镇，立刻飞马报告李自成，一面摆开人马来与官兵接战。方国安扬鞭大骂，叫李双喜及早投降，免污刀斧。李双喜大怒，挥刀纵马，直扑方国安而来，方国安亦挺枪迎战，二人大战了三十余回合。方国安料敌不过，拖枪败下阵来。刘超看见方国安战败，赶紧舞刀上前协助了方国安，方才把李双喜挡住。

此时天色已晚，双方各自鸣金收军。到了次日，李自成大队亦到，后面王汉的官兵也蜂拥而来。一时官兵两面夹攻，齐向李自成的大部奋勇进战。霎时间战云弥漫了朱仙镇。李自成大惊，急忙下令，叫李双喜、萧云林、周凤梧、高立功四将各率精兵前去迎敌刘、方二将，又令马维兴、马世耀、李过、俞彬等四将各率人马前去迎敌王汉所部的人马，然后亲督诸将，分头接应。这时两路官兵同时苦战起来，只闻得金鼓连天，杀声动地，卜从善一路首先被马维兴杀败下来。王汉望见前军

第十九回　李自成兵败朱仙镇　孙传庭师溃南阳城

失利，火速率了抚标人马，奋勇赶上前来，传令叫把卜从善斩首示众。从善大惊，急忙勒转马头，舍命杀上前去。后面姜名武亦手舞大刀，一马飞入敌阵，与李过交手大战了五六十回合。名武武艺高强，看看把李过杀得招架不住了，于是马维兴、马世耀、俞彬等一齐赶上前来，刀枪并举，团团围住了名武厮杀。名武力战四将，身中三刃，面带两箭，呕血落马而死。王汉见名武已死，不禁悲愤填胸，立刻亲冒矢石，指挥了一班偏裨将士，大呼陷阵。诸将奋勇并进，声震山谷，一直战了三个时辰，方才把李过杀败，直至天晚，双方始行收兵。从这日起，一连战了四天，双方未能分出胜负。

恰好这个时候，那援剿总兵杨德政及孙传庭调来的副将孙守法等先后率兵赶到，官兵声势陡涨了起来，李自成大惊，急忙分配兵将，四路迎敌。这里王汉看见援兵大至，立刻下令：叫诸镇大兵同时进战，到了两军苦战之时，他便率了抚标兵马，横冲杀入中军，直奔李自成的大队而来。李自成猝不及防，只得率了人马，亲自赶来督战。不防那前方的人马又被官兵杀败下来，李自成看见风头不好，下令叫诸将各率所部，一齐向南阳退走。王汉见李自成已经败遁，他也不再追赶，于是分布兵将严守各处隘口，一面率了人马，星夜驰回开封，收拾他的残局去了。这里李自成尽率所部，由朱仙镇直奔南阳。

这时三边总督督师尚书孙传庭在西安，连接河南抚按告急的文书，跟手又奉到朝旨及兵部咨文，叫他亲督大兵，入豫讨贼。孙传庭不敢迟误，除飞檄孙守法便道先发外，他遂即日征兵调将，祃纛出师，令副将高杰为先锋，总兵牛成虎将前军，左勷将左军，郑嘉栋将右军，各率全镇官兵，星夜向河南进发；又檄总兵李卑督率后军，防守陕边各隘口，然后自己率了中军大队，浩浩荡荡杀奔河南而来。

此时先锋高杰一军早已开到南阳府，一面分兵防守城池。一面率了人马长驱大进，来与李自成迎战。前军刚才接触，后面孙传庭的大队已经赶上前来，传令叫高杰暂行收住人马，一面飞调左、郑二将，各率所部，分两翼屯于左右山后；待李自成的大队一到，方才下令，叫高杰趁着以逸待劳之势，火速进兵交战。

李自成闻知高杰来了，正所谓"仇人见面，分外眼明"，立刻亲自出阵，大骂："背主逆贼，有何面目再来相见？"叱令："李双喜赶速出战，务要把这个匹夫拿了回来，碎尸万段！"

李双喜答应一声，立刻挥刀纵马直奔阵前，与高杰一气大战了三五十回合。二人武艺高强，胜负未分。李自成看了大怒，喝令大将刘希尧、刘苏一齐上前助战。二人应声而出，两马齐奔，双枪并举，一阵杀得高杰手忙脚乱，大败而走，李自成指挥诸将一齐追赶上来。

　　行了不上二里远近，忽闻左右山后的金鼓齐鸣，喊杀连天，那左勷、郑嘉栋两支人马一齐杀奔出来！李自成大惊，一时仓促之间，不知官兵来了多少，急忙指挥诸将，分头上前迎敌，自己仍督住中军专寻高杰厮杀。

　　此时孙传庭又率了大将董学礼、孙世杰两支人马，摇旗击鼓，分道猛攻上来。李自成看见来势凶猛，恐怕中了孙传庭的诡计，急忙传令退兵。维时西北角上鼓声又起，忽见一彪人马犹如风驰电掣，一直杀奔李自成的中军横冲了过来，为首一员大将正是总兵牛成虎。李自成大惊，急令大将李通上前截战。此时孙传庭亦亲冒矢石督住牛、高、左、郑诸将，一阵杀得李自成首尾不能相顾，顿时大败下来。孙传庭躬督大兵昼夜穷追，李自成一直奔至郏县，幸亏得了罗汝才、革里眼两支人马，方才把官兵死力挡住。

　　李自成入了郏县，这一气如何咽得下去？隔了一宿，便催督兵将，再向官兵接战，双方人马同时并进。罗汝才一军绕出官兵背后，正遇着总兵左勷，双方大战了一场。左勷抵敌不住，首先败下阵来。此时孙传庭正在前敌督战，闻知左翼兵败，看见部下的兵将连战两日，早已杀得人乏马困，又见李自成亲督大队直扑后军，诚恐一有不慎，坏了全师锐气，急令郑嘉栋勒兵向后截住李自成，自己督住诸将且战且走，缓缓收兵，就在郏县城外十五里安营下寨，休兵养马，准备来日再行决战。

　　岂知事不凑巧，那天晚上忽然天降大雨，所有各营的帐篷营垒一齐都淋漓坍塌，不可居住。那些官兵有多一半都在露天地里，淋得水鸡一般，狼狈不堪言状；后方的粮草又因天雨路滑，不能如期送到。孙传庭看见既不能战，又不能攻，马上便焦灼起来，遂连发令箭，催督后方火速运粮。无奈这一场阴雨连绵不止，道路泞泥，连单人独马都不易走。看看草粮告尽，军心摇动起来，孙传庭看见这个情形，不禁大为着急，只得派了人马向各乡村去搜罗粮米。谁知这兵燹之后，十室九空，一连搜了两天，竟是毫无所得，孙传庭到了此时便没了主意。忽见先锋副将高杰入帐禀道："目下兵粮告尽，三军人马危在旦夕，倘再两日无粮，难免就要变生肘腋，那时如何是好？某探得李自成粮台皆在县城西北一带，趁着今夜阴雨稍止，小将情愿率部下人马前去劫夺，再请督师另派一员大将率了人马随后接应。若能劫来粮米暂济眉急，好待后方的运粮到来，不然这事就无法维持了。"孙传庭此时正在没有办法，一闻此言，便拿他大加奖励，即刻派他前去劫粮，一面下令叫牛成虎率了精壮人马随后接应。

　　这里高杰回到营中，连夜选了三千名精锐壮士，趁着月黑天阴之时衔枚急走，一直由小道绕至郏县西北乡村。路上捉住了几个农夫，问明李自成屯粮之处，暗暗地传了一声号令，那三千兵士一齐结束起来，每人手执短刀一柄、白巾一条，随了高杰，人不知鬼不觉，悄悄地趋至粮台跟前，一声呐喊杀了进去。那些守粮兵士猝不及防，被高杰等一千人杀入营中，逢人乱砍，一时东奔西走，四面逃窜去了。高杰趁着空子，急忙叫手下的兵士，每十个人运粮一车，三千名兵共夺了三百车粮米拉了出来，向原路飞奔而去。高杰手提大刀，腰悬弓矢，亲自在后方催督前进。正行之间，忽听得背后一片人喊马嘶之声，隐隐地赶上前来。高杰知道是追兵来了，便传令：叫部将李升督住粮车先行，他独自一人回转身来，立在一处山坡上面抬头一望，远远地看见后面火光冲天，似有无数人马飞奔前来，火光闪处，看见为首一员大将提刀跨马追赶而来。高杰看得清切，急忙弯弓搭箭，对准了那员来将，飕的一箭放了过去，举目一看，那将不偏不倚，早已应弦落马。

　　且说这个来将是谁？原来那李自成因为西北一带是屯粮重地，每日令一员上将率了人马轮流去巡查。今夜这一差偏偏轮到李过名下，不料事出意外，竟被高杰把粮劫了。李过得报大惊，急忙亲率人马前来追赶，为首的那员大将就是他的部将施云。那施云既被高杰射死，部下兵士立刻向后面飞报李过，请示定夺。李过大怒，便亲率人马赶上前来，但见天阴月黑，万籁寂静，前途一片溟黑，并不闻人马之声。正在徘徊踌躇之际，忽然飕的一声又是一箭破空飞来，险些儿射中了李过。李过大惊，急忙把身子向暗地里一闪，说时迟，那时快，第二支箭早又飞了过来，恰恰的钉在李过刚才所立之地。李过此时惊骇不已，深恐前途再有伏兵，一旦孤军深入，难免堕入陷阱，因此便拿定主意不敢前去追赶，一面传令，叫把火把扑灭。一溜烟退回原路去了。

　　这里高杰三支箭骇退了追兵，然后回身飞跑，一直赶上粮车，路上遇着牛成虎的人马把粮米接应着，一齐运回大营。高杰进帐缴令，孙传庭大喜，随即给他记了首功，一面将那三百车米粮分给各营充饥。

再说李自成在郏县闻知存粮被劫，不禁勃然大怒，立刻传令，一面叫把该处守粮的将士一律斩首示众。一面又下令：叫各营将士来日冒雨出战，务要把官兵杀个片甲不留，以泄此恨。

右军师李岩道："不可！官兵冒险劫粮，明明是粮草不济的样子了。目下阴云四回合，看来三五日内天气尚难望晴，那三百车粮米三日便用尽了，那时候来源不济，仍旧难免会有断炊之思。我们不若仍旧按兵不动，待其粮尽，不战自败。为今之计，趁着这个空子。不如再派一支兵马绕出山后，索性把他的粮路截断。待他到了四绝无路之时，然后趁其内乱，一鼓可以灭之。"

李自成道："这也使得！"遂下令：叫大将罗虎率了五千人马，向山僻小路冒雨绕出官兵之后去截粮道，不得放过一人一骑。一面整顿人马，坐待官兵自溃。

过了几日，那雨果然连绵不止，官兵的粮草始终不能运到，就是有少数运来的，又被罗虎在险要处截住，从前劫来之粮已经吃尽，连军中的瘦马都杀完了。一班兵将因为无米为炊，纷纷都向那树林中采取未熟的青柿子回来充饥。那种危险情状一日甚似一日，急得孙传庭束手无策，欲要奋勇出战，无奈那道路泥滑，饥兵不堪驱策；欲要坐待天晴，又因粮草告尽，诚恐意外之变就迫在眉睫。

孙传庭这种进退维谷的情形早被李自成侦察明白了，立刻调动全军人马，分兵遣将，一齐冒雨出队，鸣金击鼓，向官兵的大营杀了过来。官兵此时毫无一点防备，猛然闻得金鼓喧天，杀声动地，为首两员大将，正是李双喜、周凤梧，耀武扬威首先杀入阵里。孙传庭大惊，急忙下令：叫诸将一齐上前迎战。无奈饥兵散涣，全无一点斗志，一时号令不灵，被李自成的人马铺天盖地踏入营垒，孙传庭奋不顾身，亲自率了诸将，拼命上前死战。双方里金鼓齐鸣，喊杀连天。

正在苦战之时，那总兵左勷、副将萧慎鼎两路人马首先败退下来，李自成麾兵大进，犹如天崩地塌，官兵不能抵挡，顿时全军奔溃。孙传庭大怒，手执尚方剑，勒令左、萧二将赶紧再赴前敌，立功自赎，自己督住总兵牛成虎、郑嘉栋、副将孙守法、孙枝秀、参将郝尚仁等，死战不退。高杰一军刚才把李自成的右翼杀败，前军左勷早已身带重伤，孙枝秀、郝尚仁力战阵亡，大兵一拥退后。孙传庭看见大势不支，只得下令退兵，叫高杰督住后路，连夜奔向陕边去了。李自成传令：叫李双喜、周凤梧二将率了得胜人马，跟踪追杀前去，自己尽督大兵，一鼓再入南阳府，知府丘懋素、知县刘禋、新安知县陈显元等，先后力战身死。

李自成入了南阳，又复分兵四出，攻陷各处城池，郑州知州鲁世任、乡官魏完真、诸生李文鹏、王应鸿等，先后战死。

这里孙传庭率了败兵一直奔至潼关，方才由李卑把追兵挡住。孙传庭入关之后，又令高杰率了人马，协同李卑与李双喜等，一连大战了五天，方才把追兵杀退。孙传庭一面调兵守关，一面上疏告败，并自请议处。这个时候，朝廷正在忧患危急之时，原来是张献忠又攻陷了太湖、潜山、英山等处，潜山知县李孕嘉、英山知县高在仑及典史沈所安、千户刘懋勋、杨绍祖、袁永基、百户叶荣荫、张承德等，相继战死。朝廷正待调兵往剿之时，不防那清兵又攻陷了松山，督师洪承畴、总兵祖大乐被擒，巡抚辽东都御史丘民仰、总兵曹变蛟、王廷臣、兵备副使张斗、姚恭、王之桢、副将江翥、饶勋、朱文德等一百九十人，均不屈被杀。及新任总督范志完督兵来救之时，那祖大乐已经献了锦州，清兵由墙子岭分道而入，在朝文武急得手忙脚乱。崇祯帝一面下诏勤王，一面传旨：改范志完为督师，另以兵部侍郎赵光抃为蓟辽总督，即日会同范志完，总统诸道勤王官兵，入卫京师。

此时，清兵已入蓟州，畿南郡县望风瓦解，登莱佥事邢国玺战殁于龙岗，临清总兵官刘源清率领所部与清兵大战两日一夜，孤军无援，源清力战而死。一时文武如太常卿张振秀、主事陈兴言、同知路如瀛、通判陈应芳、吏目陈翔龙、兵部尚书张宗衡、原任河南巡抚高名衡、员外邢太吉、知县尹任、御史王大年、主事楚烟、郎中刘宏绪、给事中范淑太、张焜芳、天津参将赵秉钺、兖州府知府邓锡藩、监军参议王马维兴、推官李昌期、知县郝芳声、副将丁文明、长史俞起蛟、佥事樊吉人、同知潭丝、曾文蔚、通判阎鼎等，先后力战身死。

崇祯帝看见清兵声势浩大，连夜召见大学士、五军都督府、六部九卿、翰、詹、科、道，商议退兵之策。此时那大学士周延儒看见实在无法推诿了，只得硬了一硬头皮，向崇祯帝面前自告奋勇，情愿出去督师杀敌。崇祯帝大喜，即日赐他尚方剑，许以便宜行事。

延儒辞了崇祯帝，出了北京，驻节通州，每日饮酒赋诗，所有一切战守之事全不过问。此时兵部尚书张国维已飞檄赵光抃、范志完，调集了总兵唐通、白广恩等八镇官兵，与清兵大战于螺山。八镇总兵同时败溃，清兵大掠了直隶、山东两省，所过州县焚杀殆遍，然后逍逍遥遥杀出关外去了。莱芜知县冯守礼、齐东教谕张日兴、信阳知县杨予卿、武城知县任万民、临淄知县文昌时、训导周辅、寿光知县李耿、藤县知县吴良能、东阿知县吴汝宗、高苑知县周启元、丰县知县刘光先、沭阳知县刘士璨、莱阳知县陈显际、总兵官和应荐、张登科、河间知府颜孕绍、参议赵王延、同知姚汝明、知县陈三接、给事中周尔淳、霸州副使赵辉、知州丁师羲、参政李时芃、顺德知府吉孔嘉、任丘知县白慧元、知府傅梅、中书孟鲁钵、赵州知州王端冕、教谕陈广心、训导王一统、定州知州唐铉、永清知县高维岱、典史李时正、教谕邸养性、乡官刘维惠、清平教谕曹一贞、训导董调元、郎中李其纪、乡官吕鹤举、杜斗愚、南乐诸生郑献书、河间乡官贾太初、永平副使申为宪、庶吉士金声等一班文武，先后战死。崇祯帝大怒，传旨将兵部尚书张国维、辽东督师范志完、蓟辽总督赵光抃三人一齐革职下狱，交刑部议罪，另以侍郎冯元扬代国维为兵部尚书。

这个时候，恰好那孙传庭的败报也递到了，崇祯帝大惊，只得传旨：将督师尚书孙传庭革职充为事官，再行整顿兵马，固守秦关；副将萧慎鼎临阵先逃，贻误戎机，着即传旨正法，枭首军前示众，总兵左勷罪当斩首，姑念其父左光先屡立战功，准其暂行免死，革职勒赴军前效力赎罪；副将高杰勇敢善战，着即实授总兵官并加都督佥事衔。旨意一下，孙传庭便请出尚方宝剑，将萧慎鼎枭首军门，另外添兵补马，再图恢复。

再说那张献忠自从在河南杀败了官兵之后，由泌阳入安徽，太湖知县阳春芳战死，前部先锋刘文秀、艾能奇率了大兵直攻庐州府。这时庐州正在兵单饷缺，不下三日工夫，早被文秀等一鼓攻破了城池。庐州府知府郑履祥、参政程楷、通判赵兴基、经历郑元绥、同知赵之璞等同时战死，大兵一拥而入，刘文秀率了一彪人马杀入分守道署。这时分守庐州佥事蔡如蘅看见贼兵杀入署来，他便携了爱妾王月卿奔向署西花园里，踊身投入井中求死；刘文秀赶上前来，督住兵士把他们捞了起来，捆向府中来见张献忠。蔡如蘅一见张献忠，挺身大骂，直立不肯屈膝。

张献忠大怒，立刻亲自拔出了佩刀，照定如蘅一刀劈了下去，蔡如蘅骂不绝口而死。张献忠杀了如蘅，回头瞧着王月卿，说道："这个不识好歹的奴才已被咱老子杀了，你这个青年妙质，好像一朵花儿似的，咱老子实在下不得毒手。"叱左右："快快松了捆，送向帐中，陪咱老子饮酒去吧！"王月卿闻言，顿时红晕了双颊，朝着张献忠劈面唾了一口，大骂："反国逆贼，杀了我的丈夫，还敢用巧言来戏侮我？要杀便杀，焉能从汝！"张献忠听了，这一气非同小可，顿时暴跳起来，大呼："反了、反了！这个女囚囊也敢来骂咱老子，这还了得！"说时举刀一挥，可怜王月卿羞花闭月的一颗头颅，早已随刀堕地。但是她的头虽被砍去，那个身子却仍旧亭亭玉立，不曾跌倒。张献忠正在惊异之间，忽见一股鲜血，从她粉项上一直仰喷了上去，斑斑点点，洒了张献忠一身的血迹。张献忠大骇，急忙把刀子一撩，拔腿跑入帐后去了。

这蔡如蘅明明是被张献忠所杀，王月卿更死得奇烈惊人，不料那《明史》上却把蔡如蘅附在赵兴基传后，说他平日居官贪戾，城陷之时，同庐州知府郑履祥、督学御史徐之垣一齐缒城逃走，这种记载真正冤死人了。郑履祥之死，有赵吉士的《寄园寄所寄》可证；蔡如蘅与王月卿之死，则当初城陷之时，有一位秀才姓余名友圣的，目睹其死节情形，后来著了一卷《庐州失陷记》，把这段事叙述得非常详细，这也是可资考证的。

第二十回

战汝宁褐文岳损躯　左良玉闯王战襄阳

　　李自成再入南阳，闻知孙传庭已经败回西安，他便把前锋人马一齐撤了回来，一面同三位军师商议进兵的方略。宋献策道："我军本欲先取开封，以为根本之地，乃因急切不能攻下，用水灌开了城池，以致全城淹没，得之无用。今则中州一片荒凉，实在无可图者。以地利论，则不若舍豫入楚，直取襄阳。襄阳水陆交通形势险要，是天然用武之地，得之足以控制江汉，比起来在这残破凋零的河南强之多矣。"李自成道："先生所言正合孤意。我兵几次入豫，已经杀得赤地千里，十室九空，即取得许多城池，仍是得不偿失。我们今日就决计向湖北进兵罢。"于是下令：叫部下人马次第开拔，由汝宁入湖北，令大将李守信、刘芳亮二人为先锋，率了一万精兵，浩浩荡荡杀奔湖北而来。

　　岂知前军刚才到了汝宁，前头早有无数的官兵拦住去路。为首一员大将横刀勒马，大叫："贼将还不早早投降，要往哪里去送死的？"李守信大惊，急忙整队上前，来与官兵迎战。

　　那官兵的这一支人马究竟是从哪里来的？原来是那保定总督杨文岳闻知李自成犯楚，他便率了监军兵备金事孔贞会、新授南阳道金事王世琮等，分督大兵，前来截住了去路。为首的那员大将姓康名世德，乃是文岳的中军副将。世德生得身长丈二，腰大十围，有万夫不当之勇，手摇一口鬼头大刀，耀武扬威，直奔李守信而来。李守信见他来了，立刻挥刀跃马，上前接战。一时金鼓齐鸣，喊杀连天，二人大战了三五十回合，未分胜负。李守信看见官兵声势浩大，不敢任意恋战，因此便收住了人马，守住前寨，听候李自成的命令。

　　隔了一宿，李自成的大队也就跟手开到，闻知前军被保定官兵截住，他遂传令：叫大将李过、俞彬、李友、田虎等四将率了人马，前去与官兵接战，把李守信、刘芳亮两支人马调为第二队，接应前军。六个人领了将令，各自点兵派将，先后向官兵阵前杀了上来。杨文岳看见李自成动了大兵，连忙调了副将贾悌、冯名圣分率人马，上前接战；霎时间金鼓齐鸣，喊杀连天。

李自成在中军遥望保定官兵十分精锐，便向众将道："文岳所部都是百战精兵，此刻趁他交锋之始，赶速给他个迅雷不及掩耳，挫了锐气，然后可以一鼓歼之。"说毕，便指挥了一班勇将，蜂拥杀上前来。

官兵众寡不敌，一战大败，纷纷向后退走。文岳大惊，急忙率了中军人马，与监军孔贞会一齐驰到阵前，连斩了三员逃将，方才勒转人马，与李自成短兵相接。一时刀剑之声、杀喊之声连天动地。两军大战了一日一夜，各不稍退。李自成看见官兵这样勇猛，越发大怒起来，又向后方调了生力军，继续进战。此时官兵的将士也死亡过多，文岳看见势不能支，传令叫把前军作为后军，且战且走，一直退回汝宁。李自成长驱大进，直薄汝宁城下，把一座汝宁府城足足围困了十层人马，一面又用大炮向城上猛攻，用地雷在城下轰炸。文岳等也都在城上誓众死守，天天用火炮强弩向李自成军中尽力还击。

李自成一连攻打了两天，不唯不能攻下城池，反倒伤了许多兵马，因此他心中十分着急。到底是人急智生，便想出来一个最野蛮的方法。他这个法子也就很怪的，是叫部下的兵士每人自备铁器一件，或刀或斧，或是锄镢之类，赶来日一早，都要齐备，违令者立斩。这个紧急号令一下，众人也不解他的用意，只得各人准备个人的去了。

到了次日，李自成便传令。叫三军人马一齐出战，一面调集了开山大炮排列在城外，对准城头，专候中军炮响，一齐向城上开发。诸事布置停妥了，李自成方才同宋献策等亲自驰到前方，下令：叫全军将士一齐进逼城下，限定每人向城墙上取砖一块，取得的退后休息，不得的立刻斩首；令一面又传令，叫中军放起了号炮。一时数百尊大炮一齐开放，犹如百万雷霆，骈击汝宁城头，霎时间烟焰弥空，城上的雉堞随烟飞滚，守城兵将亦四散奔走。城外的人马趁着这个空子，一拥奔到城下，刀枪并举，斧镢齐施，转瞬间一座汝宁府城早已拆开了八处缺口。李自成传令下去：叫前方兵士即向缺口进攻！李双喜左手执旗，右手提刀，把身子一踊，首先跳上城来。后面李过、李通、俞彬、田虎等一班勇将蜂拥而登。

此时汝阳县知县文师颐亲督壮民首当这个缺口，看见李双喜等已经登城，他便率了一班兵勇上前截堵。李双喜大怒，亲舞大刀，上前砍杀了师颐，又向城上大呼杀来。这时总督杨文岳同兵备副使王世琮、汝宁府知府傅汝为、通判朱国宝、副将贾悌、冯名圣等，各率兵民，分左右舍命杀来。冯、贾二将截住李双喜死战，后面李自成的大部长驱而来，把文岳、世琮等分头围杀了片刻，就在城头上把二人生擒去了。傅汝为、孔贞会看见势不能支，便同冯、贾二将一齐奔回城内，向各处街巷拼命死战。李自成大怒，立刻催督了诸将，奋勇围杀。这时城中火光四起，喊杀连天，双方血战多时，汝为身带重伤投井而死，朱国宝、贾悌、冯名圣等都力战被擒，副将甄奇杰、游击朱崇祖、千户刘肇勋、百户李衍寿、阎忠国等，先后力战身死。孔贞会看见大势已去，他便率了少数人马，杀出西门外落荒而走。这里李自成杀散了官兵，入了汝宁府城，一面贴出榜文安民，一面大犒三军。李自成就府署大堂上升座了中军，传令叫把杨文岳等一干文武绑了进来，李自成高坐堂上，杨文岳举目一看，便挺身大骂："叛国匹夫，逆天作乱，指日大兵一到，逆贼身为齑粉矣！"李自成大怒，喝道："孤三次入豫，汝皆抗拒我师。今日被孤拿住，还不早早认罪，尚敢无礼耶？"杨文岳叱道："吾乃朝廷的封疆大臣，城陷身死，理所当然，更有何罪可认？要杀便杀，不必饶舌！"李自成大怒道："'要杀便杀'？你道孤舍过杀人便没法处治你么？"说毕，便喝令左右："将他们一干文武一齐绑赴校场，听候发落！"左右一声答应，将杨文岳等一齐推出城外去。

且说这杨文岳，字斗望。万历年间进士，授行人。天启五年擢兵科给事中。崇祯二年，出为江西右参政，历任湖广、广西按察使。十二年，擢兵部右侍郎，总督保定（今河北保定）、山东、河北军务，专事镇压农民起义。十四年，李自成破洛阳，进逼开封，他率师往救，杀起义军将军一条龙。可谓是忠臣，如今大势已去，将要在大校场正法了。

到了大校场，李自成随后亲自出城，传令将杨文岳及王世琮、贾悌、冯名圣等文武四人一齐绑在大柳树上，一面调了几尊大炮，装满火药，加足子弹，对准了四人燃火开放。一时惊天动地，烟雾弥空。炮声过处，那四位忠臣一个个穿肠洞腹，尸骨狼藉而死！后人有诗叹曰：

忠孝由来不顾身，誓将报主净氛尘。

汝宁城外捐躯日，留得声名万古新。

第二十回　战汝宁杨文岳损躯　左良玉闯王战襄阳

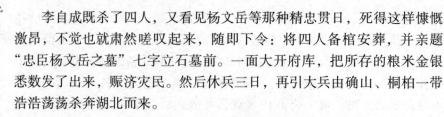

李自成既杀了四人，又看见杨文岳等那种精忠贯日，死得这样慷慨激昂，不觉也就肃然嗟叹起来，随即下令：将四人备棺安葬，并亲题"忠臣杨文岳之墓"七字立石墓前。一面大开府库，把所存的粮米金银悉数发了出来，赈济灾民。然后休兵三日，再引大兵由确山、桐柏一带浩浩荡荡杀奔湖北而来。

前锋尚未杀出河南境界，忽然又接探马的报告，说是官军总兵孙应元又复率了大兵，在前头截住了去路。李自成大怒，立刻率了人马，亲自上前接战，两军大战于罗山之下。这时官兵只有五千人马，因为众寡不敌，连战大败下来，应元饷尽援绝，力战阵亡。

李自成刚刚杀败了这一路官兵，不防那刘超、刘泽清二将又奉了监军御史苏京之令，率领大兵星夜追赶前来。李自成闻报，急忙下令，叫李双喜、刘宗敏各率本部精兵，火速回转头来，截住刘超等两路官兵，自己仍旧督率了大兵，向湖北进发。

此时那平贼将军、总兵左良玉正督了水陆大兵，驻守樊城一带，闻得李自成由豫入楚，声势十分浩大，他便把所统的水师战舰一齐调集浅洲一带驻扎，自己却率了马步大兵驻南岸，以截李自成的来路。李自成探知沿江的水陆隘口都被左良玉扼守住了，他便同宋献策等商议了一番，先叫李守信、萧云林、李过、俞彬等四员大将各率精兵一万人，直向南岸，攻击陆军；自己却率了大部兵将，径向浅洲一带进攻沿江的水师。

这里李守信等奉令之后，一齐率了人马杀奔南岸而来。前锋到了江边，但见隔江一带层层营垒，守御得十分严密，所有沿江民船都被官兵调过南岸去了。李守信看了一遍，便下令：叫把骑兵调上前来，亲自率了涉水而济，去向官兵阵里冲锋。不料这里的河水极深，那些人马刚刚入水，便已深过马腹。李守信看见前头已经溺没了数骑，方欲策马回岸，不防南岸上的连珠炮响，金鼓齐鸣，霎时间万弩齐发，矢如飞蝗一般隔江射了过来。李守信大惊，意欲奋勇杀过河去，一则水深难涉，二则前头人马早已纷纷中箭落水，后军沿岸奔驰，一时队伍大乱，不能指挥如意。李过、萧云林等急忙勒转人马退回北岸，一面下令，叫各营将士赶紧砍伐树木，搭造浮桥，以便向南岸运兵。不料那沿江一带的林木早被左良玉焚烧净尽，李守信等费了许多气力，方才向那二三十里外运了竹木来造浮桥。无奈那些军士一到江岸，即被官兵在对面用大炮强弩打退了下来，因此李守信等弄得没有办法，只好一面预备搭桥的物料，一面又飞马去报告李自成，请示进兵机宜。

这时候，李自成正在浅洲一带，闻知李守信等不能进取，他便亲自率了少数兵将，连夜驰至李守信营中，隔江观看了一番。但见一片江水滔滔，并无船只可渡；南岸上一律驻扎左良玉的官兵，旗帜鲜明，军容甚盛，这步队人马如何便能飞渡过去？李自成立马江边出了一会神，猛然眉头一皱，计上心来。遂下令：叫李守信等将步兵全数调齐，在下游江边预备出发，一面又将骑兵二万向上游二里江水稍浅处与步兵紧紧地靠住。两队人马都调齐了，然后传了一声号令，叫马、步大兵一齐涉水杀向南岸，敢有退后者，立斩不贷！

这个命令一下，那些将士谁敢顾虑江水的深浅呢？一时万马争奔，人声鼎沸，齐向大江中奔了进去。上游之水被那八万只马蹄堵入中流，顿时涨起二三尺高。因此，下游之水立刻便低落了一尺有余，步兵趁势飞渡，与骑兵一拥奔过了南岸。左良玉大惊，急忙亲率人马前来抵挡。李守信舞刀跃马向军中大呼道："今日前有敌兵，后临大江，战胜则生，战败则死，兄弟们，需要大家努力才好。"那些将士闻了他的言语，一声呐喊，齐向官兵扑杀了上来。左良玉看见来势凶猛，连忙亲舞长枪上前截战，李守信亦舞刀接住。二人大战了五六十回合。后面李过、俞彬等又各率铁骑直奔官兵，左良玉大惊，急忙丢开李守信，引兵向后退走。李守信与萧云林一直追杀前去，左良玉又调了他的儿子左梦庚上前混战了一场。直至天晚，双方方才收住了人马。

左良玉回到帐中，因为李自成声势浩大，万难抵挡，便传令：叫左梦庚同副将王璋守住前寨，另外又叫飞马向武昌告急。

这时候，李自成已经率了马维兴等一班上将，把驻扎浅洲一带的水师击败，前锋人马一齐杀过南岸，也向这里夹攻上来。左良玉看见两路兵败，马上成了腹背受敌之势，顿时着起急来。只好鼓励三军，再来与李自成决战；另外又飞调驻扎樊城的水师兵舰一齐顺流开下，以截李自成的归路。

此时李自成正督率了后军向南岸陆续飞渡，忽见上流的艨艟战舰蔽江而至，当此半渡之时，被左良玉率了大兵，一阵迎头痛击，前军纷纷中箭落水，上游的战舰又复横冲杀来。李自成一战大败，急忙将所有人马一齐收回北岸去了。

第二十回　战汝宁杨文岳损躯　左良玉闯王战襄阳

当时李守信等闻知上游交锋，早都引了人马一阵杀退了左梦庚，沿河来攻官兵。左良玉看见李自成已经退回北岸，急忙勒转大兵来战李守信。李自成在北岸看见李守信等孤军深入，自己又不能过去接应，一时便着急起来，恰好，那李双喜、刘宗敏二将已经杀败了刘泽清等两路官兵，引了得胜之师即日将到。李自成闻报大喜，马上传了一个密令，叫李双喜等两路人马毋庸来此，可即向下游一带赶造浮桥，火速飞渡南岸，去接应李守信的前军。此时南岸官兵因被李守信等沿江截住，不能向上游发动。所以李双喜等得以连夜造桥，把人马完全渡过了南岸。李自成这里也抽调了二万精兵，自己率领，连夜奔向下游，向浮桥上渡了过去，然后整齐队伍，传了一个号令，大军直扑官兵大营而来。

原来左良玉自从与张献忠连次大战后，那部下的精兵男将先后伤亡过半，至于新募的人马更是有名无实，不能使用。因此这一回左良玉的战斗能力却是十分有限。此时李自成简约士兵检阅兵车，拼命杀来，加以李双喜、刘宗敏两支生力得胜之师，军威异常锐猛。左良玉的人马刚才与李双喜交锋，左侧李守信等又复夹攻上来，因此官兵便一战大败。这时李自成在北岸的大队早已蜂拥而来，与李过等分头邀击。左良玉看见势不能支，只得弃了营垒，率领残兵败将，一直退向武昌去了。李自成一面分布人马去追左良玉，一面亲督大兵，直取襄阳。

巡抚湖广金都御史宋一鹤、巡按湖广监军御史李振声闻知李自成由豫入楚，又接边境文武告急的文书，因此他们一面合疏向朝廷告急，一面飞檄左良玉扼守樊城一带；及左良玉兵败，李自成长驱渡江，一时风声鹤唳，全楚震惊，于是宋一鹤便飞檄郧阳、彝陵两处的官兵，一面来截李自成，一面去援左良玉，再行进兵接战。谁知援兵来到，左良玉业已败回武昌，李自成的水陆大兵直攻襄阳府。

襄阳自从被张献忠攻陷之后，精华损失尽净，城中人烟稀少，市井凋零。但是此地还是重要的战略地点，非驻重兵不可。自从左良玉兵败之后，巡抚宋一鹤便赶调了援剿总兵官温如珍星夜移守襄阳。如珍的人马刚才到了襄阳，那李自成的大队也浩浩荡荡前来打杀。维时双方人马一齐摆开了阵势。如珍提刀跃马，专门为擒拿李自成而出战。李自成大怒，举矛向后一招，早已飞出大将马维兴，挥刀跃马直取如珍。如珍大怒，叱道："无名小卒，不足污我宝刀。"喝令："部将刘太出战！"刘太应声上前，舞枪来战马维兴。一时金鼓齐鸣，喊杀连天。二人大战了三十余回合，刘太措手不及，竟被马维兴一刀劈下马来。马维兴麾兵大进，直扑中军而来。如珍大怒，立刻舞动大刀来与马维兴决战，一直杀至天晚，双方才收住了人马。

到了次日，李自成的后军大队越发蜂拥杀到。如珍看见敌势浩大，连夜遣人向抚按告急，请求速派大兵，前往援应；一面令副将高勇、刘贞守住府城，自己率了大兵，再来与李自成决战。李自成见他来了，便传令：叫李过上前迎敌。二人交马大战了七八十回合，胜负未分。李自成看见如珍武艺高强，恐怕李过有失，又令俞彬、刘希尧二将率了人马，前去助战。如珍力战三将，看看招架不住了，恰好副将高凤又复引兵接应上来，双方混战了一场，方才收兵回营。

李自成看见连战两日不能取胜，心中十分的纳闷，次日一早便下令：叫李过、俞彬、高一功、萧云林四将，各率本部精兵去向如珍搦战，又令李守信、周凤梧各率铁骑一千，分两翼以待官兵；自己率了诸将居中策应。这时李过等四支人马早已向前出发，声势十分凶猛，如珍亦与高凤等分督大兵鼓勇迎战。正在双方苦战之时，不防李自成又亲督大兵，驰到阵前，指挥了一班将士，直攻如珍的中军。如珍急令副将罗奎迎住李过等四将，自己拨转马头来战李自成。此时正值北风大起，走石扬沙，官兵正在万分危急之时，不防那李守信等两支骑兵又复呼啸杀来，官兵四面受敌，加以逆风不能进战，因此一战大败下来。如珍见势不支，亟待收兵之时，李自成又率了精兵乘风而来，势不可挡。高凤、罗奎先后被李双喜、马维兴所斩，官兵死亡载道，四散奔走。如珍见大势已去，只得弃了残兵，杀出一条血路，落荒逃走去了。李自成催兵大进，直逼襄阳城下，百道猛攻。

这时总兵官钱中选又奉了巡按李振声之令，率了人马，由承天来救襄阳。李自成闻知承天兵至，急调大将李达、贺珍、马矿等率了大兵，前去接战，自己仍旧督率了诸将，昼夜攻打城池。襄阳城大兵少，不上三日工夫，早被李自成攻开，大兵一拥杀了进去，里居知州蔡思绳、通判宋大勋等力战阵亡。

李自成刚才入了襄阳，那李达等三路人马一齐被官兵杀败，总兵钱中选率了得胜之师，长驱来夺襄阳府城。李自成大怒，亲自率了诸将，出城来与钱中选交锋。不料他的人马尚未列成阵势，早被钱中选首先冲突上来，杀败了他的前锋。李自成怒不可遏，喝令李双喜督住中军，自己指挥了将士亲自上前督战。钱中选望见李自成的旗号，便舞刀跃马一直杀入阵中，顶头遇见了马维兴，一气大战了五六十回合，未能分出胜负。背后李过、俞彬等一班勇将又蜂拥杀来，钱中选力战数将，拼死不退。

正在危急之时，却得副将王钦、周平率了两支生力兵接应到了。钱中选看见救兵已到，他便丢开马维兴，飞马直奔中军阵里来取李自成。李自成大惊，忙叫大将李迪上前迎战。钱中选更不答话，挥刀直取李迪，战了十五六回合，李迪抵挡不住，拖刀败下阵来。钱中选也不追赶，一马上前直扑李自成。这时李自成的中军大将李通、李达、刘苏、马矿、路应标、郝永忠等一齐奔出阵前，拦住钱中选大战了一场。钱中选亦分布偏将，奋勇抵战。

正在殊死奋斗之时，忽然连接后军报告，知道王、周二将已被马维兴等杀败，后方人马业已退走，钱中选大惊，急忙引兵退后，忽闻金鼓齐鸣，喊杀连天，西北角上突然又来了一支人马，向官兵阵里横冲而来，为首两员大将不是别人，正是李自成的大将周凤梧、马世耀奉了宋献策之令杀了前来。钱中选大惊，只得率了人马绕城而走，沿着江岸一直败向承天去了。

李自成下令，叫李双喜、高一功率了人马前去追赶，一面又分兵出去，攻陷了随州，知州褚纯臣战死，然后大犒三军，整顿兵马，商议进兵武汉之策。

宋献策道："目下襄阳虽然攻下，而承天近在咫尺，又驻有重兵，乃是心腹之患。不若趁此破竹之势，一鼓攻下承天：则湖北屏藩尽失，武昌不难下也。"

李自成闻言道："军师说得有理，现在驻守承天府的李振声乃是孤的宗兄，孤亦久欲相见。今宜修书一封，先去慰问慰问。一面整顿兵马，预备攻城可也。"

宋献策领命，一面专人去向承天送信，一面催督人马直奔承天而来。

第二十一回

焚献陵楚抚殉国难　守承天按院陷敌营

那湖广巡按李振声本是米脂人氏，与李自成虽属同宗，却甚疏远。当李自成犯境之初，他正驻节承天府；及闻李自成已破樊城，官兵溃走武昌，巡抚宋一鹤又远驻武昌省城，这承天府有兴献皇帝的陵寝，防守非常重要，因此他便不敢离开，一面飞檄各县文武，严守城池。及闻总兵温如珍兵败于襄阳，他便把钱中选檄赴前敌，又令留守都司沈寿崇率领精兵驻守献陵。及闻襄阳失守，中选的人马纷纷败退，李振声看见形势危急，便把中选调了回来防守天，一面飞咨巡抚宋一鹤，请他火速发兵援应，一面部署兵将，严守府城。

此时襄阳失陷，全楚震动，德安、荆门、光化、谷城、均州、郧阳、保康、安陆、归州、夷陵等州县相继失守，李自成兵到之处，势如破竹，光化知县万敬宗、盐运使韩应龙、谷城知县周建中、均州知州胡承熙、郧阳同知刘璇、保康知县万维坛、安陆知县濮有容、夷陵里居知州李云、归州千户吕调元、荆门同知卢学古、学正张效芳、训导郑之奇、里居知州蔡思绳、通判宋大勋、乡官李新举、麻城教谕萧颂圣、黄陂知县夏统春、典史薛闻礼、兴山典史张达、都司徐日曜、云梦知县湛吉臣、应城训导张国勋、沔阳同知马飙、应山举人刘申锡、潜江举人朱士完、夷陵乡官陈策、李开先、黄州指挥郭以重、翁州指挥岳璧、罗田守将郭金城等，先后战死，李自成入了荆门，然后督率大兵直扑荆州。

荆州乃惠王建国之地，湖南巡抚陈睿谟奉旨保护藩封。睿谟明知荆州地当冲要，断乎不能坚守，因此他便率了人马星夜驰至荆州，把惠王常浩保护着向长沙省城逃难去了。城中的文武看见藩王已走，哪一个还肯出来防守城池？因此一班文武都各自拔开腿逃之夭夭。李自成大兵一到，城中百姓便大开城门，欢迎着李自成入了荆州，内中只有湘阴王朱俨伊、尚宝丞张允修、员外李友兰、训导撒君锡等，先后巷战身死。李自成一面赈济贫民，一面大犒三军，然后再督大兵进攻承天。

正当此时风声鹤唳，草木皆兵，承天的百姓早已携男负女，纷纷向山谷中各自逃命，眼看得举城一空，人心越发恐慌起来。巡按李振声大惊，一面严檄各州县招纳流亡，一面禁止迁移，严守城池，又召集了分守道张凤翥、承天府知府王玑、钟祥县知县萧汉、总兵钱中选、留守都司沈寿崇等，一齐来到察院，商议战守机宜。可巧那李自成送书的使者恰恰也在这个时候到了。李振声拆书看了一遍，勃然大怒，立刻将书扯碎，传令速斩来使，将首级号令城头，一面向众人道："本院奉敕按楚，并监诸镇兵马，目下大兵未集，而贼氛已逾荆襄。承天地当冲要，又是陵寝重地，本院今日既然按部至此，便当与这承天府城存亡相共。不料逆贼妄引宗谊，以惑听闻。本院世受国恩，情愿以身许国，不知诸公之意以为如何？"众人闻言，齐声道："某等都愿以死报国！"李振声道："这便好了。"于是率了文武，分头预备战守。

不提承天城内的文武布置防守，再说那李自成闻得李振声毁书斩使的事，便向宋献策道："我知这些文人是中了书毒的，一定不识时务，这个我自有道理。"随即传令：叫大将李过、俞彬各率精兵一万人为先锋，周凤梧、高一功各率本部人马随后接应，先后杀奔承天而来。李自成一面分布人马，水陆并下，连破宜城、枣阳二县，宜城知县陈美、训导田世福、枣阳知县郭裕等先后战死，烽火连天，直达承天府。

先锋李过、俞彬的人马刚刚到了承天，那总兵钱中选、都司沈寿崇已经率了大兵，列阵拒战。李过横刀勒马大叫："中选败军之将，还不趁早投降，更待刀临项上，悔之晚了！"中选大怒，叱令部将吴昆上前搦战，李过亦挥刀而出。两马相交，大战了三五十回合，李过卖了一个破绽，飞马奔向吴昆背后；吴昆回马不及，早被李过翻转身来手起刀落，把他砍于马下。俞彬驱兵大进，直扑官兵阵里而来。中选大怒，亲自舞动长刀，飞马来战李过。一时金鼓齐鸣，喊杀连天，二人大战了五六十回合，未分胜负。后面俞彬的人马又复长驱而来，沈寿崇连忙督兵上前，死力把俞彬截住。双方混战了一场，方才各自收兵回营。

此时李振声又接连探报，知道李自成的水师业已开到，步兵即日也跟踪杀来，恐怕献陵有失，便下令：把中选、寿崇火速调驻陵上，已成掎角之势；又令兵士栅木为城，在纯德山上昼夜防守。这里李过等也不去攻打陵山，便尽率大兵直奔承天城下而来。李过一马当先，向城上大呼："请李按院搭话。"

此时李振声正在城上，闻知李过到来，他便率了文武来至敌楼前凭栏下视。李过在马上欠身说道："小侄奉了叔父的将令来见伯父，有要事相商，乞即饬退守兵，容侄详禀。"李振声闻言勃然大怒，不待他说完便厉声喝道："汝辈乱臣贼子，造下弥天大罪，不知及早回头，还敢以巧言来诬本院？孺子不足道，快叫李自成逆贼速来领死吧！"说毕便喝弓弩手放箭。李过见话不投机，又因临行之时李自成曾吩咐他不许操切从事，因此他便忍了一口气，率了人马，一直去攻献陵。

到了次日，李自成的大部早已陆续开到。闻知前军正在与钱中选等互相攻守，他遂率了李双喜、马维兴、李通、李适、刘宗敏等五路大兵，向献陵四面攻围上去。那陵上的守兵不上五六千人，又因新败之下士气不振，如何能支持得住？李自成大兵一到，早已人慌马乱，兵无斗志。沈寿崇所部的官兵有许多不待号令，纷纷下山逃走。李振声大怒，立刻派了中军参将王昭把那些逃将捕获正法，一面拜疏参劾沈寿崇军无纪律，把他调回城中，另派了部下的中军守备王珰代领其众，与中选协力死守。

这个时候，恰好那湖广巡抚宋一鹤亲自率了中军副将李佳应、参将梁升等，由武昌星夜来援承天。宋一鹤看见李自成正在与中选交兵，他遂令大将梁升率了人马前去与李自成搦战，自己尽率大兵与李佳应一直由后山趋登献陵，分头扼守了陵外的木城。这里梁升与李自成大战了一场，因为众寡不敌，亦引了人马退屯献陵木城之下。李自成知道宋一鹤来了，立刻下令部下诸将一齐进攻，先把宋一鹤的人马扑灭了，再去攻打承天府城。宋一鹤看见敌势浩大，只得亲自上前，鼓励了兵将竭力据守。

此时李自成指挥了人马分八路来攻，梁升引兵迎战，首先遇见李双喜，交马二十余回合，梁升抵挡不住，节节徇左侧退了下去。后面俞彬又率了大兵截杀上来，梁升一战大败，部下的兵将又复死伤过半。这个时候，李自成又亲督大兵，鸣金击鼓，呼啸杀来，如飘风急雨，势不可挡，杀得梁升大败而逃，身上中了两箭，绕城西走，八路人马齐向献陵上杀奔而来。宋一鹤亲冒矢石，同钱中选、李佳应等奋勇抵御，双方里金鼓齐鸣，喊杀连天，自已时杀到未时，双方各有死伤。宋献策看见官兵守御甚力，一时不易攻取，他便在后军发了一道紧急号令，叫李达、马矿、刘希尧、李友等四将速率后军人马向各处伐木为薪，一齐堆积献陵木城之下；趁着两军攻守之时，另选了一千名勇士，由矢石横飞之际，一直奔至城下，放火燃烧。霎时间烟焰弥天，木城着火，顷刻延烧起来。

宋一鹤见城不可守，急忙下令：叫钱中选率了人马回守承天府城，自己同李佳应尽率武昌兵马从火中大呼杀出，直奔李自成的中军而来。李自成猝不及防，反被官兵把他杀得手忙脚乱，几乎就要失败了，却得李过、李牟、田虎、罗虎、刘希尧、刘宗敏、李双喜、高一功等一齐奔杀上前，宋一鹤大败，率了部下人马杀出一条血路来，向东北角上落荒而走。李自成催督诸将尽力追杀，李佳应力战阵亡，官兵死伤载道，血流成渠。宋一鹤率了随身三五十骑杀出重围，一气奔走了五六里远近，所带的从骑也都风流云散，不知哪里去了。宋一鹤在马上回头一望，看见献陵上烈焰冲天，杀声动地，自己带来的官兵已经全军覆灭，一时既悲且愤，那一种无名的怨气骈集五中，于是连声长叹，翻身下马，朝着北方痛哭了一场，独自一人向那木林深处自缢身死，后人有诗叹曰：

贼氛一炬献陵焚，又见忠臣死报君。

白骨已随荒草没，我从何处吊孤坟。

这里李自成大破了武昌官兵，越城而进，一鼓遂登献陵纯德山，放火烧了献陵享殿。钦天监博士杨永裕、守备王玱率众迎降，李自成大喜，立刻把二人召来相见。永裕见了李自成，自称他精通天文，能佐李自成平定天下，又请开伐献陵，取陵中宝物以资军饷。李自成道："天下之大，岂少区区墓中物？伐冢掘墓之事，孤实不屑为此。"话未说完，只见背后转出一人，厉声道："开棺伐冢固非王者之行，但明朝曾令汪乔年伐掘大王的祖茔，此仇岂可不报？这献陵乃兴献王之坟，正是崇祯帝的高祖。今日将他伐掘，正所谓'以怨报怨'，有何不可？"李自成视之，乃是护军校尉王克生也。李自成听他说得有理，遂下令派他率了人马，随同杨永裕监视开伐；二人领命去了。

谁知天下事却也有些不可思议之处。那王、杨二人刚才督率了人夫向陵前挖掘了一会，不料那陵中突然发出一阵大声，犹如霹雳震动，其声隆隆不绝。李自成大惊，急忙下令把王克生等调了回来，停止开伐，一面尽督大兵进攻承天府城。

巡按李振声看见献陵已失，宋一鹤兵败身死，各路的援兵又屡檄不至，只得率了城内文武及兵民昼夜防守。李自成见李振声毫无降意，一连又给他去了两封书信，都被李振声把使者斩了。李自成越发大怒起来，马上传令：限诸将三日之内就要攻开城池，违令者立斩！这时候正是崇祯十五年十二月十八日，李自成的人马在城外百道进攻，李振声亦率了兵民在城内竭力死守，双方里炮火连天，矢石如雨，一直相持了两昼一夜。李振声见势不支，又遣人潜行出城，向武昌调左良玉的人马星夜来援，一面表奏楚王华奎，请他火速发金募勇，防守武昌省城，又尽发府库金银，大募壮丁，令中军参将李盛统率着趁夜出城，来劫李自成的大营。

这时正值腊月下旬，月黑天阴之时，李盛率了一千五百名壮丁及五百名精兵，开城杀了出来，出其不意，一直杀奔李自成的中军而来。李自成猝不及防，登时队伍大乱。李盛手舞大刀，连斩偏将三员，飞马来擒李自成。李自成大惊，急忙率了中军部将马矿、李友、高升、王宁等奋勇迎杀上来。正在双方苦战之时，不防官军阵后的鼓声又起，那总兵钱中选又复引兵杀到，大队人马蜂拥杀了上来，钱中选一马当先，与高升交马大战了三十余回合，高升措手不及，竟被中选斩下马来，后面李盛亦斩了王宁，马矿、李友一齐败下阵来。李自成大怒，亲自舞动长矛，飞马上前接战。钱中选、李盛奋勇冲杀，李自成大败而走，人马自相践踏，死亡人数不可胜计。

这时鏖战已久，那李双喜、萧云林、周凤梧、马维兴等一班大将闻知李自成被官兵杀败，于是一齐都率了大兵，分途接应上来。但是黑夜之中只闻得城上城下一片的金鼓乱鸣，杀声连天，究竟不知官兵来了多少，又料不定是别处的援兵来了，加以李自成的中军人马纷纷乱窜，一时辨不清楚主客，所以李双喜等也不敢十分乱战，只得大家保护着李自成且战且走，飞奔退了下来。李、钱二将大获全胜，又怕前头再有埋伏，不敢孤军深入，遂收集人马，一直退回城中去了。

这个时候，那军师宋献策因为承天守御坚固，恐怕旷日持久，各路大兵一到，难免陷于危境，因此便心生一计，当黑夜中两军交战之时，他就暗中派了大将刘体纯带了二十名精细小校，装作官兵的样子，趁中选等收兵之时，遂一齐混入城中，暗中去勾结了王趄的家丁，预备内应。这一番布置李自成并不知道，所以被钱中选杀败之后，他心上异常

第二十一回　焚献陵楚抚殉国难　守承天按院陷敌营

愤怒，马上请了三位军师前来商议破城之策。宋献策大笑道："大王请少安毋躁，这一座承天府城，完全都请交在我宋某一人身上。到了后天晚上，准定把城池献与大王就是了。"李自成道："先生莫要取笑，军中无戏言。"献策道："愿责军令状。"李自成大喜道："既是这样，就请先生快快地传令吧。应该如何进兵，叫他们赶紧干去，不可迟误。"献策道："这也不必。目下请大王仍然照旧攻打，到了后天晚上亥正三刻，自然有人把城池取了来献，大王何必着急？"李自成听了，心中半信半疑，只得仍旧催督了人马奋勇进攻，双方又相持了一天一夜。

到了第三天，正是崇祯十五年十二月三十夜，乃除夕元旦之交，两军仍旧肉搏攻守，城上城下死亡相继，尸骸枕藉。李振声亲率文武在敌楼上指挥兵民殊死抵御，正在攻守猛烈之时，忽见城内火光四起，一片喊杀之声连天动地。李振声知道有变，急令中军李盛率了标兵三百名，驰下城去捕拿奸细。

不防那南北二门早被变兵砍开，李自成的人马由城外蜂拥而入。李振声看见事不可为，急忙同王玑、萧汉、钱中选等率了守城兵民，大呼杀了下来，就在十字街前短兵奋斗；都司沈寿崇亦率了家丁上前截战。这时承天城里的大街小巷，铁骑充斥，一片喊杀之声，夹着男号女哭之声，惨不忍闻。钱中选、沈寿崇大呼陷阵，与李自成的兵将肉搏血战。李自成指挥众将四面夹攻，钱、沈二将身带重伤，先后力战身死。李自成又下令："叫前方将士务要生得李振声，倘敢杀害者，立即斩首！"因此诸将便不敢施放炮箭，一齐用短兵围攻上来。李振声见大势已去，急忙要拔剑自刎之时，却被李自成的大将刘苏飞身上前，一把夺去了宝剑，同张凤翥、王玑、萧汉、卸任知府刘梦谦等一齐拥向后营去了。

李自成破了承天，一面出榜安民，一面犒赏兵士；知道李振声等都被擒获，他便大喜，向李岩道："大兄为我得，天下事不难定矣！"

这里李振声等一班文武自从被获后，报国。无奈那些将士防备得十分严密，他们五人一齐都拿定了主意，要誓死每人身边都派着三五个兵卒，贴身守护，一举一动完全不能自由。正在求死不得之时，忽然由李自成遣来一员偏将，带来卫兵四十名，并金银茶酒器四十件，锦绣衣二十套，一直走了进来，送到李振声面前，恭恭敬敬地参拜毕，双手呈上李自成的一封信函，口称："小将奉了李王之令，特来与大人请安。"

李振声闻言大怒，举起腿来一足踢翻了礼物，就手扯碎了书信，指着来将大骂："反国逆贼，本院既不能手刃汝辈，安能饮此盗泉之水？"骂得那人满脸飞红，抱头鼠窜而走。

李自成闻知这情形，便传令：叫李过率兵二百名，随带肩舆一乘，即刻前去把李振声强请来见，并将所擒的文武一齐带了前来。李过领命而去，不下片刻功夫，五个人一齐到了府署。李自成闻报，立刻亲自出府迎接。望见李振声，李自成倒身便拜，口称："小弟该死，今日冒犯兄长，尚乞格外原恕。"

李振声一见李自成，挺身大骂道："李自成逆贼，汝以一介驿卒，焉敢作乱如此？一旦天兵到来，汝辈葬身无地矣！本院失守封疆，罪诚当死，可即快快的杀了我罢！"

李自成闻言，满脸堆下笑来，躬身说道："大兄请息雷霆之怒，弟有片言，乞进府一谈。"说毕，命左右将他们五人，齐拥入中堂。

李自成让李振声上座，李振声挺立不动，李自成便站着说道："方今国家无道，视大臣如草芥，待百姓若寇仇，以致人心离易，天下骚然。现在清兵已陷辽东，国祚亡在旦夕，眼看得这个锦绣山河就要成了满人的世界。小弟应天顺人，兴吊伐之师，一则铲除昏暴朝廷，一则保我汉世的山河。唯是德薄才轻，还仗大兄助我成功，将来天下底定，共享无疆之休，岂非快事？吾兄明达之士，当不固执愚忠愚孝之见，坐失机会也。"

李振声闻言大喝道："逆贼无礼！焉敢毁谤君父，妄冀非分？方今天子圣明，国家景运方长，指日天兵四集，逆贼冰消瓦解，身为齑粉矣。尚敢信口胡言，自速其死！但是本院面奉天子口诏，凡尔等叛逆之徒，苟能洗心革面，悔祸投诚，一律从宽免死，准其效力军前，立功自赎。本院与尔有同乡之谊，不得不剀切晓谕，尔若知道仰体朝廷法外之仁，可即早早回头，本院自当力为保全，将来苟能效力国家，朝廷自不吝封侯之赏；倘若执迷不悟，在本院已拼一死？量汝辈亦祸不旋踵，亡无日矣！"李自成道："弟在兄岂得死？"回头向王玑等四人道："你们平日的官声甚好，可以仍旧供职。待孤平定京师后，还有借重之处。"

四人闻言，一跃起大骂，口称："愿与李按院同死，安能向万恶的逆贼低首乞降？"

李自成大怒，叱道："汝曹也敢无礼？刀斧手何在，都与我推去砍了！"

李振声道:"要杀同杀,他们都是我教不来降你的。"

李自成道:"大兄不必如此,我们的话改日再谈吧。"立叱刀斧手,把张凤翯、刘梦谦、王玑、萧汉一齐推出斩了,一面仍令刘苏把李振声送回察院衙门,小心服侍,倘若出了意外,看守兵将一律都要斩首。刘苏领命。

李自成送出李振声之后,隔了一日,又在府署中大开筵宴,请李振声上座。李自成亲自酌酒,向李振声劝饮;李振声一饮而尽,向李自成道:"本院前日已经再三劝尔,尔既不从,便当快快杀我,了此一场公案。"

李自成道:"弟本意原无非分之想,且待荆南事定,自当解甲归田,若何?"

李振声闻言大怒,掷杯于地,手指李自成叱道:"本院以尔较他贼稍有知识,故以正言晓谕,今竟冥顽不化,敢以巧言来欺本院,汝以本院是怕死者耶?"

李自成见他心如铁石,毫无一点挽回之意,因此面上大形不悦,遂说道:"吾方欲进兵荆南,请兄暂驻襄阳,待荆事稍定,再行从长商议。"就席上传令:叫李过率领兵船十只,把李振声送往襄阳;以人承天之功升刘体纯为右营都督,即率本部人马镇守襄阳,就责成他将李振声小心服侍,不得令其自寻短见;倘有疏虞,即以军法从事。二人领命出来,即刻点兵出发,把李振声送往襄阳去了。

再说那崇祯帝在京师,连接湖广抚按的奏报,知道李自成由襄阳进攻承天,这一惊非同小可,立刻传旨:召见大学士、六部、九卿商议一切军务。无奈这时候的国事日非,在朝文武人人都分了党派,无论时局如何紧张,廷臣都是漠不关心。就有几个忠心赤胆之臣,亦不过孤掌难鸣,徒唤奈何而已。就中最误大事的,乃是首辅大臣周延儒、温体仁二人。周延儒以状元宰相受崇祯帝特达之知,不思报效朝廷,专以卖官鬻爵、排挤正人为事,又引温体仁入阁,狼狈为奸,以致小人幸进,正士远扬,弄得国家的大局一日坏出一日。据野史记载,这一位周相国的为人,也算是太不自爱了。当他大魁天下之时,万历帝见他少年巍科,生得面如冠玉,仪表非常英俊,所以就独具只眼,一心要大大地提拔他,由修撰迁右中允、再迁少詹事,掌南京翰林院;崇祯帝即位,亦认定他是个贤才,特旨超拜礼部尚书兼东阁大学士,参机务言听计从,宸眷十分优渥。崇祯帝既把他认为召虎、裴度一流人物，平常在宫中说起来一口一声称他为"周先生"，因此那皇后妃嫔也都呼他为"周先生"。这崇祯帝最宠爱的是西宫田贵妃。有一天退朝后，正在与田妃闲谈之间，忽见她的裙边露出一双光彩夺目的凤舄来，崇祯帝又惊又喜，急忙弯下腰去把那纤纤凌波仔细玩赏了一遍。谁知不看则已，一看就看出天大的事了。原来这一双凤舄乃是用那极小的珍珠缀成，后面又用珊瑚珠子缵成六个小字曰："臣周延儒恭进。"崇祯帝一见这六个字，登时气得龙颜大变，在那雷霆震怒之中，又夹带了几分醋酸作用，立刻指着田贵妃大行申饬，骇得田贵妃战战兢兢跪在地下，口称："臣妾该死。这是由小太监送了进来，臣妾未曾留心看它，不知上面说的是什么，乞皇上息雷霆之怒，施雨露之恩。"崇祯帝哪里肯依，立刻传旨，叫领班太监把田妃送回左都督田宏遇府中，然后气汹汹地走了。

　　周皇后见他面色改变，一句也不言语，料定又是外面有了什么败报，因此便陪坐在一旁，慢慢地说道："陛下今日有何事故，值得这样烦恼？就是有了什么大事，还是与周先生等慢慢商量，不宜过于愁虑，致伤圣体。"崇祯帝听了连连摇头道："周延儒不是好人，以后不许呼他先生了。"说毕，又把方才的事详述了一遍，又要降旨，把周延儒革职拿办。周皇后闻言，连忙起身劝道："不可不可！这件事太亵渎了。倘使一旦宣传出去，于朝廷的面子上太不好看，请陛下暂时息怒。若周延儒真正不是好人，也须容忍几天，别寻一个岔子，再行将他治罪，方才不露痕迹。"崇祯帝点头称是。

　　从此以后便把周延儒大大地冷淡起来。过了不多几日，又把田贵妃召回宫中。但是墙倒众人推，在朝的文武看见周延儒圣眷忽衰，于是大家都群起说他的坏话。温体仁也趁势排挤，想把他弄倒了，自己独当丞相。因此国事日非，越发弄得不可收拾。到了临朝之时，崇祯帝看见他们这种样子，也只好暗暗地长叹。今日承天告急的表章到来，无论他如何着急，那些文武大臣都是默默不语，一筹莫展。崇祯帝看了一阵，不觉连声叹息，只得传旨："叫兵部火速飞调左良玉率了人马进援承天，一面责成户部速筹大宗粮饷，发往军前应用。"这个旨意刚才发了下去，忽然又由兵部递到一个急奏，知道承天已经失守，崇祯帝览奏大惊，立刻传旨退朝。

第二十一回　焚献陵楚抚殉国难　守承天按院陷敌营

第二十二回

建襄京李自成诛反侧　破湘楚献逆肆凶残

　　崇祯帝连接楚王华奎表奏，知道荆襄失守，承天继陷，巡抚宋一鹤战死，巡按李振声被执，武昌省城危在旦夕，请速调勃旅前来援应等语。崇祯帝览奏大惊，念及山陵被毁，不禁失声痛哭起来，即刻传旨：辍朝三日，一面遣官祭告太庙，一面又由廷议，以金都御史王聚奎代一鹤巡抚湖广，另授承天巡抚一缺，以湖广布政使参政王扬基升任，即日督率左良玉等各镇官兵，扼守武昌，恢复承天。

　　这几道旨意下后，崇祯帝犹自忧形于色，当其临朝之时，向大学士吴牲道："卿从前按秦抚晋，深悉贼中情形，可以代朕前去督师。"吴牲叩首领旨，崇祯帝大喜。即日传旨：以大学士吴牲兼兵部尚书，赐尚方剑，总督湖广军务，即日驰驿出京，往剿李自成，不题。

　　再说那李自成兵入承天之后，军师宋献策、牛金星、李岩、参军顾君恩等，连日暗中商议，以李自成所称"闯王"二字，原袭自高迎祥，名义太不正大，若不及早更正，实不足以号召天下。因此便联络了一班文武，共尊李自成为奉天倡义大元帅，暂时统驭六师，待攻克武昌后，再行名正言顺，改称楚王。李自成应允了，即日通令取消闯王名号，改称大元帅；又传令改襄阳为襄京，改禹州为均平府，改承天为扬武州，建设文武百官，以宋、牛、李三军师兼平章军国事，大阅兵马，分授李过、李通、李达、李进、李迪、李遭、李道、李逵、李暹、李迈、李友、李牟、李适、李逸、李时亨、李守信、刘宗敏、刘体纯、刘希尧、李其亨、李运亨、刘苏、马维兴、马世耀、马矿、田见秀、田虎、贺珍、贺锦、贺一龙、高一功、高立功、俞彬、张鼐、党守素、辛思宗、谷可成、谷永、郝永忠、袁宗第、吴汝义、任继光、周凤梧、路应标、萧云林、王文耀、马守太、蔺养成、白旺、谢应龙等五十个大小武将为权将军、制将军、果毅将军、威武将军不等，又以谋士俞上猷、萧应坤及杨永裕等为侍郎，以徐丘、王家柱、邓岩等为郎中，以顾君恩、傅朝宗为左右从事，以孟长庚、陈荩、李之纲、吴大雁、黄阁、金有章等为诸道防御使，以张虞机、姚允锡、牛俭、刘茂等为府尹。部署已定，然后传令：特遣大将任罗光守荆州、蔺养成守彝陵，王文耀守澧州，萧云林守荆门，谢应龙守汉川，马守太守景陵，高一功守襄阳，周凤梧守禹州，白旺守承天，即日各率马步精兵分头开拔赴镇。数日之间，部下的文官武将济济、彬彬，居然显出一番维新气象，不是从前的那种紊乱无头绪的样子了。这个缘故固然是因为兵入荆襄、占据了江汉形胜，亦因数年以来各处绿林豪杰闻风萃集，以及明朝投降的文武充斥部下，遂把当初那一班牛鬼蛇神渐渐淘汰完了，因此李自成的部下遂也渐渐地变了一番气象。这其中的布置一半由于李自成善于驾驭人才，一半却出于李岩暗中调度。李岩既把这些文武布置妥当了，又向李自成进了一策，仿周武王封三恪之意，封崇王朱由榎为邵陵王、保宁王朱绍坦为咸宁伯、肃宁王朱术授为宜昌伯，然后大会文武，商议进兵收复武昌的计划。

不想当此兴高采烈之时，他的内部却又出了一个萧墙之祸，只好再来把他详叙一番。原来是那大将罗汝才，他本是张献忠部下的心腹人物，因他赋性阴险，奸猾异常，所以就得了一个绰号叫做"曹操"。张献忠与李自成虽然同起延绥，但是他两个人的性气却是大不相同——张献忠凶暴成性，贪酒好色，专以杀戮为事，李自成对于酒、色、财三字却是深恶痛绝。加以李岩用事以来，更知道收买民心，因此张、李二人始终时分时合，同床异梦，书中也不能一一叙及。到了后来，他二人因意见不合，进而互相猜忌，渐渐地水火起来了。罗汝才看出张献忠不是成事之人，自从入了凤阳之后，暗中便向李自成输诚，后过的人看出这种苗头，心里也自然别有一种自卫的防备，所以他暗中便与那大将贺一龙结成一个死党。这贺一龙乃是贺人龙的族弟，自来骁勇绝伦，那心机也十分灵敏。从前在官兵营里当偏裨的时候，因为屡犯军令，贺人龙要把他拿来斩首示众，他看见来头不好，便抽身逃了出来，投在李自成部下，在李自成营里也要算得头二等的角色，那史书上所称为革里眼的，便是这位先生了。但是李自成起兵草泽，部下的头目多半以绰号行世，类如那独行狼、一只虎等类，指不胜屈。但其绰号的命意，不是表示其人的武勇，便是比喻其人的状貌，独有这革里眼的名称，无论你怎么的

博物君子，硕学通儒，都不能把他解释出来。但他的这个绰号自然也有命名的深意，做书的人若再不将他解释解释，长此以往，岂不叫世上的人长抱遗憾吗？原来这延绥一带土产一种小兽，名唤吉灵鼠，士人俗呼为革里，鼠目寸光，一尺以外他就看不清楚东西。这贺一龙乃天生的一双近视眼，因为这个缘故，众人遂尊他为革里眼这便是他那绰号的历史了。罗汝才既与他结为死党之后，李自成未免也就犯了疑心，因此遂意见日深，互相猜忌起来。

罗、贺二人看见李自成浸淫日盛，将来得了天下之时，良弓走狗，他们二位屈指便要首当其冲，于是在暗地里便商量一个计策，不知弄了些什么鬼，便向张献忠那里去了一个密信，极言李自成的为人如何凶狠，如何忮刻，一旦得了势，无论是谁都不能容在世上的，劝他赶紧出兵，趁空急取武昌，以分李自成的势力。

张献忠得信后，果然调兵遣将，大举往攻武昌。

探报到了襄阳，李自成大惊，欲待去与他争锋，又怕官兵乘势倒攻上来，连荆襄一带都难保守了；欲待不去理他，而唾手可得的武昌省城一旦被人拿去，这口气令人如何忍受！正在生气着急之时，不知什么人便把罗、贺二人的黑幕已经原原本本给他送了过来。李自成听了这一气非同小可，登时暴跳起来，大骂："负义匹夫，孤不能斩尔首级，誓不立于人世！"骂到这里，忽然又忍住气，暗中悄悄地请了三位军师，商议剪除他二人的方法。李岩道："此二人一个多谋，一个善战，要除灭他，须要严守秘密，倘若一漏风声，难免就要变生肘腋。为今之计，不若将计就计，先假他一个荣宠头衔，就派他率了人马去夺武昌，一面由大众与他设宴饯行，将他灌醉了，就席上诛之，较为容易，也可免意外之变。"李自成道："如此甚好。"四人商议妥当，即由李自成下令：加罗汝才为代天抚民威德大将军，贺一龙为副将军，各统水陆大兵，去与张献忠争夺武昌。

这个号令一下，李岩等便约会了全部文武，大开筵宴，给他们二位贺喜饯行。罗、贺二人并不疑心，高高兴兴地昂然入席。李自成亲自酌酒，首先向罗汝才道："孤新建襄京，人心未固，不图老张倒捷足先登，趁空袭取了武昌，这一口气非老弟去争，别的人万办不到的，孤想老张的侍人部下多半都离心离德，那刘文秀、李定国、艾能奇等，与老弟都是刎颈之交，老弟去，这些人都可以倒戈来降；这些人都倒了戈，那老张就无能为了。所以再三商议,这一回事非老弟大大地辛苦一趟不可。至于随征的文武,你看调谁去就叫谁去,只要杀败老张,夺回武昌,出了孤的这口气便了。"罗汝才闻言,心里十分高兴,用手拍着胸脯向李自成自告奋勇;李自成回转头来又把革里眼也敷衍了几句。于是众人一齐都上前凑趣。你酌一盅,我倒一壶,霎时间早将罗、贺二人灌得酩酊大醉。李自成见他们业已入了醉乡,就地立起身来,喝声:"武士何在?"话犹未了,阶下早突出马矿、路应标二将,带了十二名壮士,一拥奔上堂来,就席上把罗、贺二人抓了下来。李自成拔出所佩的花马剑授予马矿,把头一摆,马、路二人会意,便把罗汝才、贺一龙蜂拥拖出辕门外就地斩首,提了首级进来交令。

李自成见二人已经除掉,立刻起身,带了二十名护卫,飞马驰入罗汝才的营里,把那些大小将士一齐召了出来,向他们传令,说:"罗汝才、贺一龙勾结张献忠,图谋不轨,业经斩首正罪,元恶既除,其余的将士一概都无连累,各宜仍旧照常,勿得自相惊扰。"众人大惊,一齐伏地叩首,愿听号令。李自成见罗部已经抚定,又驰到贺一龙营中,把他所部的人马也弹压住了,然后将这两部人马、兵将分别交李过、俞彬、贺珍、马矿等四个人插花改编。这场隐祸被无声无臭地便消灭了,这便是李自成剪灭罗汝才、贺一龙的始末情形。

再说那张献忠自从凤阳兵败之后,便与李自成怀了意见,虽然偶有结合之时,到底是个同床异梦、貌合神离的样子。他的人马一向在四川、河南、安徽、两湖等省到处蹂躏,朝廷调集了各省大兵节节追剿,张献忠既降复叛,一连杀害了几个藩,杨嗣昌、熊文灿先后因他身死,所以他的势力也就一日大似一日,不过比起李自成来却又相差太远。这回被罗汝才说以利害,劝他先取武昌,以分李自成的声势,他便请了军师汪兆龄前来商议,兆龄道:"李自素与大王不睦,时时想要吞并我军。一旦令其掩有全楚,那时候威震江汉,我们更无立足之地矣。今趁官兵新败,武昌防守空虚之时,出其不意,一鼓可以攻下;然后据险自守,则李自成虽有百万之众,不足畏也。"张献忠大喜,即日点起人马,令大将李定国、艾能奇、孙可望、刘文秀四人各率大兵,浩浩荡荡先后杀奔武昌而来。

其时第一路先锋就是刘文秀。大兵到处,连陷蕲水、武冈、黄冈等州县,蕲水训导童天申、黄冈知县孙自一、县丞吴文燮、副使樊维城、指挥郭以重、诸生易道暹、七省监军佥事陈镤及武冈王朱企镫等，先后战死。当张献忠未至之时，黄冈县的百姓每日晚上便闻得一片哭声，从城墙砖缝中发了出来，因此城中的人们都认定这一回不是吉祥之兆，所以全城人士先后逃走一空。及张献忠破了黄冈，杀了守城的文武，又派出人马向四夕山谷里将那些逃走的难民一齐驱逐回来，叫他们每人自备一把锄镢，限三天把黄冈县城一律铲平。可怜那些青年妇女及白发老翁，一个个弄得手足破裂，死亡载道，稍有做工迟慢的，张献忠便叫部下的武士用大刀阔斧随时砍杀。一时号声震野，血流成渠。不到三日工夫，一座黄冈县城早已铲得一片精光。然后催督人马，星夜向武昌进发，前锋攻陷了蕲州，兵备副使许文岐力战身死，大兵由蕲州直逼汉阳府。

守将崔文荣闻知张献忠兵至，立刻点起部下的人马，出城拒战。双方排开了阵势，三通鼓罢，刘文秀耀武扬威，飞马阵前，大叫："我兵入楚以来，连陷名城，势如破竹，量这区区汉阳，焉能抗拒百万大兵？来将还不趁早投降，更待何时？"文荣大怒，挺枪直取文秀，刘文秀亦挥刀迎战。一时金鼓齐鸣，喊杀连天。崔、刘二人大战到三十余回合，崔文荣料敌不过，拨马向后退走，文秀率了大队人马大呼杀上。崔文荣奔至城下，守城的兵将急忙开了城门，把崔文荣放入城中，不防那刘文秀的人马也跟踪追到，一拥杀了进去。顿时又破了汉阳府。崔文荣大惊，急忙指挥了一班兵民奋勇死战，到底因为众寡不敌，又被刘文秀把他们杀败。刘文荣只得率了残兵，拼命杀出城来，一直奔向武昌去了。

刘文秀攻克了汉阳，一面飞马向张献忠报捷，一面下令休兵，这时后军大队业已陆续开到。张献忠到了汉阳，即日催督人马进取武昌，又令李定国、孙可望各率大兵，跟手去接应前军。

这时候汉阳既陷落，沿途烽火连天，直达武昌省城。总兵官左良玉闻风退走，所有沿江驻扎的水师兵舰一齐都溃散去了。朝廷新简的湖广巡抚王聚奎还尚未到任，因此这湖北全省军务竟成了无人主持的局面。楚王华奎看见事已危急，只得连夜向朝廷飞章告急，一面责成致仕大学士贺逢圣督同在城的三司文武分守城池，一面大募兵勇，令大将张其在、朱士鼎率领，会同崔文荣所部，星夜出城扼守各处隘口。

布置未定，那张献忠的大部已经由团风渡江直扑武昌而来，文荣急令部将韩直率了三千人马前往扼守洪山寺。韩直的大队刚才赶到，那刘文秀的前锋也杀到了。韩直大惊，只得引兵上前来与文秀决战；刘文秀更不打话，挥刀直取韩直。两马相交大战了三五十回合，刘文秀手起刀落，斩韩直于马下。刘文秀麾兵杀了上来，官兵大败而走，后面孙可望、李定国两支大兵一齐赶上前来，三路人马犹如山崩海潮，直冲武昌省城。张献忠兵到之处，鸡犬不留，村里为废墟一片，各州府县的人民都逃走一空。

致仕大学士贺逢圣正在城上督同一班文武誓众死守，忽见前敌官兵纷纷败退回来，随后便是刘文秀等大队人马长驱而至，反把崔文荣、张其在、朱士鼐三路官兵殿在后边。贺逢圣大惊，急忙遣人出城，飞令崔文荣等急率所部官兵驻扎左右山冈上，形成掎角之势，自己仍率了文武将士昼夜防守。

这时张献忠的后军也赶到了，传令叫艾能奇也引兵上前，协同李定国，分兵四路向武昌城下并力进攻。只闻得炮火连天，矢石横飞，双方拒抗了三日三夜。外面崔文荣、张其在引了人马与张献忠背城大战，张献忠亲督诸将，把官兵四面围攻，自辰至午，官兵死亡相继，崔文荣身带重伤，与其在溃围出走。贺逢圣望见二将战败，急忙从城上放下绳子，将他们吊了进去，一同守城。

张献忠在武昌城下一连攻打了五天，未能攻下城池，又怕李自成的人马前来夺取，因此他的心中便毛躁起来。正在着急之时，那军师汪兆龄便与他献了一条计策，暗地里打发了几个奸细，装作采樵的农夫，不知怎么便混入城中，将那楚府的护卫兵士勾结通了。这时武昌城内的守兵大半皆是新募之众，内中有多一半都是左良玉的溃兵，张献忠所遣的人也是左良玉那里的降卒，因此不下两天工夫，城中早已布满了奸细。到了第七天晚上，那武昌城中忽燃烧火光四起，一片喊杀之声连天动地！城上文武大惊，急忙分调兵将前去弹压，不料那些叛兵早已砍开了城门，张献忠的人马在外面长驱杀了进来。贺逢圣见大势已去，急忙率了一班文武，就在街前短兵血战。艾能奇、李定国等各舞大刀跳入官兵队里，肉搏死战。崔文荣身受重伤，首先阵亡，贺逢圣抵死不退。后面张献忠的大队又复层层包围上来，此时一班文武早已风流云散，独有贺逢圣力战不屈，被张献忠的部将所擒。张献忠杀退了官兵，麾兵大进，直攻楚府宫城。

楚王华奎看见省城已破，贼兵已薄王府，他便传集了合府男女，放他们各自逃生，又传令叫王妃自缢、郡主自缢。这位郡主年方一十八岁，芳名叫做凤德，新选郡马王国梓成婚不过十日，便遭这个天翻地覆、国破家亡的大变故。凤德奉了楚王令旨，便与国梓相抱大哭了一场，然后自缢于毓凤宫里。这时贼兵已破宫城，杀入镇楚门，楚王华奎高高地坐在大殿之上，望见贼兵上殿，他就拍案大骂，被贼将孙可望将他捆了出去。所有宫中的男女逃的逃、杀的杀，一时哀声响天动地，惨不忍睹。张献忠攻克了武昌，入居楚王府，传令叫把楚王绑了进来。华奎一见张献忠，便挺身大骂。张献忠大怒，立叱左右用木笼把他装了进去，命人抬出城外，连人带笼投入大江之中。然后又把贺逢圣绑进府来。张献忠见了贺逢圣，开口向他道："咱老子今日攻克了武昌，指日就要进取北京。你乃是楚邦有名的角色，若肯投降咱老子，日后咱老子做了皇帝，你就是开国的丞相了。"贺逢圣闻言，就地跳了起来，手指着张献忠大骂："叛逆匹夫，焉敢信口胡说！我乃朝廷大臣，理合杀贼报国，今日城破，有死而已，焉能低首降贼耶？要杀快杀，你哪里配与我说话！"张献忠大怒，叱道："朱胡子那种庸儿，放着许多金银不会招兵练勇，以致城池失守，咱老子留他无用，所以把他送入江里。今天不肯杀你者，因为你是湖北的人望，不想你也是这样不识抬举之人。你说要杀，难道咱老子杀你不得么！娃子们何在？与我将这厮推去砍了吧！"话说犹未了，左右一声呐喊，早已走出七八个关西大汉，七手八足，把贺逢圣推了出去。贺逢圣引颈就刃，骂不绝口而死。

且说这贺逢石圣明湖广江夏（今湖北武汉）人，字克繇，一字对扬。万历进士，授翰林编修。天启间为洗马，拂魏忠贤旨，削籍。崇祯初复官。崇祯九年，以礼部尚书兼东阁大学士，入阁参政。十一年，致仕，十四年，再入阁，次年告归。于是后人有诗叹曰：

一门忠义炳千秋，墩子湖边动客愁。

相国捐躯成往事，英魂长绕汉江流。

张献忠杀了贺逢圣，怒气未息，又把不肯屈降的江夏知县徐学颜、武昌知县邹逢吉、通判李毓英、经历汪文熙、巡检戴良碹、都司朱士鼎、黄陂县丞薛闻礼等一齐都杀害了，然后整顿人马，分守各处水陆隘口。

这个风声一直达到了襄阳，李自成闻得张献忠捷足先登，居然踞据了武昌，这一气如何了得？不禁拍案大骂："张献忠小子果然先我而入，不雪此恨，誓不为人！"立刻传令：叫李过、俞彬各率精兵二万人，星夜开拔，前往夺取武昌；又令李守信、马世耀各率水师战舰三百只，溯江而上，会师武汉。水陆大兵限定即日开拔，不准迟误。

诸将领命下去，维时右军师李岩急忙上前谏道："不可，不可！目下我兵初定荆襄、承天，朝廷因为寝陵失陷，严旨切责各路统兵的文武，限期恢复。今若进兵武汉，与张献忠兵连祸结，一旦官兵趁空来攻，则荆襄必难保守，荆襄有失，大势去矣，尚望夺取武昌耶？夫张献忠之众，远不如我军精锐，指日官兵四集，张献忠必然弃城逃走，那时候趁其不备，再行相机袭取，方为万全。为今之计，可先重重的赏些礼物，遣使往贺，并劝他发兵攻取长沙，为我犄角，既可分官兵之势，又足懈彼军心。"李自成听了此言，立刻收回成命，一面命各路人马暂缓出发，一面修书遣使前赴武昌。

过了不多几日，那武昌失守的噩报早已传到了北京，崇祯帝览奏大为震怒，连降严旨，将新任巡抚王聚奎、总兵左良玉一齐革职，勒赴军前，限期恢复省城，立功赎罪；倘再无功，前罪并论。又敕吴牲、孙传庭即日督兵入楚，会剿张献忠。旨意一下，又由兵部严催各路统兵文武定期出发。

果然不出李岩所料，没有两三个月工夫，官兵水陆并下，密集武昌城外，湖广巡抚王聚奎督率左良玉、方国安两镇大兵首先攻城，总督孙传庭先后调来总兵毛宪文、马进忠。王允成等，三镇官兵一齐杀到。其时张献忠正在武昌城中妄自尊大，自称西王，改武昌为天授府，江夏县为上江县，设尚书、都督、巡抚等官，开科取士，好不热闹。但是他那好杀的脾气终不能改，每日起来把那城乡绅民男男女女，成群结队地驱至江边，任意屠杀，直杀得尸积如山，血流成渠，由鹦鹉洲至道士湫，数十里之间浮胔蔽江，人脂厚积寸余，半年之内水不能饮，鱼鳖皆不可食。

正在杀得兴高采烈之时，不防官兵分五路杀来，沿江水师亦先后齐集。张献忠看见风头不好，自知人心涣散，不能抵挡官兵。他遂听了汪兆龄之言，趁官兵尚未回合围，便将武昌城内放火焚烧，所有子女玉帛都掳掠一空，一连焚了三天，然后弃了城池，分水、陆两路向湖南长沙一带杀了前去。沿途攻城掠地，肆意焚杀，嘉鱼知县王良铭、蒲圻知县曾栻、诸生冯云路、汪延升、熊肃等先后力战身死。及至官兵赶上前来克服了武昌空城，王聚奎、左良玉等一面收拾残兵，一面再调人马向长沙进发，张献忠的人马刚才离了蒲圻，进攻岳州。

这时承天巡抚王扬基、湖广巡抚王聚奎又复各率大兵，先后赶上前来，将岳州一带的水陆隘口分别扼守。湖南巡抚李乾德亦督率总兵孔希贵驻守城陵矶一带，与张献忠的先锋刘文秀三次大战。刘文秀三战三败，张献忠大怒，亲率大兵百道并进。乾德不能抵挡，急忙收回人马，退守长沙去了。张献忠乘胜进兵，直扑岳州，王聚奎、王扬基先后战败，一齐都退兵长沙。张献忠一鼓攻入岳州，然后水陆并进，浩浩荡荡杀奔长沙而来。

湖南巡按、监军御史刘熙祚闻知岳州兵败，三位抚军先后逃回长沙，他遂一面飞章向朝廷告急，一面檄令推官蔡道宪率乡勇五千人，总兵尹先民、副将何一德率官兵一万人，连夜出城扼守罗塘河。两路人马刚才赶到防地，那张献忠的大队已经铺天盖地杀了前来。总兵官尹先民首先战败；后面的乡勇看见前军已败，登时四散奔走，张献忠一鼓而前，直攻长沙省城。道宪等亦连夜缒城而入，随众死守。李乾德、王聚奎、刘熙祚等看见敌临城下，四面的援兵又遥遥无期，只得分别督率了文武兵民，昼夜防守。

这时承天巡抚王扬基早已引兵退走，长沙城中一夕数惊。王聚奎明知长沙不能保守，自己又无守土之责，因此他便率了部将孔全彬、黄朝宣、张先璧等引兵杀出城来，与张献忠背城大战。张献忠亲自指挥了艾能奇、李定国等四面夹攻，聚奎不能抵挡，舍命杀开一条血路，连夜退守湘潭去了。张献忠也不追赶，仍旧率众攻城。

刘文秀令部下兵士在城外大呼：叫城内的兵民早早开门出降，免遭屠杀；倘敢抗拒大兵，一旦城破之日，定要杀个鸡犬不留，一时人心惶惶，全城鼎沸起来。李乾德大惊，急令尹先民率领精兵一万出城死战。张献忠大怒，下令叫大将李定国率兵去战先民，自己仍旧督率兵将奋勇攻打城池。其时金鼓连天，杀声动地，不上两三个时辰，那一万官兵早已死的死，逃的逃，眼看得不能成军了。先民大惊，正待单骑逃走之时，不防李定国一马赶上前来，部下的将士团团向他围攻，先民知道杀不出去了，只得翻身下马，向李定国投降。李定国杀败了官兵，复率人马进攻省城。从这日起，张献忠在城外架起云梯，施放地雷，不分昼夜地攻打；巡抚李乾德、巡按刘熙祚二人每日亲冒矢石，奋勇抵御。

此时城上的雉堞、敌楼都被大炮轰得干干净净，守兵立足不住，一齐奔下城来。张献忠趁着这个空子，催督人马，缘梯而上，长沙立时失守。李乾德率兵巷战了一场，看见不能济事，便率领残兵杀出西门去了，巡按刘熙祚、推官蔡道宪仍旧督率兵民死战不退。维时张献忠的大队业已入城，大街小巷充满了敌兵，道宪身负重伤，力竭被擒。熙祚见势不支，大声呼道："我按臣也，理当护藩！"遂率了标兵向王府飞奔而来，奉了吉王慈煌、惠王常润趁乱杀出城来，连夜投奔衡州去了。

张献忠入了长沙，下令大掠三日，一面令将蔡道宪推进府来。张献忠一见道宪便叱左右："快快宽了他的绳子"，一面亲自走下座来，当面劝他投降。道宪大怒，劈面唾了一口，厉声喝道："吾乃朝廷命官，岂能降尔万死逆贼！吾头可断，此膝不可屈也！"张献忠大怒道："咱老子久闻你是湖南的清官，所以才饶你的狗命，你焉敢这样不识抬举？"叱武士："快快将他推出斩首！"张献忠亲自督着武士，把道宪推出府门。

正待行刑之时，忽见人丛中突然一声喊起，蓦地齐出来九条彪形大汉，两个向刑场上来救道宪，七个飞奔直前来捉张献忠。张献忠猝不及防，急忙把身子向后一闪，那七个人已经赶到面前，手舞短刀直刺张献忠。这时左右的将士早已争奔上前，刀斧齐下。究竟是众寡不敌，九个人一齐都被生擒活捉，捆绑起来。张献忠咆哮大怒，目如熛火，声如猛虎，喝问："这是哪里来的野虫，敢在咱老子面前逞凶！"喝犹未毕，只见为首的一个壮士大声呼道："我姓林名国俊，乃是蔡老爷部下的健卒。我们一共九人，都是一心一意要杀逆贼，誓与主人同死的。今日未能把你杀死，也是天意使然。但是明日天兵到来，想你这个逆贼终是有命难逃的了。"张献忠大怒道："岂有此理，真正岂有此理！连这些无名小卒也敢假装忠义，来与咱老子作对，真正气杀人也！"说时，一迭声叫"杀、杀、杀！"可怜道宪同九个壮士，霎时间都毙命于刀斧之下，后人有诗叹曰：长沙城外战云愁，闻道推官此地休。壮士九人同死节，英魂尽古旁寒流。

第二十三回

刘熙祚死节长沙郡　李振声殉难裕州城

张献忠入了长沙，杀了蔡道宪、林国俊等，又复分兵四出，连陷湖南各州府县城池。所到之处，大肆屠杀，衡阳知县张鹏翼、临湘知县林不息、湘阴知县杨开、宁乡知县莫可及、衡山知县董我前、教谕彭允中、澧州参政周凤歧、巴陵教谕欧阳显宇、醴陵县丞赖万辉、武陵教谕蒋乾亨等，先后战死。兵威所至，百姓逃走一空。

此时湖南巡按刘熙祚奉了吉、惠二王并衡州桂王常瀛旨令，入永州，张献忠又命大将刘文秀率精兵三万人昼夜追赶。熙祚看见兵微将寡，湖南全省已无容身之地，于是痛哭流涕，朝见三王再拜道："臣奉命按湘，因护藩之故未能早尽臣节。今逆贼穷追不已，臣力尽智竭，实属无法支持。自永州以南便属广西疆界，臣当与这座永州府城存亡相共，不敢死在湘省封疆之外，以负我皇上付托之重。王幸自爱，不可落于贼手。"乃遣中军参将曹志建率标兵三百名护送三王，即日逃向广西而去，自己督率了兵民固守城池。无奈众寡不敌，刘文秀的大兵一到，不上三日工夫，便把永州攻破，熙祚力战不屈，被文秀的部将所擒，遣人解送到长沙，听张献忠去发落。

熙祚到了长沙，张献忠便把他禁在馆驿之中，遣人去劝他投降。熙祚大骂不屈，张献忠大怒，立叱左右，将他系在马尾之上，一气拖曳了三十里路，直磨得耳目溃烂，四肢零落，仍旧骂不绝口而死，行人有诗叹曰：

频将老泪洒潇湘，多少男儿死战场。

此日忠臣奇节著，横飞血雨马蹄旁。

张献忠杀了熙祚，又飞檄刘文秀，叫他移兵去取道州。刘文秀奉了将令，即刻点起得胜兵马，浩浩荡荡杀奔道州而来。

　　这时道州城中的文武早已闻风远逃，只有守备沈至绪率领人马出城拒战。文秀兵至道州，与官兵对面摆开阵势，勒马横刀，大叫："我兵入湘以来，战无不胜，攻无不克，量此区区道州，安能抗拒大兵？来将还不早早投降，更待何时！"至绪大怒，挺枪跃马直取文秀，文秀亦挥刀迎战。一时金鼓齐鸣，喊杀连天，二人大战了三十余回合未能分出胜负。至绪正在奋勇鏖战之时，不防那匹坐马忽然打了一个前蹶，把至绪平空送了下来，刘文秀乘势上前，一刀结果了他的性命。左右兵将大喊一声，蜂拥杀上前来，官兵登时大败。刘文秀麾兵上前，直扑道州城下。不防那城头上一片金鼓之声，城门启处，忽见一彪兵马突了出来，为首一员女将头戴雉尾紫金冠，身穿细软黄金甲，座下银白骏马，手提偃月钢刀，生得秋桃艳李，玉润珠圆，大叫："逆贼休得无礼，快快将我父亲的尸体送回，便可饶汝狗命！"说时拍马舞刀直取文秀。刘文秀大惊，急忙挥刀上前来战这员女将。

　　读者可知道，这员女将是谁？她原来不是别人，正是沈至绪的女儿，名叫沈云英，自幼得了她父亲的家传，是个文武全才的女子。当至绪出战之时，她便督率人马在城上防守；今见父亲阵亡，她就悲愤交加，一头哀号，一头点起人马，大开城门，领兵杀了出来，要与文秀拼命。文秀欺她是个女流，提起刀来，随便与她接战，交马五六个回合，才觉得她的武艺比至绪还要高强。文秀大惊，不觉暗暗称奇，一面抖起精神再行与她鏖战。战到三十余回合，云英把刀一晃，卖了一个破绽，拨马败下阵来。文秀大叫："你这小小女孩还不投降，要往哪里走？"说犹未了，只见云英把身子一扭，大叫："逆贼休走！"弓弦响处，刘文秀急忙把身子一闪，那一支箭早已向他左耳边飞了过去：刚才立起身来，不防第二支箭又复蓦地飞来！文秀大叫一声，早已中在他右肩上面。云英麾兵上前，文秀不能抵挡，一战大败下来。官兵趁胜追赶了三十余里，夺回沈至绪的尸身，然后收兵入城。

　　沈云英杀败了刘文秀，一面与她父亲挂孝，一面飞马向各路请兵，直待王聚奎派了人马由芜湖前来助守，方才把战守的情形申奏朝廷。崇祯帝览奏后大为嘉叹，当下传旨。赠沈至绪为昭武将军，授云英游击将军，即代其父驻守道州。后来张献忠几次来攻，都被沈云英杀败，道州始终未被张献忠所得者，沈云英之力也。沈云英后来嫁与荆州督标中军

第二十三回　刘熙祚死节长沙郡　李振声殉难裕州城

副将贾万策，夫妇二人屡立战功。及万策阵亡于荆南，云英痛哭辞职，扶柩回浙江萧山县，设帐授徒，年至三十八岁而卒。后人有诗叹曰：

花作精神剑作肠，雕鞍扶上卸红装。

宁将皓质临霜刃，不忍亲骸暴战场。

珠泪两行浸绣袂，捷书一片达昭阳。

豺狼殒首湘裙下，阃史千年尚有香。

再说张献忠在长沙被云英扼住道州，不能进攻，他遂调转人马攻陷了常德府，伐毁了杨嗣昌的七世祖墓，又把衡阳桂王府的宫殿拆毁。将那些材料一齐运往长沙大兴土木，建造西王殿宇。听说当日兴工运料总共调动了三十多万男女，沿途哭声动地，日色无光。

张献忠在湖南大施淫威。再说那湖广巡按李振声自从承天失守，被李自成把他禁在襄阳府檀溪寺中，那刘体纯、刘苏二将天天劝他归降，李振声誓死不屈。后来李自成到了襄阳，又同牛、宋、李三位军师亲来寺中，设宴闲谈。李自成亲自酌酒向李振声道："小弟鲁莽之夫，冒犯长兄尊严，自知死罪；但弟势成骑虎，欲罢亦所不能。而明朝内忧外患，亡在旦夕，为兄之计，又何必甘效愚忠，必以身殉？忝在族谊，故敢以直言贡献，尚乞三思为幸！"

李自成尚未说完，李岩也插嘴劝道："古人云：识时务者为俊杰。方今朝纲日替，是非混淆，小人弄权，正士寒心。老先生抱经世之才，与我王又系同宗，理回合戮力同心，共建非常之业，以垂桑梓百世之荣，何必拘于区区小节，学腐儒之行？窃为先生不取焉！"李振声闻言，仰天大笑，举酒一饮而干，向李岩正色道："本院前任郧城县时，曾闻杞县有个孝廉李君，文章经济，名重当时，恨不能一见其人，快瞻丰采；不意今日杯酒相逢，足慰生平之愿矣！阁下世受国恩，名登乡榜，既负一时重誉，便当勤君辅国，尽孝尽忠，以上报朝廷，下光门楣。今既失身盗贼只可匿名隐姓，苟且偷生，何得大言不惭，敢在本院面前妄谈'时务俊杰'！尔既'识时务'，'知俊杰'，可晓得从古至今有几个盗贼成了大事的？本院世受朝廷的恩荣，理当以死报国，请勿多事饶舌了！"

李岩闻言，羞得满面通红，立刻低下头去了。牛金星坐在旁边听得好不耐烦，暗地里频频以目示意李自成，想叫李自成马上将他杀害。李自成并不理会，一面举酒说道："大兄之言亦自有理。弟亦饱经变乱，久厌戎马，无奈目下尚不能卸去仔肩。待荆事稍定，我兄弟二人同归故乡若何？"

李振声闻言，勃然大怒，厉声叱道："逆贼无礼，敢以谩语相欺？汝以本院尚欲生还耶？今日已拼一死于此地矣！"

宋献策急忙劝道："大人息怒。臣节固重，而族谊亦当顾全，何至决裂如此？"

李振声喝道："乱臣贼子，人人得而诛之，虽系同宗，亦当手刃以报朝廷！"

李自成看见无法挽回他的主意，便立起身来向刘体纯道："大兄醉矣，尔可好生服侍他安歇，有话改日再谈吧。"说毕，便同宋献策等离了檀溪寺，一直回府去了。

过了几日，李自成又将一班投降文武大加封赏。有一天，李振声正在寺中危坐观书之时，忽然由外面递到文书一角，檄授他为兵部侍郎兼平章军国事，李振声阅毕，仰天大笑，随手提起笔来，就在来文上大书了七律一首道：

自愧西台无谏声，徒将豸绣易长缨。

才疏补衮亏臣职，节尚存旃答圣明。

黄阁若闻今日诏，清流虚负往时名。

愿拼热血倾江汉，好逐波臣向帝京。

写毕，投之于地，叹息道："朝廷遂无一旅可用之兵耶，使逆贼猖獗至此？"李自成闻知这个情形，心中更觉不悦。这时候，恰好朝廷又连降严旨，催秦督孙传庭督率三边精旅，出关讨贼。李自成得了这个探报，遂把各处的兵马先后调集襄阳，每日操兵练将，预备与官兵接战，一面传令刘体纯把李振声送往河南裕州，严行监视。体纯奉命后，于七月二十八日由襄阳至裕州，把李振声安置在御史署中，防卫得异常严密。这时候，陕军出关的风声日急，李自成在荆襄一带天天操练人马，准备出兵计划。

这个风声一直传到李振声耳中，遂把他一腔忠愤触动起来，暗地里悄悄与营中的两个秀才商议，要向孙传庭处通个消息，报告李自成内部的虚实。这两个人一个姓陈名明盛，乃是河南商丘人氏，一个姓贾名友石，乃是湖北襄阳人氏。这两个人都是上年因兵燹被掳，好在他们二位都懂得一点医理的，所以刘体纯便把他们留在营中，待以上宾之礼，平

第二十三回　刘熙祚死节长沙郡　李振声殉难裕州城

时随便出入，无事时还能到后家院中来与李振声闲谈。李振声既同他二人相交日久，无形中已成了个患难朋友。陈、贾二生看出李振声是个忠义之士，便倾心佩服，情愿助成他的志愿，因此密切磋商，已非一次。李振声遂与孙传庭写了一封密函，报告李自成内部的虚实，并约定待李自成出兵之后，他在这里设法煽动其内部，以为里应外合之计。

这封书是由贾生雇人送了前去。此时刘体纯连奉李自成之檄，叫他严守要隘，加意防范李振声的行动，因此体纯便下令禁止闲人到李振声处往来。当时营中有张、胡、冯三个文士，皆因犯了禁令被体纯所杀，因此陈、贾二人也就胆寒起来，不敢多到家院去行走了。但是他二人与体纯的交情较厚，隔了几日还可以到那里去与李振声晤谈一次。不料那个送书人行至中途，竟被李自成的逻骑查获，连人带书一齐送到襄阳府。李自成大怒道："孤自起兵以来，自问不曾薄待了乡亲。从前艾毓初、艾万年、贺人龙一个个都与孤作对，弄得后来兵败身亡，大家都过不去。这李振声乃是同族兄弟，孤始终决意要保全他的。不料他竟这样不识抬举，胆敢私通敌人，谋陷我军，真正气杀孤哉！这是他自己寻死，莫怪孤翻脸无情了。"一头说一头拔出令箭一支，叫护卫将军谷永即日驰往裕州，会同守将刘体纯等，将李振声结果来报。

谷永领命星夜来到裕州，即刻知会了刘体纯，约定次日午后下手。这个风声早被陈明盛知道了，不觉吃了一惊，想起李振声平日心如铁石，必然是慷慨捐躯无疑的了。但是相交一场，应该给他通个消息才好。想到这里，便走到架前，抽了一卷《文信国集》，袖了去见李振声。

说起这卷书话又长了。原来明盛初见李振声时，冷眼中早看出他不是个寻常之人，时时用言语来尝试他的真伪。有一次他对李振声说道："老先生职司代巡，原无守土之责，当日在承天时见势不佳，大可移驻他处，此日李王能念乡谊，始终加以保全，即黄冠旋里，谁日不宜？孟子曰：'可以死，可以不死，死伤勇。'"李振声一闻此言，抬起眼来把明盛周身打量了一遍道："先生说得哪里话？陈恒弑君，有乖名教；虽在邻国，孔子尚且沐浴而朝，再三请讨。鲁君若臣，不以为可，且曰：'从大夫后，不敢不告。'吾夫子是何等见解，何等毅力！李某职司风宪，任重监军，即果致仕归家，亦当筹饷练勇，为国家殄灭盗贼，以尽天职；事若不成，亦只好捐躯报国，矧有官守可言，焉能偷生自便？吾辈读圣贤书，当行圣贤事，安得引喻失义，自适己事，置纲常名教于不顾耶？"明盛闻言，不觉肃然起敬，泫然流涕道："小子闻命矣！我公天人哉！"李振声见他这般光景，又说道："吾子亦不宜如此借誉。吾二人萍水相逢，颠沛流离到如此地步，幸而气味相投，朝夕尚可过从，算起总是有缘了。唯吾身边既无亲属，又少仆从，倘一朝遇害，这一副七尺顽躯不识遗在何处。若遇机会，吾子能将信息转达故乡，便算受赐多矣！值此戎马仓皇之际，身边无书可读，若得《文信国集》随时观览，则遇事自有定见矣！

如果不嫌老夫龌龊，还可以探讨一二。"因此明盛退了出来，便在裕州城内百般搜罗，方才弄得一部。今日闻知这个噩耗，不禁喟然长叹道："李公取义成仁之至矣！"于是袖了此书，冒险到察院来见李振声道："道路传闻，都说沿途盘查得异常严紧，那送书之人尚不知能否通过？"李振声道："谋事在人，成事在天，只好听其自然吧。阁下近日有无佳作，尚祈赐我一观。"明盛道："佳作固无，佳书则有。"一头说一头从袖中把《文信国集》呈了上去。李振声接了过来，略翻了一翻，放在案上，向明盛笑道："吾子真千古有心人哉，吾知之矣。大丈夫生当乱世，不当如是耶。"

话犹未毕，只见刘体纯的部将郑奎带了好些兵丁，入署来清查闲人，看见明盛与李振声交谈，大怒叱道："相公想是活得不耐烦了，焉敢违禁滥人？"说时，举刀一挥，骇得明盛狂奔出府而走。李振声大怒，拍案叱道："逆贼无礼，不日碎剐矣！"郑奎也不言语，只是分布兵士，把前后府门防守得水泄不通。李振声心中早已明白，便趁早斋戒沐浴，次日五鼓起来，换上朝服，捧出巡按监军敕印，向北再拜毕，危坐以待。

到了午后三刻时候，只见谷永、刘体纯二人带了许多甲士，奔入府来，向李振声回道："小将等奉李王之令，特请大人出城。"李振声道："知之久矣，今日当了吾事。"随即起身出府，骑上所备的坐马，一路上体纯在前，谷永在后，由五百名铁骑把李振声一直拥出裕州南门外西边的拦马墙内。体纯翻身下马向李振声拱手道："请大人下马。"李振声道："容我拜别。"于是下了马来。端端正正向东北拜了九拜，高声道："罪臣李振声不能及早杀贼，贻朝廷忧，臣死不瞑目矣！"又向西北九拜，高声道："不孝李振声，不能事亲伏腊扫墓矣！"拜毕起来，挺身就刃而死。

这时候裕州的百姓，男男女女，老老少少，夹道观看者何止数千人？突见李振声颈上飞出一道白气，腾空盘舞，直冲霄汉。这日的天气本来十分清爽，一霎时便大风突起，黄雾四塞，两旁的男女无不伤心下泪，感叹唏嘘。这是崇祯帝十六年九月二十八日未时的事。这一场大风黄雾一直弥漫了七天，方才云散天开，可见忠臣义士的正气可以上格苍穹，是一点不会错的。

陈明盛看见李振声已死，暗中痛哭一场，又约了几个好义之士，将李振声的遗体就在城根下用土掩埋；及至后来李自成失败，明盛方才逃回商丘县，将他患难中所见忠臣义士的事迹著了一编《节烈闻见录》，其中把李振声之死叙得非常详细，并作了一首七律诗吊之曰：

持节北来不顾死，临危犹自拜京师。
三生精魄终难变，九死英魂誓不移。
汉水急流消战垒，巫山高聚峙贞碑。
楚滨父老传闻日，多少伤心暗泪垂。

又襄阳贾友石有诗叹曰：

绣衣骢马出都门，殿陛遥颂玉斧尊。
江汉澄清波浪静，还期补衮挽乾坤。
保障荆襄半壁存，烽烟过处虎狼奔。
山陵一炬金汤陷，百万貔貅化客魂。
羁縻半载崔苻中，持节孤臣汉使风。
惨见山川愁雾起，长留浩气亘秋虹。
忠孝由来本宿根，从容就义答君恩。
至今湘楚多情月，夜夜流光照碧痕。

又康熙年间，陕西学政、合肥午孙荃特疏旌表，奉旨从祀乡贤祠，手书五古一首曰：

呜呼公里居，乃与逆闯邻。
当其按三楚，贼势亦已振。
诈呼公为兄，意欲夸众人。
具书供锦绣，器物然金银。
公怒投之地，骂贼贼不嗔。
羁縻忽脱手，捐躯以成仁。

北向拜天子，西向拜其亲。

其身虽已死，其气亘苍曼。

公骑箕时，有白气盘空，黄雾四塞。

又有题表忠录数首曰：

谁信家声坠陇西，辩诬后序得昌黎。

力屡竟痛危疆失，书缺益堪旧史稽。

同调文山多慷慨，异乡温序梦凄迷。

金陀补粹贤孙志，孝水长含百代凄。

紫江胡嗣芬

表忠实录慰忠魂，附传书降事太冤。

历史知从何处说？世人几误一家言。

拜官慷慨甘随难，忍死须臾待报恩。

尚友无惭文信国，记留断语向松根。

当涂奚侗

三生毅魄万人惊，报国诚能以死争。

身外留名难屈铁，贼中持节竞摧城。

黄沙碧血埋忠骨，地黪天昏建义声。

里乘流孙传庭烈茂，丰碑应识古遗茔。

后学徐启昌

大风黄雾天四塞，裕州抔土凝碧血。

何物李闯能兄事，头发上指背尽裂。

北向拜君西拜亲，从容就义心恻恻。

珠玉锦绣不挂眼，胡为明史诬从贼。

雪苑陈生纪其实，二百年后事乃白。

呜呼！二百年后事乃白，耿耿忠义昭日月！

后学齐耀珊

又有涡阳袁大化七绝四首道：

谁能砥柱挽颓流，蚁穴崩堤失荩谋。

回首觚棱除涕泪，此心长系庙堂忧。

妖氛四塞黯乾坤，一死从容报主恩。

击贼司农皆裂眥，三年碧血杜鹃魂。

……

这些诗，也有当日好义之士所作的，也有后来见了李公殉难表忠录题赠的。到了顺治七年，新授米脂县知县张禹谟因为道出商丘县，在他同年李上林座上遇着了陈明盛，方才把李振声死难情形详细告诉了一遍，并将《节烈闻见录》抄了出来。把它带往米脂县，告知李振声的家属。

禹谟受了这番嘱托，下车之后，就把这个情形告知李振声的儿子李隆；李隆得了确信，便亲自来到商丘，请了陈明盛一同到裕州，把李振声的遗体运回安葬。可见这李公之死是光明磊落、毫无疑义的了。不想那李自成因为听了牛金星的话，说："各省的文武大臣多半拘于名节，互相砥砺，到处不肯投降；今用一计，无论他已降未降、已死未死，择其稍负人望的，一概加以新衔，出榜通知，给他们个是非混淆，忠奸倒置。如此一办，则好名之士必然寒心，以后就无人出来拼命了。"所以李自成兵入山西后，便大张榜文，将那已降未降、已死未死的文武一概罗列出来，一个个加了他的新朝官衔。致仕大学士贺逢圣及李振声之名，都在这个榜中。

其中这贺公本是在武昌失陷之时被张献忠所执，骂贼不屈，慷慨捐躯，朝廷降旨优恤，赐谥文忠，天下之人哪一个不晓得的？今日李自成都把他列入榜中，可见其有意诬人，不辩自明矣！而弘光时候，竟据着这个伪榜定了一个"北都从逆案"，除贺公曾经赐谥赐葬、证明已经死节外，其余的文武一概采了进去。到了清朝纂修《明史》时，又据了此案，把李振声附入宋一鹤传中，书了个"巡按御史李振声、总兵钱中选皆降"，继书"李振声米脂人，与李自成同县同姓，李自成呼之为兄，后复杀之"，亦不指明杀之何故，杀之何地，这种马马虎虎的史笔，真正未免诬人太甚！多亏当日有几种私家记载，如商丘陈明盛之《节烈闻见录》、休宁赵吉士之《续表忠记》、山右傅青主之《霜红龛集》，皆将李振声之死载得委曲详尽。至于《陕西通志》《米脂县志》亦皆记载详晰。可见书之不可尽信，青史尚然，其他勿论矣。最难解者，至今国史馆所藏，雍正元年王鸿绪进呈的《明史全稿》，内载巡按御史李振声被执去，李自成以其同姓同里赡养之，后以通书孙传庭，卒被杀。原文并无一个降字。大兴刘献廷生于明季，以硕学鸿儒曾与参修史稿。其所著之《广阳杂记》，内载"承天失陷，巡抚宋一鹤、都司沈崇寿、中军李佳印，知县萧汉等死之，巡按李振声、总兵钱中选等被执，知府王玑、守备王珰降，守道张凤翥、通判张国运越城遁"等语。据此看来，书中只有王玑、张凤翥二人与他书记载不同，至于李振声，则以"同姓同里"、重犯嫌疑之人，尚能不书降者，足见当时之挺身骂贼、大节昭然，固已在人耳目矣。

王鸿绪之史稿创修于康熙十九年，成于雍正元年，《陕西通志》成于雍正十三年，《米脂县旧志》成于康熙二十年，陈明盛之《节烈闻见录》成于顺治初年，赵吉士之《续表忠记》成于康熙初年，傅青主之

《霜红龛集本传》，成于顺治四年。这些记载，早已证明伪榜之误，把李振声之死详细叙了出来。不料史稿既经钦定，而史局于乾隆四年出版时，竟变更原文，颠倒是非至于此极，真正令人不解其故。就是总兵钱中选，史稿亦称他创重身死，乃出版后，亦变成了降字，幸亏赵吉士之《寄园寄所寄》及吴梅村之《鹿樵记闻》都详载他的死事，不然也是有冤莫能伸了。还有那知府王玑，确是不屈被杀的，史书既无明文，《广阳杂记》亦误载入降籍，多亏《陕西通志》把他表扬出来，不至湮没无闻了。

但是这私改史稿，究竟是个什么缘故呢？尤不能不将他详细研究一番。据傅青主先生所作传中的意思看来，这种鬼蜮伎俩，完全出于明季党祸的遗毒。李振声当日因侧身东林，致被小人所仇视。当雍、乾之际，距明亡不过八九十年，所谓门户之祸，其毒未尽，或有挟嫌倾陷，借此以遂私仇，亦未可知。作者对于此等忠孝大节，不忍听其埋没，故博采诸家记载，反复考证，褒善贬恶，阐发幽光，其于世道人心，或者不无小补也！

附录：

霜红龛集明李御史传

傅山字青主又号石道人

山西阳曲县人

戊子顺治四年，石道人寓西河，有李御史之子隆，勤恳见，问其籍，则原延之米脂人。道人为之咂舌曰："米脂而姓李，其亦何以解免于今之天下哉？"隆故吃，益局蹐曰："隆、隆是，其所以，乃求先生之言，为先御史一洒之。"

御史盖名李振声，壬午巡按湖北。甲申闯入晋时，伪榜揭御史名，

同江夏相贺逢圣受伪官。时贺已死，故为此以动人。既一再闻清涧惠世扬、汾阳刘升祚之言，乃知御史实死，未尝受伪官也。惠伪相归而语乡人曰："闯数谓贼党，李御史之死值万金。"刘伪兵政府归言曰："御史既被执，有伪官苏刘者说御史降，御史不屈。闯亲御史为同宗，御史辩族里，执御史入南阳，又且入关。御史有手笔，诒逃营某，约以贼营情形；李自成微得，遂令贼将谷永者手刃御史。"且曰："是盖刘苏者之言也。"

又过了三年，而商丘陈生明盛之言来，而御史之死大著，其言颇与刘异同，然御史实死。陈生以诸生陷贼营，以医狎贼，是知御史死之日、之地。其言曰："癸未正月，承天陷，闯得御史，即'大兄御史'，御史不应。闯书贻御史，伺役、锦绣、金银、服器，御史置不报。已复数会御史宴，御史亦为醉，醉辄厉词诋贼。贼未即杀，移舟送御史襄阳，令右营刘体纯者谨伺之。贼亦颇知不可夺，是后不复见御史。七月，会孙督师出关东讨贼，贼甚惮督师师，传御史有书通督师。贼且杀御史，移御史裕州台署。一日，贼要御史出城，御史即上马，出城南门。贼曰：'请下马。'御史曰：'我故知之。'下马东北、西北各九拜，谢天子及其祖宗，遂遇害。是在裕南门之西数武间，有义者，排马墙掩之。是为癸未九月二十八日未之时也。"

隆闻之，间关往叩陈，陈慨引隆至其所，果得御史骨归。隆往时，上郡李生成德，实与偕，亲见之。李介而能文，不妄语者。御史先知郿城县，政亦有声；后行取，特授湖北差，侃侃言，如欲有为。夫人臣之事君，莫大于死；死矣，余事不著，著其死事。

石道人曰："先是，闻五省督臣杨公文岳被贼执，求杀。贼亦知重之，不即杀，尝羁縻之，卒不屈死。乃又得一李御史之死，诚难以哉！使陈生死贼中，而其言不传，则亦取诸其惠、刘之言，即不确始末，要非饰不死为死。当惠、刘受伪官时，其心其口当不欲天下复有一不贼之人矣。而卒不能诬不贼者而贼之，天也！莫见乎隐，莫显乎微。君子苟自尽焉，小人亦安所施厥诬蔑者耶？于惠、刘之传御史之死，益信天地鬼神终不容小人之得妄诬君子也。呜呼！刘无足论，惠重有难言。惠故当世小人所指为讲学门户人也，盖党人自居贤者之流。夫群小之于道学，实无时无事不欲媒蘖其短，幸而有隙焉，乘而攻之以快。崔魏时，道学门户之徒受惨毒死者殆尽。因受惨毒多死者，而门户之望益峻，小人欲一侧足焉，不能。惠亦备受惨毒，独不死，悠忽至甲申，失身为闯伪相，何其能忍于彼不能忍诸此，乃又知道李御史之死，亦何无耻甚哉？夫固使小人好媒孽之，得而谪之曰：'彼门户，故如是。'是且以一惠某概之诸道学矣！然惠辱道学，非道学皆惠。"

以余所闻，甲申之变，李公邦华死，倪公元璐死，马公世奇死，孟公兆祥父子死，金公铉死，晋自曹公于汴云亡，无真讲学者矣。间有焉，或惠某者流耶？故无死者，独有登其堂者一人，为举人桑拱阳。拱阳逃之山，病饿死。甲申以后，刘公宗周死，黄公道周死，左公懋第烈烈死，袁公继成缧不官死，金公声死，艾举人南英倡义劳瘁死，诸生则吴应箕死、刘城死，又陈公子龙死，杨举人廷枢死，皆世所称为门户者，亦何死者重也！不死而仕贼卒枉者，又独无闻焉。何也？独一惠某焉！如此则道学果不足信哉？吾亦尝考诸门户学、士大夫行事，率多执拗无长才，不皆厌吾意。要之门户人，未必皆贤，然贤者重；非门户者，未必皆不贤，而顾名思义者，或寡焉。

呜呼，难言之，盖棺而后论定！一华歆，不足浼邴原管宁；一惠某，果足以浼诸道学先生者哉？学果可以不讲者哉？道人既游方之外者，乃因御史之死，多言哉！

第二十四回

入关中君恩献妙策　催战孙传庭死潼关

　　李自成在湖北襄阳府，因为陕军出关之日急，张献忠虽遁走长沙，而武昌又被官军收复，算来确是心腹之患，于是特地开了一个军事会议。召集了部下全体将士及三位军师，商议用兵的宗旨。

　　左军师牛金星道："秦督孙传庭虽然奉旨出师，但是所部诸军尚未编练就绪。仓促之间，未必便能长驱入楚。武昌近在咫尺，若不攻下，将来一旦与陕军接触，楚兵从背后夹击上来，岂不成了腹背受敌之势？以某愚见，不如悉锐先取武昌，然后移兵西向，再与孙传庭交锋，似乎进退自如。"

　　谋士杨永裕进曰："武昌当残破之余，十室九空，徒费兵力，得之实属无用。为今之计，不如舍去武昌，先取金陵，以断燕京粮道。然后坐镇南都，大张挞伐，率兵直取北京，岂不名正言顺？"

　　宋献策道："与其先取金陵，则不如直捣燕京矣！"

　　李过道："武昌近在咫尺，官兵据之，诚为心腹之害。不如假我三万精兵，先去取了武昌，再作良图。"

　　李自成道："发言盈廷，莫衷一是。可将方才这几层计划，大家从长讨论，定一个适中万全之策才好。"

　　说犹未毕，只见参军顾君恩起身说道："金陵地居下游，事虽济，失之过缓。直捣燕京是行险侥幸，万一不胜，则退无所归，失之太急。武昌战乱之后的残垣，得之无用，舍之亦不足为害。关中乃大王桑梓之邦，百二河山，天然险要，诚宜先取之，建立基业，然后旁掠三边，资其兵力，攻取山西。待山西稳定，然后再用全力进取京师。庶几进战退守，万全无失。"

　　李岩闻言鼓掌道："参军之言是也。目下孙传庭在陕西，整兵经武，预备固守潼关；而朝廷复迭降严旨，催其出兵。趁此兵将不习之时，一鼓可以歼之。若再迟延岁月，待他的兵马训练熟习，那时候便难着手了。"于是宋献策、牛金星等一齐都赞成此话。

李自成大喜，遂决定主意，先入关中。即日大阅兵马，令大将李遇、李逸、李运亨、高立功、路应标、马矿、白旺等，分率水陆大兵，镇守荆襄一带，其余的文武完全随征起行。又令大将李双喜、萧云林、周凤梧、李守信、马维兴等各率精兵一万，次第开拔，齐向陕边进发；五将领命下去。然后李自成方才亲督大兵，随后启行。

这时候，李自成的声势浩大，由楚入豫，沿途烽火连天，居民逃走一空。

李自成由湖北大举入陕，再说那兵部尚书、总督陕西三边军务、都察院副都御史孙传庭，自从柿园兵败之后，便奉旨革职，充为军官，戴罪图功。不久又奉旨开复原官，责成他督练三边兵马，严守秦关，不许放入一个贼兵。孙传庭见胜券犹握，寄予西北重任，他遂感激得鼻涕和流泪都流出，尽心编练人马。又仿古兵法，编练火车兵一万辆，大募壮丁，令总兵白广恩、张勇二人带领。又调固原、宁夏、榆林各镇勃旅，大规模整顿。预备养精蓄锐，然后将李自成之众一鼓荡平。无奈那秦中连年饥馑，粮饷不易筹措，那些新募之兵，一时又未能操练合式。依据他们现有的力量，固守秦关则有余，决战疆场则不足。不想朝廷忽然一连降下两道旨意，敕他即日督率三边兵马，出关讨伐李自成。

孙传庭大惊，遂连夜恳恳切切地上了一个奏疏，极言秦中荒旱情形，所募兵马，尚未编练就绪，当此兵弱饷缺之时，万难轻启战端，恳乞暂守潼关，向时而动，方能保得万全等语。

这个奏疏上去，无奈那朝中的光景却又变了一个局面。自从周延儒失宠之后，过了不多几日，崇祯帝抓了一个岔子，便把他革职赐死。跟手又把温体仁贬了回去，接住又用了陈演、魏藻德、丘瑜、方岳贡四人为大学士，入阁辅政。内中丘、方二人，品格倒还不错；至于陈演、魏藻德两个，说起来也就同周、温二君，都是鲁卫之政了。因此金壬用事，朝中没有一个顾全大局的。孙传庭奏疏上去后，这些人异口同声，说他老师玩寇，不战则寇势益张。兵部尚书冯元飙及大学士、礼部尚书丘瑜二人极力反对，说：秦督出关，安危所系，断不可轻举妄动，万一不慎，后患将不堪设想。冯元飙并特疏阻谏，请将自己先行下狱，若果一战而胜，请斩臣以谢天下等语。崇祯帝不听，连降严旨，催孙传庭即日出关，不得托故推延。从淅川一带杀了前来，孙传庭乃下令，叫陕西巡抚冯师孔督率甘肃、四川两省官兵，驻扎商洛一带；又令总兵牛成虎、副将卢光祖率精兵一万人为先锋，由灵宝直趋洛阳大道，来迎李自成；又令总兵白广恩统火车兵，由兴安星夜来会；又飞檄左良玉、陈永福各统大兵，会师汝宁。一面自己率高杰等一班将士，出关援应。

这时牛成虎的一支人马已经杀到渑池地方，正遇着李双喜的部将毛焕率领人马拦住了去路。成虎大怒，随即引兵上前，横刀勒马，大叫："贼将早早让开大道，免污本帅的宝刀。"毛焕并不搭话，麾兵扑杀上来。成虎把马踢了一足，舞刀便与毛焕交锋。一时金鼓齐鸣，喊杀连天。战到六七十回合，毛焕措手不及，早被牛成虎刀劈下马来。官兵乘胜追杀。一直向汝州而来，后面孙传庭的大队亦相继开到。

这时李自成的汝州守将李养纯闻得官兵大至，急忙点起部下人马，大开城门前来迎战。牛成虎见他来势凶猛，立刻摆开人马，提刀上前搦战。二人刚才交锋，不防后面孙传庭的大队已经赶到，又调了大将高杰、李俊，分两翼冲杀上来。养纯大惊，急忙收兵回守汝州。孙传庭分布了人马，四面攻打城池。养纯看见不能抵挡，只得尽率所部人马，向孙传庭开城投降。孙传庭入了汝州，授养纯为参将，拨归高杰部下调遣，并许他立功之后，向朝廷奏请破格之赏。养纯大喜，遂向孙传庭进策道："李自成的大营，现驻唐县，中军驻襄城，其余的精兵分屯宝丰一带。今若出其不意，派兵袭取宝丰、唐县，则中军首尾不能相顾，可以一战而获胜也。"

孙传庭筹思了一番，知道他的言语不错，便大犒三军，下令叫大将高杰率兵一万人，进攻唐县，大将李俊率兵一万人，进攻宝丰。然后自己督同牛成虎等居中策应。两路人马同时并进，一齐杀向宝丰、唐县而来。

果然不出养纯所料，那两处的守将，事前毫无准备。李俊兵至宝丰，一鼓便把城池攻下。高杰兵入唐县，将李自成诸将的家口男女杀戮殆尽。两路捷大兵，来与孙传庭决战。无奈那部下的将士因为家口被杀，一个个心惊胆战，加以官兵连战胜利，军威大震，因此李自成部下的锐气无形中便减少了许多。

先锋权将军李双喜、副将果毅将军谢君友两支人马刚才杀到郏县，便与孙传庭的大队顶头打了一个照面。高杰耀武扬威，率了所部人马，首先出马交战。李双喜大怒，喝声："忘恩负义的匹夫，有何面目再来相见！"叱令副将谢君友快快上前，把这个匹夫斩了来报。谢君友领命，立刻舞刀跃马上前接战。高杰大怒，喝道："无名小卒，焉敢无礼！"一头说，一头举枪朝着谢君友的心窝便刺。君友亦挥刀迎着。交马三十余回合，谢君友刀法错乱，拨马败下阵来。高杰那里肯舍？飞马随后赶上，一把抓住勒甲绦，向右边一扯，登时把谢君友拖下马来。官兵一声呐喊，上前将他捆向后营去了。高杰麾兵大进，势如山崩海啸一般。

李双喜大惊，急率后军人马上前接战。无奈官兵的锐气正盛，势不可挡。李双喜又败了一阵，连忙收回人马，依险固守。

两家一边报捷，一边告败，李自成闻知前军又败，谢君友被高杰所擒，登时气得暴跳起来，立刻下令：限李双喜即日出战，倘再败退，即以军法从事，一面令催萧云林、周凤梧、李守信、马维兴等四路人马，一齐开赴前敌，去战官兵，又令李过、俞彬各率精兵一万人，分两翼上前接应。一面亲督兵将，向前督战。

这时萧云林等各路大兵已经先后出发。孙传庭看见李自成这回用全力争锋，明知不是轻易对待的，便下令：调白广恩、张勇督率火车兵星夜上前，截住两路骑兵，又令高杰、陈永福分率精兵，防备萧云林等来攻中军之路；又令左良玉、牛成虎率领大部人马及弓弩手居中应战，待火车兵把两翼骑兵截住后，即行鸣鼓进攻。

分布已定，到了次日午前，双方人马同时并进。一时杀声四起，金鼓连天。两路的前锋早已接触起来。

维时李双喜一支人马犹如风驰电掣，直向孙传庭的中军大营呼哨杀了前来。跟手就是李过、俞彬率了两支铁骑，分左右蜂拥杀上。这个时候，突闻官军阵上一片连珠炮响，那大队人马犹如翻波迭浪，向左右荡开，中间的火车兵一拥而出，分四面截住了去路。原来这种火车周身内外一律都用铁叶包裹，车内满装干柴及硝磺等引火之物，随车的兵士，一律都是大刀队、弓弩手，操练得非常精锐。李、俞二人刚刚杀到阵前，不防被那弓弩手迎头乱射，战马中箭，登时向左右飞奔而来。一时车上的火光四起，烈焰冲天，大刀弩箭同时并发，一时部伍大乱，两路骑兵同时败退，官兵一直夹攻中军而来。

李双喜大惊，急忙下令退兵。他的人马尚未移动，不防那火车兵忽

又变成了一字长蛇形，竟把双喜的人马包围上来。后面左良玉、牛成虎二将率了中军人马，奋勇奔杀，双喜舞刀跃马，力战二将。正在交锋之时，那所部的人马早被弓弩手四面围攻，将士纷纷中箭落马，大军一齐退后。双喜看见抵挡不住了，只得丢开左、牛二将，杀出一条血路来，引兵败退下来，牛、左二将乘胜追赶了二十多里。后面萧云林等四支人马一齐接应上来，双方混战了一场，方才收兵回营。

李自成闻知前军又败，这一气非同小可，马上率了各军，亲自来与官兵决战。

到了次日，孙传庭、李自成都驰赴前敌，指挥了兵将，重新大战。那李自成的人马因为连战大败，已成惊弓之鸟，经不住陈永福、左良玉、牛成虎、高杰、张勇等五路得胜之师同时并进。李自成的前锋人马刚才交锋，便被牛成虎杀退下来。李自成大怒，亲自提了短刀上前督战。无奈那些逃兵败将蜂拥而来，李自成亲手斩了两员偏将，方才把败兵勒转头去。左良玉一马当先，早已杀入阵来，望见李自成的黄龙大纛，他就舍命杀上，来擒李自成。李自成大惊，连忙引兵退走。左良玉夺了大旗，飞马来追李自成。看看两马相近，李自成见身边再无将士，只得回转马来，与左良玉一气大战了五六十回合。多亏后面李守信、周凤梧、袁宗第、郝永忠等一齐杀了前来，方才敌住左良玉，救了李自成。后面孙传庭又尽率大兵，把萧云林、高一功等一班勇将先后杀败下来。李自成见势不支，只得下令退兵，一直奔回郏县，拒城固守。孙传庭大获全胜，一面飞奏朝廷，一面尽督大兵，进攻郏县。

此时郏县城内城外早已焚掠一空，孙传庭就在城外搭起帐篷，昼夜猛攻。李自成在城内十分着急，便连夜遣人向长沙再与张献忠联络，叫他发兵入豫，以分官兵的势力，又调留守荆襄一带的人马，火速前来援应。无奈目前的士气不振，外面攻打日急，内里的人心愈散。李岩看出这个苗头不好，暗中告诉了李自成，李自成大惊道："这还了得！"连忙遣人把宋献策请了前来，告诉他一切，说："事到如今，应该怎么才好？"

献策道："大王放心，某昨日曾占一课，知道三日之内必有大雨。目下官兵皆露宿城外一旦阴雨几日不战先自溃矣。"说毕，又向李自成耳边悄悄地说了几句道："只要如此如此便可安住人心了。"

李自成点首应允，随即传令，召集全部将士来到中军。李自成说道："孤自起兵以来，战胜攻克，所向无敌。从前鱼腹、车厢，两次陷入绝地，皆赖众兄弟协力同心，得以转危为安。不料今日再遭丧败，岂非天乎？请与众兄弟约，愿大家再同心同力，再守三日。若三日后再没有别的希望，孤情愿首先自刎，将这一颗头颅送与诸君，拿了去投官兵，必能保全大众的生命。"

众人闻言，异口同声："情愿舍命死守。"李自成看见人心业已稳住，遂吩咐诸将专心守城。

到了第三天晚上，果然阴云四布，那天便降下大雨来了。官军帐篷无多，大部兵将多露宿于泥淖之中。孙传庭看见这个情形，马上焦灼起来，立刻传令：叫各营将士冒雨进攻，限定即日攻开郏县，好做驻足之地。诸将奉了命令，果然奋勇上前，百道猛攻，兵力十分精锐。

这个时候，那宋献策却向李自成进了一策道："郏县城小而无粮，久守无益，官兵窘极来攻，意在入城驻兵，当此道路泞泥之时，断不敢远追我兵。不如趁此机会弃了郏县，退守襄城。免得在此作无益之困斗。"

李自成听了此言，立刻点起人马，大开城门，杀了出来。孙传庭见他窘急出走，便督住诸将，与李自成在郏县城外冒雨大战。李自成不敢恋战，只得且战且走，一直退向襄城去了。孙传庭入了郏县，那城中十室九空，一无所有，只夺得瘦马三百余匹。这时天气稍晴，孙传庭便留下少数人马，守住郏县，自己再督大兵进攻襄城。

官兵刚才到了襄城，不防那天晚上又是连宵大雨。说来也是明朝的气数使然，这场大雨一连落了七天七夜，官兵进不能战，退后又怕李自成追袭。

孙传庭正在焦急万状之时，忽见一个探马飞报前来，说是汝州守将李际遇尽率所部官兵，降了李自成。孙传庭大惊！正欲飞调人马去夺汝州之时，不防前头的金鼓齐鸣，喊杀连天，前军飞报，说是李自成尽率精兵分头杀来了。

这时候孙传庭的后军哗变，存粮亦将告尽。可巧那天气也就半阴半晴，不落雨了。但是官兵三日未曾饱食，当此军心惶惶之际，那禁得李自成用全力反攻上来？孙传庭明知军心涣散，难支持，只得下令：叫大将高杰率领精兵一万人上前迎住敌兵，左良玉、陈永福、牛成虎各率大兵火速退守郏县；又令白广恩、张勇仍督火车兵，且战且走，截住追兵，由大道节节退走。

岂知高杰的前军刚才交锋。那李过、俞彬、罗虎、刘宗敏等早率了人马，由小道抄了出去，出其不意，把陈永福等几路大兵迎头截住，拼命大战了一场。永福等一战大败，一时部伍纷乱，人马向后退走。永福一面退兵，一面提刀上前来与李过决战。正在鏖战之时，不防那孙传庭的中军大队又被李自成杀败，人马铺天盖地退奔下来。永福不敢恋战，只得保护着孙传庭及诸将，全数退走。孙传庭见全军皆溃，只得下令：叫左良玉督住后军，大队人马火速退守南阳。李自成亦躬率诸将，连夜追赶上来。

孙传庭到了南阳，方才大会诸将，商议战守之策，总兵高杰挺身上前道："我军三战三捷，士气已振，今不幸一败至此。愿拨我精兵三万人，情愿舍命破敌，以报朝廷知遇之恩。"

白广恩道："饥兵岂可再战？不如及早入关，严守秦疆，待粮草齐备再作良图。"

孙传庭道："我奉旨讨贼，兵威所至，势如破竹。而两次出关皆以雨败，是天意不许我成功！今日狼狈至此，何面目再见关中父老？早晚终是一死，死在沙场上，幸也。本部院战志已决，诸将不得阻挠！"随即下令：叫高杰、陈永福各率本部人马，首先出战，白广恩、张勇率领火车兵，预备截堵李自成的骑兵；牛成虎，李俊分左右两翼：卫护中军；左良玉督住后军，催运粮草。布置已定，限于次日出兵决战。

白广恩见孙传庭伤了他的脸，又见李自成的声势浩大，官兵终究不能取胜所以他就心怀怏怏。孙传庭此时也照应不来许多，只顾率了诸将，来与李自成决战。

李自成亦看出他这回是破釜沉舟，要拼命来战一场的，便也鼓着全部精神，把所部的人马分为五层，依次出战：第一层纯用掳掠来的饥民，各给短刀一柄，首先破阵；第二层炮队；第三层骑兵；第四层步兵；第五层方是李自成的中军大队又把弓弩手分为左右两队，协同助战。

这时候，官兵的先锋大将高杰，左翼总兵陈永福、右翼副将张广见三路大兵同时并进，孙传庭亲抱桴鼓，上前督战。一时鼓角齐鸣，喊杀连天。李自成看见官兵来势凶猛，亦下令：叫各路人马火速上前迎战。

此时高杰已经杀入敌阵，陈、张二将亦分左右杀了上来，人人奋勇，兵势异常精锐，不下片刻工夫，早将第一层民兵杀败。炮队见前军败退，马上便开放大炮，督住那些民兵不许退后。高杰等奋勇并进，从那枪林炮雨之中扑杀过去，登时杀散了李自成的两层人马，夺获开山大炮数百尊。此时李过、俞彬早率了第三层骑兵蜂拥上前，万骑奔腾，死战不退。孙传庭一面飞调火车，分头扼战，一面亲自驰赴阵前，率了牛成虎、李俊等并力夹击。各镇官兵奋勇齐进，陈、牛、高、李、张五将无不身先士卒，大呼陷阵。后面孙传庭的中军又复麾杀上来，李过、俞彬不能抵挡，一战大败。

孙传庭连破了三层敌兵，接住便是李双喜、周凤梧、李守信、高一功等四将率了步兵，分头杀奔上来。后面李自成亦亲督大队上前接应。自辰至午，官兵鏖战多时，早已杀得人乏马困，如何再能与李自成的大部生力军抵敌？高杰等一班大将，虽然仍旧冲锋破阵，无奈那部下的兵士都饥乏交困，着实不堪再战了。孙传庭见前军锐气已尽，急发命令，叫张勇统率着火车兵，令白广恩尽督后方人马，上前接战。不料那广恩因与孙传庭意见不合，又见官兵支持不住了，他遂不奉将令，率了本部人马首先退走。后军左良玉见广恩已退，他那部下也相继而走。这个警报传到了中军，一时军心大乱，前锋人马一拥都退了下来。孙传庭大惊，急忙下令：叫高杰等丢开敌将，分头去截堵自己的人马。李自成乘着这个空子，麾兵大进，犹如排山倒海一般呼哨杀来，高杰等不能抵挡，一齐败下阵来。孙传庭见功败垂成，急得顿足长叹，只得率领败兵且战且走，飞奔而回。不料那张勇所部的火车兵又复从后方开向前来，看见前军已经败回，于是护车的兵将一齐抛盔弃甲，四散逃走，丢下数百辆火车，横三顺四，塞满了道途，马挂于衡，不能奔驰，后面的败兵逃将被火车堵住了去路，一时不能通过，被李自成的大队铺天盖地杀了前来，大刀阔斧，犹如砍瓜切菜一般，直杀得官兵尸横遍野，血流成渠。后面李过等又率了骑兵，飞奔上前，那些战马皆从火车及败兵身上腾空跳踏而过，又踏了个落花流水。官兵死亡过半，四散纷纷逃走。李自成趁胜追赶，一日一夜追至孟津县。官兵沿途接战，死伤四万余人，遗失军器、粮饷不可胜计。

孙传庭率了残兵，连夜奔回潼关，看见全军覆灭，不禁悲愤交集。欲待把白广恩即行正法，又恐操之过急，惹出意外。因此便暂时容忍起来，一面上疏告败，一面再调大兵防守潼关。

这时李自成的人马亦由河南向潼关长驱而来，汜水知县周腾蛟、河内知县丁运泰、郎中尚大伦、参将王荣、乡官王楫征等先后战死，前部先锋李双喜、周凤梧率了铁骑三万人，叩关叫战。

这时候崇祯帝连接陕军先胜后败的报告，知道敌势浩大，潼关危在旦夕，这一惊非同小可！于是连夜召见文武，商议军机，并要传旨，将白广恩交孙传庭正法军前。大学士丘瑜谏道："不可！广恩手握重兵而心怀猜忌。一旦操之过急，势必倒戈降贼矣！为今之计，不如暂赦其罪，待贼退之后再行诛之，方能保得万全。"崇祯帝允奏，立刻传旨，敕孙传庭赶速整顿人马，固守陕西沿边隘口。一面又降旨：将白广恩弃瑕录用，勒令收集溃兵，固守潼关，暂加荡寇将军名义，俾其立功赎罪。

广恩奉到旨意后，看见君恩隆重，自己也觉得羞悔无地，一时忠勇奋发起来，便点起人马出关与双喜等大战了三日三夜，双方互有杀伤。后来李自成的大队开到了，广恩孤军无援，只好收兵入关。李自成乘势进兵，向关上百道猛攻。此时官兵已成惊弓之鸟，敌兵一到，那些人马不守自溃。广恩大惊，一面励众死守，一面遣人向高杰处请兵援救，不料那高杰却恨广恩在南阳不战先走，以致前军失败，误了他们的大功。今日广恩窘极来求，所以他也坐视不理，反率了他的人马一直退向北山去了。广恩见援兵不至，外面李自成的人马又昼夜攻打不息，因此他便大形着急，只得再向孙传庭遣人告急。孙传庭此时兵微将寡，闻知潼关危在旦夕，他遂奋不顾身，带了少数亲兵家将，星夜驰往潼关。他的人马尚未赶到，那李自成已经破关而入，广恩全军覆灭，只身逃向甘边去了。

孙传庭见潼关已失，仰天大恸道："吾不可以再生矣！"立刻催督人马向李自成军前杀了上来。

李自成望见孙传庭的旗号，当下指挥诸将，四面围攻上来。一时金鼓齐鸣，喊杀连天，那少数官兵如何敌得住这数十万得胜之众？霎时间便杀得人仰马翻，死亡殆尽。孙传庭手舞长刀，大呼陷阵，李过等数十员大将一拥上前，团团围住厮杀。孙传庭身带七伤，力战不退。监军兵备副使乔迁高、随营教授许嗣复先后力战身死。孙传庭在阵中大呼跳荡，眼巴巴地看见那些亲兵爱将，都被敌兵杀得干干净净，又闻一片喊声，叫："有人擒得孙督师者，赏银十万两，官授权将军。"孙传庭见大势已去，又怕落在李自成手中，遭其侮辱，因此就在马上把长刀弃了，随手抽出一柄佩剑，大叫一声，自刎落马而死。后来屈翁山先生有诗叹曰：

一败中原势不还，二陵风雨惨龙颜。

朝廷岂合频催战，司马惟应暂守关。

杀气未销函谷里，忠魂常在大河间。

行人郏县踟蹰久，泪洒斜阳匹马间。

第二十四回　入关中君恩献妙策　催战孙传庭死潼关

第二十五回

入西安荩臣死忠烈　还故里衣锦祭先茔

崇祯十六年九月，李自成兵入潼关，孙传庭兵败战死，前部先锋李双喜等连破华阴、华州、渭南、临潼，兵不血刃，沿途兵民望风溃走。前锋过了临潼，李自成亦星夜赶到前敌，尽调全部人马，进薄西安。一时烽火连天，三秦大震。

官兵当新败之下，人心惶惶，西安城中一夕数惊。巡抚冯师孔由商洛撤兵回省后，每日率领一班文武督饬兵民，昼夜死守。秦王存枢连夜上了三个告急表章，请兵前来援救。

崇祯帝闻知潼关失守，孙传庭已经战死，不觉大惊失色，立刻传旨：召见大学士，商议简放督师大臣及优恤孙传庭等事。谁知那陈演等都与孙传庭不睦，说他兵败之后，并未查出尸体，目下生死未明，不宜妄颁恤典。因此崇祯帝听了谗言，便敕礼、兵二部把孙传庭的恤赠停止不行。另外传旨：以兵部侍郎余应桂加都察院副都御史，总督陕西三边军务，赐尚方剑，即日驰驿入陕，督师讨贼。又降严旨：责成陕西抚按及早鼓励兵民，死守西安。

此时李自成的人马早把西安省城层层地围了三匝，每日排列大炮，架起云梯，令李双喜、马维兴、袁宗第、郝永忠、刘希尧、党守素、吴汝义、谷可成、李守信、任继光、高一功、高立功等分兵十二路，前仆后继，昼夜猛攻。冯师孔等亦在城上百般抵御。无奈陕军精锐早已损伤殆尽，自从潼关失守之后，那高杰、白广恩二将先后入北山，陈永福、牛成虎二人亦逃往甘肃，左良玉是个客军，早已远走高飞，一座堂堂西安省城，只剩下不满一万名老弱残兵。城大兵少，着实照应不来。加以敌势浩大，城中兵民均已闻风丧胆，无论你怎么设法鼓励，终是人心涣散；无法维持。李自成在城外，用飞箭带了劝降告示，每日向城中乱射，叫西安军民"早早开城出降，免遭屠戮；倘敢抗拒大兵，一旦城破之下，难免玉石俱焚"，因此城中的百姓越发恐慌起来。

崇祯十六年十月壬申，冯师孔等正在亲冒矢石，与李自成猛烈攻守之时，不防李自成用地雷将城墙轰开三丈有余，前锋人马由缺口冲了进来。师孔大惊，急忙亲率文武及抚标兵马，舍命向前堵杀。只闻得炮声如雷，矢石如雨，双方正在肉搏血战之时，不防那西门守将王根紫早已大开城门，率领所部人马首先迎降。李过、俞彬将铁骑二万人冲城而入，后面李自成亦指挥了大队，双方攻入城来，西安立时失守，巡抚冯师孔、按察使黄纲等分率兵民，舍命格斗，复被李双喜、马维兴、李进、罗虎等各率大兵，截住前后街口。那些兵将，又从民房上居高击杀，四面围攻上来，大刀阔斧，杀得官兵尸横满道，血流成河。师孔身负重伤，陷阵呕血而死，按察使黄纲、长安知县吴从义、指挥崔尔达、长史章尚纲等先后战死，署陕西布政使陆之祺、布政使参政张国绅、按察金事巩火育、郎中宋企郊等一班文臣先后投降。李自成驱兵大进，直攻秦王府。秦王存枢亦降，王妃刘氏不屈自缢而死。

李自成破了西安，入居秦王府，一面下令休兵，一面出榜安民，又发出金帛粮米赈济被难的灾黎，改秦王府为大元帅府。以秦王存枢为权将军，永寿王谊侃为制将军，以顾君恩首建入关之策，赐以女乐一部。又大张榜示，凡是明朝的文武，苟能诚心归顺者，一概免罪录用，于是武臣中如总兵白广恩、左光先、梁甫等先后都向李自成投降。李自成大喜，又遣人赍了令箭去招陈永福归降。永福却因为从前在河南时三次抗拒，又射中了李自成的左眼，便心虚不肯应命。使者回来后，李自成知他是畏罪不降，便把白广恩召到面前折箭为誓道："昔管夷吾射桓公中钩，后来复相桓公而霸诸侯。孤虽不敏，亦愿以此箭为誓，愿君劝他放心来降。"永福闻了此言，亦解甲来降。

李自成见秦中文武皆已归命，即日传檄四方，关中郡县望风纳款，其抗不顺命者，立即发兵攻取。于是咸阳知县赵跻昌、甘泉知县蒲来举、渭南知县杨暄、训导蔡其城、商州参议黄世清、蒲城知县朱一统、县丞姚启崇、白水知县朱迵浇、教谕魏岁史、凤翔知县唐时明、紫阳典史何宗孔、商南典史贾儒秀、城固知县司五教、中部知县朱新鲽、三原副都御史焦源溥、原任宣府巡抚焦源清、渭南原任礼部尚书南企仲、工部尚书南居益、主事南居业、泾阳金事王征、耀州太常寺卿宋师襄、富平参政田时宸、给事中朱崇德、咸宁副使祝万龄、通判窦光仪、知县徐方、长安里居知县徐方敬、举人朱谊㮚、席增光、蒲城御史王道纯、城固参政张凤翮等，皆不肯投降，力战身死。

李自成见全陕底定，内中只有陕北延绥一镇偏偏死守，不肯归降。李自成道："延绥乃桑梓之地，若不及早收复，岂不被人耻笑？但是父母之邦，不便遽以大兵临之。"因此遂命右军师李岩代撰檄文一道，星夜发往榆林，叫该镇文武早早投降。一面又将部下的人马大加整顿，每日亲到大校场操练兵将，金鼓之声连天动地。又发兵民大修西安省城。李自成每次出府时，那些男女老幼及军民人等，望见黄龙大纛，一齐都跪在道旁，口呼万岁。李自成见人心归顺，心中十分喜悦。

有一天，他正在王府偏殿上，同宋献策等三位军师并召陆之祺、宋企郊、张国绅等商议一切军国大事之时，忽闻府门外一片喧嚷之声直达殿上。李自成大怒，喝问左右："是什么人在那里泼野？快快拿交军法官，将他砍了吧！"说犹未了，突见一个壮士赤身披发，从丹墀下一直奔上殿来，背后跟着无数的护卫兵士，大呼："何处来的村夫，胆敢闯入王府，快快拿了下来！"这时那个壮士已经奔到李自成面前，攘臂大骂道："李自成，无名走卒，胆敢逆天作乱，占据藩王府第，可恨那些不长进的文武，又向逆贼低首乞降！我姓丘名从周，现官都司舍人，虽然是末职武夫，却偏不投降，今日特来与尔拼命的！"骂声未毕，早被左右的护卫将他拿下殿陛，捆了起来。牛金星站在旁边，一迭声叫"杀、杀、杀！"李自成却一声不响，立起身来，把从周仔细打量了一番，笑道："看不出你这个小小年纪、小小官儿，倒有大大的胆子，竟敢来犯孤的威严，真不愧我关中豪杰了！孤平生最爱的是这些好男儿，今既不忍杀你，便不来怪你，快快回去，待孤定了北京，你自然心平气服了。"从周并不理会，一味地跳骂不已。李自成觉得他酒气冲天，实在不可理喻，便叱武士，把他送回家去，责成他的亲属，每日严加管束，不许出门生事，倘再违犯，即由巡城兵士随时捕获正法。左右一声吆喝，把从周连拖带拥拉了出去。且说，这李自成是何等声威？自从起事以来，攻陷了许多城池，杀戮了许多人命，除过几个抗节死难的文武外，准敢道他半个不字？今天这位丘君竟白白地把他痛骂了一场，不惟不遭僇辱，反得了许多的奖语。看来那李自成并非不能杀他，其实是志愿远大，一则见他不足计较，一则也是爱他是个奇烈男子。就这一点事，亦可以看出李自成的为人了。

再说李自成打发了丘从周，次日又大会文武，商议进兵山西之策。右军师李岩出班说道："我军由楚入关，三秦望风底定，惟榆林一镇至今抗不来降。榆林乃三边重镇，强兵壮马，荟萃于斯，若不及早攻取，养痈遗患，日后必为心腹之忧。为今之急宜先遣大将一员，率兵先取榆林。待得了榆林，然后进兵宁夏，攻取甘肃。甘肃到手，则内顾无忧矣。那时候再大张挞伐，由山西直捣北京，一传檄而天下定矣！"

李自成道："先生所言，正回合孤意。自上年祖茔被伐后，虽经修复，而规模未备，常觉耿耿不安。今日孤已掩有全秦，若不将祖宗茔墓大加修理，实不足以慰先灵于地下。且孤自起义以来，远近族人，多半避祸远藏，因此想亲自回乡一次，一则祭拜先茔，一则安慰那些族众。"

牛金星道："大王饮水思源，此仁者居心。况系念丘垅，孝德感天，天下人民有不望风归顺者，某不信也。"

李自成道："谁敢为先锋代我去取榆林？"

说犹未毕，只见大将李过应声而出道："小侄愿往。"

李自成道："榆林兵强马壮，又有一班宿将，如尤世威等，未可轻视。汝勇虽有余，谋尚不足，还是叫李双喜去吧。"

李过听了此言，登时满面通红，躬身回道："叔父太把侄儿看得不中用了。此去若不成功，甘当军令，以谢全军将士！"

李岩笑道："小将军志气不凡！既出大言，胸中必有把握，请大王不必过虑。"

李自成道："你既要去，需要步步小心，不可挫了锐气。况延安一带尚有守兵，汝可先把延绥肃清了，再率人马进驻米脂，传谕米脂官绅，火速招募人夫，把三峰子山的祖茔好生修理。茔前应有的享殿石器，都要仿照承天府献陵的形式，赶快兴工，一面再将北门外马鞍山的营房亦加意改造。工程就绪后，孤就亲回米脂，待祭过了祖墓，尔再进取榆林，方不至千里迢迢，孤军深入了。"

李过答应下去，李自成又传令，叫周凤梧、高一功辅助李过，各率精兵一万人，即日开拔。隔了一日，李过等三将都调齐了人马，由西安起程，浩浩荡荡杀奔北山而来。

此时李自成威名大震，大兵过处，沿途郡县望风迎降。分巡榆林道兵备副使都任、镇守延绥总兵官王定，闻知李过兵至，便调了参将刘廷杰率兵三千人，扼守延安，副将惠显率兵三千人，扼守绥德。

两路官兵刚才出发，那李过的大队已经由鄜州北上，前锋高一功兵至延安，刘廷杰便点起人马出城拒战。高一功横刀勒马，大叫："来将通名！"刘廷杰道："吾乃延绥中军参将、绥德刘廷杰也，尔难道尚不认识耶？"高一功道："既是刘将军，小弟闻名久矣。我等同是陕北之人，理回合辅助李王共图大事，何待引兵抵抗？今日大兵到此，急宜解甲归诚，此千载不遇之机也！"刘廷杰大怒，喝道："叛逆匹夫，你知道死在何时，尚敢信口胡说！不必多言，看刀吧！"说时一刀劈了过来。高一功大怒，应该舞枪迎战。双方阵里金鼓齐鸣，喊杀连天。战到三十余回合，高一功料敌不过，拖枪败下阵来。刘廷杰麾兵大进，杀得一功抛盔弃甲，大败而逃，刘廷杰追到二十余里方才收住了人马。

次日午前，李过的大队也陆续开到前来，闻知高一功战败，他便催督人马直向延安城下杀了前来。刘廷杰看见敌势浩大，便不敢冒昧交锋，一面遣人向榆林请兵援应，一面尽率了兵民分城固守。无奈这延安府迭遭兵燹之后，市井萧条，城大兵少，无法分布。刘廷杰看见城不可守，只得仍旧率了人马，出城苦战。李过见他来了，立刻飞马上前，大叫："刘廷杰，你是北山的著名豪杰，何其不识时务至此！量尔少数兵马，安能抗挡我十万雄师？还不早早投降，免伤和气！"刘廷杰大怒，挥刀直取李过，李过亦舞刀相迎。二人武艺高强，刀法娴熟，一气大战了七八十回合，未能分出胜负。正在杀得高兴之时，不防那周凤梧、高一功两支人马，又复分左右两翼蜂拥杀上。刘廷杰力战三将，究因众寡不敌，霎时间官兵大败下来。刘廷杰见事不好，急忙下令退兵，李过等三路人马奋勇并进，延安立时失守。

刘廷杰率了残兵退守绥德，李过入了延安，休兵一日，然后再督大兵由清涧进攻绥德。刘廷杰见李过节节前进，便同守将惠显一齐引兵出迎。李过望见刘廷杰来了，厉声喝道："败军之将，还不快快投降，何面目又来相见？"刘廷杰大怒，跃马舞刀直取李过，李过亦挥刀接战。这时高一功、周凤梧二将又复引兵杀上，惠显见敌势凶猛，急忙亲自出阵来助刘廷杰。一时两军阵里金鼓齐鸣，喊杀连天。那五六千官兵如何敌得住这三万人马？刘廷杰见势不支，急忙收兵入城，率众死守。

李过又令周、高二将在城外四面山头上，不分昼夜，用大炮火箭百道猛攻。自己率了中军人马，架起云梯，一鼓冲上城来，守城兵民一时四散逃走。李过首先把城门砍开，大兵一拥入城。刘、惠二将率了部下人马，分头巷战，终究是众寡不敌，折了许多人马，仍旧率了残兵，杀开一条血路，由东门出城，一直向北退走去了。李过入了绥德，一直追至米脂。二将不敢入城，尽率所部残兵，径回榆林去了。

李过到了米脂后，便把部下人马由绥德至米脂沿途屯驻，一面通知米脂县知县，即日调集工匠、人夫，向三峰子山，不分昼夜赶速修理，一面又将马鞍山的营房一律拆毁，改建行宫，预备李自成回米脂驻扎之所。

知县奉到命令后，哪里还敢怠慢？立刻分传了四乡地保，征发民夫一万四千名、工匠二千名，分头兴工。知县亲赴三峰子山督工，并札委本县典史代向马鞍山监视修理。开林伐木，凿山取石，斧斤之声直达数十里外。如此昼夜赶办，不上四五十天，两处工程一律都告竣了，知县回复了李过，并请他亲去阅视了一番。共计三峰子山茔前新建享殿一座，茔垣一百三十八丈，文武石人四对，石麒麟、骆驼、狮、虎、羊、马各二对，石牌楼二座，墓道石级一万八千九百二十七步；马鞍山行营大殿五间，后殿五间，左右配殿前后共二十间，官门二座，新开御河一道，石桥一座，石坊三座。两处共支物料、匠工、运费等项纹银二十七万八千有奇。李过收工已毕，连夜飞报李自成，说：延绥一带业已肃清，两处工程亦均告竣，请他即日北上，以便趁早向榆林进兵。

这时候李自成在西安正听了李岩之策，每日大开仓库，赈济三辅的难民，又严申军令，赶速操练人马，准备要向甘肃一带发展。那些百姓看见他恩威并用，纪律严明，大兵所到之处秋毫无扰，因此那些人民及富家大族都各安本业。这一日连接李过的捷报，过了些时又知道两处工程都就绪了，因此他便留下牛、宋二位军师，总理一切军机大事，代他留守西安。自己带了李岩及大将俞彬、罗虎，率兵一万人，即日由西安起程，晓行夜宿，一直向米脂进发。沿途各州县的百姓看见李自成已经定了全陕，湖北、河南两省亦被他占据了大半，指日北京一破，便是当今天子了。因此李自成所过之处，那些百姓都成群结队地伏拜道左，高呼万岁，声如雷吼。李自成大喜，又拿出许多金银来犒赏一班穷民，百姓沾了实惠，越发鼓舞欢呼起来。

李自成到了米脂，李过率了全军将士，知县率了回合城耆老，离城十里前来迎接。李自成金盔金甲，座下骏马，缓辔而行，左右二十员上将全身披挂，前后拥着铁骑一万人，由绥德直达米脂城下，沿途金鼓喧天，戈甲耀日，真正是：

风吹鼍鼓山河动，电闪旌旗日月高。

李自成骑在马上，顾盼自雄，好不威武！由绥德至米脂八十里之间，沿途百姓扶老携幼，无不以争先快睹李自成的威仪为幸。知县乘马前导，李过督兵后随，由南门入城复出北门，一直来到马鞍山行宫前，方才下马，进入后殿歇息。

次日一早，李自成升坐大殿，传令叫文武官绅依次进见。知县率了文武绅耆上前谒见毕，李自成谦让不迭，一面向大众说道："孤自起兵以来，连年东征西战，暌违梓里，先后十有二年。今日回到故乡，举目非亲即友，幸蒙不弃，又劳诸公远道跋涉，冒风霜以相迎，何欣如之！惟乡党之间，不宜以虚文浮套相周旋，还是老老实实，大家讲个乡谊才好。"接着又说道："孤从前，因祖宗之仇，多多得罪乡党。但仇人已经授首，既往之事一概不究，其不得已之苦衷，还祈父老兄弟对我原谅才好，并可转谕城乡人民，大家各安本业，不可捕风捉影，自相惊扰。"又传谕，叫知县赶紧预备太牢、祭品、鼓乐、仪仗，定于第三日亲向三峰子山祖茔前致祭。知县领命退去。

次日一早，李自成又命李过率了三百名人马，先回李继迁寨，邀集了远近族人，同到茔前陪祭。又同李岩商议妥当，传令改马鞍山为蟠龙山，正殿曰启祥殿，后殿曰兆庆宫，至今三百余年，这蟠龙山的行宫巍然尚存。但因李自成失败之后，清廷的命令叫把大顺遗迹完全铲除，地方上人士觉得不忍将它毁坏，遂想出一种变通方法，在那大殿上塑了一尊真武祖师像，遂把这座请他们一同前往致祭。原来李自成的那些族人，自从边大绶伐墓之后，又怕官兵再来剿洗，于是大家都逃往远处，隐生埋名，不敢认李自成为同宗。后来李自成入了西安，声势一天大似一天，因此那些族众也便成群结队的先后迁了回来。今日李自成又亲自回家致祭，这些人更是荣耀非常，一齐出来迎接。李自成见了族人，执手问候毕，然后一同向三峰子山，前往致祭。

这时候，由李继迁寨至三峰子山，沿途兵马林立，旌旗夹道。李自成到了茔前，看见祖茔修得十分整齐，雄壮，心中大喜，一面由知县派来生监二十四名，把祭品乐器等类布置齐全，请李自成到享殿夹室中更衣开祭。李自成入了夹室，脱去戎装，换上织金滚龙袍，戴上王者冕疏，由司礼生引至享殿前面，就位行主祭礼，其余的族众皆分别次序，行陪祭礼。一时鸣銮佩玉，乐声悠扬，鸣赞官高声唱礼。三跪九叩毕，李自成退到夹室中，歇息了片刻，更衣毕，又由族中公推出族长李漪，带了器品，向引凤山李氏始祖茔前恭代行礼。

一切礼节完毕后，李自成方才率了一班族人，回到村中，大开筵宴，所有族中的老幼男女及左右亲邻，一概请了来，列席痛饮。李自成见这些人大吃大喝，心中异常高兴，便举起杯来，向众人带醉说道："李自成以一介匹夫，十年之间横行天下，指日京师一破，这一统的锦绣江山，便成了我们米脂人的家产了。李自成此次北来，一则因为祭拜祖墓，一则也盼同大家聚首。今日既到这里，诸公须放浪形骸，开怀畅饮才好。"众人闻言，越发摩拳擦掌，直喝得酩酊大醉，那一班男女老少，无不啧啧称羡。是日秋高气爽，天地澄清，李自成坐在那里，俯仰之间，好不慷慨快乐，这种景况只有汉高祖还到丰沛时可以比方得来，别的人是断乎不能领略的了。

宴罢之后，又叫族中的长幼愿往西安者，一概随同前去；不愿出山者，各给金银彩缎，在家安闲度日，待定了京师之后，再行推恩封赏。这个命令一下，那一班少年英俊，一个个兴高采烈，都要随往西安，以图日后建功立业。有一班年老衰退的，却又情愿安居乐业，将来坐享藩封的，李自成将他们安排停妥。又征集民夫，大兴土木，在三峰子山下建造一座村堡，徙附近人民五十家，为守冢户。布置已定，然后整顿兵马，大阅三军，仍令李过为大将，督率马步大兵，克日进取榆林。

原来这榆林距米脂有一百七十里远近，为陕西北边的第一重镇，其地势与河套相接壤。河套东起偏关，西至宁夏，相距二千里而遥，北滨黄河，南以边墙为界，自古及今，郡县绣错其中。明朝初年，即就唐代的受降城故址，营东胜，跨河北，以卫套中；后来又弃东胜不守，而河套遂失。当初所设延绥总兵官，皆坐镇绥德。至成化中年，因河套不守，遂移镇榆林。其地四面沙漠，居民俗尚雄武，不事耕织，因此这延绥镇的人马遂号称三边勃旅。当延安、绥德相继失陷后，那新任延绥巡抚崔源之、兵备副使都任、延绥总兵官王定等，看见敌势浩大，连夜征兵调将，防守沿途的关堡，一面编练兵民，预备守城事宜。无奈这时候的百姓老幼，早已闻风丧胆，各县文武亦争先纳款投诚，光光剩下榆林一座孤城。城中的文武兵民一夕数惊，讹言四起，巡抚崔源之看见风头不好，他遂率了部下标兵，声称要向神木、府谷各县亲去巡视一遍，趁着这个空子，便由府谷县渡过黄河，一直逃向山西去了。都任见抚军已逃，人心越发慌乱，只得同王定等一面弹压兵民，一面赶办城守。

其时李过已经奉了李自成的将令，同周凤梧、高一功率了马步大兵，由米脂大举北伐。前锋周凤梧首先率了骑兵八千人，浩浩荡荡，直奔榆林城下而来。欲知后事如何，请待下回分解。

第二十六回

守榆林将帅倡节义　入甘州贺锦建奇功

　　李自成衣锦回乡，祭过了先茔，又遣李过等进兵榆林，自己同罗、俞二将暂驻蟠龙山，遥为声援。正在盼望捷音之时，忽然由西安发来一个急报，说风闻朝廷又大发官兵，由四川、河南、湖北三省分道入陕，请李自成即日回驻西安，以资震慑。李自成大惊，立刻传令，叫俞彬、罗虎二将代领大兵留守米脂，兼援前军人马，自己率了少数卫兵，同李岩星夜驰回西安。又以榆林兵力强悍，怕李过一时不能成功，所以又添派了大将刘芳亮、辛思宗两支大兵即日进驻米脂，把罗、俞二将星夜檄赴前敌，协同李过等限期攻取榆林镇城。

　　这时前锋人马早已杀到榆林城下，兵备副使都任便召集了全城文武会商战守机宜。大众到齐之后，都任便慷慨流涕，向众人说道："榆林四面沙碛，男不知耕，女不解织，其所恃以谋生者，专靠朝廷的粮饷耳，三百年豢养之恩，岂可不报？至于我辈这些文官武将，尤为世受国恩之人，今日兵临城下，除过'以死报国'四字外，再无别的话说了。愚意如此，不识诸公意下如何？"众人闻言，一个个怒发冲冠，都愿誓死报国。参将刘廷杰道："逆贼虽破西安，三边尚为国守。吾榆林号称天下勃旅，果能将士同心，鼓以忠义，一战必夺其气。然后联络宁夏固原为三军，以次递进，贼可破也。"

　　都任见人心固结，将士同心，遂连夜分配文武，固守各门：以原任山海总兵官尤世威镇番总兵官李昌龄、定边副将尤翟文、左营游击刘李英、前保德直隶州知州锺乾建等防守门，右营游击刘芳新、姬维新、安边参将马鸣廉等防守东南城，原任山海关副将杨明、镇副将潘立勋、兵备中军守备柳永年、火器营都司郭遇春等防守东观远楼，原任户部郎中张鹗、西安参将李应孝等防守东城巽地楼，原任山海总兵官王世钦、左营游击尤养鲲、奇兵中军杨正华等防守东门空心楼，原任天津总兵官王学书、孤山副将王永祚等防守东门城楼原任真州知州彭卿、游击傅德、潘国臣等防守北门敌楼，原任柳沟总兵官王世国、山海关骑营参将尤岱、山西隰州知州柳芳等防守西门及永西门，原任辽东总兵官尤世禄、山海总官侯拱极、左营游击陈二典、湖广监纪同知赵彬等防守新添门楼；又令定边副将张发、旗都司文经国等督率精兵，在城内昼夜巡查，以防奸宄。都任、王定又亲自督率了督饷郎中家禄与惠显、刘廷杰等一班文武，分头援应。

部署甫定，那李过等早已在城外穿掘地道，施放大炮、火箭，昼夜猛攻起来。

王定向都任说道："不战而守，是示敌以弱也。某情愿率领标下人马，与逆贼背城一战先挫了他的锐气，方能保守城池。"

都任道："将军如此英勇，真正是国家的虎臣了，如此就请趁早出战吧！"

王定见他应允了，立刻回到帅府，点起三军人马，令副将张贵、王全分别率领着，大城门杀了出来。

李过望见王定的帅字大旗，立刻撤退了攻城人马，急令周凤梧、高一功二将双方并进，截住官兵的两翼，自己提刀跃马，大叫："王定匹夫，快快出来授首！"

王定一见李过，早骇得心慌意乱，只好催马上前，勉强上来迎战。战了不到十五六回合，早已枪法错乱，被李过的一口宝刀横三顺四，杀得招架不住了。王定看见来头不好，只得卖了一个破绽，拖枪败下阵来。其时左右两军亦被周凤梧、高一功杀得七零八落，纷纷败退下来。李过麾兵大进，一时金鼓连天，杀声动地。王定大惊，急忙率了残兵，绕城而走。都任见他战败，急忙从城上开放大炮，把李过的人马迎头截住，一面由北门遣兵出去救护王定回城。王定看见敌势浩大，明知这榆林城终究不能保守，他便不肯入城，率了随身的人马一直逃向府谷去了。李过并不追赶，仍旧指挥兵将向城上百道进攻。

都任见王定临阵脱逃，登时气得暴跳起来。正在督兵守城之时，不防那俞彬、罗虎的两支人马又复开到城下。从这日起，李过便在城外筑起几座土台，高与城齐，每日炮矢交发，守城兵将渐渐地立足不住了。不防那城下的地雷又发，城垣到处崩颓，都任在城内督饬一班文武，奋勇补修，昼夜死守。一连相持了七八天光景。这一座孤城看看坚守不住了，于是总兵尤世威、副将尤翟文又复率了三千名死士，亲出南门，与李过等大战于榆阳桥。

李过令俞彬、罗虎二将分头截住官兵，自己率了大兵，居中迎战。维时官兵只有三千人马，那禁得李过数万雄兵铺天盖地而来？两军刚才交锋，官兵早已蜂拥败退，尤翟文奋不顾身，一马冲出阵前，与李过交手大战了三十余回合，后面俞彬等又复分头围攻上来。翟文身带重伤，大呼陷阵而死。世威大怒，亲舞长刀，飞马来战李过。这时候，那南门守将李昌龄、东门守将王学书等也都率了精兵，出城来夹攻李过。这昌龄、学书皆是多年宿将，今日一齐身先士卒，奋勇冲锋，由城下绕道而前，直扑李过的中军而来。李过大惊，急忙飞调周凤梧、高一功二将，火速上前接战。此时官兵皆拼命奋战，所有兵将无不以一当十。一时金鼓齐鸣，喊杀连天。都任等亦在城头上开炮助威，喊声、炮声声震山谷，那三路官兵前仆后继，势如潮涌，直杀得李过等抛盔弃甲，大败而走。

世威等正待追赶之时，不防城中的杀声大起，一片火光冲天，城上守兵一时纷纷乱窜。世威知道城内有变，急忙同王、李二将收兵回奔转来。维时李过也看出这个消息，趁着官兵惊慌退走之时，他便勒转人马，一鼓返攻上来。世威等不敢恋战，只顾引兵退走。李过及俞彬、罗虎、高一功、周凤梧等五路大兵，犹如山崩海潮，直扑榆林城下。此时镇城的南门早被奸民砍开，李过急令高一功等冲城而入，自己督住一班兵将由云梯上蜂拥入城。

都任见城已失守，便率了守城文武向街前分头截杀。一时双方肉搏血战，刀盾之声不绝于耳。都任首先被擒，大骂不屈，被李过所杀。俞彬等一班勇将分头并进，直杀得城中的兵民尸横遍地，血流成河，总兵尤世威、李昌龄、王世钦、王世禄、副将王家录、参将刘廷杰、惠显、守备惠渐、抚标中军马应举及王学书、杨明、尤岱、侯世禄、侯拱极、潘立勋、中军刘光、榆林卫指挥黄廷政、千户黄廷弼、绥德卫指挥锺茂先、指挥崔重观、右营材官张天叙、李耀宇、游击傅德、潘国臣、李国琦、宴维新、刘芳新、都司文经国、郭遇吉、副将常怀、李登龙、游击孙贵、守备白慎衡、李宗叙等一班武将，或临阵捐躯，或自尽身死，内中有尤世禄、郭遇春、高显忠等二十四员武将先后被擒，皆大骂不屈，

第二十六回 守榆林将帅倡节义 入甘州贺锦建奇功

被杀于鱼河堡。城中文武诸生及妇女不屈死者数万人。

李过入了榆林，一面飞马报捷、一面派人用槛车把被擒获的尤世威、王世禄、王世钦、李昌龄等四人押送到西安献功。李自成闻报大喜，立刻升座大殿，传令把他们四人放出槛车，引上殿来。四人走至殿前，挺立不跪。李自成笑道："舍侄年幼，冒犯将军虎威，尚乞格外原恕。孤久仰诸公皆盖世英才，每恨相觅之晚，今日得以聚首，亦是天赐机缘，愿与诸公共图大事如何？"四人闻言，一齐厉声大骂道："我等身为大将，不能保守孤城，惟有以死报国耳，安能向汝驿卒低首耶？"李自成大笑道："将军何必如此固执，有话从长计议吧。"说时，便亲自走下座来，要替他们解捆绑，李昌龄挺身唾骂道："逆贼无礼，不得污我战袍！"于是四个人一齐都跳了起来，肆口大骂。李自成勃然大怒，厉声喝道："囚徒焉敢无礼！你道孤杀你们不得吗？刀斧手何在，快快都与我推去砍了吧！"左右一声答应，马上将世威等拥出府来，四人骂不绝口，挺身就刃而死。

李自成杀了四将，一面传令，叫李过等固守边隘，候令出发，一面大会文武，商议进取甘肃之策。宋献策道："目下榆林已破，三边震慑。那甘肃别无重兵，只有宁夏、固原两镇，又因连年用兵，所有的精锐都悉数调赴楚、豫各省，历年伤亡太多，其实也成了个强弩之末，无烦这里再动大兵。只可传令，叫李过等即移得胜之师，由榆林入甘肃，便可马到成功了。"李自成道："甘肃兵虽不多，而民情强悍，非得一地利熟习之人一同前去，万难保得必胜。"一头说，一头便问左右的将士，"谁可当得先锋，替孤去取甘肃？"

说犹未了，只见班中闪出一员大将，口称"小将愿往！"李自成视之，乃是左翼制将军贺锦也。李自成道："尔敢担得这个重责耶？"贺锦道："小将生长甘肃，熟习地利、人情，此去愿取全甘以报大王。"李自成大喜，立刻传令，以贺锦为先锋，率领马步大兵一万人，即日开拔。一面飞檄李过，限令到之日，即率全军，由榆林出发。

两路大兵先后起行，一时烽火连天，三边大震。那贺锦的一支人马由陕入甘，势如破竹，大兵连破宁夏、平凉，庆王倬灇、韩王直土脊堵先后被擒，文武官吏都望风逃走，平凉府知府简仁瑞力战身死。其时周凤梧等亦攻陷了庆阳府，分守庆阳道，参政段复兴、推官靳居圣、给事中麻禧等同时战死。于是华亭、安化、宁州等处相继失守，华亭训导何相刘、安化知县袁继登、宁州知州董琬、秦州通判朱廷彰等先后力战而死。

贺锦率了前锋人马直攻兰州，肃王识铉闻知贺锦兵至，他便连夜飞檄甘肃巡抚林日瑞，火速率兵来援，一面督饬在城文武，昼夜防守。这时候，那甘肃巡抚林日瑞正率了大兵，由甘州来援兰州，先锋副将哈维新一支人马首先杀到城下，来向贺锦交战。贺锦见他来了，立刻点兵出城，与维新就在城下大战了一场。双方互有杀伤，直至天晚方才收兵回城。

次日一早，维新又复引兵叫战，双方自辰至午，苦战不休。林日瑞又遣副将姚世儒率了人马，夹攻上来，方才把贺锦一阵杀退了。这里贺锦看见官兵声势浩大，恐怕众寡不敌，遂遣人连夜向李过处请兵援应。隔了一天，那李过早已督同周凤梧、高一功、罗虎、俞彬等各路大兵，先后赶到前来。

日瑞见李过等一齐到来，他遂传令，叫姚、哈二将分左右两翼，率兵前进，自己率了中军副将胡荣，来与李过等决战。其时双方的兵马同时并进，李过横刀勒马，大叫：“我兵已定全陕，兵不血刃而克平、庆、宁、夏等府，三边险要尽失。来将还不趁早归降，直待刀临项上，那时候岂不悔之晚矣？”胡荣大怒，喝声：“逆贼无礼，焉敢信口胡说！不必多言，看刀吧！”说时，一刀早向李过身上砍了过来，李过亦挥刀接住厮杀。二人一口气大战了五六十回合，未能分出胜负。李过看见他的刀法娴熟，一时不易取胜，便暗中使了一个拖刀计，拨马向后飞跑下去。胡荣哪里肯舍，急忙提刀追赶上来。看看两马相交之时，不防李过突然翻转身来，大喝一声，手起刀落，斩胡荣于马下。部下人马一拥杀上前来。日瑞大惊，再令大将吴清火速上前接战，自己亦亲自仗剑督阵。无奈李过等十分凶猛，吴清刚才出阵，早被贺锦将他斩了。官兵连丧两员大将，所有的人马登时败退下来，李过等乘胜进兵，一鼓攻破了兰州。日瑞率了残兵连夜退守甘州。

李过等入了兰州，执肃王识铉，分兵四出，攻陷了庄浪、凉州，沿途文武望风归顺，大兵由兰州进攻甘州。

日瑞连夜飞檄各镇官兵及西羌人马前来援应，一面令总兵马火广总统各路援兵守甘州。自己却率了副将郭天喜等督兵去守河干。

其时那贺锦的前锋人马早已浩浩荡荡杀奔前来，不料沿河一带的船只早被日瑞提过对岸去了。贺锦看见水深难渡，正在预备赶造浮桥之时，恰好那隆冬天气，一夜北风竟把河水结成了三尺多厚的坚冰。贺锦大喜，尽率所部人马踏冰而过。日瑞措手不及，只得率了人马，星夜奔回甘州，分兵死守。贺锦也率了大兵跟踪杀到城下，四面猛攻，一面遣人去催李过等各路大兵一同会师城下。不上三日功夫便大兵云集，把一座甘州城足足地围了五层人马，直困得飞鸟难入，水泄不通。加以连日天降大雪，守城的兵民饥寒交集，看见敌势浩大，人人心惊胆战，没有坚守之志。

日瑞看见这种情形，知道人心涣散，一时急得抓耳挠腮，无法维持，只得天天向一班守城兵民痛哭流涕，勉以大义，劝他们立志守城，不可存了去志。无奈人心已经摇动，一时无法挽回。又见贺锦等入甘以来，凡是抗拒不降的，一经攻破城池后，直杀得鸡犬不留，因此那些百姓更加害怕起来，任凭日瑞百般劝勉，直说得舌敝唇焦，然而那一班守城的兵民却是一味慌恐，毫无一点感奋之心。加以大雪兼旬，天气异常寒冷，那守城的兵民一个个堕指裂肤，呼号之声惨不忍闻。

日瑞每日身先士卒，昼夜防守。贺锦等在城外，亦连用大炮飞箭，百般猛攻。一连攻打了半月，尚未攻开城池，李过心里异常着急起来。贺锦因要急于成功，便心生一计，下令叫各营将士齐下手，把城外的积雪全数用筐挑、车载，悉行堆积甘州城下，一面用大炮向城头不住气地遥击。趁着守兵退开之时，便调了骑兵向雪上往来践踏，踏过一层之后，再向上面堆积一层，堆毕再踏，踏毕又堆，不上十天光景，城外积雪便高与城齐了。

日瑞着了慌忙，只得连夜飞调弓弩手，在城头与敌兵对射，一面督率兵民把城内的积雪也运向城头堆积起来。守城兵民立在雪墙之上，越发成了个冰肌玉肤，一寒彻骨，简直不能用武了。

其时北风愈急，城内城外一片冰天雪地，变成了琉璃世界，日日炮火连天，矢石如雨。贺锦趁着官兵懈怠之时，他遂率了一班勇士，踏雪而登，一气杀上城来。守城兵民见他来得这样凶猛，一时四散奔走，无人敢去迎敌。贺锦身先士卒，左手执旗，右手提刀，站在城头上，大呼："我兵业已破城，后面的人马不快快上前！"一语未毕，那李过等各路大兵一齐蜂拥而来，四面登城。日瑞大惊，急忙率了总兵罗俊杰、马圹、副将哈维新、姚世儒、参将郭天吉等分头截堵。后面李过的大队也跟踪杀上，高一功率了人马早已破开城门，外面周凤梧、俞彬、罗虎等各率所部，长驱杀了进来。一时杀声四起，全城的男女号哭，四散奔走。罗俊杰、马火广二将分督兵民，向李过等短兵血战，霎时间一座甘州城便鼎沸起来。罗俊杰身带重伤，首先战死。马火广见势不支，便率了部下人马，杀开一条血路，一直杀向西门瓮城中，力战而死。日瑞在十字街前与李过舍命大战，直杀得兵尽矢穷，部下的兵将一齐死亡净了，然后被李过所擒。

李过杀退了官兵，擒获了一班文武，方才向西安飞马报捷，一面同贺锦等亲自来到馆驿中劝林日瑞投降。日瑞大怒，挺身唾骂道："逆贼无礼，胆敢作乱到这步田地。指日天兵一到，汝辈死无葬身之地矣！"李过笑道："老先生休矣。目下我兵已定三秦，楚、豫两省望风归顺，指日京师一破，这一统山河便是我家之物矣。人虽至愚，岂到了这步田地尚不及早回头耶？况明朝的朝纲，久已坏到不可言状，老先生就是甘效愚忠，那庙堂上一班谗人，亦未必肯以身后的荣典许你吧？"日瑞尚未听完，便大声喝道："助逆匹夫，焉敢信口胡说！本部院身为朝廷大臣，既不能早除逆贼，竟至失守封疆，惟有一死报国耳。死而有知，必为厉鬼以杀贼也！"一头说一头举起拳来，向李过奋力殴打。李过大怒，喝声："不识抬举的老匹夫，焉敢如此无礼！左右何在？快快将他推出斩了！"左右一声答应，转出七八个武士，把日瑞推了出去。日瑞面不改色，大骂不绝而死，后人有诗叹曰：敌兵十万拥甘凉，报国男儿为国殇。今日抚军忠节著，一腔热血溅沙场。

李过杀了林日瑞，又将不肯投降的副将郭天吉、哈维新、姚世儒、监纪同知蓝台、里居总兵官赵宦等一齐杀却。城中的文武生员及兵民男女死者共四万七千余人。

李过入了甘州，又遣俞彬、贺锦等分兵四出，收复各处郡县，于是山丹、镇番、永昌等都先后望风投降。内中只有西宁一处尚负隅不肯归顺，李过几次遣人前去招降，都被西宁的文武把使者斩了。李过大怒，立刻下令，叫先锋贺锦火速移兵前往攻打。贺锦领命，连夜点起人马，浩浩荡荡杀奔西宁而去。李过就在甘州扎住人马，专候西宁一破，再行大举进兵青海。果然不下半月工夫，贺锦早已攻下了西宁，露布告捷，一直达到甘州。李过大喜，一面向西安告捷，一面大阅部下的兵马，整齐队伍，由肃州进兵青海。

第二十六回 守榆林将帅倡节义 入甘州贺锦建奇功

原来这青海地居甘肃的西北，汉时为西羌，唐时为吐谷浑，宋时为吐蕃，到明太祖定鼎后又为西番，隶属蒙古。其地水草丰盛，俗尚雄武，常常入寇内地，为北方心腹之患。因此李自成便由西安移檄李过，叫他平定甘肃之后，即移得胜之师去征青海，待把他们恐吓住了，方能免得内顾之忧。这个意思就是与武侯征南蛮的主意大约相同了。果然这些夷人禁不住恐吓的，李过等大兵一到，那青海的一班酋目人人震慑，一齐纳土称臣，各自备办了贡品先后来到李过军前投顺。

三边既得，全甘底定，又收复了青海，李过等再向西安告捷，一面请示班师的日期。李自成大喜，即日传令：以贺锦入甘有功，升授虎威大将军，即率所部人马留守甘肃，李过、俞彬、罗虎、高一功、周凤梧等，着即日班师回陕，预备东征。

这个命令传到了肃州，李过便率了一班将士并各路人马，由甘肃起程回陕。一路上旌旗蔽野，剑戟鲜明，正所谓旗开得胜，马到成功。

第二十七回

正王号建国崇三代　誓师徒传檄入山西

李自成在西安天天操练人马，专候李过等捷音一到，方能大举东征。后来连接胜报，知道全甘底定，西北尽入掌中，他心里十分喜悦，便召集了一班重要文武，商议进兵山西的计划。

李岩道："目下大王已平定西北，声势遍于天下。从前所袭的'闯王'二字，顾名思义，似欠尊崇，而'奉天倡义大元帅'名号，似亦不足以统驭天下。为今之计，诚宜先正王号，建国西安，并追上三代尊号，建设文武百官，仿蜀汉昭烈帝称汉中王故事。待即了王位，然后大誓师徒，传檄天下，兴吊民伐罪之师，先取山西，直捣北京。那时候名正言顺，堂堂天兵所到之处，百姓有不箪食壶浆以迎王师者，吾不信也。况王者之师，首重安民；我军众逾百万，其中良莠不齐，多有越轨之行，极宜重申禁令，使统兵将帅各束所部，务要兵过之处，秋毫无犯。如此则民心自然归附矣。民心归附，天下不难定也。"

李自成道："先生所言，字字珠玑，就请你们三位照这样办去，即日筹商一切典礼，次第举行吧。"

于是李岩等辞了李自成，退回军师府内。一面大会文武，磋商一切进行手续。

看看已至年终，李岩等商议已定。崇祯十七年正月元日，正军师平章军国事宋献策率了左军师牛金星、右军师李岩、龙骧上将军行权将军事总统前锋马步各营李双喜、右武卫将军行制将军事统带右宿卫营李友、左武卫将军行制将军事统带左宿卫营李通、虎翼将军总统后军长胜营制将军刘宗敏、威武大将军总统中军制将军马维兴、扬武将军贺珍、振武将军中军前锋总兵官萧云林等一班文武百余员，上表共尊李自成为新顺王。李自成再三谦让，然后即位，升座受百官朝贺。是日披衮戴旒，高坐王府正殿，只见那部下的文官武将，都衣冠整齐，剑佩鲜明，一行一行地丹墀下面跪拜山呼。正在行礼之时，忽然黄风四起，屋瓦皆飞，霎时间天昏地暗，日色都光了。李自成在殿上大形不悦，马上板着了面孔向左右问道："这个是何道理？"

说犹未毕，只见左班中趋出礼政府侍郎姜一学上前再拜奏道："乾坤有意扶真主，日无光掩大明，这是我王隆兴，明祚告终之兆，微臣敢不拜贺？"

李自成闻言大喜，立刻传旨，即日追上三代尊号：曾祖世辅为端王，祖海为庄王，父守忠为肃王，三世祖妣皆追尊为王妃，以西夏太祖李继迁为不祧之祖；又追封故兄自立为延安恭王。改西安为西京，改延安府为天保府，米脂县为天保县，建国号曰大顺。大封功臣，封堂叔李守义为赵侯，李守正为襄南侯，李守信为西河侯，侄李双喜为义侯，李过为亳侯，堂弟自强为鄜侯，自明为耀侯，自刚为三原侯，族侄李遵为宜君侯，李遒为延川侯，李逞为南郑侯，李适为淳化侯，李通为三水侯，李达为商南侯，李逸为雒南侯，李迪为华阴侯，李友为高陵伯，李牟为岐山伯，堂孙李时亨为褒城子，李运亨为山阳子，李其亨为西乡子，侄孙李来亨为蒲城子；又封起义功臣田见秀为泽侯，马维兴为紫阳侯，刘宗敏为磁侯，刘芳亮为汝侯，贺珍为岐侯，马世耀为巫山伯，王良智为确山伯，田虎为宁陵子，高立功为甘泉子，高一功为临朐男，周凤梧为武功伯，萧云林为中部伯，一俞彬为渭南伯，罗虎为韩城伯：贺锦为平凉伯。其余武将封子男者六十余人，一时不能尽述。又封正军师宋献策为诚意伯，左军师牛金星为灵宝伯，右军师李岩为祥符伯，参军顾君恩为尉氏子，张国绅为肤施男，一同参赞军务。

到了次日，又降旨新设百官，改内阁曰天事占殿大学士、平章军国事，中书省曰书写房，六部曰六政府，翰林院曰宏文馆，六科给事中曰谏议大夫，御史曰直指使，尚宝丞曰尚契司，太仆寺曰验马寺，通政使曰知政司，各省巡抚曰节度使，布政使曰统会使，各道副使曰防御使，知府曰府尹，知州曰州牧，知县曰县令。武职仍定曰权将军、制将军、果毅将军、威武将军、都尉、掌旅、部总哨总等官。又定制服，以云为纪，纱帽圆补，悉复唐朝制度，带用犀、银、角三等，关防曰符，方印曰契。营制则定中吉、左幅、右翼、前锋、后劲等名目。旗纛则前黑、后黄、左白、右红、中青。分天下为十二州，如舜典。诸事已毕，专待北京一克，即登皇帝之位。又传旨：颁三代名讳于天下，讳"世"字为"卉"字，"辅"字为"幅"字，"海"字为"海"字，"忠"字为"衷"字，"自"字为"大目"字。又大集士子，开考试于礼政府，首题曰"道得众，则得国"，试居上等者，均以州县牧令分用。

部署已定，又颁发军令二十条，严禁劫杀，倘有违犯者，即以军法从事，以右军师李岩兼管全军执法事务。于是三军人马上自将帅，下及走卒，罔不提心吊胆，凛遵纪律。李自成看见规模已定，便传令休兵一月，然后再图出师的计划。

有一天，李自成正在大殿上召见一班文武，商议军国重事之时，只见班中闪出肤施男张国绅，上前奏道："大王现已正位关中，而后宫妃嫔尚属寥寥无几。臣有义女邓氏，美而且贤，年方二十一岁，愿进后宫，以备箕帚，伏乞大王哂纳。"李自成准奏，随时传旨，叫总管太监把邓氏宣入后宫见驾。

李自成退朝后回到宫中，不上片刻工夫，那个内监已将邓氏引到宫门外候旨。李自成传旨叫把她宣了进来！不多一会儿，内监早将邓氏引入宫来。李自成抬头一看，只见那邓氏果然生得沉鱼落雁之容，闭月羞花之貌，娉娉婷婷，低垂了粉项，那眼中的泪珠儿犹如断线珍珠，扑簌簌地落了下来。内监站在旁边，叫她谢恩行礼，邓氏全然不理，连动也不动一步。李自成看了这个样子，登时立起身来，诧异道："这是从何说起？你的义父情愿将你送了进来的，你为何反又这样伤心？这其中必有深故，快快与孤说来吧。"

李自成的话尚未说完，那邓氏早已抬起头来，高声说道："妾乃前翰林院检讨文翔凤的继妻，幼出名门，尝为朝廷命妇。不幸先夫故后，被那狗贼张国绅强迫掳送来此，妾何曾是他的义女？大王乃盖世英雄，自当妙选天下佳丽，以充后宫，未亡人不祥之身岂足以备箕帚？倘蒙哀愍茕嫠，放其回家守志，则臣妾生生世世，自当结草以报大王之盛德；万一不蒙矜恤，强夺妾志，则妾洁白名家之女，有死而已，不能觍颜以偷生也！"

李自成尚未听完，早已气得暴跳起来大骂："张国绅无耻匹夫，胆敢做出这种伤天灭理之事，几乎叫烈女受污，陷孤于不义；这种狗才，不知那崇祯如何把他放做监司大员？这样看来，那明朝的江山是应该倒霉了。"一面骂，一面拔出所佩的花马剑，叱左右：将国绅即行斩首枭

闯王李自成传

CHUANGWANGLIZICHENGZHUAN

示。一面饬礼政府，特派老诚人员，把邓氏好好地送回家去，听其立志守节。

读者要知道，这轻财好义、不喜酒色，原是李自成天生特长之处——像这一宗事，漫说常人不能办到，就是贤者也要看是哪一个了。万不可因他后来未能成事，便把他的好处一概抹煞，才算是我们读书人平心论人了。原来那张国绅本是由科甲出身，身为监司大员。当西安失陷之时，他就首先迎降，后来又想当一个国舅皇亲，所以向三水县硬把邓氏抢了来，充做义女，献与李自成去讨好。谁知李自成偏偏不好女色，加以平日钦佩文翔凤的人品，所以一闻此言，登时便发作起来。这固然是李自成的好处，却也是国绅的恶贯满盈了。

再说李自成把内部整顿好了，然后商同三位军师，将各营人马一齐调集西安城外，依次检阅，并宣布东征的大义。维时李过等一班西征将士，也由甘肃班师回陕，李自成大喜，择定了崇祯十七年二月初一日出师大吉，由兵政府发出羽檄，飞催各镇统兵将帅，星夜率兵来西安听点。诸将奉了令旨，各自整齐队伍，连夜都赶到了。

及至正月二十八日，那西安城外早已大兵云集，旌旗蔽野，鼓角喧天，各营将帅一个个躬环甲胄，分队行列。李自成建了黄龙大纛，日月龙凤旌旗，自王府门首直达城外大教场，沿途旗幡招展，戈甲重重，夹道兵马林立，把李自成一直拥到教场将台之上。维时距教场二十里内，一片都驻扎了人马，虽然人山人海，却都是严守纪律，鸦雀无声，静候李自成的令下。李自成登了将台，先把各营的正副统帅依次点过，总计全军步兵六十万，铁骑四十万。那一班将帅应名之后，一个个披坚执锐，站立两旁。只听得三声炮响，将台上鼓乐齐鸣，李自成连下几道将令：第一道，令龙骧上将军行权将军事义侯李双喜率马步大兵三万人为先锋，奋武左将军行制将军事武功伯周凤梧、平远右将军行制将军事临胸男高一功副之，三路人马第一次出发。第二道，令骠骑大将军行权将军事亳侯李过率领大兵一万人，第二次出发；车骑左将军行果毅将军事泽侯田见秀率骑兵一万人，第三次出发。三路前锋均限于二月初一日出师渡河。下令，叫后军都督制将军郇侯李自强、果毅将军管理中车右翼右都督耀侯李自明、威武将军总督后军铁骑营事三原侯李自刚、果毅将军中军右翼协统宜君侯李遵、果毅将军中军左翼协统延川侯李逪、果毅将军前锋右翼协统汝侯刘芳亮等六员士将督住后军，与参军尉氏子顾君

· 260 ·

恩留守西安。又下令，叫左武卫制将军统领左宿卫营高陵伯李友、右武卫制将军统领右宿卫营岐山伯李牟、虎翼将军行制将军事总统后军长胜营磁侯刘宗敏、扬威将军行制将军事管理左翼总兵官韩城伯罗虎、建威大将军行制将军事渭南伯俞彬、彰武大将军总统中军前锋兵马紫阳侯马维兴、振武将军行制将军事中军前锋都督中部伯萧云林、辅义将军行制将军事赵侯李守义、征远大将军总督后军粮饷襄南侯李守正、奋武左将军行权将军事西河侯李守信、制将军南郑侯李遛、制将军淳化侯李适、果毅将军三水侯李通、果毅将军中军铁骑营总兵官商南侯李达、威武将军泾阳侯李道、威武将军协统右军火器营华阴侯李迪、威武将军蒲城子李来亨、制将军定边伯党守素、定远副将军行制将军事巫山伯马世耀、果毅将军确山伯王良智、威武将军宁陵子田虎、假权将军车骑右将军汉南伯李守训、果毅将军右营总兵官保安男刘体纯、果毅将军定边男刘苏、靖远副将军行果毅将军事靖边男刘希尧、威武将军宜川男辛思宗、威武将军右军后防总兵官谷可成等一班武将，俱随驾东征。

号令一下，两旁的将士答应一声，声如雷吼。将台上军乐三奏，李自成左仗黄钺，右秉白旄，徇师而誓，右军师李岩高声朗读誓师文曰：

嗟尔有众，咸听余言：在昔胡元乘隙，窃取山河，凭陵我诸夏，扰乱我中华，有明太祖起自布衣，振翮一呼，天下响应，十有五载，底定燕京，拯黎元于水火，救生灵于涂炭。历年三百，传世十六。不图朝纲日替，苛政横行，宦官窃柄，民不聊生。驯至清人虎视，辽沈沦亡，痛我中华，再陷于蛮夷。

援举义旗，重整乎乾坤，不毂以渺渺之身，起自银州，兵威所至，壶浆竞迎。兹者三秦底定，建国关中，兴师东渡，直捣燕京。指日戈回牧野，马放华阳，长安鼎定，与万民同登衽席，岂不休哉！

凡尔将士，其宜各舒忠愤，用集厥功。其有摧锋陷阵，勤劳懋著之士，裂土分茅，将难贷！

凡尔将士，勉旃。锡之带励；其或奸宄携贰及傲狠违令者，国有常刑，法共喻此意；无焚我庐舍，无虐我黎民。为今约誓，其各勉旃。

李岩读完了誓词，李自成方才摆驾回府，准备亲率大兵，克期东渡。一面又叫李岩代撰檄文一道，颁行各省，一面严催随征的一班将士，限三日内一律准备齐全，候令出发。

不题李自成在西安准备北伐，再说那山西巡抚蔡懋德，起初闻得李自成占了陕、甘两省，指日便要东出犯晋，遂调了总兵左都督周遇吉，率领大兵防守黄河上游；又调副将陈尚智率领五千人马，防守下游河津一带。懋德自率抚标中军副将应时盛及标兵三千人，驻守平阳府，以备与李自成交战。山西巡按汪宗友督率了三司文武并城中民兵留守太原省城，一面又向朝廷飞章告急，奏请速派京营禁旅及保定、宣府、大同各镇人马前来援应。部署未定，那李自成的檄文早已由西安传到太原，懋德展开一看，只见那檄文上面写的是：

新顺王李檄明臣庶知悉：

上帝监视，实惟求瘼；下民归往，祇切来苏，命既靡常，情尤可见。尔明朝久席泰宁，寝弛纲纪，君非甚暗，孤立而炀蔽恒多；臣尽营私，比党而公忠绝少。贿通官府，朝端之威福日移；利擅神宗，闾左之脂膏殆尽。公侯皆食肉纨绔，而倚为腹心；宦官悉毡糠犬豕，而资为耳目。狱囚累累，士无报礼之心；征敛重重，民有偕亡之恨。肆昊天，聿窘于仁义；致兆民，爰苦乎祲灾。

不谷起自布衣，目睹憔悴之形，身切痛瘝之痛，念兹普天率土，咸罹困窘。讵忍易水燕山，未苏汤火，躬于恒翼，绥靖黔黎。犹虑尔君若臣，未达帝心，未喻朕意，是以直言正告：尔能体心念祖，度德审机：朕将加惠前人，不吝异数，如杞如宋，享祀永延。用彰尔之孝，有家有室，人民胥庆；用彰尔之仁，凡兹百工，勉保乃辟。绵商孙之厚禄，赓嘉客之休声。克殚厥猷，臣谊靡忒。

惟今诏告，允布腹心，君其念哉！罔怨恫于宋公，勿阽危于臣庶，臣其慎哉！尚效忠于君父，广贻谷于身家，檄到如律令。

懋德看罢大惊，立刻将那檄文及山西兵单饷缺、形势万分危急的情形，连夜咨报兵部，任兵部尚书张缙彦立刻据情转奏。崇祯帝览疏大惊，马上传旨，召见大学士、五军都督府六部、九卿、翰、詹、科、道及在朝的勋戚文武，商议筹饷御寇之策。

正当这个时候，清兵已入宁远，辽阳、沈阳相继告陷，辽东总兵李辅明力战阵亡；张献忠又杀入四川，攻陷了夔州府，忠州女将秦良玉连战大败，四川巡抚陈士奇告急的表章一日三至；这里李自成又由陕犯晋，内忧外患，烽火遍于天下，朝廷兵饷两缺，剿抚皆穷。崇祯帝见了群臣，双泪齐下，连声叹道："国事至此，诸卿有何善策挽回这个劫运？"

群臣听了，一个个束手无策，独有大学士陈演上前奏道："贼入关中，必然贪恋子女玉帛，如虎在阱，未必即来犯阙，请皇上不必过于忧虑。"

　　话未说完，只见兵部侍郎余应桂出班叱道："国家精兵健马都出在关西，贼得陕甘，如虎生翼矣，势必长驱而入，横行畿辅，其祸不忍尽言。汝身为首辅大臣，不能平治天下，以分君父之忧，尚敢以谩语搪塞耶？"

　　陈演闻言，战栗失色而退。原来这余应桂前已奉令督师，后来因为兵马未能征调齐全，接着陕、甘两省又相继失陷，因此他名为督师，却始终未出国门一步。今日见陈演以首辅大臣，专用摸棱敷衍手段当面搪塞，不禁触动了他的一腔忠愤，因此便当廷把他申饬了这么一顿。

　　崇祯帝听了这一番话，越发涕泗交流，向群臣道："朕非亡国之君，而事事皆亡国之兆。高皇帝栉风沐雨之天下，一旦朕失之，朕将何面目见祖宗于地下！朕今日更无良策矣，只愿亲统六师，与逆贼决一死战，虽暴骨沙场，无足惜，但恨死不瞑目耳！"

　　言毕痛哭不已，两班侍立的文武无不伤心下泪。

　　这个时候，旁边早感动了大学士李建泰，出班奏道："主忧臣辱，古有明训。皇上宵旰忧劳，圣心憔悴至此，臣等心非木石，焉能高枕自逸？臣家在山西曲沃县，祖上颇遗有微资，臣情愿自出私财招募壮丁，亲往山西督师，鼓励兵民，杀贼以报陛下知遇之恩！"

　　崇祯帝闻奏大喜道："国事至此，正所谓存亡危急之秋也。卿能独舒忠奋，毁家以纾国难，古所谓'社稷之臣'者，量不过是。"即刻允奏，传旨，以建泰兼兵部尚书，赐尚方剑，即日驰往山西督师剿贼，准其节制督、抚、总兵，便宜行事。又降旨，敕余应桂仍以三边总督前往协剿，又敕宣大总督王继谟速调大兵，前往协守黄河；又敕五军都督府派京营总兵官熊通督率禁旅三千人，火速入晋，助守太原。

　　建泰受了敕令，即日陛辞了崇祯帝，出京剿贼，崇祯帝御驾亲送，饯别于正阳门外。不料那建泰刚才出了正阳门，行了不上二里远近，所乘的肩舆忽然把左杆折成两段，建泰大为扫兴，明知这是不祥之兆，于是灰心丧气，遂驻节于保定府。此时李双喜的大兵早已由陕达晋，自韩城渡过了黄河，其时早有宣大总督王继谟调来的总兵姜瓖率领大兵，拒住黄河东岸。要知道，这个姜瓖虽然身为大将，却是一个奸猾庸懦之徒，看见李双喜的大兵一到，早已骇得方寸大乱；及李双喜在西岸调集民船运兵东渡之时，他便调来弓弩手，隔河乱射过来。李双喜全不理会，一手提了大刀，身先士卒，拨开乱箭，飞渡东岸而来，背后的人马一齐跟了上去。姜瓖大惊，不战先自逃走，李双喜麾兵杀上，一声呐喊，把姜瓖困在核心。李双喜一马当先来擒姜瓖，姜瓖无可奈何，只得拍马挺枪上前迎战，交马不上三回合，早被李双喜杀得手忙足乱，登时大败下来。李双喜舞刀追了上去，姜瓖一时急了，便把手中的钢枪向地下一掷，高声喊道："将军住手，有话容缓商议。"李双喜见他弃了兵器，便勒住了马，横刀喝道："有话快快说来！"姜瓖欠身道："将军英勇盖世，某已心服矣。今日乞勿过于逼迫，某情愿让开这条大道，退守大同，他日相逢，定有报命之处。"李双喜会意，便下令叫前军人马暂缓进发，待官兵退完之后，方才催前进，直扑河津。守将陈尚智一战大败，连夜退走平阳府。

李双喜连获大胜，一面向李自成报捷，一面整顿人马，准备进攻平阳。这里李过、田见秀两路人马及李自成的大队，也陆续渡过河来，各路大兵分头并进。

山西巡抚蔡懋德正督率抚标兵马驻节平阳，闻知姜瓖兵败，李自成的前锋已经到了河津，这一惊非同小可，只得飞檄总兵周遇吉，叫他速率所部人马，迎头截剿，一面鼓励兵民，固守平阳。正在忙乱之时，不防一连奉到晋王的三道令旨，叫他即刻督率全军人马回守太原。懋德不敢违令，只得把平阳防务交与副将王平，自己率领大兵，星夜驰回太原去了。

懋德刚才出了平阳府，那李双喜等三路大兵已经铺天盖地杀奔前来，直把一座平阳府城围得水泄不通。陈尚智、王平二将分率兵民，百般死守，无奈城大兵少，守陴的人不敷分布。李双喜等在外面升起大炮，向城中接连开放，一时守兵四散逃走。李双喜乘着云梯首先登城，大兵一拥而来，陈、王二将不能抵挡，先后弃城逃走。

李双喜克了平阳，便扎住了人马，一面再向李自成报捷，并催李自成火速进驻平阳，以便居中调度，策应全军。不多几日，那李自成已经率了大部人马，由河津向平阳一带浩浩荡荡杀奔前来，李双喜率同诸将把李自成迎接入城。李成自成下令，叫把平阳府的仓库全行打开，所有的金帛粮米全数发了出来，赈济灾民。一时欢声如雷，人人高呼万岁！

这个风声一直达到了太原，巡按山西监察御史汪宗友便连夜拜疏，奏报平阳失守，并劾巡抚蔡懋德不该所晋王之令，擅弃平阳，回守太原；总督余应桂观望不前，坐失岩疆等语。崇祯帝览奏，忧忿交集，立刻传旨，将三边总督余应桂、山西巡抚蔡懋德一并革职候勘，另以新简陕西巡抚李化熙升任三边总督，即日驰驿出京，率各镇大兵入晋督剿；又以佥都御史郭景昌代蔡懋德为山西巡抚，敕其即日履任视事。旨意刚才发了下来，不料接二连三得了几个噩报，李自成的人马已经入了太原。所以这两位大员虽然奉了恩命，却始终没有到得任来。

第二十八回

蔡巡抚死节太原郡　周都督战殁宁武关

李自成兵入平阳，大犒三军。然后催督人马进取汾州，前锋李双喜一支兵马首先杀到城下。此时汾州城中的守兵早已奉调远出，李双喜兵至，一举攻陷了城池，汾州府知府侯君招、汾阳县知县刘必达等，同时巷战身死。李自成入了汾州，即刻传令，以降将尤忠为威武副将军，率领所部人马镇守汾州，又催李双喜即刻进兵去攻太原。

这时候，巡抚蔡懋德连接平汾告陷的噩耗，又见山西官兵别无可用的了，因此遂连夜飞檄阳和总兵官王国安，率兵进驻太原城外，又令中军副将应时盛率了参将牛勇、朱孔训、王永奎等各营人马出城迎战，自己同布政使赵建极、兵备副使毛文炳、蔺刚中、按察佥事毕拱辰、太原府知府孙康周、阳曲县知县范志泰等一班文武分率了兵民，登城固守。

部署甫定，那李双喜的大队已经浩浩荡荡杀奔前来。蔡懋德闻报，便召集了标下兵将，发府库所藏的钱粮，大行犒赏，另外向众人慷慨陈词道："国家养兵千日，用兵一时。方逆贼猖獗，平汾告陷，这太原危在旦夕。本部院奉命抚晋，责任至重，万一封疆不守，自拼一死以报国家。惟是逆贼凶残万状，所到之处无不任意屠杀，尔军民人等谁无身家？谁无父母？当此事机危迫之时，各宜同舒忠奋，鼓勇杀贼，上可以报朝廷，下可以卫身家。苟众志成城，杀退贼众，保全省城，将来论功行赏，朝廷自有殊恩；若是甘心从逆，及必欲城逃遁者，即可就此先把本院杀了，再去投降可也！"众人闻言，一个个咬牙切齿，愿同蔡懋德死守城池。蔡懋德见人心未变，随即下令，催应时盛等立刻出兵迎战，又令阳和兵准备上前接应。这个时候，恰恰地又奉到旨意，知道朝廷已将他革职解任，另放了郭景昌前来抚晋。但是这山西全省已到了垂危之秋，那郭景昌如何白白地肯来送死？所以圣旨虽然奉到了，而新任却是遥遥无期。当时便有人向懋拦住了去路。喜大惊，跃马上前，大叫："来将通名，还不快快投降，更待何时？"话未说完，只见那将大声喝道："吾乃大将应时盛也，奉了抚院将令，来此杀贼，逆贼有多大本领，敢横行到这步田地！"李双喜叱道："无名匹夫，既不投降，就快快上来领死吧！"说时挥刀纵马，直取时盛，时盛亦舞刀相迎。一时两军阵里的金鼓齐鸣，喊杀连天，二人大战到五六十回合，尚未分出胜负。后面周凤梧、高一功的两支人马又复夹攻上来，时盛力战三将，看看招架不住了，却得后军朱孔训、王永奎二人赶上前来，方才把李双喜等挡住，跟手那大将牛勇又率了生力兵马奋勇杀来，时盛首先陷阵，所向披靡，官兵人人奋勇，一拥杀了上去。朱孔训杀退了高一功的人马，王永奎、牛勇双方夹攻周凤梧的右翼。李双喜大惊，急忙分开人马，一面援应左右两翼，一面来与时盛决战。应时盛奋勇苦战，一鼓把李双喜等杀得抛盔弃甲，大败而逃。时盛麾兵向前，一直追赶了二十五里，方才收兵回营。

　　李双喜败了一阵，心中又气又忿。正在烦恼之时，次日李过等各路人马亦先后赶上前来，大家商议了一番。因为太原是藩封重地，非他处可比，所以都不敢妄自轻进，专候李自成的大队到来，再行请示进发。

　　不上两日光景，那李自成的大部人马早已铺天盖地杀奔前来。李自成到了太原附近，闻知前军失利，不觉勃然大怒，马上传令，催李双喜等火速进兵，不许迟徊观望。

　　蔡懋德看见李双喜领兵重来，便下令：把应时盛的人马调驻城外东南一带，与阳和兵互相遥应为掎角之势，待敌兵攻城之时，一齐背城接战。

　　此时李双喜、李过、高一功、周凤梧四路人马同时并进，直扑太原省城。应时盛见敌兵薄城，急忙率了牛、朱二将，分头上前截战。一时两军相接，喊杀连天。应时盛身赴前敌，奋勇冲锋。蔡懋德又在城上连开大炮，炮声隆隆，烟焰弥天，周凤梧、李过二人所部的两支骑兵早已纷纷中弹落马。应时盛趁着空子，分开左两翼，大呼夹击上来，李、周二将不能抵挡，时败退下来。应时盛麾兵上前，直攻李双喜的中军。

　　正在双方备战之时，忽见后面的尘头高起，叫杀连天。原来是李自成亲督大队飞奔接应来了。李自成到了前敌，看见前军又败，官兵的锐气方盛，一时难与争锋，因此便下令，叫大将马维兴、郝永忠等分头截住了官兵，一面又叫李双喜等收兵退后，暂时扎住人马，再作打算。

李双喜等见了李自成，详述太原守御坚固，城上的火炮又十分猛烈，一时不易攻取等情。

宋献策道："抚标兵马，皆是历年久经战阵之士，那蔡懋德又善于抚驭士卒，诚然不易争锋。惟阳和兵全系新募之众，其中败兵降将良莠不齐，绝无战斗的能力。为今之计，不如挑选精锐之众，趁着夜里，出其不意，去袭阳和兵的营垒。阳和兵败，抚标必然赶来救应，那时候给他个两面夹攻，必获全胜。另外还下令分兵直趋城下，一鼓可以攻入太原了。"

李自成大喜，立刻出升中军帐里，下令：叫大将李双喜、田见秀各率本部精兵，于本夜三更时候，直向西北一带去袭阳和兵的大营；又令大将李守信、马维兴各率骑兵一万人，分两翼按应前军；又令大将李过、俞彬各率本部人马，待抚标兵出动后，即行上前夹击。号令一下，李自成亦准备大兵，前去攻打城池。

再说那阳和镇总兵王国安，原是一个庸懦无能之辈。此次奉令出师来援太原省城，始终屯兵城外，常常存了个敌来先走的主意。这天晚上，王国安正在中军帐里伏几假寐之时，忽听得四面喊声大起，入报李双喜率兵劫寨来了！王国安大惊，连忙提刀上马，引了一班亲兵家将，想要趁乱逃走。岂知刚刚出了营门，那李双喜的人马早已铺天盖地分头杀奔前来，一声呼哨，便把阳和兵马团团包围上来。王国安大惊，只得率同随身的家将拼命突杀，意欲冲出一条路来，以便逃走。岂知事不凑巧，顶头便撞着了大将马维兴，勒马横刀，大喝："来将全军覆没，还不及早投降，更待何时？"

王国安大骇，一时走投无路，只得弃刀下马，来向维兴投降。维兴叱道："尔若诚心归顺，可急速奔回城去，暗中打开城门，放入我军。将来事成之后，李王自有重赏。若不肯去，便是诈降，不如先斩汝首，以绝后患！"

王国安闻言，骇得诺诺连声，一直率了残兵，径投太原城下，大叫："守城兵将：火速将城门放开，本镇有紧急军情，须要面陈抚军！"守将不敢开门，便从城上缒下两道绳子，把王国安吊了上去。王国安飞身上城，一刀砍死了一员守将，立刻奔到敌楼前，大呼："敌兵已经上城，百姓还不快走！"这时正值月黑天阴，城内城外一片金鼓、喊杀之声。城上的守兵一时大乱，自相践踏，四散奔走。

这个时候，那应时盛在东南角上，人马赶去接应。他的人马刚才出发，就在黑地里混战起来。闻知阳和兵被李自成所围，遂尽率所部早被李自成的几路大兵分头截住，双方正在双方苦战之时，那李自成又率了全部人马，直攻太原省城。其时城中早已火光四起，喊杀连天！李自成的兵将四面缘梯而上，刀楯之声，不绝于耳。那城门又被王国安伙同一班乱民分头砍开，李自成的人马四面长驱而入，一时杀声四起，全城鼎沸起来！

应时盛望见城中烈焰冲天，知道太原有失，急忙引兵来援。这时城内城外，一片都是李自成的兵马，应时盛忿不可遏，率了人马夺门而入，与李自成等就在瓮城内短兵恶战。应时盛手刃数人，然后直奔抚署来寻蔡懋德。刚才转过大街，正遇着蔡懋德率了一班文武在街前苦战。应时盛一到，反把李双喜等夹在中间，后面李自成的大队又复喊杀前来。双方正在死战之时，又听得街前街后的杀声四起，乃是李过、俞彬、马维兴等一班大将由西、南二门杀了进来。各路人马一齐围攻官兵，牛勇、朱孔训、王永奎三将首先阵亡，布政使赵建极、副使毛文炳、蔺刚中、金事毕拱辰、知府孙康周、知县范志泰等一个个身带重伤，先后战死。蔡懋德仗剑督战，殊死不退，一身中了枪，自知不能再战，方才与应时盛且战且走，一直杀入永西门的三贤祠内。蔡懋德看见追兵稍远，便仰天长叹，向应时盛说道："大臣死封疆，职分应耳，吾当自寻方便，不可辱于贼手！"说罢，就向那大殿上悬梁自缢而死。应时盛见他死了。便伏在尸旁痛哭了一场，随手解下了弓弦，就在这里自绞而亡，后人有诗叹曰：

三晋云山拱帝京，岩疆半壁失藩屏。

忠臣尽瘁捐躯日，浩气长随北斗横。

李自成入了太原，杀了一班文武，方才督率大兵直攻晋王府。晋王求桂自知大势已去，便率了文武官属，出宫迎降。李自成入居王府，尽发宫中的金帛大犒三军，并赈济一班灾民，一面下令安民，严禁兵士劫掠。又下令，叫大将李守训率兵一万人去攻怀庆，刘希尧率兵一万人去攻潞安，谷可成率兵一万人去攻固关，马世耀率兵一万人去攻彰德，限定即日分头出发，以分官兵的势力。又下令，叫大将马维兴、高立功、李守信、袁宗第等分兵四出，收复山西各郡县，待全晋底定后，再行率领大兵，进攻宁武。布置已定，李自成就在太原休兵十日，然后出师。

这时马维兴等已连陷各州府县，安邑知县房之屏、忻州知州杨家龙、代州参将阎梦夔、原任汾州参将侯君昭、参政王征俊、副使宋之俊、中书史可观等一班文武，先后战死。李自成看见太原死难的文武如此众多，遂向牛金星道："这些人都这样拼命，不肯前来投降，到底是个什么缘故？"牛金星道："这个容易得很！大王若将从前投降的文武，加封官爵，大大地列一榜文，内中将那自号清流、被执不屈的，多多夹入几个，到处张贴，以后的文武看见这些人都投降了，又能得了好处，自然都肯纷纷投降的。"李自成大喜道："此计大妙！"即日依法施行，分头张贴榜文。自从这一件榜文出后，后来遂害了多少好人，弄出多少不白之冤，就此一宗，便见得牛金星的阴险狠毒了！

李自成发出榜文后，每日又亲向街前弹压兵士，抚慰人民。有一天正在街前巡查之时，远远望见一个穿红甲的将军，走入一家百姓屋里去了。李自成大怒，立饬左右，将他拿了出来，问知他是刘希尧的部将，现充右翼骑兵营前锋总兵官，新加威武副将军衔，姓高名得胜的，因为在这家门首看见一个青年少妇生得十分整齐，他一时高兴，便跑了进去，叫那个妇人替他缭补中衣，那个妇人不肯，正在吵嚷之间，不防被李自成把他拿获住了。李自成问明原委，这一怒非同小可，马上拔出所佩的花马剑，把得胜就地正法；又以刘希尧约束不严，派人拿交军法处，重责五十军棍。因此人人震恐，三军肃然，大兵所到之处，真个秋毫无犯了。

先不说李自成在太原休兵养马，再说那总兵左都督周遇吉，自从平汾失陷之兵入晋以来，战无不胜，攻无不克，量此区区宁武，何能抗拒百万雄兵！"大丈夫须要见机明决，趁早弃暗投明，免得身败名裂，悔之晚矣！"遇吉大怒，喝声："叛逆匹夫，焉敢嚣张至此！不必多言，放马过来吧！"说时纵马舞刀，直取李双喜；李双喜亦挥刀迎战。

一时金鼓齐鸣，喊杀连天，二人大战了五六十回合，遇吉武艺高强，刀法娴熟，李双喜左支右挡，一时抵敌不住，拖刀向阵后败退下来。遇吉麾兵杀上，却得周凤梧、高一功两支人马一齐接应上来。遇吉打起精神，一阵又杀退了周、高二将，趁胜追杀了三十余里，方才收兵回营。

次日李自成的第三路大将党守素又复引兵杀到，与李双喜等回合兵一处，再向官兵交战。两阵对圆，遇吉大声喝道："败军之将，不足污我宝刀，快快回去，叫李贼出来洗颈受戮吧！"李双喜大怒，拍马舞刀直扑遇吉而来。遇吉把鞭一麾，背后飞出副将罗绮，跃马挺枪，接住李双喜大战了十五六回合。罗绮料敌不过，拨马向后便走，李双喜飞马直前，杀奔遇吉而来。遇吉大怒，挥开手中的宝刀，与李双喜交手大战了五六十回合，李双喜刀法错乱，渐渐败退下来了。

维时恼了大将党守素，大叫："周遇吉不得无礼，看枪吧！"说时，一匹马、一枝枪早已飞出阵前来战遇吉。遇吉大怒，举刀一挥，口当的一声拨开了守素的枪，厉声喝道："你这无名走卒，何苦白白地出来送死呢？不如趁早回去吧！"守素怒不可遏，挥枪直取遇吉，遇吉大笑道："这个不识死活的东西，真正可怜可恨！来来来！"说时便舞刀迎杀上来。交马十五六回合，守素已觉得心慌手软，刀法错乱。遇吉见他没了主意，立刻把刀向空中一晃，守素连忙举枪拦住，遇吉趁着空子回刀向守素左肩上斜劈过来，大喊一声："逆贼哪里走！"守素大惊，措手不及，竟被遇吉连头带肩砍于马下。

官兵一声呐喊，蜂拥杀上前来。李双喜大惊，急忙引兵上前，再与遇吉接战。其时官兵勇气百倍，遇吉部下的一班偏将争先陷阵，势如潮涌，李双喜与遇吉大战了二十余回合，不知怎么一点大意了，竟被遇吉一刀砍中了肩窝，翻死活，拼命杀前来，敌住遇吉，救回了李双喜。遇吉乘胜追杀，周、高二将大败而逃。官兵再获全胜，然后奏凯歌收兵。

这两场大战，李双喜的部下死亡过半，又折了党守素，因此周、高二将便不敢进兵，只得死守营垒，一面替李双喜疗伤，一面飞马向李自成处请示机宜。

到了第二日午后，李自成的大部人马也陆续赶到，闻知李双喜受伤，党守素阵亡，不禁勃然大怒，立刻点起人马，分十路来与遇吉决战，一时如山崩海啸，直奔宁武城下而来。

遇吉看见众寡不敌，便传了一个急令，把所部人马悉数调入城中，据关死守，一面又向宣大总督王继谟处请兵援应。李自成见他不肯出战，便催督人马四面前来打关；遇吉亦在关上排列着大炮，向李自成营中猛烈开放。双方相持了五天五夜，打死李自成的兵将不可胜计，李自成大怒，亦向后方把火器营调赴前敌，与官兵互相对击。一时炮声如雷，城垣崩塌了十五六处，遇吉督率了兵民在关上随崩随筑，又相持了几天。

关上的火药已经告尽，而李自成的炮火越发来得猛烈，把城上的垛口完全打倒。守城兵将看看立足不住了，遇吉又在城上挖了一道土壕，把那些兵将一齐调入壕中。因此外面的炮火虽然猛烈，那守城的兵将却并无一点畏惧。

遇吉又趁夜率了将士几次出城劫营，杀伤李自成的人马极多，弄得李自成智穷力竭，无计可施，又怕宣府、大同的人马赶到来了，更是腹背受敌，无法对付。一时心中烦恼起来，便向宋献策等商议道："我兵入晋以来，从未见过这样的劲敌，一个宁武关就攻打了半月，损兵折将，未得寸功。自宁武至京师，尚有三处雄关，万一都像这么厉害，我兵如何支持得住？孤想暂时回兵太原，再作区处吧。"

宋献策道："我兵百倍于彼，纵有小挫，何足为患？况宁武区区小城，已经围攻日久，城中的粮草想必也将告尽了。大军已至关下，岂可轻易退却，致挫锐气？"

李自成道："军师之言是也。"于是再督人马，分头进攻，令诸将架起云梯，一齐向关上杀来，有退后者，即行斩首枭示！

这个命令一下，那部下的人马人人奋勇，个个争先，前仆后继，顷刻把一座宁武城外沸了起来。李过、俞彬、罗虎、马维兴、周凤梧、萧云林、马世耀等一班上将，一个个身先士卒，冒矢先登。李自成亲自率了一千名大刀队，在后督阵。一时城上城下，一片喊杀之声，弓矢之声，炮火飞石之声，短刀相接之声，上下相应，声震山河。

周遇吉正在城上督战之时，不防那李过、俞彬、罗虎、田虎、李守信、谷可成、周凤梧、刘希尧八员大将早已冲锋冒矢，杀上城来。遇吉大惊，急忙提了大刀亲自向前截堵，顶头遇见谷可成，交手大战了五六十回合。遇吉趁个空子，一刀向可成顶门上劈了下来，可成大惊，连忙把身子一闪，那口刀早已中在左肩之上，可成大叫一声，登时跌下城去。李过见可成受伤，立刻麾众上前，七个人就在城上与遇吉大战起来。

此时城门已开，李自成的大队已经长驱杀入。刘希尧急欲献功，争先来擒遇吉，被遇吉举手一刀，将他手中的兵器打落在地。希尧大惊，回身向后就跑，遇吉在后面飞赶上前，拦腰又是一刀，马上把他砍为两段。田虎大怒，立刻飞身上前，大叫："周遇吉，好生不识时务！事到如今，还敢这样逞强？"说时便舞刀来砍遇吉。话未说完，那右手的外腕上早被遇吉的刀背扫了一下，他手中所拿的那口大砍刀，早已不知不觉又落了下去。遇吉挥刀向前来砍田虎，田虎大惊，急忙耸身一跳，飞落城下去了。李过见遇吉英勇异常，一时不易取胜，遂向城下调来弓弩手上前助战。遇吉身中两箭，背受三伤，终以众寡不敌，被李过等生擒去了。

李自成入了宁武，遣人劝遇吉投降。遇吉大骂不屈，李自成大怒，命人将他绑出城外，悬于高杆之上，命军士用乱箭将他射死。遇吉骂不绝口，身上万矢丛集，犹如蝟毛一般，后来屈翁山有诗叹曰：

三边保障推宁武，苦忆当年御敌才；

百战不缘飞将失。九门何至内臣开？

夫妻力并山河尽，士马魂随风雨来。

北望长城空洒泪，不堪斜日满荒台。

遇吉既死，他的夫人刘氏亦率了府中男女，登楼自焚而死。宁武兵备副使王孕懋、副将王好智等都杀了妻子，力战身死。

李自成杀了一班文武，方才下令安民，一面休兵养马，再议进攻宣大。

其时那李守训等兵至蒲坂，攻陷了怀庆、潞安、固关，庐江王载埕及世子翊木银、河内知县丁运泰、参将阎梦奎等先后战死，各路大兵同时入犯畿南。

警报到了北京，崇祯帝大惊，连夜召见群臣于平台，垂涕询问退敌之策。左都御史李邦华奏请驾幸南京，暂避寇锋。崇祯帝不允，即日下诏，征天下文武大臣星夜入京勤王，一面又下了一道罪己诏，颁行天下，诏曰：

朕嗣守鸿绪，十有七年。念上帝陟降之威，祖宗付托之重，宵旰兢惕，罔敢怠荒。乃者灾害频仍，寇氛日炽，忘累世之豢养，肆廿载之凶残，赦之益骄，抚而辄叛，甚至有受其煽惑、顿忘敌忾者！

朕为民父母，不得而卵翼之；民为朕赤子，不得而怀保之，坐令秦、豫丘墟，江、楚腥秽，罪非朕躬，谁任其咎？所以使民罹锋镝，陷水火，瑾量以壑，骸积成丘者，皆朕之过也！使民输荜挽栗，居送行赍，加赋多无艺之征，预征有称贷之苦者，又朕之过也！使民室如悬磬，田野污莱，望烟火而凄声，号冷风而绝命者，又朕之过也！使民日月告凶，旱潦荐至，师旅所至，疫疠为殃，上干天地之和，下丛室家之怨者，又朕之过也！至于任大臣而不法，用小臣而鲜廉，言官首鼠而议不清，武将骄庸而功不奏，皆由朕抚驭失道，诚感未孚，中夜以思，局踏足脊无地。

朕自今痛加创艾，深省厥愆，要在惜人才以培元气，守旧制以患烦嚣，行不忍之政以收人心，蠲额外之科以养民力。至于罪废诸臣，有公忠正直、廉洁干才、尚堪策用者，不拘文武，吏、兵二部确核推用。草泽豪杰之士，有恢复一郡一邑者，分官世袭，功等开疆。即陷没胁从之流，能舍逆反正，率众来归，许赦罪立功；能擒斩闯献，仍予封侯之赏。呜呼！忠君爱国，人有同心；雪耻除凶，谁无公愤！尚怀祖宗之厚泽，助成底定之元功，克免厥愆，历告朕意。

这道诏书刚才下去，又接到宣大总督王继谟的表章，奏称寇氛紧急，请敕兵部速调大部精兵，增援大同、宣府两处，以卫京师。崇祯帝无可奈何，只好再敕五军都督府及兵部，拣派京营禁旅，前往协守宣、大两处。又遣太监杜勋去监宣大兵马，杜之秩去监居庸关的兵马。兵部主事金铉出班谏道："大同乃京师北门，大同陷则宣府危，宣府危则大势去矣。抚臣朱之冯、卫景瑗二人忠勇可任，宜专任以兵事，不宜再遣中官监军，遇事牵掣。万一有误，悔无及矣！"崇祯帝不听，连夜遣杜勋等分头出发。

这时宁武既陷，风声日形紧急，保定的官兵又突然哗变，游击谢加福戕杀了巡抚徐标，纵兵大掠，兵备副使朱廷焕、给事中顾铉、彭琯、御史俞志虞，郎中徐有声等先后死难。因此京师城中一夕数惊，那些在朝的文武看见来头不好，人人抽身潜逃，纷纷出京，不上三五天工夫，几成了举朝一空的样子了。

到了临朝之时，崇祯帝看见两班文武一天少似一天，不禁悲愤交集。

而南京的文武又奏称孝陵中每夜发出哭声。京师奉先殿脊上的鸱吻忽然落了下来，变成一个披发女鬼，号哭出宫而去。又据九门提督、巡城御史奏称：有巡捕军夜宿棋盘街西，初更时候，见一老人口称"本夜子时，有一妇女缟衣素舄，自东而西涕泣过此者，切不可叫他过去，过去则都城危矣"。嘱毕，忽然不见。到了半夜，果然有缟衣妇人哀号而来军士如言阻止；那妇人便折了回去。到了五更时候，军士睡着了，妇人忽然跑了过去。军士闻得哭声，急忙追上前去，妇人大声说道："我丧门神也！奉上帝之命，来此降罚，汝何得强行阻我？"言毕长号而去。军士大骇，归家仆地而死。

诸如此种妖异之事层见迭出，因此人人看出是个亡国之兆。回忆崇祯十七年中，这种异兆实在指不胜屈，作者叙事至此，不得不把那最著名的拿来补叙补叙。

当崇祯九年，山东曲阜县孔子庙的泥像忽然流下泪来，黄梅县天雨小石子如黑豆，陕西凤翔府学署前有异鸟数万，布地成阵；十年，河南祥符县飞蝗蔽天，城门皆塞满不通出入，县令用大炮击之，始开，又有大鼠成群食人；十五年，嘉府城有声如雷吼，狐见南闸场中，黄梅县孔龙镇地藏王像流泪；十六年，黄州城哭，诸如此类，不可胜计。古人云：国家将兴，必有祯祥；国家将亡，必有妖孽，看到明亡的这些征兆，真是一点都不错了。

第二十八回　蔡巡抚死节太原郡　周都督战殁宁武关

第二十九回

陷宣大抚臣双尽节　战阳和叛将献居庸

李自成克了宁武，杀了总兵左都督周遇吉及一班文武，然后大会诸将，检点部下人马，在这宁武城下，足足伤亡了一万七千多人。李自成看了，心上大大不悦，向宋献策道："此去京师，尚有三关，要都像这个样子，还能够杀到北京吗？依孤看来，还是暂时把人马撤回太原，再行商议吧。"李岩道："不可不可！宁武失陷，诸镇丧胆，趁此破竹之势，大可直捣京师，岂能轻易退却耶？"

话犹未了，入报大同总兵官姜瓖、宣府总兵官杨承允各遣偏将，赍送降表到了，口称"待大兵一到，即行开城出降。"李自成闻报大喜，马上打消了退志，下令：叫李双喜且回后营调养，改调李过为先锋，率领本部精兵，即日进攻大同府；又令大将马维兴、萧云林，各率人马，随后策应，三路大兵，浩浩荡荡杀奔大同而来。

这时巡抚大同金都御史卫景瑗闻知宁武失守，李自成的大兵即日将至，便召集了全城文武商议战守之策。不料那总兵姜瓖早已暗中与李自成通信，背后却又向代王传齐说："景瑗是陕西韩城人，与李自成同乡，贼来便降，不可不为防备。"因此代王遂疑心景瑗，事事不能同心协力。

三月初一日，李过的前锋人马早已杀至大同城下，景瑗便召集了将士，慷慨流涕，以忠义之言勉励一班文武，姜瓖在那里也装出一副忠臣义士的模样，指天立誓："愿随景瑗死守！"景瑗便命他出城拒战，自己率了同城文武，登城固守。

姜瓖率兵出城，行了不上三五里远近，正与李过的人马相遇。他遂答知了暗号，立刻倒戈前导，直趋大同城下，大呼："城中兵民，快快开门出降！"景瑗在敌楼上望见姜瓖降贼，登时怒发冲冠，目眦尽裂，指着他大骂："背国匹夫，身为朝廷大将，皇上付以岩疆重寄，安得忘恩负义，倒戈降贼？本院今日将汝拿获住了，定要碎尸万段，以为朝廷雪恨！"姜瓖在城下横枪勒马，大声答道："抚台休得动怒。目下明朝的气运已尽，死守孤城，终是无济于事，倒不如早打主意为妙。"景瑗大怒，叱令左右放箭！一时矢如飞蝗，炮声雷震。

双方正在攻守激烈之时，不防姜瓖的胞兄姜瑄，早已率了一班乱民，砍开城门，李过的人马一拥杀了进来，姜瑄飞奔上城，首先来擒景瑗。景瑗大愤，便催督兵将，前来同他拼命。不料此时，他标下人马早已四散逃走，景瑗苦战了一场，到底力竭被获，总兵朱三乐、副使朱家仕、山阴知县李倬、诸生李若蔡等同时战死。

李过率了人马直攻代王府，代王传齐不屈而死，永庆王及代府宗室被杀者不可胜计。这代王乃是太祖高皇帝第十三子名桂的，初封于此，十一传。至康王鼎渭的儿子名叫彝楷，崇祯十五年奉旨监洪承畴之军于辽东、松山之败，彝楷被清兵执去，因此这个王位遂传于他的世子传齐。今日大同失陷，代藩亦遂覆灭。到了清圣祖康熙帝，因为驾幸金陵，拜谒明太祖孝陵时，看见麒麟卧倒，享殿萧条，不觉触动了盛衰兴亡之感，遂把彝楷之孙、现任直隶正定府知府朱之琏特召进京，封为三等延恩侯，世袭罔替，每年清明时由礼部颁给祭品，发交延恩侯带往明陵祭奠。这一点事，确是满人厚道之处，作者因叙到代王失国，所以将这段事附载于此。

再说李过兵入大同之后，到了第二天下午，李自成的大部人马亦赶上前来，李自成入居代王府，大发金帛犒赏三军，以姜瓖为果毅副将军，就派他去劝景瑗投降。景瑗大骂不屈，骂得姜瓖无可奈何，只得向抚署中请了卫太夫人，一同再去劝他，并告以李自成因为同乡不忍见杀的美意。景瑗见了母亲，便大哭道："忠孝不能两全，儿身为国家大臣，岂可轻丧名节？母亲年已八十，宜自为计。"说毕以头向石柱上一撞，登时脑浆迸裂而死。太夫人见他死了，连声赞道："好儿子，好儿子，真个不辱我卫氏门第了。"说毕便抚尸大恸痛起来。后人有诗叹曰：

忠孝由来不顾身，宁将一死报君亲。

大同城内捐躯日，史笔千秋说荩臣。

姜瓖见景瑗已死，只得把这个情形回报李自成，李自成嗟叹不已，下令把景瑗从厚棺殓，遣人护送其母并灵柩回籍，然后休兵一日，再督大兵进取宣府。

第二十九回　陷宣大抚臣双尽节　战阳和叛将献居庸

李过等兵至宣府不远，其时巡抚宣府副都御史朱之冯便召集了文武兵民分城固守，又在抚署大堂上设下太祖高皇帝的神牌，请监军太监杜勋及总兵杨承允一同歃血盟誓，以死报国。二人到齐之后，之冯慷慨流涕道："我们三人皆受了朝廷的厚恩，今日逆贼猖獗，大同业已告陷，这宣府危在旦夕。我们兵单饷缺，除过以死报国，别无良策可想。"

话犹未了，只见太监杜勋挺身说道："朱大人，你是朝廷的封疆大臣，想要尽节国家，流芳百世，那是再好没有的了。但我杜勋，不过是个刑余之人，哪里够得上你的样子？只知苟全性命，图个温饱，也不顾得什么'流芳''遗臭'了，又何必盟誓？"

之冯闻言，勃然大怒道："杜勋，尔受皇上豢养之恩，朝廷以心腹待尔，付以监军重任，不思尽忠报国，反欲降贼求荣，本院今日先把你这个奸臣斩了吧！"说时，便大喝："中军官何在？"谁知一连喊了三声，并不见一点动静。

杜勋大笑道："老先生差矣，我奉旨来监宣府兵马，便是来监视你的，你敢来杀我么？"说时便大叫："旗牌官何在！与我快快传令，叫各营将士准备开城出降！"

朱之冯大怒，拔剑来砍杜勋，总兵杨承允迈步上前道："不可不可！今日事到危急，只好各行各志，大人不得相强。倘若操之过急，难免就要事出意外了！"一头说，一头拖了杜勋的手，飞奔出府而去。

朱之冯看见众叛亲离，标下人马早被杜勋等煽惑变了，登时急得顿足长叹，一直奔上城来。望见城外烽火连天，李自成的人马长驱而来，之冯知道事不可为，便率同总兵董用文、副将宁龙、刘九卿等，督了少数兵民在敌楼上据守，下面杜勋、杨承允已经大开城门，迎接李过入城。朱之冯愤气填胸，急从城上杀了下来，迎头截战，杨承允倒戈便与宁龙等大战起来。一时杀声四起，全城鼎沸。宁龙、刘九卿、董用文及通判朱敏泰、知县申以孝、诸生姚时中等先后血战身死。之冯见势不支，急忙奔上城楼，向北大哭了一场，解带自缢而死。后人有诗叹曰：

太息明亡事日非，频将宦竖总军机。

邪臣误国忠臣死，宣府城头血泪挥。

李过入了宣府，一面犒军，一面迎接李自成和入城。李自成赶到之后，即饬李过等火速进攻阳和，又令右军师李岩亲赴前敌，调度一切军务。

这时候宣大总督王继谟正率了大兵驻守阳和，闻知李过兵至，他便调了总兵周文英、副将王臣，率领马步官兵前来拒战。

李过见官兵来了，立刻摆开队伍，跃马出阵，大叫："有本事的，快快上来领死！"王臣大怒，拍马挺枪直取李过，李过亦挥刀迎战。战了十五六回合，李过大喝一声，手起刀落，斩王臣于马下，一面麾兵上前来攻周文英的后军。双方混战了一场，直至天晚方才收兵回营。

次日，李过又令王文耀、萧云林两支人马同时并进。文英一战大败，部下的人马望风溃走。总督王继谟见势不支，即刻率了大兵退守保定府，连夜会同督师大学士李建泰拜疏入奏。

原来建泰自从奉旨督师之后，刚刚到了保定府，连接太原、宁武、宣府、大同等处相继失陷的败报，建泰束手无策，便住在保定城内，死也不敢出去。今日见王继谟也兵败回来，因此遂同继谟回合疏，奏称：贼入畿辅，京师屏藩尽失，请崇祯帝再下罪己诏，征天下勤王之兵，一面又请圣驾南迁金陵，暂避寇氛。

崇祯帝览奏痛哭道："苟社稷不守，朕惟有一死耳！"随御便殿，召见大学士、兵部尚书、五军都督府，传旨赶办京师城守。一面再催天下文武，入京勤王，一面敕兵部飞檄蓟镇总兵吴三桂，速率辽东官兵星夜入关来援京师。

原来当李自成初入山西时，蓟辽总督王永吉看见敌势浩大，京师形势岌岌可危，遂上了一个奏疏，请舍远救近，把宁远吴三桂所部的辽东官兵三十万，星夜调回山海关，挑选劲旅两万人西行扼寇。万一京师有警，则山海大兵旦夕可至。太常寺卿吴麟征等亦疏请照永吉所请，即日降旨施行。不料那大学士陈演、魏藻德二人一齐上疏谏阻，说："流贼虽甚猖獗，而京军尚有数万，合以保定、天津众，足以剿贼有余。今若将吴三桂调回山海关，则满洲乘势而来，自关以外，无国家寸土矣！无故弃地三百里，臣等职居首辅，实不敢任此重咎。"这一番话说得朝臣闭口无言，那崇祯帝又是好强到底之人，因此便把这个主意打消。及李自成兵入宣府，京师的形势日趋险恶，崇祯帝方才后悔不用永吉之言，因此再提前事，调吴三桂入京勤王。但是事已迟了，远水难救近火。陈演自知前议失当，便向崇祯帝陈说"佐治无状，自请告退，以让贤路"。崇祯帝气得一言不发，歇了半天，方才把他严厉申饬了一顿，并让他叫滚了出去。

第二十九回　陷宣大抚臣双尽节　战阳和叛将献居庸

这时李自成已经亲督大兵，由阳和进攻居庸关，守关总兵唐通、监军太监杜之秩闻知李自成兵至，一齐率了人马出关迎降，李自成长驱直入。

三关已破，李自成心中大喜，知道攻取京师易如反掌，便下令，就在居庸关上大犒三军，然后整顿兵马，进攻京师。吴梅村先生有诗叹曰：崇关巨堞是居庸，百二河山推要冲。闻道官兵三十万，齐心为贼做先锋。

此时京营总兵官李守镕，奉旨督率大兵，驻扎昌平州，闻知唐通已叛，把居庸关献与李自成，不禁勃然大怒，立刻点起人马，星夜前来夺关。李自成见官兵到来，便下令，叫李过、唐通二人率了人马，前去迎战。

守镕看见唐通，便扬鞭大骂："叛国匹夫，尔身为大帅，朝廷授以非常重寄，如何丧心病狂至于此极！"唐通大怒，挺枪跃马直取守镕，守镕大喝一声，挥刀便与他接战。交马三十余回合，唐通抵敌不住，拖枪向阵后败走，守镕一马追上前来。李过大怒，喝声："匹夫休得无礼，看刀吧！"说时一马上前接住守镕，一气大战了七八十回合。后面王文耀、萧云林两支人马又复分头杀上，守镕力战三将，势不能支，只得引兵退走，李过麾兵追杀了一阵。守镕不敢恋战，只得率领人马，连夜退回昌平去了。李自成尽督大兵，由居庸关向昌平一带杀奔前来。

此时李自成的声势浩大，风声所至，草木皆兵，那昌平州的文武官吏及城乡百姓早已逃走一空。李守镕见李自成的大队杀来，心头十分愤怒，下令叫副将吕威、施云各率两千人马，分两翼扎营，自己率了中军来与李自成决战。

他的人马刚才出发，便望见前面尘头高起，喊杀连天，霎时间那李过的人马已经铺天盖地杀向前来。李过一见官兵，便把人马约住，自己提刀向前，大叫："李守镕听话！我兵连陷三关，势如破竹，京师指日就可攻下，尔尚为谁拼命耶？识时务者为俊杰，何不及早投降！"守镕大喝道："本帅身为大将，不能杀贼报国，便当以死报国耳。今日誓与汝辈不并立于天地之间，何必多言，放马过来，与尔见个高低吧！"李过大怒道："匹夫无礼，欺我不能取尔首级耶？"说时两马齐出，双刀并举，双方阵里的喊声同时并作。二人翻波迭浪，大战了五六十回合，后面李自成又亲督大兵分道杀来，官兵阵里吕、施二将亦率了两翼人马，分头上前接应。

这一场大战官兵死亡极多，李自成也损兵折将，不可胜计。但是李自成的人马越杀越多，前仆后继，殊死不退。守镕见势不支，急忙率了残兵，杀出重围，退入昌平州城，预备休息一夜再来决战。李自成如何肯舍，便催督诸将直，逼昌平城下。

次日守镕与吕、施二将复率残兵出来，与李自成背城大战。李自成亲赴前敌指挥各营将士，把守镕的一班兵将团团围住，自辰至午，官兵全军覆灭，吕威中箭身死，施云负伤而逃。守镕见大势已去，立刻舞刀跃马杀入阵中，身中七箭，力战呕血而死。李自成大破官兵，长驱直入昌平州，然后大阅兵马，由昌平直扑京师。

这时候，李自成的大兵日进一日，崇祯帝在京师急得束手无策。其时在朝的文武十成之中，早已逃走了七成，到了每日临朝之时，那左右两班的侍臣简直寥寥无几，皇皇庙堂，陡然现出一种荒凉凄惨的气象来了。崇祯帝也明知天心人事无法挽回，但是他心中早已拿定个宁死不辱的主意，决不学那枳道衔璧、青衣行酒等莫有价值的君王，所以每日起来，仍旧严旨催督一班文武勋臣，督兵守城。兵部尚书张缙彦连发探马向昌平一带侦察敌情，不料那些探子刚才到了昌平州，便被李自成的兵士拿获，所以一个个都是有去无回，杳如黄鹤。至于近畿一带的百姓，早已迁徙一空，昌平距京师虽然只有百里远近，而前方的详细军情兵部尚不能十分明了。李自成催督大兵连夜进发，沿途烽火连天，军民望风四散。及崇祯帝接到昌平失守的确报，知道大势已去，便回宫痛哭了一场，然后召见群臣于平台。岂知那一班首辅大臣，多半已逃之夭夭，只有大学士范景文、丘瑜、魏藻德及少数文武站在两旁。这些文武见了崇祯帝，人人唏嘘垂涕，束手无策，独有魏藻德一人却仍旧满面春风，不改常度，众人看了都不解他是个什么主意。可以想一想，这魏藻德以状元宰相受朝廷特达之知，有燮理阴阳、运筹帷幄之责，到了主忧臣辱、主辱臣死之候，盈廷文武都伤心下泪，他却态度从容，毫无一点忧愁之色。这个缘故，不是如谢太傅的成竹在胸、从容坐镇，便是心存叵测、别有怀抱了；谁知他实有一个缘故，所以露出这个态度来了。

原来当十七年的二月初间，李自成由陕入晋，声势浩大，魏藻德也觉得有一点愁虑起来。有一天夜里，忽然梦见身骑一匹骏马，腾空而起，一直飞入九霄云外，醒来不解其故，遂就枕边告诉了他的爱妾，叫她圆梦。那个爱妾立刻给他贺喜，说："马有龙象，乘龙升天，此大吉大利，贵不可言之兆也。"魏藻德大喜，一时胡思乱想。到了五更时候，爱妾已经沉沉睡去，他尚翻来覆去。忽闻府门前及大厅左右如有刀兵之声，接住又有男女哭泣之声，隐隐约约听不十分清楚。魏藻德大异，急忙披衣起坐，侧耳静听了一会儿，却又良宵寂寂，万籁无声。一时心中忐忑不已。遂用手伸入绣被中，拉他的爱妾起来，叫她重新圆梦。爱妾正在春梦迷离，少精没神的，一面揉着眼，一面嗔着他说道："这是怎么说，前半夜扰得人不能安睡，这时候还不挺尸去，又闹些什么？"魏藻德见她恼了，急忙堆下满脸笑容，甜嘴蜜舌，拿她着实温存了一会儿，方才告诉她适间所闻的异声，又说："这个恐是不祥之兆了吧？"爱妾听了，拿眼把他瞟了一下道："这也值得唠叨么？目下李闯王已经过了黄河，指日就要杀入北京，那刀兵哭泣之声是应有的，你怕什么？"魏藻德听了，用手摩着脑袋，伸着舌头道："这还了得！果然到了这步田地，我是当朝宰相，便要以身殉国的。那时候成了驾鹤仙游了，还能够乘龙升天吗？"爱妾闻言，登时板着了脸，向他啐了一口道："我把你这个糊涂东西、没良心的东西、狠心的东西，你怎么昏聩到这步田地？你是当朝宰相，你应该以身殉国；但不知你殉了国，把我交给谁去？这些话可是随便说得的吗？你想李闯王得了天下，你拿着一个状元宰相的身份去投降了他，他岂能不抬举你！那时候帮助他平定天下，就是一个开国元勋，与他黔国公、魏国公一样的世袭，不强如你这个光杆宰相吗？你害怕刀兵之声，没有刀兵之声，焉能杀人？不杀人，焉能改换朝廷？不改换朝廷，你焉能做开国元勋？不做开国元勋，你连狗也骑不上，还想乘龙升天么？"魏藻德被她这一番话说得恍然大悟，马上把拇指一竖，赞一声："好人！你真是水晶心肝，玻璃人儿。果然应了你的话，我还要重重地报答你呢！"爱妾一面穿着绣履，一面又照他啐了一口道："我也不望你的酬报，只盼你从此以后少欺负我些就好了。"二人一言一语，天已微明，魏藻德方才起身入朝。从此以后，他遂另抱了一副肝肠。今日到了国事危急之时，众人都心慌意乱，他却正中下怀，所以露出这种态度来了。

崇祯帝看见众人的狼狈样子，一时悲愤交集，连声叹息，传旨叫襄城伯李国桢、兵部尚书张缙彦二人督率在城的文武诸臣，分部兵民，防守京师内外城池，又传旨，叫五军都督府速调京营人马，出城备战，又责成都察院，严敕巡城御史，协同五城兵马司，严申保甲，防止奸宄。正在忙乱之时，又见班中闪出左中允李明睿上前奏道："贼兵已逾昌平，京师危在旦夕，陛下一身关系至重，不如即日驾幸金陵，再召天下勤王之师，以图恢复，强如死守北京，玉石俱焚。"

崇祯帝闻奏，向他流涕道："国君死社稷，理之正也！朕志已决，诸卿勿再多言。"又传旨，封总兵吴三桂为平西伯，左良玉为宁南伯，黄得功为靖南伯，即日督率大兵，入京勤王；又敕左都御史张国维驰驿前往江南，催督粮饷；又命太监王承恩监督京师内外守城兵马。

部署未定，那李自成的大队已经由昌平州浩浩荡荡杀奔前来！这时五军都督府已派出京军三大营驻扎彰仪门外，神机营总兵官张超、神枢营总兵官王锟、勇卫营总兵官李虎等望见李自成兵到，立刻把三大营人马一齐摆开阵势，阵前一律排列着大炮鸟铳。及李过的冲锋骑兵到来，三营大炮同时开放，霎时间天崩地塌，声震山谷，炮子如急风暴雨，齐向李过的前锋飞来。骑兵中了炮子，登时四散奔走，部伍大乱，三位总兵率了人马，乘势扑杀上来。李过在中军望见京军旗帜鲜明，军容甚盛，便不敢冒昧进兵，只得收回人马，暂时安营下寨。

到了次日，李自成的大队也陆续开到，李过把昨日京营交战的情形回了过了李自成，请示进行。宋献策道："京兵皆纨绔子弟。不比边兵勇悍，所谓'外强中干者是也'！况其主帅皆勋臣世爵，膏粱子弟，哪里见过战阵？看来昨日不敢上前接战，先用火器，就知道他的本领了。来日只须用步兵远远地虚张声势，待他把大炮放过一排，急用骑兵由左右抄杀上去，保管他不战自溃了。"

李自成道："军师言之有理！"立刻下令，叫李过来日率领步兵前往诱敌，再令周凤梧、高一功、王文耀、俞彬四将各率骑兵三千名，分左右出战；又令马世耀、马维兴、李守信、刘宗敏、萧云林、田见秀、郝永忠、田虎、贺珍、李道等一班大将，各选精兵，预备攻城器具，待京营兵败，一齐前往攻城。布置已定，专候来日一早即行大举进兵。

第三十回

陷京师文武死忠烈　殉社稷庄烈上煤山

　　李自成的大兵由昌平直扑京师，因为三大营在彰仪门外拒战，他便点兵派将，安置停妥。

　　次日，正是崇祯十七年三月十七日，李自成在中军号令一下，各营人马同时并进。李过的一支步兵鸣金击鼓，呐喊前奔，三大营的大炮一齐施放起来，一时烟焰弥天，山谷震动。

　　炮声过处，只见周凤梧等四将各率骑兵，风驰电掣，从左右飞奔杀来。三位总兵大惊，急忙麾兵迎战，无奈那部下皆是未经战阵之兵，一时手忙足乱，前军交锋即溃，反把中军人马都冲动了。加以李自成的骑兵，向来行军都是把死人肚腹挖开代做马槽喂惯了的，平日那些马两眼通红，一旦见了生人腾空跳扑，犹如猛虎一般，京军哪里见过这种现象？因此骑兵到处，那三大营人马纷纷溃走。李自成又亲督大兵奋勇杀上，京军一战大败，东奔西逃，三大营人马立刻冰消瓦解了。

　　李自成一面追杀，一面敕马维兴等各路大兵齐奔京师城下。李自成与宋献策并马驰至彰仪门前，指挥诸将分头攻打。正在伫望之时，忽见城楼角上落下一个天启大钱，军士拾了起来，献于李自成。李自成向宋献策问道："这个主何吉凶？"献策看了，立刻下马拜贺道："天启者，天所以启我国家万世之业，此胜兆也。"李自成大喜，立刻下令攻城，又亲发大炮一尊，彰仪门的城楼应声崩塌。一时城上城下铳炮齐发，矢石横飞，双方殊死奋斗，声震山谷。李岩又令人将秦王存枢、晋王求桂一齐引到京师城外，劝文武百官早早出降，免得城破之日，玉石俱焚；又令投降太监杜勋入城去见崇祯帝，假秦、晋二王之命，劝他自行禅位，日后许以杞宋之礼相待。

　　杜勋奉了命令，当时来到城下，大叫："有要事面奏万岁爷，快快吊下绳来！"守城文武见他来了，赶忙把他吊了上去。

"巧言导朕偷生. 卅宗天潢之裔，何其不知自爱如此！朕已决定一死，以殉社稷，岂能低首屈辱，以遗祖宗羞耶？"

杜勋见他动了真气，怕他翻转脸皮，与自己的性命有关，遂连连叩首道："臣乃无知之辈，并不晓得大义。因为受了陛下厚恩，看见事机危急，诚恐圣驾出了意外，故敢大胆冒言。今闻圣谕，如开茅塞，臣尚何敢多言？但李贼谓京师旦夕可下，故敢拥众犯阙。今臣出去，只说城中尚有精兵十万，指日勤王兵到，即行内外夹攻。臣料李贼闻了此言，便当引兵退走，不敢留滞都城矣！"

崇祯帝道："朕已拼却一死，随尔办去吧。倘能骇退贼兵，将来援兵到了，社稷转危为安，尔功在国家，朕不吝封侯之赏。"杜勋连忙叩头谢恩毕，退了出来，一气跑出宫门，飞奔上城。那一班守城太监早已得了消息，一气奔了前来，问他办事如何？杜勋摇手道："不行不行，我们现在也顾不得他了。但是无论如何，我们的富贵总没不了。"话未说完，旁边早恼了司礼太监王承恩，厉声叱道："杜勋！你受了万岁爷豢养深恩，安忍出此丧心之言？"说时，便挥剑砍了过来，亏得众人一齐上前把他架住了。杜勋也不同他计较，暗中与几个心腹太监约定了次日巳时，一齐开门出降，一面要了绳子，缒下城去，向李自成详细回复了一番。

李自成知他不肯禅位，立刻传令，叫各营将士来日一齐进攻，敢有临阵退缩者，即以军法从事。

此时城上的兵民看见事情不好，一个个都存了首鼠两端之心。

到了次日，便是崇祯十七年三月十八日李自成催督人马，百道进攻，一时鼓声如雷，喊杀连天。那些将士人人奋勇，个个争先。城根下满布了云梯，又从木架上升起大炮，向城中猛烈开放，一时烟焰弥天，城内几处火起。自成有专用大炮骈击彰仪门，城上喊杀声与城下攻打之声上下相应，声震山谷。

正在攻守猛烈之时，不防那彰仪、德胜、阜城等三道城门时并启，李自成的人马在外面鸣金击鼓，长驱而来。城上并将看见太监等开门迎敌，一时人心大乱，四散奔走。李过、俞彬、马世耀、马维兴、高一功、高立功、周凤梧、李达、李奎、袁宗第等各率大兵，分头杀了进来，都城立时失守。城内的文武大臣看见外城已失，那一班偷生畏死之徒，自然逃的逃，降的降，不待细言。至于那些忠臣义士，人大学士范景文、户部尚书倪元璐、左都御史李邦华、兵部侍郎王家彦、刑部侍郎孟兆祥、副都御史施邦曜、大理寺卿凌义渠、太常寺卿吴麟征、左春坊庶子周凤翔、左谕德马世奇、左中允刘理顺、翰林院检讨汪伟、太仆寺丞申佳胤、户科给事中吴甘来、监察御史陈良谟、督学御史陈纯德、巡城御史王章、监察御史赵譔、吏部员外郎许直、兵部郎中成德、兵部主事金铉、户部主事范方、刑部郎中郝允曜、新任甘肃巡抚杨汝经、广灵知县阮泰、兴化知府刘永祚、知县刘绵祚、进士孟章明、河间知府方文耀、顺天推官刘有澜、通州知州张经、顺天训导孙顺、高攀桂、张体道、阎汝茂、徐兰芸、光禄寺丞于腾蛟、中书宋天显、滕之祈、阮文贵、经历张应选、毛维张、知事陈贞达、博士许琰、成国公朱纯臣、新乐侯刘文炳、定远侯邓文明、武定侯郭培民、杨武侯薛濂、保定侯梁世勋、永康侯徐锡登、镇远侯顾肇迹、西宁侯宋裕德，怀宁侯孙维藩、惠安伯张庆臻、彰武伯杨崇猷、宜城伯卫时春、清平伯吴道周、新建伯王先通、安乡伯张光灿、遂安伯陈秉衡、丰城伯李开先、驸马都尉巩永固、左都督刘文耀、右都督刘继祖、方履泰、都督周镜、副将马姚成、锦衣千户李国禄、锦衣金事田宏祚、田宏谟等，都各率家丁义士，分头向各街巷口短兵截战。李过等也分率精兵随处围杀。只闻得双方喊杀之声与男女呼号之声，刀剑之声，马蹄之声，屋瓦崩塌之声，一时并作。霎时间便见尸横遍地，血流成河！那一班文武忠臣，有的死在刀剑之下，有的死于矢石之下，有的投水，有的自尽，总而言之，一个个都抱着忠肝赤胆，慷慨捐躯，那些忠魂毅魄，一同先见太祖高皇帝去了。只有刑科给事中光时亨战败之后，便踊身跳入御河中求死，不想被他的家丁把他死命拉了出来，护送向城外去了。后来到了弘光时候，那马士英阮大铖等复修东林旧怨，朝臣中又因为他曾向崇祯帝面前谏阻南迁，因此大家都群起攻之，说他是城陷降贼，定了个大逆反叛之罪，与真正降敌的翰林院检讨周钟骈斩西市。又有忠臣魏大中之子魏学濂，因与总兵唐通交厚，暗中约他率兵由居庸关反攻，因此忍耐未死，隔了几天看见唐通没有一点消息，方才自缢而死，这两个人明史上都未能翔实记载，说时亨是京城陷后随众迎降，魏学濂是投降后又复愧悔缢死。李过杀退了一班文武，趋兵大进，直扑内城。忽见迎头又来了一支人马，摇旗击鼓，大呼"杀贼！"为首两员武将，一个是襄城伯李国桢，一个是京营守备高台翰。李过望见台翰，便大呼："来将莫非米脂高将军么？还不早早倒戈，更待何时！"台翰大怒，喝道："逆贼上叛朝廷，下辱桑梓，看刀吧！"说时，踊身上前来砍李过。李过大怒，立刻指挥人马四面抄杀上来。台翰身带重伤，力战阵亡。李国桢见台翰已死，马上率了残兵风驰而去。后来有人说他向李自成要求礼葬了崇祯帝，然后自缢身死的；有人说他就此偷跑出城逃命去了的，总而言之，说法还是很多的。台翰，后来由清朝旌表恤赠，载在米脂县志，文献可证，并非作者有意铺张。

再说李自成见前锋人马已经攻入城去，他遂尽率了百万雄兵，分道杀入。李自成头戴紫绒金花战帽，身穿窄袖滚龙战衣，座下一匹乌驳骏马，左右拥护的文官是宋献策、牛金星、李岩，宋企郊、喻上猷、陆之祺等三十余员，武将是李牟、李通、李道、李迪、罗虎、马矿、贺珍等三十余员，团团护驾，步兵在前，骑兵在后，旗幡招展，金鼓喧天，一直簇拥着李自成直趋西直门来。李自成在马上向后连发三矢，下令各营兵将入城之后，一不准杀伤百姓，二不准奸淫妇女，三不准焚烧房屋，违令者立斩！

正待入城之时，忽然狂风大起，突有黑气一股，从西直门内一直涌了出来。宋献策道："此害气也，急宜避之。"遂同李自成勒转马头，直奔德胜门来。

这时太监曹化淳已经率众出迎，李自成的人马长驱直入，行至承天门前，李自成向宋献策道："孤一箭射中了天字，便当一统天下。"话犹未了，弓弦响处，那一支雕翎箭早已飞了出来，恰恰的中在天字下面二寸地方。李自成愕然，马上现出一种不高兴的神色，献策急忙下马叩贺道："大王射中了天字底下，正是得天下之兆，微臣敢不拜贺？"李自成大喜，策马径入承天门。

此时京师城中大街小巷，一律都是李自成的兵马，家家户户，一色贴着"顺民"二字的条子。正行之间，顶头又遇见领班太监王德化率了三百名内监，跪在道旁迎驾。宋献策策马上前，吩咐他们赶快回去收拾各处宫殿，李自成又叫他们传语崇祯帝，劝他不要着急："待孤与他见面之后，还有话从长计议。"王德化领命去了。接着又是大学士魏藻德率领一班文武臣工，首顶职名，亦跪在两旁迎降。李自成传令，叫李岩把各文武的职名收下，叫他们回家候旨。然后催督人马，直向皇城

 第三十回　陷京师文武死忠烈　殉社稷庄烈上煤山

进发。

　　不提李自成入了京师，再说那崇祯皇帝在宫中，闻得城外炮声隆隆，喊杀连天，知道敌已薄城，遂连忙传旨，召见群臣于便殿，商议最后办法，岂知一连传了三次口诏，并不见有一个文武入朝。崇祯帝看见事不可为，知道那些文武不是投降，便是逃走。正在彷徨之际，忽见一班小太监飞奔上前，口称："外城已破，贼兵已经杀进来了！"崇祯帝大惊，急忙步出宫门，一直走上煤山。

　　远远一望，但见城内城外，一片烽火连天，人喊马嘶之声与百姓号哭之声，惊天动地。崇祯帝知道大事不可挽回，立刻趋回后宫，向周皇后哭道："大事去了，卿可早早自定主意吧。"皇后闻言，不禁失声痛哭说道："妾服侍皇上十有八年，今日惟有一死，以报陛下耳。只可怜我那三个皇儿、两个娇女，将付与谁去？"崇祯帝道："事急了，不必多说！"立刻把太子慈烺、永王慈炤、定王慈炯等齐召了进来，叫他们每人换上布衣一套，向他们哭着说道："皇儿，你们平日是天潢贵胄，此后便成了亡国的孤臣。从今逃出去，见了年老的，当以伯叔呼之，见了年幼的，当以兄弟呼之，断不可露出天家气象。万一泄露了，那就丧身无日矣！"说毕叫他们火速出宫逃走。那三位皇子如何肯走，一齐抱住皇帝皇后，父一声，母一声，放声大哭起来。

　　崇祯帝正在伤心着急之时，忽然又见后宫内跑出一群如花似玉的妃嫔，一个个哭得像泪人一般，向崇祯帝哭拜道："妾等都受了皇上的深恩，今日情愿先死，免得污于逆贼之手。"说毕一齐痛哭起来。崇祯帝哪里顾得她们。

　　正在七嘴八舌之时，又见司礼太监王承恩从官门外狂奔进来，口称："逆贼攻城之时，太监曹化淳不许文武百官守城，反把城门打开，目下贼已入城，请万岁爷火速出宫逃走！"崇祯帝闻言，急得走投无路；又见那三位皇子都号啕大哭，不肯出宫，这种骨肉至情，到了生离死别之时，身当其事者不知怎么难过，任何人见到此场面也会伤心至极的。崇祯帝见他三人哭着不走，便向案上拿起一口宝剑，厉声喝道："死生之际，间不容发，作儿女态耶？快快出去吧。若果天意不绝朱家，尔等日后再来与为父复仇吧！"说到"复仇"二字，崇祯帝也就声泪并下，哽咽不能成句了。周后见事情急了，连忙把手一挥，说道："皇儿，你们快走罢！"说毕，便转身退入后宫去了。太子等兄弟三人无可奈何，只得痛哭出宫，投奔他舅舅周奎及左都督田宏遇两家去了。

　　崇祯帝正待出宫时，又见那些宫女乱跑出来，奏称"娘娘升天了"。崇祯帝叹了一声，急忙走了进去，看见周后已经投河自尽，不觉抚尸大痛道："皇后皇后，是朕害了你也！"哭毕，转身出来，迎头又碰见两位皇女，一个长平公主，一个昭仁公主，姊妹二人哭得如带雨桃花一般，赶上前来一边一人读之泪下。诗曰：

花生玉露柳生烟，坐览军书上未眠。
夜半月斜殿影黑，黄封犹降凤池宣。
虎踞龙蟠说旧京，六宫拟从翠华行。
君王也道江南好，只是因循计不成。
风雨凭城下玉台，锦筵空为射堂开。
天弧夜夜高张在，却放狼星易度来。
贼兵百万涨尘埃，鼙鼓惊天晓角哀。
闻报六宫皆掩面，玉銮日暮出平台。
空炮连声震若雷，园陵十二尺成灰。
平台召对何人对？天子无言拭泪回。
白家河畔草迷离，万户烟深怨鸟啼。
怅望南云无去路，东风吹到马频嘶。
城上悬灯贼入濠，九门已陷六军逃。
士民欲为朝廷战，三百年中不佩刀。
血渍衣襟泪两行，殉于宗社事徨徨。
此日天地方沉醉，不觉中原日月亡。
燕台四月草青青，马上悲笳耳倦听。
过客若还忆旧主，回头一望寿皇亭。
又有诗咏周皇后曰：
社稷沦亡命亦捐，两行珠泪尽君前。
圣明过守无成戒，妾负皇恩十八年。
又有贵妃袁氏，亦在宫中自尽身死，有诗吊之曰：
翠华西阁断君怜，未得长门赋一篇。
今夜有魂甘带血，落花风里变啼鹃。
又有诗咏太子、永定二王曰：
王儿召至各歔欷，御手亲将换厂衣。

对仗两班同哭罢，殿庭但有燕双飞。

又有诗吊长平、昭仁二公主曰：

剑气冲花萎绿苔，玉真高驾彩云回。

幽幽椒殿无人住，鹦鹉犹呼万岁来。

又有诗咏诸妃嫔曰：

内家避寇承明旨，玉殿金闺人尽亡。

不似唐朝委社稷，三千宫女拜黄王。

承恩见崇祯帝驾崩，便伏在旁边放声大哭了一场。立起身来，举目四望，但见悲风惨淡，日色无光，那金戈铁马之声，一阵阵随风送入耳中。再看寿皇亭畔的苍松翠柏，颜色惨绿，映着那参差宫殿，碧瓦琉璃，好不凄凉伤惨，一时盛衰兴亡之感，骈集五中！又想起崇祯帝平日待他的恩惠，今日国破家亡，身殉社稷，堂堂天子只落得这么一个下场，自己便活在世上意不有何趣味？又想：他在这里死了，只有我一人与他送终；倘若自己再不到地下去服侍他，实觉良心上过意不去。因此思前想后，想后思前，俯仰之间，觉得茫茫大地竟无容身之处，遂长叹了一声，向腰边解下一条带子，就在崇祯帝身旁自缢殉主去了，后人有诗叹曰：

城中杀气似云屯，国破君亡欲断魂。

自恨无才难退敌，拼将一死答皇恩。

寿皇亭畔草萋萋，往事凄凄不忍提。

当日从君捐命处，只今惟有鹧鸪啼。

当崇祯帝驾崩之时，正是李自成率兵入宫的时候，从此以后，那大明二百七十七年的一统山河，就算从此结局了。

岂知这个时候却有南京兵部尚书史可法，遣总兵刘应昌率兵来援京师，兵至扬州，闻知都城已陷，崇祯帝殉了社稷，应昌便向北大哭了一场，拔剑自刎而死。曾见过昔人有明亡七绝诗四首，录之以供骚人韵士吟咏之助：

盈廷抛旧去迎新，万里皇图半夕沦。

二百余年明社稷，一齐收拾是阉人。

画楼高处五侯家，谁种青门邵氏瓜。

春满园林人不见，东风吹落故宫花。

风动空江羯鼓催，降旗飘飐凤城开。

将军战死君王缢，薄命红颜马上来。

词客哀吟石子岗，鹧鸪清怨月如霜。

西宫旧事成余梦，南内新辞总断肠。

相传当日宫中有一间密室，自洪武年间封闭，不许随便启视。据说内中所藏的是铁冠道人秘记，非有大变，不得入内观看；当李自成兵临城下之时，崇祯帝见事急了，使命人将密室打开，亲身进去一看。只见那室中空洞无物，当中放着一个大木柜，封锁甚为坚固，随叫太监将柜子启开，那柜中却又放着一个锦匣，匣面贴着一条笺子，大书"崇祯十七年三月十七日开"。崇祯帝看了大为诧异，急忙又打开匣子一看，内中取出三个轴子：第一轴画百官文武许多人，一个个手抱朝服，披发乱跑；第二轴画无数的兵将，都倒戈弃甲，随着一伙百姓乱跑；第三轴画着一个人，披发赤足，悬梁自尽。那个人的相貌与他自己丝毫不错，崇祯帝看罢大惊，便向左右的太监问道："你们看这个人像谁？"太监等看了，都面面相觑，一言不发，崇祯帝便长叹了一声，退了出去。看来这天下的事，莫非前定的了！

第三十一回

武英殿李自成登基　昌平州黎庶哭思陵

李自成率了人马，由德胜门入承天门，一直奔向内城皇宫而来，沿途官民迎降者，均跪列道旁，高呼万岁，李自成看了心上十分喜悦。太监王德化、曹化淳复率了宫监，迎接前导，一直进入东华门，来到皇极殿方才下马少歇，宋献策、牛金星等一班文臣，随同入殿侍候。李自成便下了一个临时命令，叫大将刘宗敏、袁宗第、李守信、高一功、左光先、田虎、田见秀、谷可成、李通等各率本部精兵，分守京师九门，三日之内非奉令箭者，不许擅自出入，又令周凤梧、萧云林、李友、罗虎四将，各率人马，巡察城内各街巷，按段盘诘，昼夜不许停歇；又令李过、俞彬、李达、李迪四将，各率马步精兵三千人暂充禁卫军，随时护驾，又命李岩同李过率领人马，火速入宫，由曹、王两太监导引，去寻崇祯帝，后及太子、诸王，务要寻获，不得令其出走！

李岩等领命退去，随即带了甲士，一直向西苑、皇宫而来。一入宫门，便见无数的宫女内监哭哭啼啼，四散奔走，平日的龙楼凤阁，霎时间都变成了烽火战场。李岩便下令，禁止兵士劫掠，并将所有的宫娥彩女全数送往一处偏殿里，派兵守护，不许闲杂人等进去骚扰。然后分头出发，寻觅崇祯帝后。

李岩等刚才转过一层殿宇，寻至仁寿殿的后宫，忽见一群宫女扶住一个三十多岁的妇人，生得窈窕端丽，绝世无双，在那里哭得哀哀欲绝。李岩抢步上前，问道："这不是周娘娘么？"妇人闻言，当下坐了起来，正色说道："吾乃熹宗皇帝的正宫张氏，是当今皇帝之嫂。尔等逆贼，何得擅入宫禁，欺我孤孀？还不快快退走，让我自尽！"李岩闻知她是天启皇后，不觉愀然伤惨起来，马上传令，把手下的甲士一齐麾了出来，严守宫门，让那张皇后自缢去了。但是自入宫后，寻了半天，只知道周皇后已经自缢身死，始终不见崇祯帝及太子二王的一个影儿。李岩等没有法子，只得回到皇极殿，奏明李自成。

李自成闻报，随传命令：叫各门守将等挨户清查，倘敢藏匿不报者，一经查出，定当灭族治罪！这个号令一下，登时骇坏了嘉定伯周奎，次日一早便入宫报告：太子及永王在他家里藏着，定王在田宏遇家里藏着。李自成传令，就责成他们两家暂行看管，候旨定夺。

周奎等刚才下去，又见太监王德化上殿奏称：据司礼监杜锡明报告，崇祯帝已在煤山寿皇亭前自缢身死了。李自成闻报吃了一惊道："这是怎么说！既然这样，孤须得亲去瞧他一瞧。"一头说，一头带了侍卫文武出了皇极殿，直向煤山而来。

原来这个煤山就在禁城之内，当初本为防备兵荒，聚了石炭，上面积土而成，代远年湮，居然成了一座小山。山上万木郁葱，一亭兀然。登其巅，远望山川百里，俯临御道一条，为宫中登高凭眺之所。

李自成同一班文武上得山来，举目一望，但见那浓阴惨绿之中，鸦雀无闻，一个皇帝，一个内臣，荒荒凉凉奄然长逝。李自成看见崇祯帝披发复面，衣襟下字迹显然，随命李岩把那遗诏念了一遍。李自成听罢连声叹息不已。又见他死得这样伤惨，便走上前去，深深下了一拜，不觉双泪直流，抚尸说道："崇祯、崇祯，孤原无害你之心，你何故寻此短见，叫我今日怎么去对天下臣民也！"此时李岩及左右的文武、兵士，无不伤心泪下。

李自成哭罢了崇祯帝，方才转回皇极殿，当下传令：叫礼部将崇祯帝、后及天启张皇后的遗体都按照皇帝皇后例，用梓宫敬谨装殓，候旨施行。又下令，即日由皇极殿移入乾清宫，召宋献策等一班文臣入宫商议大事。

不料那牛金星自从入了北京，在李自成面前打了一个照面，跟着就跑了出来，占了一所顶大的国公府，也不照应别的大事，便派出一班心腹兵将，把那些在京的降官分头捕拿，送到府中用五刑拷打，逼追他们的宦囊，指名先要大学士陈演、魏藻德及嘉定伯周奎等三人——因为陈、魏二位身为现任宰相，平日贪赃枉法，家产比别人特别丰厚；周奎是当今的国舅，富可敌国，因此那些人便把魏藻德首先拿到；陈、周二人不知躲向何处去了，隔了一天，又从一个百姓家里把陈演抓了出来，立刻送到府里。牛金星指着陈、魏二人骂道："你这两个无耻的匹夫！

第三十一回　武英殿李自成登基　昌平州黎庶哭思陵

・ 293 ・

你们受了崇祯帝特达之恩，平日不思赤心报国，只知道卖官鬻爵，积下许多金钱，到了国破家亡之时，又是走的走，降的降，看来你们这些人真正狗彘不如！还不将那贪赃的金钱快快拿了出来，好逃你们的狗命!"二人再三分辩，都说平日居官廉洁，两袖清风。牛金星大怒，立叱左右用刑。二人受刑不过，逼出陈演的黄金三千六百两，纹银八万七千两；魏藻德逼出黄金二千一百两，纹银四万七千两。其余文武诸臣分别逼追，呼号之声直达通衢。

这个风声一直传到李岩的耳中，李岩大惊，即刻来到乾清宫，向李自成说道："大王汗马勤劳，十年征战，方才得到这个地位。为今之计，急宜赏功罚罪。抚慰疮痍，以收天下人心。乃牛金星，自入京师之后，肆行拷掠，专以比追财帛为事，这个风声传了出去，岂不成了一个笑话?"李自成闻言大怒道："这还了得！孤自起兵以来，自问不曾贪财好色，任意屠杀，那明朝尚呼我为闯贼。今日他的这种行为，岂不真正成了贼吗?"立刻传令："叫李过带了侍卫，前去将他拿交刑政府议罪!"宋献策道："不可不可！大王今日初克神京，别的事尚未布置，便首先诛戮元勋大臣，万一人心离叛起来，如何是好？为今之计，只可传令，不许他胡闹，勒令把羁押的文武释放便了。"李自成余怒未息，喝令李过即刻前去；并叫他把所比的银钱全数交出，以作赈抚饥民之用。

原来这牛金星在李自成营里，参赞帷幄，劳苦功高，素为李自成所倚重的。后来因为他对于操守上不甚可靠，加以好色性成，当李自成三次入豫之时，河南全省遭劫，上回所叙的他那个表妹明珠亦家产荡然，丈夫也被乱军所戕，牛金星趁着空子把明珠接到他那里居住，后来竟双宿双飞，有情人居然成了眷属。但是这个时候，明珠年已三十余岁，虽说徐娘半老，风韵不减当年，无奈秋老花残，终逊三春桃李，牛金星又是姬妾盈前，与明珠的爱情渐渐地也就疏远起来。这些事都被李自成知道了，心上遂老大不喜欢，常说牛金星心术不正，终究不是正经东西。今日又见他这种行为，所以就大大地发作起来。这一场事虽被宋献策劝阻下去，但是后来终被牛金星调查清楚，晓得是李岩给他说了坏话，从此以后，便同李岩结下个不解之仇。但牛金星的为人阴险异常，面子上连一点痕迹都不肯露，反倒与李岩特别亲热起来，此是后话。

再说李自成由皇极殿移入乾清宫，连日由宋献策、牛金星、李岩等召集了明朝的降臣太子太保文渊阁大学士兼兵部尚书魏藻德太子少保户部尚书武英殿大学士陈演、兵部尚书张缙彦、刑部尚书张忻、嘉定伯周奎、前陕西布政使陆之祺、吏部员外郎宋企郊、御史喻上猷、山西提学参议黎志升、河南提学佥事巩火育、潼关道佥事王扬休、庶吉士周锺等一班文武，叫他们上表劝进，择定于三月二十一日登基。

这个风声传了出去，只见那北来的一班文武，人人都摩拳擦掌，预备去做开国元勋；那一班新降的文武，也都兴高采烈，预备去朝见新君，希图任用。至魏、陈两位大学士，更料定李自成登基之后，新创朝廷，没有熟习掌故之人，将来必定要特别借重的，因此更得意洋洋，又都争先拜在宋献策、牛金星二人门下，希图将来进身的地步。宋、牛二人图收他们的赞见礼，也就绛帐宏开，来者不拒。内中赞敬最优的，首推周锺，因此两位老师便把他特别赏识。周锺得意非凡，见人便夸牛老师对于他的才学极为叹赏，这都是那些降臣的趣史。至于北来的一班武将，也不管别的典礼，每日向各宫里把那些宫娥秀女掳去行乐，也有把外面的文武宅第随便占据了，喧宾夺主，无所不为。这几天之内，一个北京城里简直闹得翻天覆地，不成世界了。只有一个李岩心里十分着急，暗中劝李自成赶紧登基，早日部署百官，安插兵民，又把登基后应发的谕旨预备齐全。

到了廿一日一早，宋献策便率了文武百官，入宫请李自成登基。这时候，早有总管太监王德化率了司礼太监杜国彬、内宫太监高之洪、御用太监牛如惠、司设太监王庆恩、御马太监张世蔚、神宫太监白质纯、尚宝太监吴守箴、印绶太监赵必昌、尚膳太监孙杰、值殿太监郭忠、尚衣太监刘辅、都知太监程祥等十二宫监，一齐入宫，侍候着沐浴已毕，由尚衣太监刘辅率了一班执事人员，走上前去，七手八足，不上片刻工夫，把李自成打扮得齐齐整整：头戴通天九旒冕，身穿滚龙织金袍，腰束玉带，足踏乌靴，居然成了一个皇帝样子。但闻得金钟五叩，净鞭三响，左右三百名太监噫的一声，李自成从宫中龙行虎步，大摇大摆地走了出来，升座武英宝殿。宋献策高捧群臣劝进表章，跪进上去，然后率了文武臣工跪在丹墀下面，一由鸿胪寺官唱着三跪九叩，高呼万岁，俯伏金增，听候圣旨。

据明史上说来，李自成生得深颐、高颧、鸱目、蝎鼻，本是一个丑陋不堪之人。但是到了今日，他做了皇帝，坐在九龙宝座之上，披衮戴旒，气象庄严，众人偷眼窃视，见他马上变成了天日之表，龙凤之姿，那一种穆穆天子之容，令人肃然生敬！可见古人说的，"成者王侯败者贼"，这话是一点也不会错的。就如明太祖的那副尊，猪头狗脸，令人着实不堪承敬。然而因为他是一个创业英主，后人遂尊他为五岳朝天的贵像，把他从前的丑陋一字都不提了，其实那明孝陵享殿上所藏的太祖遗像，有人是亲眼见过的，安能瞒哄得过？想来当李自成登基之时，众人的理想也就把他当做明太祖看待起来了。不过他的运气不好，后来又失败了，所以史书上就不抬举他，把他说得贼头贼脑，简直不成一个样子。依我想来，李自成当日倘不失败，那当时的史书上定要说"我太祖高皇帝，生而岐嶷，美须髯，阔达大度"等语。依此类推，那历代的帝王，大都不过如是，全凭后人替他鼓吹罢了。

再说李自成受过了百官朝贺，随即传旨，定有天下之号曰"大顺"，改崇祯十七年为永昌元年，所有文武各职暂照在襄阳、西安先后所定者设立，旧日的六部、九卿、翰、詹、科、道文武臣工人员，均暂时仍旧供职，其有应升应降及缺员应补者，均着该衙门议奏，候旨；又传旨，以宋献策为天佑殿大学士，牛金星为武英殿大学士，李岩为文华殿大学士，同入内阁，总理一切军国人事，又传旨，以喻上猷为吏政府侍郎，萧应坤为户政府侍郎，杨永裕为礼政府侍郎，陆之祺为兵政府侍郎，邓岩忠为刑政府侍郎，姚锡允为工政府侍郎；又敕内阁及礼政府，议上三代徽号。这几道旨意一下，群臣又山呼万岁，太监传旨退朝。

李自成回到乾清宫，再召李岩等入内，商议一切应兴应革之事，由他们三位大学士一条一条地讨论妥当，次日一早，便由内阁发出几道上谕：第一道，追尊曾祖以下原上王号者改称皇帝、皇后；第二道，颁御讳于天下，令各省臣民敬谨恭避；第三道，敕工政府择地建修太庙，礼政府敬制神牌；第四道，派武功伯周凤梧持节册封王妃高氏为皇后；第五道，敕昌平州知州速开田妃陵寝，由礼、工二政府回合葬崇祯帝、皇后；第六道，改李双喜名为李鸿基，封晋王，暂称太子，摄东宫事，以待皇子诞生；第七道，封李过为秦王，总督内外马步大兵，镇守京师；第八道，改封故太子朱慈烺为宋王，待以宾客之礼；第九道，平、昭仁两公主身带重伤，敕太医院加意调治，待伤愈后，由礼政府访其原择驸马，依礼遣嫁；第十道，大赦天下普免钱粮地丁一次；第十一道，所有文武功臣按原封爵秩各晋一级，未封者出吏、兵二政府汇奏，候旨加封；又降特旨，敕大学士、礼政府议上九庙尊号，米脂县引凤山李氏始祖茔改称瑞陵，三峰子山祖茔改称祥陵，由工政府敕下陕西文武兴工修筑，派兵防护。

这几道旨意一下，那些文武臣工一个个欢天喜地，都等候着升官。至于一班百姓，闻得大赦免粮，更是人人额手，交口称颂。只可怜了一班投降的文武，虽说仍旧供职，却被那些开国的武臣任意凌辱，每当退朝之后，有的把他们的帽子揭了下来当作球踢的，有的将足举起放在他们头上的，甚至光明正大住在他们家里，无所不至，还要他们忍气吞声去服侍。听说魏藻德的劝进表中有"一夫授首，四海归心。比尧舜而多武功，迈汤武而无惭德"的几句话，被宋献策把他叫了上去，指着脸骂道："尔以一介寒儒，崇祯帝亲自拔为状元，数年之间位至宰辅，崇祯帝何负于汝，汝竟出此丧心之言？"言毕唾骂不已。可见这些人虽然逃脱了一时性命，也就算受尽千载的凌辱了。

再说李自成登基之后，连日又与内阁诸臣将建国要政次第举行。令礼政府赶铸皇帝金玺，户政府赶铸永昌制钱，并由礼政府颁发文武印信，钦天监改造大顺新历，择日举行郊天之礼、释奠之礼，告庙之礼，又举行顺天乡试，考取天下人才，首题为"天下归仁焉"，次题为"莅中国而抚四夷"，改大明门为大顺门，改乾清宫"敬天法祖"匾额为"敬天勤民"凡此种种，不可枚举。所以连日之间，宫内而李自成是宵旰勤劳，宫外一班文武也异常忙乱。这些琐事都暂时搁住，不必细说。

再说自从那崇祯帝、后殉国之后，旧日的那些宫女、太监早都四散奔逃，哪里还有人去理他？只有几个内宫，备了两副柳木棺材，把他们夫妇二人装殓起来，由煤山移向东华门的茶棚内停放。直待李自成下了礼葬之旨，方才由礼政府搬出朱漆、黑漆梓宫各一副，又用冲天冠、九龙袍、漆金靴将崇祯帝重新装殓，又用九凤冠、织金绣服将周皇后改殓毕，太子、二王遵礼成服，一面又由礼、工二政府饬下昌平州知州，速派人夫，将田皇贵妃的寝陵启开，准备合葬。事已毕，然后奏明李自成，奉旨即日派遣兵民送往安葬。梓宫出京之时，准故太子朱慈烺及永、定二王并在京文武前往送殡。礼政府奉了旨意，择定四月初一日发引。

到了那天一早，京师城中的一班故老，无不涕泣拜送，那太子、二王率了一班旧臣，缟衣哭奠。梓宫出城之后，太子兄弟直哭得死去活

第三十一回　武英殿李自成登基　昌平州黎庶哭思陵

· 297 ·

来，左右观看之人，无论老幼男女，尽都伤心落泪。

这时候，那昌平州的知州，自从李自成与李守镕交战之时，早已逃遁无踪，只有吏目赵一桂护理州事。奉到旨意之后，他遂约同几个好义乡绅孙繁祉、刘汝璞、王政行一白绅等捐钱三百四十余串，雇了人夫，前往田妃陵前启土开圹。原来这田妃自从上年逝世之后，崇祯帝异常伤感，因此把她的陵寝也造得十分坚固，十分整齐。赵一桂等率了人夫，一连掘了三天两夜，方才把隧道穿开。赵一桂同孙繁祉等亲自进去。第一层香殿三间，中悬万年灯一盏，上设祭器，前边石香案一张，旁列五彩绸制宫女八人，及生前御用之品，东边石床一座，高一尺五寸，广九尺八寸，上铺绒毡、锦被及一切寝具。一桂等看毕，又开第二层石门，门内通长大殿九间，中间白玉大床一张，床上正中安放着田妃梓宫，旁边排着绸制宫女十二人，两旁白石几案上陈列着金玉文玩及妆奁之属，不可胜计。赵一桂等阅视已毕，便指挥人夫将田妃的梓宫移奉于玉床右边，让出中左两位，以待奉安帝、后梓宫。洒扫已毕，又连接前途滚单，说是帝、后的梓宫即日将到，赵一桂急忙回署，赶办一切迎接仪仗。

次日便是四月初四日，赵一桂躬率城中文武绅耆，排了法驾，出州城迎接梓宫。维时那昌平州的百姓，扶老携幼，何止万人，一齐都到城外观看。到了未牌时分，先闻得远远一阵音乐悠扬，又望见幡盖飘舞，不到片刻工夫，那崇祯帝、后的梓宫已经到了，随后王承恩的棺柩亦至。赵一桂率了绅民，上前伏地迎接毕，又见过了钦差监葬官现任礼部仪制司主事许作梅，然后拥护着梓宫，一直向天寿山而来。梓宫到了陵前，赵一桂同许作梅又复重兴祭奠，一时想起故主之情，无不失声痛哭。隔了一宿，赵一桂方才督率人夫，将帝、后梓宫移入隧道，一直抬入两层地宫，把崇祯帝的梓宫奉安在玉床正中，周皇后的梓宫奉安在玉床左边，又把田妃原用之椁移于崇祯帝梓宫之上。安置已毕，方才一层一层地退了出来.将石门封固，填起隧道，摆开祭品，率同一班绅民，举祭奠之礼。

跪拜甫毕，那些遗民耆老，想起十七年君臣之情，不禁放声大哭起来，霎时间陵前数万军民男女，哀声大震，山谷皆惊。许作梅、赵一桂、孙繁祉、刘汝璞、王政行、白绅六个人直哭得号天痛地，喉哑声嘶，方才由众人竭力劝止。一桂等收泪止哀，举目一望，但见那十三陵的红墙碧瓦，苍松翠柏，一齐都变做了凄凉惨淡之色，再看那陵前排列的文武石人，一对对都面容凄楚，大有伤心下泪之态，真个是天地无情，草木悲伤！

孙繁祉一面挥泪，一面又向众人说道："先皇帝御宇天下十七年，宵旰忧劳，未尝一日享得帝王之福。今日国破家亡，身殉社稷，死后又这样萧条。真是亘古以来的非常大变！我辈这些臣民，受先帝复载之恩，心非木石，如何过意得去？我想由大家捐出钱来，替先帝筑起陵墙，建造享殿，并照例在陵前竖立石碑，稍尽臣民的私情，不知大家意下如何？"众人闻言，齐声赞助。

于是，由孙繁祉起，众人都踊跃解囊，凑集了许多金钱，把崇祯帝的寝陵大加修理，复由西山口调来被征伐服劳役的人，筑起围墙，建起享殿，石碑上面大书着"大明崇祯皇帝之陵"八个大字，又把殉难太监王承恩附葬在陵旁。后来南都监国追谥崇祯帝为思宗，陵曰思陵，清朝定鼎后，改谥为庄烈愍皇帝，后人过昌平州思陵有诗吊之曰：

千迭河山万迭云，重瞳毅魄傍湘君。

白杨只恐樵苏及，麦饭谁浇数丈坟。

天荒地老春余梦，剩水残山劫后钟。

九土曾无埋骨处，淑人却借一抔封。

第三十二回

费宫人用计刺罗虎　梁兆扬纳款见新君

李自成礼葬了崇祯帝、后，跟手又救礼政府，将熹宗张皇后的梓宫也依礼安葬，又听了李岩之言，传旨将宫中所有天启、崇祯两朝的正式妃嫔，一概发交礼政府，妥行安置，从厚赡养，勿得听其流离失所，另外又将其余的宫娥秀女，分赏北来有功将帅。

但是这分赏之人太多，岂能叙及？就中单说周皇后跟前的两个宫女，一个姓魏名素贞，一个姓费名紫云，都生得秋水如神，芙蓉如面。当李自成入宫之时，魏素贞被乱兵所逼，踊身跳入金水河中而死；费紫云因为受了皇后遗嘱，叫她保护着公主出去逃难，因此她遂设法把两位公主送了出去，自己冒充长平公主，卧在宫中。后来礼政府奉旨进宫迎她出去赡养，有些内宫奏明李自成，说她不是真的，李自成也不深究，遂把她一概编入宫人册里，听候发落。

后来那昭仁公主因伤逝世，长平公主竟得匿迹保全。到了清朝顺治二年，奉旨仍其原择驸马周显，依礼遣嫁，公主上疏，言"九死臣妾，局踏高天，愿鬃缁空王，稍申罔极"执意要削发出家，替崇祯帝、后持斋忏祷。清廷不允，仍敕礼部，按照公主下嫁之礼，与周显完婚，并赐给邸第、田土。无奈那长平公主终日思念父母，哭哭啼啼，忧郁成病，不到两年工夫也就一病不起，清世祖十分感叹，将她照公主病故之礼，赐葬广宁门外，这也是清朝待人的厚道处，不可埋没了的。

再说那宫人费紫云，年甫一十八岁，平日聪明活泼，深得皇后欢心，常常在崇祯帝面前竭力夸赞，因此崇祯帝也十分欢喜她。费紫云本是天生丽质，赋性又极灵敏，看见帝后拿她另眼看待，她也就自命不凡，时时怀了个天恩雨露的思想。岂知红颜命薄，一旦遭了天翻地覆的大变故，就被李自成派来的人把她编入第一等名册之中。李自成依着册子，用朱笔一点，恰恰地又把她落在大将罗虎名下。原来这罗虎现领着禁卫兵马，是李自成心腹之人，所以才把头等册子上的宫女赏给与他。

罗虎本是粗鲁勇夫，一旦得了这个如花似玉的美人，直把他喜得手舞足蹈，立刻向李自成叩头谢恩，将费紫云领了出来，一直回到府中，设了几桌酒席，把他平日的一班相好朋友一齐请了前来，欢呼痛饮。众人见他独占花魁，无不交口称赞，羡慕他的艳福。罗虎越发高兴起来，一直到了席终客散，然后进入内室，但见费紫云蓬首垢面，独自在那里面壁垂泪。罗虎诧异道："新娘子，你何故偷着暗哭，难道我罗虎这样盖世的英雄还配不过你吗？"费紫云闻言，便娉娉婷婷立起身来，一只手掠着鬓，一只手揉着眼，低头微笑说道："这话是从哪里说起？我不过想起自己原是金枝玉叶的人，又系万岁爷御笔钦点赐予你的，也算是奉旨而来，应该有点面子才好。谁知到了这里，简直连你的影儿都不见了，成日间与那些狐群狗党鬼混，看来你这个人终究是个无情之辈，因此我便越想越伤心起来。"罗虎闻言，蓦地跳了起来，举起两只手，左右开弓，向自己脸上死力打了几个巴掌，说道："这真是我的大过，我该死，我该打，千万请你不要计较。你不知道，我的生性虽然刚强好杀，人人称我为黑老虎，出了卧房，我自问凭他是谁，世上都没有我害怕的；若进了房门，我却是从来不会厉害的，请你大放宽心罢！"费紫云听了，暗肚里好生失笑，口里却慢慢地说道："既是这样，你可传语，叫他们再备一桌酒席来，待我进去收拾收拾，咱两人喝个交杯酒也好。"罗虎大喜，立刻传令，叫左右赶紧摆上酒来。紫云又笑着用手推他道："你且出去，容我梳洗梳洗。你瞧这个样子，像个新人吗？"罗虎无奈，只得暂时退了出来。

一时酒席摆好了，紫云打发侍婢出来相请，罗虎方才高高兴兴走了进来。只见那费紫云早已浓妆艳抹，结束得非常标致，含羞带笑，请罗虎坐了上座。然后亲自酌了一杯合欢酒，自己尝了一尝，送到罗虎面前，方才坐在一旁，赔笑说道："好汉好酒，懦汉怕狗，你今天多饮几杯，方算得真正英雄了！"罗虎道："万岁爷手下的人，我就算是第一个海量。"说时，举起杯来一饮而尽。紫云又给他斟了一杯，低鬟微笑，悄声说道："你的武艺第一，酒量又第一，依此说来，别的事没有不第一了？"罗虎此时心花怒放，又在烛光之下，越显出费紫云的雪肤花貌，媚态横生。费紫云一边恭维他的酒量，不住气给他酌酒，罗虎亦趁势夸

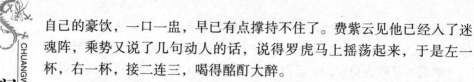

自己的豪饮，一口一盅，早已有点撑持不住了。费紫云见他已经入了迷魂阵，乘势又说了几句动人的话，说得罗虎马上摇荡起来，于是左一杯，右一杯，接二连三，喝得酩酊大醉。

费紫云见他已经不中用了，又举起三只银壶中的剩酒，全数给他灌了下去，然后吩咐撤席，唤了几个侍女，将罗虎扶上床去安睡；一面打发他们出去，关上了房门，对镜卸了妆饰，洗了铅华，换上一身素缟缟裳，结束得停停妥妥，走到窗前，向北拜了九拜，那两眼的泪珠儿犹如断了线的珍珠一般滚落了下来。

紫云伏在地下暗暗地哭了一会儿，立起身来，向暖阁后壁上抽出冷飕飕的一口宝剑，就在灯光底下晃了一晃，拉开红绡帐，揭起翡翠衾，照定了罗虎的心窝，骂了一声"万死逆贼"，一剑刺了进去。罗虎大吼一声，蓦地跳下床来，右手拔出宝剑，左手按住伤口，举剑来砍费紫云。费紫云闪开了身子，急向帐后一躲，那罗虎早已鲜血直流，晕倒在地下去了。

费紫云见他倒了，方才转身出来，向怀中掏出一柄利剪，哭了一声"皇帝皇后，妾志已遂，情愿到地下来服侍陛下也！"一面说，一面举起剪来，向自己咽喉上用力一戳，可怜一位如花似玉的佳人，一旦香消玉碎，慷慨捐躯！后来钱塘袁子才先生有《刺虎歌》一篇，以赞之曰：

九殿咚咚鸣战鼓，万朵花迎一只虎。女儿中有心人，诡说侬家是公主。公主姿容世寡双，色能伏虎虎心降，笑持虎须向虎语，洞房请解军中装。一杯劝一杯，沉沉虎竟醉，刃此小于菟，为报先皇帝。红烛千条彻帐光，白虹一道冲天气。妾手纤纤软玉枝，事成不成未可知；妾心耿耿精金炼，刺虎还如刺绣时。一刀初刺虎犹动，三刀四刀虎不动；带血抽刀啼向天，可惜大才还小用，吁嗟乎！城可倾，山可平，总是区区一点诚。君不见滔天狂寇是谁斩：霹雳不能美人敢！

不提费紫云刺杀了罗虎，又复自刺身死，再说那府中的一班侍女，知道他们今夜宴尔新婚有些好事的，便故意不肯睡觉，到了半夜时候，都悄悄地来到窗前，偷听他们新婚故事。不料到了窗前，惟见室中的残灯半明，却是鸦雀无声，连一点鼻息之声都没听见。众人诧异，又将窗纸舔开，向里边一看，岂知不看则已，一看便看出意外景象来了！这些侍女登时大哗，即刻唤起府中的男女人等，霎时间惊动了一班亲兵部将，一齐破门而入。看见罗虎已经死了，便将府中的侍女一齐捆了起来，连夜入宫奏明李自成。

李自成大惊，立刻传旨：将所有的侍女全数押交刑政府，严刑审讯；又敕礼、兵二政府，将罗虎从厚棺殓，从优议恤，方才了事。从此以后，那些北来的将士，人人提心吊胆，不敢再要一班宫女来服侍他们了。这段暂且搁住。

再说那前明的督师大学士李建泰，自从奉旨出京，驻节保定府，看见李自成兵入太原，连破三关，他便不敢入晋督师，每日这里征兵，那里调将，一味地虚张声势，并不曾身赴前敌。及李自成兵入京师，崇祯帝身殉社稷，警报到了保定，那保定府知府何复、同知邵宗元等一齐入府谒见李建泰，请示战守机宜。李建泰闻信，马上没得主意。

维时李自成的招降榜文早已传到来了，李建泰便暗中拿定了个骑墙的主意，又怕保定文武不能一致相从，因此他遂大会全城文武、绅耆于督师府，将那榜文高高地贴在壁上，叫众人各抒己见。李建泰的话尚未说完，只见何复、邵宗元及指挥刘忠嗣、光禄卿张罗彦、总兵马岱、副将吕应蛟、前陕西巡按金毓峒等，一个个都切齿痛恨，誓死报国。

李建泰看见这个样子，知道不便说话，因此也遂向大众流涕说道："本阁部受先帝特达之恩，寄以督师重任，不能早平寇盗，致使逆贼猖獗，覆我神京，先帝身殉社稷，自知罪重，万死不足蔽其辜。所以不即死者，徒以君父大仇未报，大明宗社未复，臣子何敢以一死塞责！故苟且偷生，冀报君恩于万一。今日诸公能感发忠奋，誓守孤城，是诚国家之大幸也，本阁部情愿舍命以从诸公之后。"

众人闻言，齐声应道："愿听督师号令，与这一座保定府城存亡相共！"于是李建泰便分布兵将，登城固守，仍称崇祯十七年，不奉永昌正朔。

这个时候，李自成传檄所至，各省文武的降表联翩而至，李自成看见大势已定，民心又能归附，因此心中异常高兴。后来闻得保定府抗命不降，不禁勃然大怒，立刻旨：敕兵政府发兵前往攻打。兵政府奉到旨意，即日奏请派巫山伯马世耀、确山伯王良智分督大兵，前往征讨，李自成准奏，即日由户政府发饷、工政府备械，两支人马浩浩荡荡杀奔保定而来。何复等闻知二人兵至，立刻率众登城，誓死固守。

此时马世耀一支人马首先杀到，下令攻城。城上矢石交下，铳炮如雷，前锋人马不能进攻。马世耀遂把人马分四面扎住，待王良智兵到一齐向前进攻。

次日一早，两路大兵同时并进，霎时间炮声雷震，喊杀连天，何、邵、张、金诸人都在城上，亲冒矢石，奋勇督战。外面虽然百道进攻，内中却是一力死守。马世耀、王良智亦亲自指挥了兵士，向城上用大炮轰击。

当此炮火横飞之际，忽见督师中军副将郭中杰手执令箭，跑上城来，大呼："目下京城已破，这保定一座孤城，如何抗得住百万雄兵？万一城池不守，那时候徒伤兵民，也是无益，不如早早出降，各顾性命！"守城兵民听了这个号令，登时土崩瓦解，四散逃走去了。邵宗元大怒，挥剑来斩中杰，中杰亦接住与他厮杀。这时马世耀、王良智早已率众杀上城来，宗元看见事不可为，就在城头上自刎身死。何复同张罗彦由东门奔下城来，会同马岱、刘忠嗣、吕应蛟、金毓峒等各率家丁，拦街血战。马世耀等分率人马，四面兜杀，可怜六位忠义之士，一齐死于锋刃之下。王、马二将分兵剿杀，原任给事中沈洗、监视太监方正化、知州韩东明、通判张维纲、武举金振孙、进士张罗俊、张罗辅、守备张大同、指挥文运昌、刘鸿恩、戴世爵、刘元靖、吕九章、吕一熠、李一广、中军杨儒秀、镇抚管民治、千户杨仁政、李尚忠、纪勋赵世贵、刘本源、侯继光、张守道、百户刘朝卿、刘悦、田守正、王好善、强忠武、王尔纯、把总郝国忠、申锡、举人张尔晕、孙从范、刘全昌、诸生张罗善、贺诚等，一概血战身死；翰林院检讨梁兆扬、总兵王登洲等率了一班文武，上前迎降。李建泰趁着这个空子，便由郭中杰保护着他，一直奔出城外，逃命去了。

马世耀等入了保定，连夜向北京飞章奏捷。李自成览奏大悦，立刻降旨，召梁兆扬即日入京陛见。

梁兆扬奉到诏旨，连夜备办了贡品，驰驿入京，向宋献策、牛金星二人府中谒见毕，呈了礼物。二人答应着，带领他引见。到了次日五鼓，李自成驾御中极殿，两班文武山呼已毕，太监传旨，宣梁兆扬见驾。传呼已毕，只见大学士宋献策、牛金星二人一齐趋出班次，带了梁兆扬，趋到金阶下面，三跪九拜，高呼："罪臣梁兆扬朝见皇上，愿我皇上万岁！万万岁！"太监传旨，叫他平身上殿，又传旨赐座。

梁兆扬叩头谢恩毕，李自成向他说道："朕起义兵，专为吊民伐罪。今幸天心厌乱，一穿战衣而天下大定。卿为前朝耆旧，朕将特加重用，以奠新朝基础，凡有关于国计民生诸要政，还期时献箴言，匡朕不逮。"接住又问兆扬道："崇祯帝在位十七年，励精图治，未尝一日怠荒，何以终致亡国之祸？"

梁兆扬顿首奏道："旧君无大失德，但猜忌自用，以致上下隔暌，致使生灵涂炭，国祚沦亡。今陛下兵不血刃，而登万民于衽席之上，真可谓远迈唐虞三代。微臣遭际圣明，敢不精白其心，以答我皇上知遇之恩？"

李自成大悦，立刻传旨，以梁兆扬为保和殿大学士兼礼政府侍郎。梁兆扬谢恩毕，李自成又向他说道："朕有大仇未报，卿其代朕一行。"梁兆扬叩首道："皇上有旨，臣当尽力为之，以答涓埃。"李自成道："边大绶曾伐祖陵，至今未正典刑，闻其原籍在直隶任丘县，今尚不知藏匿何处。卿可以阁臣兼摄保定巡抚，严饬所属，务将此贼拿获，以雪朕终身之恨！"兆扬领旨，退了出来，即日驰回保定，遵旨办事去了。

再说那原任米脂县知县边大绶，自从卸了县事，由山西一路奔回任丘县，闭门隐居，不敢再露头角。后来看见李自成的声势一日大出一日，他的心里也就一天愁似一天。及李自成陷西安，陷太原，入了北京，各省文武望风响应，马上已成了个当今天子，直把他急得走投无路。欲待自寻短见，那寻死却也是个难事。欲待出去逃走，那"普天之下，莫非王土"，又该向哪里去的为是？因此便藏在家中，引颈待死。

有一天，边大绶正在家里愁闷之时，忽见僮仆乱走，报称"县官来了"！大绶吃了一惊，急忙起身迎了出来。刚才离了房门，县官已经抢步上前，拉了他的手，进内坐下，嘴里寒暄了几句，东支西吾，没有一点主脑。大绶看出苗头不好，又听得宅子左右人声嘈杂，院子里也进来许多的衙役士兵，边大绶此时心中早已明白了，便向知县问道："老父台今日驾临，不知有何赐教？"知县闻言，便朗声答道："无事不敢轻造，因奉有圣旨，暂屈尊驾，到敝署一行。"大想了一想，事已至此，告饶也是无益，便硬着脖子，挺身说道："汉子做事汉子当，我的事我自己明白，就请拿了去吧。"知县闻言，登时把拇指一竖，赞声："阁下，真豪杰之士，下官佩服得很！"叫一声："来啊！快打轿子，请边老爷到衙门里去罢！"边大绶立起身来，昂然上轿。

此时边家宅里宅外早已男号女哭，闹成一堆。不到两个时辰，那知县早把边大绶的家小老幼一齐押解回署，即日申文上去，听候发落。

梁兆扬接到这个禀报，立刻飞章入奏。过了三天，便奉到李自成的旨意，叫他遴派妥员，把大绶押解来京，交刑政府严刑审讯，拟罪奏闻。梁兆扬遵旨，即派中军官，带了三百名兵马，把边大绶一直押送进京。

刑政府会同三法司，将他讯过一堂，即日题奏；拟照大逆律，凌迟处死，家属不分男女，一律斩决。李自成览奏，朱批："着刑政府，即日拣派司员，将边大绶押赴陕西天保县（米脂县）祥陵前凌迟处死，其余家属，均着从宽免死，发交保定府永远监禁，以昭朝廷法外之仁。钦此。"

旨意一下，刑政府遵旨，即日押解边大绶由京起行。也是边大绶的命不该死，他出京之后不多几日，便是清兵入关，李自成兵败出走。当那戎马仓皇之中，押解他的官员也不肯快走，途中两次同李自成遇在一处，都因为军情紧急，未暇将他正法。后来行至山西寿阳县地方，他趁着解差熟睡之时，不知怎么便越墙逃走出来，藏在一个山寺之中，过了两月，仍旧逃回任丘县，到了清朝定鼎之后，他还出来做过一任太原府知府，看来人生在世，死生荣辱，是有一定，绝对不会差错一点的了。这位边太守事后痛定思痛，又著了一篇《虎口余生记》，详载他伐墓及被获后又逃出虎口的情形。原来这个时候，那张献忠看见李自成已定北京，各省文武望风归顺，长沙乃水陆交通，四面受敌之地，看见立足不住了，他便率了全部人马，弃了湖南，再入四川，连破川将曾樱、赵荣贵，大兵直扑涪州。参政刘长麟败走，张献忠麾兵进攻佛图关。这时候，那卸任四川巡抚陈士奇正驻节重庆府，便调了女将秦良玉星夜前去扼战。秦良玉奉了命令，与张献忠大战了五日五夜，方才把他的前锋人马杀退。另外又请陈士奇飞咨新任巡抚，龙文光、巡按御史刘之渤，速调各镇大兵，扼守重、夔十隘的险要。陈士奇不听。张献忠分兵并进，秦良玉孤军无援，遂至连战大败，全军覆灭。秦良玉只身逃了出来，一直奔至重庆，面谒陈士奇，说："目下事机已迫，我受国家厚恩，情愿尽发石柱洞卒三万人，与逆贼决一死战。所需军饷，吾自筹一半，由公家发给一半，即日便可出师。"陈士奇因为交卸在即，筹饷又无善策，所以又不允她所请。秦良玉见事不可为，遂仰天长叹，只身奔回石柱去了。

秦良玉去后，张献忠遂长驱直入，陷成都，杀蜀王，搞烂了四川全省，下文另有表白。

　　原来这秦良玉本是四川忠州人氏，自幼嫁于石柱土司马千乘；千乘死后，秦良玉遂代为土司。谁知她身虽是个妇人，腹中却饱读兵书，深通韬略，又善能抚驭士卒，因此那石柱士兵竟成了一支劲旅。她的儿子马祥麟及内侄秦邦屏、秦民屏、民屏子秦翼明等，一个个都骁勇善战，先后以勤王剿寇功官至专阃，秦良玉亦以战功，官至总兵，加都督同知，赐蟒玉、锦袍。当崇祯四年，清兵入犯畿辅，秦良玉躬率大兵，入京勤王，杀退了满洲人马，驻兵宣武门外。崇祯帝大形喜悦，召见秦良玉于平台，慰劳备至，并赋诗一章以奖之曰：

　　蜀锦征袍手制成，桃花马上请长缨。世间多少奇男子，谁肯沙场万里行？

　　及至敌败之后，秦良玉率兵回川，与李自成、张献忠等迭次交战，多著奇功。及至京师失陷，张献忠屠杀了全川，秦良玉仍部署士兵扼守忠州、石柱一带，始终不肯投降，张献忠也把她莫有奈何。一直到了清朝顺治初年，秦良玉方才病卒。算来明朝二百余年，巾帼中的英雄，秦良玉便要首屈一指了。

第三十三回

一片石吴襄骂逆子　山海关三桂借清兵

李自成即位之后，天天催督大学士宋献策、牛金星、李岩及降臣宋企郊、周钟等，将国家的重要典礼及一切要政次第举行。每日内阁及六政府，纷纷忙乱，无待赘述，接着那各省的文武大臣，一个个纳土称臣，降表联翩而至，眼看得一统山河已告磐石之安。

内中只有一个山海总兵官、西平伯吴三桂，自从由辽东撤兵入关后，连奉朝旨及兵部羽檄，叫他速率所部，入京勤王。他奉命之后，便调集了关内关外的马步大兵，预备星夜入京，来救都城。岂知他定于三月二十日出师，不料李自成已于三月十八日攻陷了京师，因此他遂按兵不动，在山海关观望风头。

但是这吴三桂，虽然督率大兵远镇辽东，他的眷属却是住在北京。吴三桂的父亲名叫吴襄，也曾位至专阃，后来年老致仕，就在京师府第中居住。吴三桂有一个最宠爱的美妾，姓陈名圆圆。陈圆圆母亲早亡，从养母陈氏姓。陈圆圆能歌善舞，色艺冠时，为苏州名妓，名冠苏州，响誉江南，时为称"江南八艳"之一。崇祯十五年田皇贵妃薨逝之后，崇祯帝异常伤感，每日天颜愁惨，崇祯左右的妃嫔没有一个替他解得闷来。时外戚周奎欲给皇帝寻求美女，以解上忧，遂派遣国舅、左都督田妃哥哥田畹下江南选美特意往苏州，买了圆圆回来，认为田妃的小妹妹，送入宫去，后来田宏遇将名妓陈圆圆、杨宛、顾秦等献给崇祯皇帝。岂知这时候正值内患外侮，忧患交迫之时，崇祯帝宵旰忧劳，哪里还有闲心去寻欢作乐？这时战乱频仍，崇祯无心逸乐。崇祯帝因为他是一片美意，不便过于推却，遂传旨把陈圆圆带了进来，召见于便殿。圆圆此时年甫一十六岁，额发初复，风韵楚楚，见了崇祯帝，三呼万岁，跪拜候旨。崇祯帝见了甚是欢喜，便传旨，叫她平身起来，走近御座，亲自携了她的素手，叹道："国事危如累卵，朕复何心寻乐？况以鬓鬓之叟，致使雏莺幺凤，永抱长门之憾，岂不感伤天和？朕心实所不安！今朕恩施格外，放汝回去，另觅年貌相当之配，永偕鸾凤琴瑟之好。但是入宫一场，也不可空手回去。"随传旨，命太监颁出宫中的许多珠玉锦绣，赐予陈圆圆；陈圆圆九拜谢恩毕，同田宏遇回到府中。从此她遂发了一个誓愿，向田宏遇说道："妾受了皇上逾格体贴的鸿恩，粉身碎骨不能报答。此后觅婿，须要拣一个盖世英雄，带甲十万，能为国家捍患御侮之人，方能事之；否则情愿削发为尼，决不轻以字人！"

田宏遇见她志意如此的坚决，又想到国事日危，自己是皇亲富族，倘若一旦国家有变，难免就要祸患不堪设想；倒不如及早依附一个有势力的将帅，将来即有意外，尚可靠其庇护。于是向陈圆圆说道："尔所言句句有理。方今的英雄，无过于山海总兵吴三桂。此人乃将门之子，手握重兵，而且世受国恩，常思报效朝廷，若能得之为婿，也不枉你一番苦心了。"陈圆圆闻言，敛衽再拜道："果然如此，妾愿事之。"田宏遇大喜，即日便托人作伐，去与吴三桂通知这个消息。

那吴三桂乃是好色如命之人，一闻陈圆圆是个国色，他遂满心欢喜，马上订了亲，择日迎娶过去，在山海关帅府居住。二人恩爱缠绵，自不待言了。后来因为辽东的军情险恶，宁远、锦州、铁岭一带胡骑充斥，吴三桂奉旨出师，形势岌岌可危，因此遂把陈圆圆送回京师赐第中居住。

当李自成兵入北京后，那城中所有的王侯宅第，完全被那些北来的将帅分别占据，这吴三桂的府第，恰恰落在大将刘宗敏名下。刘宗敏看见陈圆圆生得如仙葩美玉一般，遂一心一意要将她收为正室夫人。陈圆圆见事急了，便扯谎说道："妾乃吴将军心坎儿上的人物，他目下带甲百万，驻师山海关，所以迟迟不进者，徒以老将军及妾故也；今若将妾污辱了，他是万不肯干休的。那时候翻起脸来，恐怕万岁爷的江山就坐不稳了。"刘宗敏闻言，马上迟疑起来。陈圆圆又说道："为今之计，不如把老将军及妾送往山海关去，妾情愿劝他归降，将军亦借此可以立一件不世之功。"刘宗敏本是最精细的人，思前想后，觉得吴三桂雄踞山海，拥兵抗命，这件事关系国家成败之机，需要从长妥商才好。想到这里，便立刻进宫，面见李自成，将这段情形详细陈奏了一遍。

李自成道："这话不可轻信。倘若把吴襄及陈氏送了回去，那吴三桂岂不越发难制了?"宋献策道:"陛下可将吴襄及其家属派兵保护,从厚赡养;一面勒令他书吴三桂,限他克日解甲归降。想吴三桂虽欲抗命,亦不能矣!"李自成道:"这个才算妥当。"立刻传令,叫刘宗敏即退出府第,另派老诚兵士加意守护府门,不准闲人骚扰;一面又传旨,召见吴襄于便殿。

吴襄奉旨入宫,跪拜俯伏,李自成叫他平身起来,向他说道:"尔子吴三桂,目下拥兵山海关,抗不归顺,真可谓'忠臣义士',朕甚嘉悦。但天命已定,人力岂可挽回?古人云:'求忠臣于孝子之门。'吴三桂既能尽忠前朝,必能孝事父母。卿可即日修书,叫他早早解甲归降,朕将优加擢用,卿亦可邀封侯之赏。"吴襄顿首奏道:"逆子抗命,罪该万死!今荷陛下赦罪不诛,老臣虽粉身碎骨,无以仰答天恩于万一。今日情愿致书吴三桂,令其待罪阙下,以报陛下知遇之恩。"李自成大喜,叫他火速办去。

吴襄领旨退出后,即刻与吴三桂恳恳切切去了一封手谕,内中盛称大顺皇帝的圣德,叫他早早归命投诚,以膺懋赏;倘稍迟延,则全家性命难保等语。写就之后,打发了一个家将,飞马送了前去。此是后话。

再说那吴三桂,自从闻得京师失陷,崇祯帝身殉社稷,他遂按兵观望;意欲率众来降,又恐部下文武未能一致。这时风声鹤唳,讹言四起。他府中的奴仆,当李自成入京时,便有三个趁乱跑了出来,一直奔至山海关,来与吴三桂报信。吴三桂得了京师失陷的确信后,首先便问老将军何在?那人因为出城时,风闻吴襄夫妇已经骂敌身死,因此便哭着回道:"老将军被贼害了。"吴三桂闻言,大声道:"好好!以身殉国,将来名垂青史了!"又问老夫人何在?那人又哭道:"老夫人也自尽了!"吴三桂又连声道:"好好,夫妇殉节,日后流芳百世了。"又问陈夫人何在?那人闻言,便低头不语。吴三桂急了,又厉声问道:"陈夫人何在?快快给我说来!"那人支支吾吾地说道:"听说有一个姓刘的贼,已经把我们的府第占据了,陈夫人,大约还在府里。"吴三桂闻言,勃然大怒,登时须发翕张,目眦尽裂,拔剑大呼道:"大丈夫生在世上,不能雪床第之羞,尚何以为人耶?"立刻转到中军,下令叫全军将士一齐挂孝,为先皇帝、皇后发丧,为吴襄夫妇发丧,即日衰绖出师,声罪致讨!

这时候正值吴襄所遣的送书使者,亦飞马赶到前来。吴三桂阅书毕，知道父母无恙；但是料定那陈圆圆的天姿国色，万无幸免之理。想到这里，又气又愤。遂顾不得吴襄夫妇的性命，便对来使说道："你快快回去禀知老将军，说是忠孝不能两全。我吴三桂，受了先皇帝厚恩，今日国破家亡，只知道一死报国，与逆贼誓不两立，实在不能顾全他老人家了。还请老人家早寻方便，莫叫逆贼所辱才好。"说时，便下令进兵，那人看见情形不好，又知道少将军的脾气，是翻脸不认人的，因此便不敢逗留，立刻飞马奔回北京，将这个详情报知吴襄。

吴襄大惊，即日奏明李自成，说是"逆子抗命，请朝廷即日发兵征讨，臣情愿身赴前锋，手刃逆臣，以报朝廷知遇之恩"！

李自成览奏大怒，正待发作之时，又由兵政府奏报，吴三桂率兵入犯，已经由山海关出发，声势十分浩大，请旨定夺等语。李自成异常愤怒，立刻降旨。叫大学士、兵政府调集六师，准备御驾亲征；又传旨：令秦王李过、巫山伯马世耀、渭南伯俞彬、武功伯周凤梧等各率大兵，即日随驾出征；又传旨：叫天佑殿大学士宋献策随赴行在，总理军前一切事宜，又敕六政府、五军都督府各派员司、将校，随驾赴行在侍候。

大兵出了北京，一直向山海关进发，刚刚到了一片石地方，正与吴三桂的人马相遇—双方摆开阵势，门旗开处，李自成居中，左有牛金星，右有吴襄，大叫："吴三桂搭话！"

吴三桂银盔银甲，座下白马，看见吴襄便放声大哭道："儿自知罪该万死。但国破家亡，父亲宜自为计，儿与弑主逆贼，誓不两立！"李自成大声道："将军休得误会！崇祯帝乃是自寻短见，并非朕加害于他，朕已将他依礼安葬，派兵守护陵寝。就是将军府上，亦加意保护，不曾侵犯秋毫。朕素知将军乃当世英豪，方期推心置腹，共平天下，何得信道路之言，伤我君臣和气？将军不信，请问老将军便知。"吴三桂闻言，大骂："万死逆贼，弑我帝、后，覆我神京，造下滔天大罪，还敢巧为说词。"吴襄见他话太逼人，急忙句句是实："我们父子，蒙圣上不杀之恩，急宜解甲投诚，泥首待罪，何得信口狂吠，自速灭族之祸？为父的性命，已经危在旦夕，尔需要念父子之情，救我老命。"吴三桂看见这个光景，又见吴襄说得伤心怜，声泪俱下，实在难为情，便举起袖来，掩着面孔，说道："忠孝不能两全，父子岂能相顾？父亲请便，儿子管不了许多了。"说毕，便下令进兵。

李自成大怒，传旨叫李过、俞彬火速上前迎战，向腰间抽出花马宝剑，立叱侍卫，把吴襄拿下马来，推到阵前，限吴三桂即刻解甲归降，倘敢抗旨，即行就地斩首！

左右一声答应，立刻将吴襄赤条条的反接捆绑起来，推出阵前，武士将那花马剑横在吴襄项上，专看吴三桂的背向行事。吴襄放声大哭，叫："孩儿，快快收兵投降。倘再进兵，为父的性命休矣！"

吴三桂见了，转身退入阵后，催督人马，擂鼓进兵。吴襄见他执意不回，毫无半点父子之情，一时伤心痛哭，大骂："忤逆贼子，这样伤天害理，丧心病狂！国家将亡，拥兵不敢杀贼；父命垂危，觌面不肯援手，这样的乱臣逆子，真正枭獍不如，恨我吴襄，怎么生下这种畜生来了！就是皇天有知，焉能容你？将来碎尸万段，磨骨扬灰，千刀万剐！"骂个不住。骂声未毕，忽见一名太监飞马驰出阵前，大呼："奉旨行刑！"话犹未了，吴襄早已身首异处，横尸阵前。

事也凑巧，后来这吴三桂投降了清朝，东征西战，屡立大功，封了平西郡王，剿灭明朝的余烬，一直把永历帝追入缅甸。缅甸国王畏惧他的兵威，遂将永历帝献了出来，吴三桂亲自拿了弓弦，把永历帝父子二人一齐绞死。清朝论功行赏，进爵平西亲王，开藩云南。吴三桂拥兵百万，坐镇滇黔，于是称王不足，又要想做皇帝，便据了云、贵、川三省，造起反来，自号大周皇帝。

于是粤西孙延龄、广东尚之信、福建耿精忠等同时举兵响应。清廷见他们的声势浩大，遂大举出师，派总督蔡毓荣为绥远将军，率提督赵良栋、王进宝、孙思克等分道平滇，先将闽粤各省次第讨平，然后由四川入云南，到底把他除灭。当清兵攻入昆明时，吴三桂已经服毒身死，清朝将他的嗣孙吴世璠拿获斩首，又将吴三桂的墓子挖开，将他的逆体戮尸枭示，"磨骨扬灰"，应了他父亲临死时所骂的话。可见天下事，莫或使之，若或使之，总而言之，这种不忠不孝之辈，到底都没有良好结果那是天道好还，自然之理。

再说李自成因为吴三桂抗命不降，就军前斩了吴襄，另外又传旨，叫大兵一齐进战。于是李过、俞彬、马世耀、周凤梧等各率大兵，分头并进。

顺兵奋勇冲锋，所向披靡，李自成在阵后亲自指挥督战，风驰潮涌，势不可挡；吴三桂亦指挥所部，拼命迎战。一时金鼓喧天，杀声震地。那李自成所部皆是挑选的百战精卒，又当初破京师之下，锐气方盛，无不以一当十。这一场大战，直杀得吴三桂部下人仰马翻，大败而走。李自成催兵追杀，吴三桂连战败北，一直退出山海关外，李自成方才班师回京。

这里吴三桂溃败出关，沿途抛盔弃甲，遗失军器、粮饷不可胜计。吴三桂又怕顺兵前来追剿，因此便不敢停留，连夜奔至锦州一带，方才收住了人马。检点所部兵将，十成之中死亡了五六，剩下的残兵败将，一个个甲仗不全，身带重伤，看来已是不能成军的样子。吴三桂到了这个时候，方才后悔不迭，一时心中烦恼，想起那陈圆圆已经落在人家手里，自己白白送了吴襄的性命，弄得兵败无归，成了个"赔了夫人又折兵"而外，更多贴了两个生身的父母。思前想后，实在没有个归落之处，因此便拿了个"一不做，二不休"的极端主意，遂尽率残部，前去投降满洲，意欲借着他们的势力，再去复仇。

原来这满清自从神、熹二宗以来，在辽东一带与明朝连年争战。当万历四十六年，清兵陷抚顺，总兵张永荫等战死，朝廷命兵部侍郎杨镐为经略，率总兵杜松、刘绖、李如柏、马林等分道出师，与清兵大战于吉林岩，明师败绩，总兵刘绖、金事潘宗颜等战死；朝廷杀杨镐，另以兵部右侍郎熊廷弼代为经略。天启元年，清兵陷沈阳，总兵尤世功、贺世贤、陈策、童仲揆、戚金、张世名等先后战殁；清兵长驱入辽阳，经略袁应泰、巡抚张铨等同时抗义身死。天启二年春，清兵又陷西平堡，总兵刘渠、祁秉忠、副将罗一贯等战死，经略熊廷弼、巡抚王化贞先后败回山海关。天启五年，清兵又入旅顺。七年，围宁远。朝廷因辽东迭次丧师，将熊廷弼、王化贞先后逮京论死。熊廷弼有功被杀，因此军心解体，辽事一日坏似一日。天启帝大为焦急，乃授宁前兵备副使袁崇焕为金都御史，驻节宁远，总理辽东军务。崇焕整军经武，与清兵几次大战，均互有杀伤。天启七年，清兵围锦州，攻宁远，崇焕出奇制胜，先后解了两处之围；朝廷反听了谗言，把崇焕解任候勘。崇祯登极后，复用崇焕经略辽东。天启二年冬，清兵突入安化口，总兵赵率教战死，崇焕率兵宝坻及近畿州总督卢象升等战死；天启十年，入皮岛，副将金日观等战死；天启十一年，又大举入墙子岭，陷高阳，入济南，深入二千里，五月，方才由青山口饱载而归，天启十四年，攻锦州，克松山，获经略洪承畴，杀巡抚丘民仰及随营文武数十员。自吴三桂撤兵入关之后，清兵遂封豕长蛇，节节侵吞，由义州直逼山海关而来，明兵亦只守山海关以内,自关以外完全陷入满清,这便是满洲与明朝争战的大概情形了。今日吴三桂势穷力竭,便尽率残部,一直奔向沈阳来投满清。

这时候,满清的可汗名叫福临,年纪尚幼,凡诸军国大事,完全由他的叔父睿亲王多尔衮管理。这个多尔衮也是天赋雄才。自从大破明兵后,正拟简兵搜乘,大举向山海关进兵之时,忽然连接探报,知道李自成业已攻陷了北京,推翻明朝,改创大顺江山,多尔衮因为摸不着顺兵的虚实强弱,不敢轻易进兵,所以观望不前,向时而动。这一日,不料那镇守山海关的总兵吴三桂忽然率众来降,他也就料定了几分情形,立刻便召他进见。

吴三桂一见多尔衮便放声大哭,倒在地下,多尔衮连忙将他扶起。吴三桂哭拜说道:"罪臣吴三桂不能及早勤王,以致贼陷京师,君父惨死非命!负此不共戴天之仇,岂能立身于人世?因悉率所部,归命上国,尚祈我王念在邻国之谊,速兴吊伐之师,讨此弑君之贼,某愿效命前驱,亲冒矢石,虽身膏剑戟,尸填马革,亦无所恨!"多尔衮道:"尔明朝与我满洲世为仇敌,今日上干天怒,盗贼蜂起,国祚灭亡,自是大数使然。我国用兵,朝廷自有权衡,焉能凭尔片面之言,冒昧出师耶?"吴三桂哭道:"邻国争战,自古皆然。若遇乱臣贼子,上弑君父,及强邻欺侮,覆宗灭祀者,则邻国义当声罪讨伐,兴灭继绝,以彰王霸之道。昔秦桓公覆楚,魏文帝伐齐,千古称为义举。今逆贼肆虐,覆我燕京,杀我君、后,此乃乱臣贼子,为天下所共弃者。今大王乃坐视不理,使天下万世之后,将谓大王为何等?罪臣冒昧之言,尚祈大王三思!"

多尔衮原是久蓄野心,要向中原逐鹿的,无奈兵凶战危,不敢妄自轻进。今见吴三桂前来请他们出兵报仇,便是"堂堂义举",师出有名了,又落得做个顺水人情,实行他的侵略野心。于是想了一想,遂露出一片慷慨激昂的样子,答应了吴三桂,准其兴师讨罪,替明朝复仇。

多尔衮一面令吴三桂暂时安歇,一面奏明福临,召集全部酋目,商议出师,并将满洲的精兵猛将重新编练,克日兴吊民伐罪之师,声罪致讨。一面大张榜示,传檄天下,指名专讨那逆天虐民、弑主行凶的李自成,来与明朝复仇。一面下令,命武威大将军和硕豫亲王多铎、讨逆大将军和硕肃亲王豪格分率满洲精兵三万人及吴三桂所部人马,先行入关;自又随后奉了福临及太后并步骑各军,浩浩荡荡杀奔山海关而来。

一时烽火连天，关东大震！

　　正是：蓟北干戈犹未息，关东胡骑又奔腾。后人有诗叹曰：

　　匝地烽烟万里长，兴亡转瞬话沧桑。

　　才闻秦马腾燕市，又见胡兵动沈阳。

　　上国衣冠终汗制，异邦发衽叹蛮装。

　　河山不见千年主，枉使纷纷逐鹿忙。

第三十四回

假吊伐满洲争汉鼎　失永平大顺弃燕京

那满洲的先锋多铎、豪格二人，率领精兵三万人及吴三桂所部人马，由锦州、绥中一路，直向山海关杀奔前来。此时镇守山海关的大顺守将，乃是宁陵子田虎。闻得清兵大至，田虎一面连夜整顿兵马，预备迎战，一面向北京飞章告急，请朝廷速调大兵，前来援应。

及清兵杀到关下，田虎遂引兵出战，吴三桂率步兵五千人首先出阵，大骂："反国逆贼，罪恶滔天，今日大清吊伐之师东来，鼠辈死在旦夕！还不倒戈投降，更待何时？"田虎大怒，手舞长刀，飞马直取吴三桂，吴三桂亦挺枪迎战，双方杀声并起，金鼓喧天。

此时吴三桂的人马已成惊弓之鸟，交锋没有半个时辰，那部下兵将早已纷纷向后退走。吴三桂一战大败，拨马败下阵来，田虎乘势追赶了一阵，却得清将多铎率了满洲铁骑，风驰赶上前来，向田虎的中军奋勇进攻。田虎舍了吴三桂，挥刀直劈多铎。多铎大怒，手挺长矛，接住田虎大战起来。正在双方苦战之时，那田虎的部将赵升、郭武又率了生力兵马，张两翼呼啸杀来，三路人马犹如排山倒海，蜂拥上前，前锋将士一律都用大刀阔斧，逢人便砍，势不可挡，一阵杀得多铎抛盔弃甲，大败而走。田虎乘胜进兵，一直追赶了三十余里，方才凯旋入关。

多铎败了一阵，便不敢轻易进兵，直待豪格兵至，方才会商取关之策。豪格道："山海关险甲天下，须要趁援兵未到之前，一鼓攻下，迟则更难着手矣！明天仍请吴将军前去挑战，我二人分兵两路，抄入敌军阵后，三路夹攻，必获全胜。"

商议已定，到了次日一早，吴三桂便尽率部下人马，鸣鼓进兵，叩关叫战。田虎领兵出迎，望见吴三桂便扬鞭大喝道："败军之将，何面目再来出头耶？还不快快回去，叫那满洲鞑子上来领死吧！"吴三桂大怒道："我国仇家仇，萃集一身，不杀贼誓不甘休，安能不来？"田虎大怒，喝声："不识死的匹夫，看刀罢！"话犹未毕，手中的一口宝刀早向吴三桂顶门上劈了下来。吴三桂急忙举枪架住，二人一来一往，战到三五十回合，吴三桂招架不住，又复拖枪败下阵来。田虎指挥人马奋勇追杀，吴三桂且战且走，一直向正东方败走。

这个时候，岂料那多铎、豪格的两支满兵暗中已由左右两路向西方急趋前去，一时连珠炮响，金鼓齐鸣，三路人马齐奔田虎的大队而来；田虎大惊，急忙回兵应战。无奈那满洲兵将人人奋勇，个个争先，后面吴三桂亦勒转马头，倒攻上来。田虎看见来势不好，急忙挥刀跃马，来冲满洲的前锋，为首撞着一员大将，正是豪格，横刀勒马拦住了去路，厉声喝道："贼将哪里走，还不快快下马投降！"田虎怒不可遏，舞刀直取豪格，豪格亦挥刀迎战。交马不上十五六回合，那吴三桂与多铎两路大兵又复夹攻上来，一时杀声四起，山谷皆震，直杀得田虎首尾不能相顾。

正在危急之时，那赵升、郭武二将闻知清兵三路来攻，田虎陷入重围，他们二人遂分率大兵，一直杀下关来，意欲夹击清兵，以解主将之围。岂料那多铎早已计算及此，暗中埋伏好了人马，赵、郭二将刚才杀出关来，不防那左右山谷中一声炮响，突见无数满兵蜂拥杀了出来，为首两员满将，一名爱格，一名麻勒吉，双刀并举，一齐拦住了赵、郭二将，死战不退。二将抵挡不住，欲待引兵退走，又被满兵截断了归路，因此便合兵一处，并力向东边杀了上来，与田虎合兵进战。这里麻、爱二将也不追赶，趁空引了人马，直向山海关杀了前来。兵至关下，麻勒吉大呼："守将快快出降。你们的主帅已被我军所擒，再敢抗拒天兵，破关之时，杀个鸡犬不留！"守兵信以为实，登时便土崩瓦解，四散逃走。麻、爱二将亲冒矢石，一鼓杀上关去，关上人马不战自溃。二人入了山海关，就在城上架起大炮，闭门固守。

这里田虎正与多铎等三路人马拼命死战之时，忽见赵、郭二将引兵前来援应。田虎大喜，便打起精神分头苦战。忽听得探马飞报，说是麻、爱二将已经杀上关去，田虎大惊，登时忿气填胸，大呼："我田虎跟随万岁爷十五六年，战无不胜，攻无不克。今日朝廷以这样重任托我，我竟失守了雄关，有何面目回去见满朝的文武？"说毕，仰天大叫了一声，口喷鲜血，倒身落马而死。

第三十四回　假吊伐满洲争汉鼎　失永平大顺弃燕京

吴三桂见田虎落马，急忙飞马上前，割了他的首级。多铎、豪格各率满洲精兵，分道蹴杀。

　　赵升、郭武看见主将阵亡，遂不敢再战，各率残兵分头逃命去了。多铎等追杀了一阵，然后长驱杀入关来。吴三桂拿了田虎的首级入帐献功，多铎、豪格连夜飞马向多尔衮的大营报捷。多尔衮大喜，即日尽督马步大兵，一齐杀奔前来。这段暂且搁下。

　　再说那大顺永昌皇帝李自成，自从御驾亲征，大破明将吴三桂之后，追奔逐北，一直杀出山海关外，方才奏凯班师。回到北京之后，看见天下底定，心上非常欣喜，便责成大学士会同吏、礼二政府，拟封文武功臣，按照五等爵，依次递袭；又商议简放文武疆臣及补授各镇总兵。

　　正在纷纷扰扰之时，忽接到田虎告急的表章，说是吴三桂勾结了满洲鞑子，前来入寇，敌势十分浩大，恳请速派劲旅星夜前来援应。李自成览奏大怒道："朕与满洲素无仇怨，何得无故侵犯？"大学士李岩奏道："满洲与中国连年争战，久蓄吞并中原的野心。今吴三桂势穷往投，作秦廷之哭，彼必假吊伐之名，以济其鲸吞的大志。但那满洲正当极盛时代，兵强将勇，不可轻易视之，必须慎重用兵，方能保得万全。"李自成道："还是朕去亲征，定要杀他个片甲不回。"李岩道："陛下初定燕京，中外人心未固，岂能屡次出征，擅离宗社重地？不如另简两员上将，代陛下前去征讨为是！"李自成准奏，立刻传旨：叫田虎固守待援，一面又加秦王李过为抚远大将军，磁侯刘宗敏为征虏大将军，即日督率马步精兵三万人，前往山海关，协同田虎去战清兵。

　　二人奉了旨意，立刻点起人马。李过率了铁骑一万五千人先行，刘宗敏率了步兵一万五千人继进。他们的大队刚才到了抚宁，那山海关的败兵早已纷纷奔溃回来。李过知道关门失守，遂连夜飞奏李自成，一面督率人马，星夜前去夺关。

　　这时候那多尔衮已经奉了福临，入居山海关，知道李过的大兵到来，便下令：叫多铎、豪格二人仍旧率了吴三桂为先锋，尽督满洲精兵，先向抚宁出发，邀击李过的人马。两军在中途相遇，各自摆开了阵势。

　　李过金盔金甲，座下一匹银白骏马，手提大刀飞马出阵，大叫："吴三桂匹夫，快快下马投降，免污本爵的宝刀！"吴三桂望见李过，遂扬鞭大骂道："助逆反贼，下滔天大罪，今天大清吊民伐罪之师到来，汝辈死在旦夕，还敢妄自尊大？"说时拍马挺枪，直奔李过而来。李过大怒，喝声："匹夫有何本领，敢在本爵前面放肆？看刀吧！"话未说毕，手中的宝刀早已拨开枪头，直向吴三桂头部劈了过来，一时金鼓齐鸣，喊杀连天。交马不上十回合，早已杀得吴三桂手忙足乱，拖枪败退下来，李过麾兵上前，亏得后面多铎所部的满兵跟踪接应上来，方才把吴三桂放入阵后，催兵上前，接住顺兵厮杀。

李过看见满将来了，便勒住马，横刀喝道："我兵入京以来，未曾出关一步，与尔满洲亦素无仇怨，今无故犯我疆土，是何道理？"多铎道："汝等逆贼，上弑君后，下虐生民，本爵奉了主上之令，吊民伐罪，专讨弑君逆贼，汝尚不知耶？"李过大骂道："我弑我汉人之君，虐我汉人之民，与尔天南海北的骚鞑子有何相干？"李过尚未说完，多铎已经麾兵杀了上来，李过大怒，挥刀便与多铎厮杀。交马三十余回合，后面豪格的大兵又复蜂拥杀到。李过力战二将，一直杀至天晚，方才收住了人马，各自回营休息。

多铎看见李过英勇难敌，遂一面向后方催调援兵，一面于次日一早再行引兵出战，李过亦率同刘宗敏分头接应上来，霎时间鼓声大震，两军如翻波迭浪地大战了一场。满洲人马抵挡不住，一战又败下来，李、刘二人乘胜追杀，直杀得满兵尸横遍野，血流成渠，多铎等不敢恋战，各自率了残兵，舍命逃了回去。李过等一直追至山海关，双方对垒下寨。

此时多尔衮看见二将兵败，顺兵猛勇异常，心上大为惊骇，后悔不该误听吴三桂之言，致使衅挑强邻，将来胜负难保。但是箭上弓弦，已成万难中止之势，只得分布人马，上前迎战，一面再向关外飞调精旅，前来援应前军。

到了次日五鼓，李过同刘宗敏又复鸣鼓进兵，直扑满洲大营而来。多尔衮见事急了，即刻传集了部下将帅，向他们说道："我兵此次入关，胜则中原可得，败则关东不保，成败之机，在此一举。今入关之后，首先挫了锐气，急宜同心协力，先将这支敌兵杀退，或可振起军威，希图后望；否则一败再败，我辈死无葬身之地了。今日与众兄弟立个誓愿，务要振作士气，背城一战。战而胜，大家同享富贵；战而不胜，则休想再回辽东矣！"众人闻言，齐声道："愿听王爷号令，共效死力！"多尔衮大喜，立刻传令，叫多铎、豪格仍旧率了吴三桂的人马，前去迎战；一面又令大将麻答、克奇二人各率精骑三千人为左右两翼，上前接应；又令大将奇噶贞、喀尔保各率步兵一万人，随后接应；自己亦率了中军大队，飞向阵前督战。

这个时候，那吴三桂的前锋早已败退了下来，后面多铎急忙麾兵接应上去。此时豪格亦亲督所部，同刘宗敏大战起来。双方正在苦战之时，不防那麻、克二将又率了两支骑兵，从左右呼啸杀来。李过大惊，急忙分调部将向左右迎敌，不意这两支满兵却绕了一个圈子，竟把刘宗敏的人马困在核心，剩下李过一人独战多铎、豪格二将。吴三桂又复引兵折了回来，横冲而过，登时又把李过所部分为两段。李过大惊，正待收集队伍来解宗敏之围，不料那奇噶贞、喀尔保的两支步兵又复铺天盖地掩杀上来。李、刘二人看见不能抵挡，急忙弃了阵地，向后且战且走。

多尔衮见前锋获胜，立刻驰赴阵前，督兵追杀。李过等一齐大败，部下人马死伤甚众，一直奔回抚宁，闭门固守，他的败兵刚才入城，背后多、豪二将的满兵亦跟踪追杀到了。李、刘二将一面督兵守城，一面向京师飞章告急，请李自成速派勃旅，前来助战。

这时李自成在京师连接前方捷报，心中异常高兴，正在与一班文武筹商一切国家大计之时，忽由兵政府转到山海关的败报，接住又报"秦王李过、磁侯刘宗敏由山海关退守抚宁，满洲人马长驱入关，抚宁危在旦夕"等语，李自成览奏大惊，立刻召见大学士宋献策、牛金星、李岩及兵政府侍郎陆之祺等，商议出兵御敌之策。

李岩奏道："清兵势极浩大，既已攻入山海关，那抚宁、永平两处的防务便是十分重要，倘若这两处有失，京师便难保守了。为今之计，急宜遴选智勇兼全、威望素著的大将数员，赶率精兵，前往扼守这两处要地，待挡住了他们的前锋，然后再出奇兵击之，或可逐出满兵，转危为安。当此国本未固，人心摇动之时，倘一不慎，后患不堪设想矣！愿陛下慎重行之。"

众人闻言都说："这话不错，请陛下速调大兵，扼守抚宁、永平为要！"

李岩又奏道："满洲假吊伐之名，以愚黔首，急宜再颁恩诏，大赦免粮，使天下之民都感恩怀德，然后能为我用。"李自成允奏，即日传旨。大赦天下，并普免永昌二年钱粮地丁一次。一面又传旨，追赠山海关死难武臣宁陵子田虎为宁国公，赐谥忠烈，敕工政府赐葬。又令巫山伯马世耀、御营左都督侯勇率兵三万人星夜弛往抚宁，协同李过等向机战守。又令武功伯周凤梧，中部伯萧云林、渭南伯俞彬、御左翼总兵官宋忠各率马步精兵一万人，即日开赴永平，据险扼守。一面又令晋王摄东官事李鸿基（李双喜更名）、紫阳侯马维兴、甘泉子高立功、临朐男高一功等总督京营人马，驻扎彰仪门外，听候调遣。

岂知这时候早已风声鹤唳，谣言四起，人人都说"清兵为先帝复仇，不日便要杀到都城"，京师人心惶惶，一夕数惊，沿途的人民早又逃走一空。

自从两次大兵出发之后，连日又由兵政府转奏，说是清兵的大队陆续开入关来，抚宁已经失守，秦王李过等兵败退走。李自成大惊，正待继续出兵之时，忽然又接到前军的奏报，说是"援兵大败于深河驿，左都督侯勇力战阵亡，清兵已经过了抚宁，进攻永平来了，恳请再发大兵，前来助战"等语。

李自成见事急了，立刻传旨，召见大学士、六政府、五军都督府、文武大臣于武英殿，商议抵御清兵之策。大学士宋献策道："清兵日近一日，都城人情汹汹，隐患正多；陛下初定燕京，大局未固，此实社稷存亡之机也，务须统筹全局，大家想个万全之策方好。"牛金星道："依臣愚见，还是请陛下亲征，仰仗天威，必能扫荡胡氛，奠安社稷。"李岩道："京师重地，圣驾不宜轻易出动。"

三位大学士正在纷纷建议之时，那右班内又闪出征远大将军掌中军都督府事襄南侯李守正，上前奏道："李岩之言是也！陛下宗社攸关，岂可屡次远出？愿假臣精兵十万人，务要把清兵杀出关外，恢复疆土。"话未说完，只见左班里又闪出都察院左都御史李涛、大理寺卿周世仪，齐声奏道："清兵势甚猖獗，秦王威望素著，又骁勇善战，尚且连战败北，倘再不胜，则大局不堪设想矣！臣等愚见，仍请陛下亲征为是。"李自成道："诸卿不必过虑，朕决意亲征。朕自起兵以来，东征西战，所向无敌，量这几个骚鞑子，能有多大本领，敢来与朕作对？不过这些将士自从入京之后，人人都享惯了安乐，不肯认真出力罢了。"说时便传旨，叫大学士、兵政府及各衙门，预备亲征。

旨意刚才下去，又由兵政府转到前方奏报，说是"清兵又攻陷了永平，总兵官宋忠阵亡，目下秦王及各路将帅一齐退守昌黎、卢龙、丰润一带，沿途伤亡的人马极多，请旨定夺"等语。李自成大惊，只得连夜催兵出发。又降旨，敕五军都府飞调北来的一班将帅，各率所部人马，随驾出征，命三个大学士辅助晋王鸿基留守京师。又恐怕故太子朱慈娘住在京师，生出意外之变，遂传旨，叫宋王及其两弟一并护驾随行。

部署已定，李自成刚才回到宫中进膳时，忽见一个小太监奏称："大学士李岩有机密大事，要入宫面奏。"李自成道："宣他进来吧。"说时，只见李岩面带惊慌之色，走近御座前叩首奏道："前途军情，万分危险，天命正不可知，臣万死冒言，请陛下及早预备一切！万一大势有变，即刻便可迁都长安，再作后图。"言毕连连叩头道："臣罪该万死！"李自成道："卿言是也。朕亦看出近来的诸事，不如从前顺手。果然天意有在，朕便做个西北天子也罢了。卿可火速出去，密谕在京的文武，叫他们暗中预备着吧。"李岩领旨退出。

隔了一宿，次日便是大顺永昌元年四月二十一日，李自成亲统六帅，率了一班将帅，御驾亲征。大兵刚才出了北京，向永平一带进发，只见那探马又连次飞报，说清兵攻陷了永平，多尔衮亲督大部长驱而来。一时风声鹤唳，军心大乱！又见前方的败兵逃将蜂拥而来，李自成大怒，立叱侍卫，将那些临阵脱逃的将领沿途捕拿，随即就地正法，传首军前。一面催督大兵，火速前进。

这时候，那李过等一班败将闻知李自成驾到，一齐都赶到行在前谒见，极言满兵异常精锐，目下大队尚陆续入关，京师屏藩尽失，万难坚守，请即下诏迁都，再作后图。李自成大怒道："朕自起义以来，也曾遇过许多劲敌，哪一个是朕的对手？今日这几个满洲鞑子，何得猖獗如是？不战而走，朕将何面目君临天下哉！"立刻传旨：叫西河侯李守信、中部伯萧云林各率本部精兵，即刻开赴前敌，去与清兵挑战一面分调诸将，星夜前进。

无奈那连败之下，军心惶惶，李守信的一支人马刚才出发，便与满将噶贞的大队相遇，双方排开阵势。李守信提刀跃马，大叫："满洲鞑子，快快上来领死！"奇噶贞大怒，挺枪跃马直取李守信。二人一刀一枪，大战丁三十余回合，奇噶贞料敌不过，拨马败下阵去。李守信正待追赶时，不防那多尔衮的大队又复掩杀上来，为首两员满将，一个叫做呼克，一个叫做麻答，双刀并举，一齐上前，把李守信困在垓心，奋勇苦战起来。李守信大惊，急忙且战且走。收兵退后之时，那前面的满洲人马早已铺天盖地蜂拥杀奔前来，李守信抵挡不住，连忙引了败兵向后逃走。走了不到五六里远近，却得萧云林的援兵赶了上来，二人遂合兵一处，勒转马头，再与清兵决战。正在双方苦战之时，那多铎、豪格二人又率了索伦骑兵三万人，风驰而来，强弓硬弩，霎时间把两路顺兵杀得抛盔弃甲，四散逃走。吴三桂飞马阵前，大叫："李、萧二贼，还不及早投降，更待何时？"二人大怒，一齐厉声骂道："吴三桂叛国匹夫，勾引了异族来争大汉疆土，这种奴颜婢膝之徒，有何面目立身人世！"吴三桂大怒，同满洲将士一齐猛攻上来；李守信杀败了吴三桂，一直追奔前去。萧云林与呼克大战了三十余回合，呼克料敌不过，被萧云林一刀斩于马下。多铎大怒，亲自率了人马上前迎战，一时金鼓喧天，喊声震地，数万满兵一齐奋勇杀来，不到片刻工夫，早把顺兵杀得死亡载道，四分五裂地逃走去了；萧云林力战三将，身中了五刀四箭，呕血落马而死。李守信见云林已死，自己所部的人马亦死亡过半，不能成军，只得舍命上前，杀开一条血路，一向西北落荒而走。

清兵大获全胜，所得顺兵的军粮马匹不可胜计。多尔衮乘胜进兵，直扑李自成的御营而来。

李自成见李守信败回，萧云林战死，这一惊非同小可！立刻传旨，叫护从的将士一齐拔营上前，来与清兵决一死战。

这时多铎的一支满兵首先杀到前来。李自成奋不可言，亲督诸将上前迎战。多铎望见中军的黄龙大纛，知道是御驾到了，他遂一面接战，一面差人飞报多尔衮。不防这一回是李自成亲自出马，那部下的将士人人奋勇，个个争先，交马不上半个辰，早把多铎的人马一阵杀得大败下来。

李自成指挥人马一直追杀了三十余里，忽见前面的尘头高起，喊杀连天，探马飞报，说是多尔衮同豪格尽率满洲大兵，一齐杀上来了。李自成便下令，叫南郑侯李暹、淳化侯李适、商南侯李达、白水侯张鼐、岐侯贺珍等分率人马，火速上前迎战，自己督住中军，专待多尔衮，五路大兵同时与满兵大战起来。

这时狂风四起，走石扬沙，顺兵逆风进战，前军早被清兵杀败，人马四散奔走。豪格手提大刀，率了数十员满将，直奔中军来寻李自成，李自成大怒，亲督御林兵马与满兵决战。此时俞彬、李过、刘宗敏、周

凤梧等一班大将闻知敌犯中军，遂一齐弃了阵地，都向御营飞驰而来，前军将士纷纷败退，反把中军人马冲动李自成急传旨，叫大将李友、辛思宗各率人马，分头上前截堵。维时满兵乘胜而来，势极凶猛，顺兵不能抵挡，一战大败，前敌将士人人身带重伤，不能再战。

李自成见势不支，遂传旨退兵，一面又令周凤梧、李迪、李友、俞彬等分兵四路，与满兵节节拒战，一面尽率诸军，星夜向北京退走。李自成刚才退后，那四路人马也陆续败退下来，清兵长驱直入，直向北京杀来。

李自成兵败回京，因听了李岩先人之言，又看见连败之下，一班宿将或死或伤，实在不堪再战；至于京师新附的一班文武，更是不可深靠，于是拿定了主意，即日召见文武臣工，降旨迁都，此外又限那些将士，连夜整顿兵马，趁清兵未到之先，急向山西一路退走。

这道旨意一下，那北京城里又复翻天覆地地大乱起来，后人有诗叹曰：

金陵王气尽，燕草没铜驼；
九殿惊秦语，四方又楚歌。
辽阳鼙鼓动，中原胡骑多；
江山仍锦绣，霸业怅流波。

第三十五回

牛金星挟嫌诛正士　李自成兵败回关中

　　话说李自成败回京，因为清兵声势浩大，京师屏藩尽失，万难固守，因此便拿定了主意，下诏迁都。于是满朝文武都纷纷收拾行李，连夜出京。至于牛金星、宋企郊等，更将京城内的金银财宝、子女玉帛等搜掠一空，连夜都用牛驮马载，先后向山西运送而去。

　　到了第三日，便是永昌元年四月二十八日，李自成尽率了三宫六院及文武百官，由北京启驾西行。一面传旨，令晋王李鸿基率大兵一万人先行，又令西河侯李守信、确山伯王良智各率精兵一万人断着后路，节节退走。一面由大学士、礼兵二政府飞檄镇守太原的扬威右将军、修武伯陈永福，叫他赶紧收拾行宫，预备迎驾。

　　这里李自成的圣驾刚才出了北京，那部下的乱兵降将便在京城里大肆抢掠，又向宫中放起一把火来，霎时间烈焰冲天，烟雾滇漾，那皇宫里的金门玉户、凤阁龙楼，一霎时都变成了颓垣败壁，瓦砾沙场。

　　正在纷扰之时，那多尔衮已经率了满洲大队，由永平一带浩浩荡荡长驱而来。这时候，北京的百姓万口同声，都说满洲人马来与崇祯帝复仇，杀退了李自成，辅立太子朱慈烺登基。一时城内城外的一班耆老遗民，无不携男带女，香花迎接清兵入城，并传说太子尚在宫中，明日五鼓便要登基了。于是那明朝的一班致仕旧臣及男女百姓，无不感激涕零，称颂满洲的盛德。

　　到了第二天五更时候，果闻得朝中鸣金击鼓，召百官朝见新君。于是那些文武一齐奔入午门，分班趋上金殿前。嵩呼拜舞毕，俯伏在丹墀下面，暗中抬头一看，只见那九龙宝座上所坐的新君，并不是太子慈烺，乃是个十一二岁的小鞑子。众人大惊，一个个面面相觑。霎时间，把一个大顺永昌元年，又变成了大清顺治元年，从此以后，汉族的一个锦绣山河，便断送到满洲人的手中了，到了后来，那汉族中又有许多不服他的，因此便演出那些嘉定屠城、扬州屠城、江阴屠城等种种惨剧，可见这种族上的关系，也是极大的了。但是满洲以"替明朝报仇雪恨、辅立太子"为名，实行了他吞并中国的野心，瞒哄了当时一班臣民，到底对于那太子慈烺及永王慈熠、定王慈炯等兄弟三人的生死存亡，本书尚未表白出来，岂不叫看书的人耿耿悬念吗？原来这太子兄弟三人自从李自成入京后，被周、田二位皇亲把他们献了出来，李自成却出实心保护他兄弟三人，封太子为宋王，待以上宾之礼；永、定二王亦随同太子居住，并未受过一点虐待。当李自成御驾出征之时，恐怕他们留在京中别生事端，因此遂叫他们随驾出征。后来李自成与清兵连战大败，部下人马都四散奔走，于是那太子兄弟的行踪亦遂传闻不一，有说李自成败回京师时，太子亦逃了回来。李自成西奔后，太子还下了一个诏旨，准备登基，不防那清兵业已杀进城来，因此遂不知他的下落；又有说，当帝、后梓宫出城之时，只有永、定二王哭送，独太子慈烺不知所在；又有说，李自成兵败后，太子被吴三桂夺回营去，及李自成还京后，连永、定二王亦失了踪迹的；又说吴三桂兵入北京后，只见有晋王求桂，并未见有太子者，后来又调查出来，说定王慈炯被吴三桂的乱兵杀死在城西空苑中；又有说李自成西迁时，有人看见太子绯衣乘马，随往山西的。凡此种种，没得一个确证。后来福王监国时，太子忽然自投南京，弘光帝大为不快，打发了一班旧臣前去认视真伪，有说是真太子的，也有说是假太子的，弘光帝把那一班认真的都拿来处死，因此大家都说他是假的，随时拿交刑部监禁起来，及南都失守，遂不知所终。后人名之为南太子，当顺治定鼎后，北京亦曾发现一个太子，旧日文武也有说是真的，也有说是假的。多尔衮首先把一个认真的刑部主事钱凤览立行绞死，因此无人再敢多嘴。后来那个太子竟被清廷所害。总而言之，两个之中，必有一个真的无疑了。到了康熙年间，又有一个八十老翁，自称是永王慈熠。清廷将他拿获，审讯时，老翁说："我已年逾八旬，行将就木之人，就是真的，也无能为了，一定要装个假的，又有什么好处？不过我这一把老骨头，不肯送到暗地里罢了。"清廷终究认他为妄言惑众，将他处了一个死罪。这其中真伪莫辨，传说不一，并不能考证确实了。

再说那李自成驾出北京之后，向定远一带星夜进发。多尔衮怕他入了山、陕二省，难于灭。所以得了北京之后，并不休兵养马，仍旧派了多铎、豪格等，分率八旗勃旅，跟踪追杀前来。李自成的人马前足到了定州，那多、豪二人跟手也追上前来。李自成大怒，传旨：叫御营右都督桃源伯左光先、左翼总兵官河津伯谷可成率领大兵，前去与清兵接战。

二将领旨，即刻引兵出阵，来与满兵交锋。多铎大怒，挥刀直取可成，可成亦挺枪迎住。大战到三五十回合，可成料敌不住，拖枪向后便走。多铎那里肯舍？一马追上前来。左光先看见可成败了，连忙舞刀上前挡住了多铎，两个人一气又大战了七八十回合，光先措手不及，被多铎大喝一声，一刀劈于马下。顺兵看见主将被斩，登时四分五裂，各自逃命去了。多、豪二人乘胜追杀，声震山谷。可成率了残兵，竭力苦战，却被豪格一箭射中了他的面门，翻身落马而死。清兵大呼向前，直杀得顺兵尸横遍野，血流成渠，败兵一直奔回御营。

李自成大惊，立刻传旨：叫晋王李鸿基、秦王李过火速率兵去与清兵决战，一面自率大兵，向真定一带星夜退走。李自成驾临真定，那秦、晋二王的人马又被清兵杀败，李鸿基、李过各率残兵，星夜逃奔前来。

李自成见锐气已挫，无法支持，遂尽率文武百官，由真定出固关，连夜向山西一带退走。这时候，那山西全省文武，却完全是李自成的人，所以驾到之处，那些文武官吏一齐都出来迎銮。

李自成到了太原，守将陈永福率了全城文武，摆驾出迎。李自成遂传旨，以太原晋王府为行宫，即日由行在兵政府飞檄各路守关文武，整顿兵马，严防清兵入寇。又飞檄西安留守的文武，叫他们严守关隘，预备迎驾。

李自成入了太原，方才略为把心放下，连日召见群臣于行宫。李自成向他们道："朕自起兵以来，东征西战，所向无敌，甫十年而定燕都。不意满洲鞑子这样的猖獗，目下我兵连战皆败，不得已退到太原，倘若他们再来相逼，则朕的江山便保不住了。诸卿皆是元勋旧臣，与朝廷休戚相关，其宜各舒忠奋，共筹良策。"

大学士李岩出班奏道："现在清兵已入都城，天下人心惶惶，当此风声鹤唳之时，进战退守，皆当妥筹万全之策。现在我军锐气已挫，决难再与争锋。陛下暂时只好固守秦、晋两省，不可叫清兵越过雷池一步，然后休兵养马，再图恢复策。惟河南文武多系新附之众，大半皆不可靠。臣愿亲回杞县一行，暗中招募中原健儿，先据开封，再乞陛下假臣以便宜特权。以臣之力，足以控制中州，使清兵不入河南一步。然后萃集西北兵力，大张挞伐，则满洲胡骑不难逐出关外也！"

李自成道："卿能如此，真不愧社稷之臣矣！"即日传旨，进大学士祥符伯李岩为祥符郡王兼督河南全省兵马大元帅，赐尚方剑，节制文武，假节钺出镇开封，准其便宜行事，朝廷不加遥制。

李岩叩首谢恩，退了出去，连夜收拾兵马准备起程。

李自成入宫后，到了次日晚间，正在那里筹思李岩到河南后的事宜，忽见一个太监跪奏道："大学士牛金星有机密大事，恳请面奏天子。"李自成道："宣他进来吧。"说时，只见牛金星已经走进宫来。

李自成道："卿深夜入宫，有何要事？"

牛金星闻言，回转头去，向四面一看，李自成会意，立刻把头一摆，屏退了一班太监。牛金星又凑进了一步，向李自成低声跪奏道："李岩厚貌深心，胸中常存大志，非等闲可比。今见陛下的大势败了，实欲趁机脱离，自己另图大事，非忠心为陛下收拾河南也。况岩平日，素得河南人心，百姓知有岩，而不知有陛下。从前陛下屡次所颁的恩诏，李岩均归功于己，常常散布流言，以收天下人心。今一旦假以大权，无异纵虎归山。臣料李岩今日一去，不但此后不为陛下所用，诚恐天下又多一勃敌矣！"

李自成大怒道："此等阴险叛逆之徒，安可久托大事！卿既知其居心，何不早行参奏？"

牛金星叩首道："李岩平日圣贤其貌，盗贼其心，专务沽名钓誉，以行其欺世盗名之技。即陛下与朝野臣民，罔不以贤臣目岩，无证不信。臣焉敢妄奏？"

李自成道："李岩虽好沽虚名，但朕待他不薄，岂能便怀二心？"牛金星叩头道："岩之丧心病狂，其悖逆之言，臣实不敢渎奏，祈陛下赦臣死罪！"

李自成闻奏，诧异道："他还敢说朕什么？赦你无罪，快快奏来！"

牛金星叩头道："李岩在京时，曾对人说，陛下是盗贼出身，居然也得了天下。从古至今，断没有强盗为天子的。那童谣所谓'十八孩儿主神器'之说，恐怕是还有一个姓李的，也未可知！陛下请想一想，他说'另有一个姓李的'，究竟是谁？"

李自成听了，勃然大怒道："这种逆贼，岂能姑容！朕肘腋之下，竟有如此大憝巨蠹，难怪把国事弄到这步田地。"一面说，一面吩咐太监传旨，叫御前侍卫会同锦衣府，将大学士李岩革职拿交刑政府，严刑审讯，拟罪奏闻。

牛金星见李自成中了他的诡计，急忙又奏道："请陛下息怒。现在满朝文武，半属岩之死党，倘风声一泄，难免祸生肘腋。不如暂时莫要张声，待臣今夜亲自率了心腹家将，出其不意，将他捆绑起来，送交刑政府，似乎妥当。"李自成道："这也使得，但须小心办去，不可大意。"牛金星领旨出宫，一路上暗自欢喜，独自低声道："李岩，李岩，你在北京时背后说我的坏话，几乎把我毁了；今日天睁眼，落在我老牛手中，看我来摆布你吧！"

且说这牛金星本是一个又阴险、又狠毒、又贪、又奸诈的小人，自从在北京因为他拷掠降臣、比追金帛的事被李岩向李自成说破后，他遂衔恨在心，时时刻刻想要设个法子来报复他。心里虽然如此，那面子上却与李岩格外亲厚，格外要好，因此李岩也并不提防他的暗害。今日牛金星趁着空子，便捏造了一篇言语，将他结结实实地踢了一足。也是李自成合该倒霉的日子到了，一时信之不疑，中了他的诡计。

牛金星奉了口诏之后，遂拿定主意，要将李岩当场杀害了，不容他到法庭去分辩冤枉。这夜三更时候，遂悄悄地遣了一名心腹小校，前往李岩府中，只说万岁爷下了密旨，请他即刻来到这里，有要事相商。李岩不知底细，便冒冒失失地跑了过来。谁知刚刚进了府门，忽闻左右壁厢中一声喊起，突出来十几个关西大汉，人人手执大刀，口称"奉旨讨贼"，向李岩蜂拥奔来。李岩知道有变，大喝："鼠辈反了！"言犹未毕，早被武士把他砍倒在地，登时结果了性命。只可怜这李岩本是英武有为、聪明盖世的一个奇男子，只因所事不得其主，误中了小人奸计，英才未展，赍志捐躯，后人有诗吊之曰：

寄身虎口计谋工，信是天生一世雄。
堪叹谗人真罔极，中州功业竟成空。
运筹帷幄计何神，百战成功事业新。
倘使先生身不死，江山未必属胡人。

牛金星见李岩已经死了，他遂立刻入宫，向李自成复命道："臣奉

旨去逮捕李岩，因恐其羽太多，难于下手，特地把他请到臣家，意欲宣谕圣旨，叫他安安稳稳地到司法候讯，果改过自新，然后再求主上的天恩。岂知他不惟不肯认罪，反倒肆口谩骂，说陛下是'无道君'，拔剑便要杀臣。臣出于无奈，只得亦抽刀同他对敌。仰仗陛下如天洪福，已将逆臣岩当场格杀身死，特来缴旨！"

李自成闻李岩被杀，登时把眉头一皱，半天没有言语。牛金星看见这个情形，知道李自成悟破了他的诡计，急忙叩首奏道："李岩辅佐陛下勤劳卓著，十年运筹之功，未可一概泯灭，可惜为臣不终，致罹凶死！，虽然咎由自取，而臣与之共事日久，亦觉心有不忍。乞陛下天恩，施法外之仁，准予从厚棺殓，回籍安葬。"李自成一句也不言语，连连摇首，半天方才叹了一声道："罢了罢了，就这样去罢。"牛金星方才叩首退了出去。

李自成见李岩无罪被杀，心中十分伤感，明知中了牛金星之计，但是他表面上总不认错。因此那部下的一班文武，人人寒心起来，背后你言我语，都说："李自成走了霉运，比从前昏聩起来，专听奸臣之言，要将有功的文武全行诛戮"，又说："像李岩那样的忠心赤胆，替他办事，尚且讨得这个下场，我们这些武臣，哪个没有半点错过？倘若有心寻起破绽来，那时候，人人都保不住脑袋了。"因此三三五五，互相议论，过了几天，这些人遂三两个，慢慢地开起小差来了。

李自成看见风头不好，立刻降了几道圣旨，严禁文武百官私自出走：岂知他这里越发禁得紧，那些文武越发跑得快。李自成没得法子，只好仍旧把当初起义的一班老将召来商议，敕他们切实操练人马，预备与清兵决战。

岂知这几天一连又接到几个警报，说是多尔衮又派了满汉大兵，分途出发，攻取山、陕两省，声称要将大顺的残山剩水一律铲除净尽。接着兵政府又奏，清兵已出固关，不日便要进攻太原。李自成大惊道："陕西乃我朝发祥之地，万不可陷于异族之手，还是朕自己回去才好！"大学士宋献策出班奏道："陛下所言是，圣驾急宜早回西京，固守秦关，再作后图。"李自成遂传旨：驾幸西京！即日令车骑将军泽侯田见秀协同陈永福固守太原，一面尽率文武，由太原启驾西行。又令晋王李鸿基、巫山伯马世耀率领大兵，先行出发，然后李自成的圣驾方才起行。

沿途所过地方，文武官员一齐出城迎驾，跪送，一路上旌旗蔽日，鼓角喧天，一直渡河入陕。圣驾将至西安，留守西安后军都督、制将军、郿侯李自强率了留都文武及马步大兵，摆驾出城二十里跪迎。

李自成入了西京，连日召见文武，商议战守之策。

参军顾君恩出班奏道："清兵虽然分道来攻，但山西各隘口均有重兵扼守，陈永福、田见秀又皆骁勇善战，清兵虽众，未必便能长驱直入。只有河南文武无一可靠之人，清兵由豫入陕，中州无一兵一将可以牵掣抵御，使满兵长驱入陕，诚为可虑。但事已至此，目下若出兵河南，实为行险侥幸之举，不惟无益，反挫锐气。为今之计，只可速调大兵，严防沿河一带的关隘。一面另派大将数员，统率精兵往守潼关，再将渭南、临关，华阴一带用重兵节节扼守，层层援应。但能把关中守住，然后聚陕、甘、晋三省为一气，雄踞西北，渐图恢复，大事尚可为也。"

李自成道："卿言是也。"即日传旨：令巫山伯马世耀、岐山伯李牟、宜川男辛思宗、西河侯李守信等分督精兵二十万，即日驰往潼关，扼险固守；又传旨：令宁陕侯李守训、襄南侯李守正、甘泉子高立功、临朐男高一功等各率精兵五千人，分守黄河西岸沿边的渡口；又传旨：令确山伯王良智率兵一万人守华阴，晋王李鸿基率兵一万人守渭南，秦王李过率兵一万人守临潼，三水侯李通率兵一万人守韩城，诸路人马均限即日开拔；又传旨：令高陵伯李友、泾阳侯李道、华阴侯李迪、褒城子李运亨等分率大兵五万人，往守兴安、汉中一带；又令赵侯李守义、磁侯刘宗敏率兵两万人，驰守商洛一带；又令南郑侯李暹、淳化侯李适率兵三万人，往守延绥一带，不上三五日工夫，便把百二秦关防守得和铁桶一般。

李自成将各路人马分发已毕，又传旨，令威武将军三原侯李白刚、彰武将军紫阳侯马维兴二人总督西京兵马，节制诸将，每日向大教场中督饬各营，认真操练。诸事布置妥当了，李自成方才稍稍放下心来。

有一天，同大学士宋献策在便殿中谈及清兵向开封出发，李自成忽然长叹了一声道："河南之事是朕自己做坏了的，当日若使李岩回去督师，那满洲人马未必便能长驱而出！"献策闻言，便叩首道："陛下明鉴万里。李岩忠心为国，而惨遭横死，此忠臣义士所由寒心也。乞陛下天恩，准予特旨昭雪，庶可以激发将士忠奋，借以挽回人心也。再者，自圣驾西巡后，各省人心惶惶，莫知所向。为今之计，尤宜颁发罪己诏，使天下臣民知所感奋。苟能使民心固结，大事或易为也!"李自成含泪道："是朕之过也，卿可即刻下去拟旨吧。"献策叩头退了出来。

到次日一早，便由内阁发出两道上谕，第一道下罪己诏曰：朕以布衣生逢乱世，痛生民之疾苦。举义旗以拯援，十有三载，底定燕京。使非民心归附，曷克臻此! 乃建国未几，变起胡邻，榆关告陷，都城沦亡。使非抚驭失宜，亦又何以至此!

朕，无才无德，不能卵翼斯民，致使天下人民重罹锋刃，抚躬自问，尚何颜以君临天下哉! 所以自燕而晋，由晋入秦，乘舆播迁，不自引决者，徒以大汉疆土不可以尺寸与人，故忍辱含垢，冀图恢复。

溯自军兴以来，秦、豫、蜀、楚，迭遭兵燹，而燕、晋、甘三省，浩劫尤深。朕所部者，众逾百万，诚感未孚，良莠不一，以致戮辱我父老，凌虐我昆弟，师旅所至，郡邑为墟! 言念及此，中夜彷徨。

而定鼎之后，庶政未新，抚慰未行，遽尔衅开强胡，迭遭败北——此皆朕之凉德所致，尚复何言! 古人云：万方有罪，罪在朕躬。朕虽不德，亦尝三复斯言，不禁感慨流涕。

夫周逐猃允，秦御强胡，汉击匈奴，唐征突厥，此皆集汉族之公愤，逐彼四夷于荒服之外者也。朕虽不才，亦尝抚剑悲歌，欲继前代勋猷，以张我中华之声威。

呜呼! 保土杀贼，人有同心；捍患御侮，朕责谁贷! 自今日始，朕愿痛自悔艾，与天下臣民咸予维新，亦愿尔天下臣民各舒忠愤，共逐腥膻，宁为朝廷干城爪牙之士，勿作异族披发左衽之民! 布告天下，咸使闻知。第二道便是昭雪李岩的谕旨曰：

原任大学士祥符伯、特进爵郡王、兼河南全省兵马大元帅李岩，宣力国家，十有余年，运筹帷幄，勤劳懋著。

前因奉旨督师豫省，骤邀异数，致启蜚谤，忠忱未展，仓促捐躯。追维往事，朕心痛焉!

已故大学士、特进爵郡王李岩，着即开复原有爵秩，追封梁王，予祭葬，赐谥忠愍，敕礼、工二政府择地营葬，遣官致祭，以慰忠魂，而彰朕过! 钦此。

这个旨意一下，直把个牛金星弄得茶饭无心，坐卧不宁。从此以后，他看见苗头不好，心中遂另打了一个主意，此是后话。再说那李自成发出各路大兵后，又由兵政府飞檄河南、湖北、陕西、山西、甘肃等五省文武，叫他们整顿兵马，严守封疆。

　　这时那楚、豫两省的文武看见李自成已经弃了北京，退入陕西，他们遂存了一个骑墙主意，一面向大清纳款，一面又向大顺输诚，所以这河南、湖北的文武一概都不可靠。只有山西、陕西、甘肃三省，无论文官武将，以及士庶人民，大半皆是倾向李自成；更兼那一班元勋宿将，亦多是这三省的人，因此内顾无忧，把一个大顺江山遂偏安在这西北三省了。那满洲将帅看见陕、甘两省兵强马壮，山西又粮多饷足，沿边关隘亦分驻重兵，因此遂不敢冒昧进兵，暂时做了个观望态度。李自成自永昌元年四月底出了北京，六月底驾回西安，一直到了永昌二年春，清兵方才分道进攻，这半年之间，就算是承平无事的时代了。

第三十六回

失潼关世耀死国难　战渭南双喜勇捐躯

李自成由太原回西安这半年之中，就在陕西作了个半壁江山，那永昌正朔，也只有陕、甘、晋三省完全奉行；至于楚、豫各省，便是半奉半违的了。

李自成在西安，天天责成那些将帅操练人马，准备与清兵大大决战一场。无奈那一班将士，自从破西安、破太原、陷京师，所到之处，花天酒地，恣意淫乐，真个是"酒色伤人"，不知不觉，人人都带上了暮气，不比从前那种如狼似虎的样子。平时也不训练士卒，到了出阵之时，举起刀来，觉得头重身轻，连马都压不住了，所以对于清兵连战败北。李自成见了这种样子，心上异常着急，只得每日一早起来，御驾亲临大校场，督饬统兵将帅，认真操练人马，一面又迭降严旨，责成他们添兵补、马，准备出征，不得敷衍塞责。

纷纷扰扰，一直到了永昌二年春正月，那清朝的摄政王多尔衮方才大举西征，仍命豫亲王多铎率大兵十万人，出固关入山西，由皇甫川向西安进攻；又命英亲王阿济格率八旗劲旅二十万，出河南向潼关进兵，两路大兵均克期会师关中。又命肃亲王豪格率满汉大兵十万人，亦出固关分援前方人马。三路清兵同时由北京出发，霎时间烽火连天，西北大震！

这个警报一直传到了西安，李自成大惊，一面召见群臣商议战守之策，一面传旨敕兵政府飞檄沿边守将，加意防守，一面遣兵调将，预备出战。

这时候清兵已由固关杀入山西，沿途文武一齐望风溃走。镇守山西修武伯陈永福、泽侯田见秀二人各率大兵，分守太原及各县要害，一面飞奏李自成，请兵前来接应。

布置未定，那多铎的人马已经杀到了太原，田见秀便点起大兵出城迎战。岂知部下的人马一见满兵，早已四散奔走，此因三战三败，田见秀身带重伤，力战阵亡。陈永福只得一面鼓励兵民，死守太原，一面再向西安告急，请李自成速调大前来援应。岂知这时候陕西正当四面受敌之时，实在不能出兵，永福死守了一月有余，城中粮尽饷绝，被多铎、豪格二人回合兵攻破了省城，永福抗战不屈，自刎身死。豪格等入了太原，一面留兵防守，一面与多铎合兵一处，径向陕西进发。

这时候那英亲王阿济格一军已经由河南怀庆府渡过了黄河，一直杀奔潼关而来。镇守潼关巫山伯马世耀闻知清兵大至，立刻同李守信、辛思宗、李牟等商议战守之策，大家议定，李守信同李牟二人守关，马世耀与思宗二人尽率精兵十万人，出关迎战。大兵刚才开出关外，便与清兵的先锋哈克哈顶头遇见，双方摆开了阵势。哈克哈手舞长枪，跃马出阵，指名叫守关的主将："一陕快出降，免得天兵一到，汝辈死无葬身之地矣！"世耀大怒，挥刀纵马，直取哈克哈，哈克哈亦挺枪迎战。一时金鼓齐鸣，喊杀连天，二人大战了三十余回合，胜负未分。后面辛思宗看见清兵十分精锐，他遂率了人马由左侧斜冲了上去，登时杀败了清兵的右翼。哈克哈大惊，亟待分兵迎敌之时，世耀趁着空子，奋勇追杀上去，哈克哈前后照应不来，一时心慌意乱，措手不及，竟被世耀一刀斩下马来。世耀、思宗麾兵上前，直杀得清兵抛盔弃甲，大败而逃。

马世耀等追赶了五六十里，忽见前面的尘头高起，喊杀连天，霎时间便见满洲人马铺天盖地而来，为首一员满将舞刀跃马，大叫："贼将快快上来领死！"马世耀急令思宗督住后军，自己飞马出阵，大喝："来将通名！"只见那员满将高声答道："吾乃大清国前锋都统阿尔太是也。贼将至此，还不早降？后面王爷的大兵一到，汝辈有命难逃了！"马世耀大怒道："骚鞑子，你有多大本领，也在这里信口胡说？来、来、来，看刀吧！"说时，一匹马、一口刀早已飞奔过来，直取阿尔太。阿尔太急忙舞刀相迎，二人大战到十五六回合。后面阿济格又复亲率大兵赶上来了，一时万马奔腾，势如潮涌，直向顺兵的中坚围杀上来。马世耀大惊，忙催辛思宗上前接战，双方血战了一场。马世耀看见部下人马死伤过甚，只得且战且走，直至天晚方才各自收兵。

到了次日，阿济格又复尽督部下人马，擂鼓进攻。马世耀见清兵来势凶猛，便令部将袁武、李定二人分率精兵一万人，张两翼与清兵接战，仍令辛思宗督住后军，自己仍旧率了人马直冲中军来迎阿济格。布置甫定，两方的人马同时并进，犹潮水暴发，一涌而回合。但闻金鼓咚咚，喊杀连天，尘头高起，日色无光。霎时间，那阵中犹如翻波迭浪，荡开几条血路，转之间又复回合在一处。猛听得金鼓齐鸣，杀声高起，忽见清兵的旗帜突向东南一带，纷纷飞了下去，不多时间，又闻得东南角上鼓声大震，那大部人马复向西北一带奔拥了下来。

原来当那两军交锋之时，双方殊死苦战，马世耀奋勇冲锋，首先杀败了清兵。后来阿济格看见大兵败退，立刻亲赴前敌，手斩逃将三员，那满洲人马遂一齐反攻上来，三路顺兵同时败退。阿济格看见杀败敌兵，便尽调了满洲铁骑，蜂拥杀上前来，强弓硬弩，势不可挡。袁、李二将先后中箭身死，马世耀亦身带重伤，自知不能再战，遂率了残兵，同辛思宗一齐奔回潼关去了。

阿济格大获全胜，遂分兵十路，直逼潼关，世耀等亲冒矢石，奋勇抵御。无奈那清兵异常凶猛，连日用大炮轰开几处关城，前仆后继，殊死不退。

马世耀等一连抗拒了七天，看看守不住了，李守信便向大众说道："清兵这样凶猛，这潼关是守不住的了。我辈受了朝廷付托之重，岂可不舍命一战，以报万岁爷知遇之恩？倘能杀退敌兵，挫了他的锐气，这关口自然好守了。"马世耀道："事已至此，只好如此吧。"遂令辛思宗同李牟守关，自己与李守信挑选了二万精兵，准备趁夜出师，往踏满洲的大营。

岂知谋事在人，成事在天。到了酉时初刻，那天气忽然乍变起来，狂风怒发，走石扬沙，把阿济格中军帐前的一面帅字大旗登时刮了下来，一直卷向西北方去了。阿济格大惊，立刻请了帐下的一位番僧名叫爱格呢多的，前来询问这个事主何吉凶？爱格呢多回道："折旗倒马，向为兵家大忌。目下那顺兵在关上死守多日，矢石俱尽。马世耀等又是李自成部下的百战枭雄，决不肯轻易弃关退走。依某愚见，关上的人马日内必有一番举动，王爷须要小心才好。"说时，便就袖中占了一课，大惊道："今夜三更便有变故，请王爷格外戒备，不可大意了。"阿济格听了大惊，立刻走到中军帐里，传了一个密令，叫全军将士本夜都要秣马厉兵，加意提防，不得疏忽贻误，违令者立斩！那满洲正当极盛时代，号令严明，诸将奉令维谨，军令一下，各营将士一齐都戒严起来。

果然到了这夜三更时候，那关上的人马突然杀奔了下来，一时喊声大起，万骑争奔。世耀手舞大刀，率了一支精兵，风驰电卷直扑中军而来。阿济格大惊，急忙提刀上马，下令叫各营将士一齐上前截战。一时鼓角喧天，杀声四起。马世耀杀到了中军，为首遇见两员满将，一个叫做僧格，一个叫做扎尔芬，双枪并举，拦住了马世耀死战不退；马世耀大怒，打起精神，奋勇苦战，手斩扎尔芬于马下，僧格大惊，急忙引兵退走。马世耀麾兵上前，一直杀入大营来擒阿济格。不防那阵后的炮声又起，满将拜多呢、阿吗哈二将又率了索伦骑兵，张两翼飞奔上来，登时如山崩海潮一般，把马世耀的人马卷入阵中，阿济格又亲自率了火器营上前助战。霎时间铳炮齐发，矢石横飞，杀得顺兵人仰马翻，死伤遍地。马世耀身带两箭，在阵中左冲右突，专待李守信的后军到来。岂知那李守信的一支人马早被满将卜尔津额、呢古他、拜呼他尔等杀得七零八落，不能上前援应了。马世耀见援兵不至，部下的人马又死亡过半，清兵四面逼攻，眼看得不能支持了，心中又气又愤，立刻把马加了一鞭，挥刀上前，大呼陷阵。钢刀过处，满将纷纷落马。

　　这时云开雾敛，皓月当空，马世耀望见西北角上尘头高起，喊杀连天，料定是李守信的人马被清兵所困，遂率了残兵败将，横冲一条血路，直奔前去，与李守信合兵反攻。这里阿济格见他溃围出走，急忙指挥了骑兵，风驰上前，把马世耀截住大战。马世耀愤气填胸，即时挥刀跃马，直取阿济格；阿济格大惊，急令大将桂良、勒尔保二人一齐出马，拦住了马世耀轮番大战一面又调了火器营、弓弩手赶上前来，四面围攻。马世耀面带三矢。腰中两枪，自知力难再战，仰天大叫道："皇帝陛下，臣兵败力竭，无面目再入关矣！"一面说，一面拔出了佩剑，直接砍到向颈上，登时鲜血四溅，倒身落马而死。后人有诗叹曰：

　　　　百战勋劳一旦休，伤心无计奠金瓯。

　　　　潼关一败捐躯日，尽把功名付水流。

　　马世耀既死，阿济格指挥了人马乘胜向前，又把李守信的一支人马杀得全军覆灭，李守信只身逃回关去，不防那后面的清兵跟踪杀了上来。此时顺兵大败，主将阵亡，一时风声鹤唳，军心瓦解，清兵十万一齐萃集关下，乘势猛攻。满将拜多呢首先登关，大军一拥并进，潼关失守，辛思宗力战阵亡，李守信、李牟二抵挡不住，只得分率残兵，连夜逃向华阴去了。

闯王李自成传

阿济格克了潼关，一面飞章告捷，一面大犒三军，然后整顿兵马进攻华阴。

华阴守将确山伯王良智闻知潼关失守，马世耀、辛思宗相继阵亡，知道军情吃紧，遂连夜向西安飞章告急，一面准备出战。接住那李守信等亦逃奔前来，王良智便令他二人代守城池自己尽率精兵驻扎城外，以待满兵交战。

部署未定，那满洲的先锋大将桂良早已率兵杀到来了，王良智不待他们安营，便催督人马，迎头冲杀上去。桂良见顺兵来势凶猛，只得提兵上前，来与王良智交锋。战了不上三五十回合，后面阿济格的大队早已铺天盖地杀上前来。清兵当屡胜之下，士饱马腾，人人奋勇，王良智一战大败，立刻引兵退入华阴，拒城固守。谁知那清兵凶猛异常，不到半日工夫，早将小小的一座华阴县城攻开了八处缺口。大兵一拥而入，王良智等只得尽率残兵退守渭南。清军克了华阴，兵不留行，连夜进攻渭南。

此时那晋王李鸿基看见潼关、华阴相继失守，清兵长驱而来，心中异常忧愤，遂连夜表奏李自成，说是"满兵异常精锐，目下潼关已失，国事尤为可虑；请再调大兵前来助战，并请预备西京防务，与在朝的文武统筹全局，早定大计"等语。

李自成览奏大惊，连夜召见群臣于便殿。李自成向众官叹道："清兵入寇，潼关失守，朕看近来疆土日削，国事十分可虑。朕与诸卿同起草泽之中，十余年而定天下。不意这满洲鞑子平空插了进来，我兵屡战屡败，退守西北一隅，他们尚且不肯让步，占据了山西、河南，节节又逼进陕西来了。朕君临天下一载于兹，自问不曾虐待了天下百姓，何以这天心人意都不佑护我大顺，定要叫一班骚鞑子来霸占我们中华？真正令人可恼。但事已至此，万一社稷不守，朕亦惟有以死殉国，断不能低首屈辱，北向而事戎狄也。诸卿皆元勋耆旧，尽可直言奏陈，各抒所见，以图挽回国运，断不可缄默自守，负朕谆谆求言之至意也！"于是大学士宋献策、吏政府侍郎喻上猷、户政府侍郎萧应坤、礼政府侍郎杨永裕、兵政府侍郎陆之祺、刑政府侍郎邓岩忠、工政府侍郎姚允锡、左都御史李世英、翰林院侍读学士张维祥、光禄寺少卿马介、知政司知政周文元等一齐出班奏道："清兵已入潼关，太原又已失守，国事至此，实所谓危急存亡之秋也。臣等愚昧，实无匡君辅国之术，惟乞陛下颁发

·338·

帑金，赈济陕、甘灾民，以收人心，一面整顿兵马，与满清接战。至于成败利钝，臣等亦不敢逆料矣！"

话犹未毕，只见右班里闪出耀侯李自明、宜君侯李遵、渭南伯俞彬、汝侯刘芳亮、定边男刘苏、保安男刘体纯等一班武臣二十余人，上前奏道："臣等随陛下血战十年，方才挣得这个天下。今日国事至此，臣等一息尚存，誓与满洲鞑子不并立于天地之间，只有拼命杀敌，虽暴骨沙场无所恨！但朝有奸臣，将帅终难成功，将来兔尽犬烹，未免令功臣义士负戴而长叹也。陛下前次虽将李岩追赠昭雪，但奸臣不除，终为国家大患，请陛下再将逆臣牛金星声明罪状，明正典刑，庶几人心感奋，方可得其死力也！"

话未说完，只见牛金星已经趋出班次，向李自成叩首奏道："李岩犯罪，臣面奉圣旨前去捕拿他的，后来因为他抗旨谩骂，经随从武士将他当场格毙，并非臣私自陷害他的。"

李自成大怒，手拍御案厉声喝道："朕为李岩之死，耿耿在心，一刻不能去怀。汝身为宰辅大臣，不思匡君辅国，专以挟嫌陷害忠良，真正狗彘不如，还敢在庙堂之上巧言搪塞！"立叱侍卫："将他剥去衣冠，拿交刑政府锁押候旨！"吩咐已毕，方才退朝。

次日一早，便由内阁发出三道旨意：第一道，颁发内府金银，敕户政府遴派妥员，赈济陕、甘灾民；第二道，追赠死难武臣中部伯萧云林为齐国公、谥忠武，修武伯陈永福为修国公、谥壮武，泽侯田见秀为润国公、谥忠壮，巫山伯马世耀为益国公、谥忠烈，韩城伯罗虎为韩城侯、谥壮愍，延长伯党守素为延长侯、谥忠愍，靖边男刘希尧为靖边侯、谥忠果，总兵谷可成为光山侯、谥刚烈，桃源伯左光先为原国公、谥刚武，左都督侯勇为平安伯、谥忠果，总兵宋忠为良乡子、谥壮愍，宜川男辛思宗为宜川侯、谥愍烈，敕礼、工二政府，并赐祭、赐葬；第三道旨意曰：大学士灵宝伯牛金星，身为宰辅，受国厚恩，不能匡君辅国，举贤任能，惟以贪赃枉法，卖官鬻爵为事；当戎马仓皇之际，故造蜚语，陷害忠良，以致原任武英殿大学士追赠梁王兼河南全省兵马大元帅李岩身抱奇冤，惨死非命。似此贪鄙奸诈之徒，岂可常赞纶扉，久稽显戮？着即革去爵秩，拿交刑政府会同三法司严刑审讯，拟罪以闻，钦此！

一面又传旨：令岐侯贺珍、汝侯刘芳亮分率精兵三万人，星夜开赴渭南，协同李鸿基去战清兵。又降旨：命大学士宋献策总督西京防务，会同兵政府、五军都督府预备一切城守事宜。

这时那阿济格已经尽督满汉大兵，由华阴杀到渭南。镇守渭南晋王李鸿基便召了李守信、李牟、王良智等商议道："清兵乘破竹之势，长驱人关，风声所至，我兵不战而走，此所谓'锐气已挫，人无斗志，'了。这个小小县城，不惟不可以守，即能守住，其于国家大事也无益处。依某愚见，不如大家舍出命来，与满洲血战一场！苟能战胜，则挫了他的先锋，后事自易为力了，万一不胜，我们以身殉国，也要杀他个相当的收成，好叫后来者看个样子。"众人闻言，齐声道："愿听殿下指挥！"于是李鸿基便请李守信守住城池，自己同王良智、李牟尽率部下人马，大开城门，来与清兵接战。

顺兵刚才出发，早与满将桂良的前锋人马顶头打了一个照面，双方各将人马摆开。李鸿基提刀出阵，大喝："满将通名！"桂良大声道："吾乃大清国右翼佐领桂良是也！来将至此，还不早降，更待何时？"李鸿基大笑道："本爵以为是阿济格来了。似尔这样的鼠辈，焉足污我宝刀？"桂良大怒，挥刀直取李鸿基，李鸿基亦舞刀迎住。交马十五六回合，桂良早已招架不住，拖刀拨马而走。李鸿基哪里肯舍？率了王、李二将，分头扑杀了上去。桂良见事急了，只得翻转身来再与李鸿基接战，战了三五个回合，早又足忙手乱，一点不留心，竟被李鸿基大喝一声，一刀砍于马下。顺兵一声呐喊，犹如天崩地塌，蜂拥杀上前来！清兵大败，沿途死亡遍地，血流成渠，李鸿基等一气追杀了三十余里，方才收兵下寨。

到了次日，便是阿济格的大队开到来了，李鸿基急同王、李二人一齐引兵出战。只见阿济格全身披挂，左右列着数十员满将，大叫"来将早早投降，免污刀斧"。李鸿基大怒，挥刀跃马直取阿济格。阿济格把枪一招，背后飞出两员大将，一名勒尔保，一名阿太，双刀并举来战李鸿基；顺兵阵里王良智、李牟一齐引兵上前。但闻得金鼓齐鸣，喊杀连天。战到五六十回合，王良智与李牟先后败退了下来，李鸿基大怒，立刻奋勇上前，手斩阿太于马下。王、李二将看见李鸿基得胜，马上引兵反攻了上来。李鸿基大呼陷阵，所向披靡，直杀得清兵抛盔弃甲，大败而逃。阿济格大惊，连忙亲自上前，督住一班满将，奋勇死战；后面火器营亦赶上前来，一时铣炮齐鸣，矢如飞蝗，一阵复把顺兵杀败了下来。王良智中箭落马，被左右救出重围去了；李牟的一支人马又被勒尔保、僧格二将一直围向西北角上，与中军首尾不能相顾。李鸿基独自一人，在万马营中左冲右突，一连斩了七员满将。无奈那清兵前仆后继，愈杀愈多，顺兵死亡殆尽，眼看得全军覆没了。李鸿基知道不能再战，急忙冲开一条血路，直向西北方上去救李牟；不料阿济格又亲自率了铁骑一万人，迎头截堵上来，一时刀枪并举，弩箭横飞。李鸿基身带重伤，犹自力战不退，直杀得矢尽力竭，呕血落马而死，后人有诗叹曰：将军勇烈冠三军，百战鏖成不世勋。此日沙场身死国，一生功业化浮云。

李鸿基既死，阿济格遂麾兵大进，直薄渭南县城。李守信、李牟不能抵挡，各自率了残兵，先后奔向临潼去了。

阿济格大获全胜，一面飞章告捷，一面在渭南大犒三军，即日整顿人马杀奔临潼而来！

第三十七回

失西安群英殉顺祚　李自成武昌拒清兵

李自成在西安刚才派出了刘芳亮等，忽然又由兵政府奏报渭南失守，晋王李鸿基死难，李自成览奏放声大哭道："李鸿基死，是天夺朕左右手也。"立刻传旨，追谥李鸿基为武烈太子，一面飞檄王良智、高一功，即日督率精兵，驰守榆林。

这时又由兵政府转奏晋北文武告急的表章，说是清廷肃亲王豪格、豫亲王多铎已经督率大兵，由皇甫川一带杀入陕西来了。这个警报一到，登时骇坏了满朝文武，人人目瞪口呆，一筹莫展，李自成再三向他们咨询战守，那些文武都面面相觑，一言不发。李自成大愤道："卿等皆元勋耆旧，与朝廷休戚相关，当此存亡之际，安得袖手缄默耶？"

话犹未毕，只见大学士宋献策上前奏道："国事至此，天命正不可知，目下除过背城一战，别无良策矣！臣已将西京内外的兵将布置妥帖，到了兵临城下之时，臣愿亲自出去督师，与清兵大战一场，舍命以报朝廷。"

正在商议之间，只见那新任兵部侍郎顾君恩又出班奏道："清兵已经入了临潼，秦王李过引兵退向西京来了！"话未说完，接住又是一个警报，乃是：清兵由皇甫川杀入延绥，南郑侯李暹、淳化侯李适力战阵亡；清兵分道而来，沿河我兵悉溃，宁陕侯李守训力战身死，襄南侯李守正、甘泉子高立功等亦率残兵败回西京来了！

李自成览奏大惊道："关门尽失，胡骑深入畿辅，朕的江山岂不完了吗？"立刻退朝入宫，再召大学士宋献策及耀侯李自明、三原侯李自刚、宜君侯李遵、延川侯李遒、渭南伯俞彬、紫阳侯马维兴等到后宫，密商军国大事。

宋献策奏道："臣每观天象，见王气盛于关东。天意如此，大事不可为了。目下只可背城一战，万一不胜，则人力尽矣，后事非臣所敢逆料了。"

李自成闻言，连声叹息道："不料我大顺的国祚如此短促！罢了，罢了，就是背城一战吧！"遂传旨：追赠宁陕侯李守训为乌延郡王、谥忠武，南郑侯李遇为郑国公、谥忠壮，淳化侯李适为淳国公、谥刚果。一面又降旨，以大学士宋献策兼兵政府侍郎，为督师，赐尚方剑，尽督京城内外人马出城拒战。

到了次日一早，那李过、李牟、李守信、李守正、高立功等一班败将先后逃了回来，面奏李自成，极言清兵势大，请李自成即日弃了西安，驾幸兰州，以避其锋；李自成犹豫未决。到了下午，那阿济格、多铎、豪格等三路清兵一齐都杀奔西安而来，沿途烽火连天，居民逃走一空。李自成一面催兵出战，一面布置城守，一面下诏征陕、甘各将领入京勤王。

这时候，那清兵早在长安城外与顺兵大战起来。顺将马维兴、周凤梧、李自刚、李遵、李遒、李自强、郝永忠、俞彬等一班大将，与清兵殊死奋斗，宋献策亦亲赴阵前，仗剑督战。自辰时杀至未时，双方互有杀伤，胜负未分。后来多铎、豪格二人又调了三万骑兵，从左右夹攻上来，顺兵不能抵挡，登时大败了下来，亏得马维兴、周凤梧二将舍命冲锋，一阵斩了八九员满将，方才把清兵截住。

李自成闻知城外兵败，立刻降旨，敕耀侯李自明、雒南侯李逸、保安男刘体纯、西乡子李其亨等尽发禁卫精兵三万人，出城助战。

维兴等看见援兵出城，当下勒转马头，再与清兵大战。一时铳炮齐发，杀声四起，阿济格、多铎、豪格等三位满王一齐亲冒矢石，奋勇苦战。双方殊死奋斗，直杀了两日一夜，李自成又在城上连发大炮，一时烟焰弥天，山谷震动。多铎的一支人马被他打退了下去，马维兴趁势上前，与多铎短兵相接。多铎身带两伤，险些儿被维兴擒住，幸亏阿济格的大队到来，方才救脱了多铎。

俞彬见多铎出走，立刻引兵上前，意欲帮助维兴去战阿济格，不防被豪格的部将克林保率了一支骑兵，把他四面围住，用乱箭团团地射了前来；俞彬身带了五箭，明知不能杀出，又怕落在敌人手中，急忙弃了长枪；就在马上拔剑自刎而死。

阿济格见俞彬已死，急忙调转人马来攻马维兴、周凤梧的人马。此时清兵人人奋勇，百道并进，势如潮涌。凤梧等一战大败，大军向后退走，李自明等所部的后不战自溃，李遵、李逌二将同时战死，马维兴、周凤梧等急忙率了败兵，绕城而走。阿济格等尽督满汉大兵，直扑西安城下。一时炮声大震，矢石横飞，城上城下一片喊杀之声，摇天动地。宋献策缒城先入，督率城中文武昼夜死守。

正在攻守猛烈之时，忽见远远的尘头高起，有好几处人马杀了前来，献策大惊！正在惊慌之时，忽然由城外传来探报，说是镇守甘肃平凉伯贺锦、镇守韩城三水侯李通、镇守汉南高陵伯李友、泾阳侯李道、华阴侯李迪、镇守商南赵侯李守义、磁侯刘宗敏等，各率大兵入京勤王来了。

李自成见援兵大至，急忙传旨，把马维兴等一班败将调回城中助守，待援兵把清兵击败，再行双方夹攻。岂知这几路勤王之师，又在城外与清兵大战了五天五夜，顺兵几次大败，死伤甚众，贺锦、李友二将都力战身死，李守义、刘宗敏、李通、李迪等一齐败退，又联名表奏李自成，说："清兵声势浩大，西京万难坚守，臣等非畏死不战，诚以宗社至重，欲保存实力，以图恢复，请陛下即日另派文武留守西京，圣驾速幸湖广，臣等情愿舍命护驾"等语。

李自成览奏大怒道："国君死社稷，自古焉有逃亡天子？朕已拼出一死，要与这满洲鞑子见个高低了。"

话犹未毕，只见班中走出一员小将，上前奏道："陛下差矣！陛下兴吊伐之师，崛起草泽中，十年之间，推翻朱明三百年天下，创立大顺亿万世丕基。不图变生意外，被满洲鞑子平空插了进来，夺去了中原疆土，是陛下以半生辛苦，落得把个锦绣江山双手奉之异族，臣不知天下万世之后，将谓陛下为何等？陛下以万乘之尊，关系至重，岂可效匹夫匹妇，轻以一死塞责，便足以谢天下耶？昔少康以一旅之众，尚能恢复夏业，还于旧都；今陛下之众，百倍于少康，诚宜暂从诸臣之请，驾幸湖广，进兵武昌，然后窥取四川、云、贵，举四省之众以与清兵抗衡，苟天不厌顺，大事未尝不可为也。盖甘肃地瘠民贫，诚非用武之地，而湖广虽无心腹可靠之人，但使圣驾一临，便足以震慑反侧了。"

李自成视之，这员小将不是别人，正是那秦王李过的长子李来亨也！这来亨年方一十八岁，生得面如冠玉，唇若涂朱，更兼武艺高强，勇健绝伦，现充禁卫军中军都督，进爵蒲城侯。李自成见他说得有理，便向他说道:"卿言固是。但武昌现在尚有重兵驻守,岂可轻易前去?"

宋献策道:"武昌所驻的乃是左良玉残部,败军之将,我兵一到,必然望风溃走,就是抵抗起来,也可以杀他个片甲不回。陛下还是听小将军的主意,待到了武昌,再作区处吧!"

李自成准奏,即刻传旨,追赠渭南伯俞彬为魏国公、谥贞武,宜君侯李遵为郇国公、谥壮武,延川侯李道为延国公、谥忠愍,平凉伯贺锦为凉国公、谥忠烈,高陵伯李牟为邠国公、谥忠果,均敕礼、兵二政府赐祭、赐葬。又传旨,令兵政府侍郎顾君恩总督西京防务,督同一班勋戚文武留守西安,绊住满洲人马,一面又令秦王李过、襄南侯李守正、赵侯李守义、鄜侯李白明、三水侯李通、商南侯李达、蒲城侯李来亨、武功伯周凤梧、紫阳侯马维兴、岐侯贺珍、磁侯刘宗敏、寿阳伯郝永忠、临朐男高一功等十三员大将,分率精兵,保护圣驾及三宫六院,趁夜大开城门,杀了出来。

此时阿济格等闻知顺兵出城,只当他们是趁空劫营,万不料是李自成弃城出走,所以便分率人马严守营垒,一面用少数精兵远远地抄击。李自成趁着这个空子,便同一班文武分头杀了出来,回合兵一处,会同华阴侯李迪的人马,连夜由龙驹寨杀入湖北黄岗一带去了。

到了次日,那各路满兵又复奋勇攻城,阿济格、多铎、豪格等都亲冒矢石,舍命争先。城中的兵民看见李自成已走,人心登时瓦解起来,不上三日光景,清兵就破城而入,泾阳侯李道、汝侯刘芳亮二人在城头上与多铎短兵血战,伤重身死,清兵长驱杀来,留守西京兵部侍郎顾君恩、三原侯李自刚、衮城子李时亨、山阳子李运亨、西乡子李其亨、定边男刘苏等都分率人马,在街前分头巷战。一时杀声四起,烟雾烛天,城上城下一片刀枪剑戟之声,一个西安省城登时鼎沸起来了。清兵的大部人马又向各城门蜂拥而入,直杀得那大顺的一班文武尸横道路,血满沟渠,顾君恩、李自刚、李时亨、李运亨、李其亨、刘苏及左都督任继光、右都督吴汝义、光禄少卿汪文元、翰林院学士周英、户政府侍郎萧应坤、礼政府侍郎杨永裕、刑政府侍郎邓岩忠、左都御史李世英锦衣卫都督李澄、总兵官马矿、路应标等一班文武,一个个都抱着忠肝赤胆,血战身死。

阿济格等克了西安,一面收拾省城残局,一面向北京飞章告捷,又分遣满汉大兵收复陕、甘三边的各处郡县,待西北底定后,再议出兵湖广，搜剿李自成的残部。

不提清兵在陕西布置一切，再说那湖北自从张献忠入湘之后，明将左良玉便趁空恢复了武昌省城。后来京师失陷，崇祯帝殉了社稷，凶闻到了南都，于是明朝的一班文武遂奉福王由崧监国，旋即继统登基，改元弘光，晋封左良玉为宁南侯，令其率领所部，镇守武昌。但是他所部的人马，因屡败之下，把精锐伤亡殆尽，所有的都是老弱伤残之众，实在不堪战阵了。李自成由秦入楚，沿途收集了溃兵难民，从黄岗一直杀向武昌而来。霎时间烽火连天，武汉大震，左良玉的人马闻风溃走。

李自成催督大兵水陆并进，长驱入了武昌省城，然后大阅兵马，检点部下将士，只有李过、李守义、李白明、李守正、李通、李达、李迪、李来亨、周凤梧、马维兴、刘宗敏、高立功、郝永忠、贺珍等十四人及文臣宋献策以下五六个人，其余的将帅都因为与清兵交战，先后死亡、逃走尽了。李自成看罢，心头十分伤感，只得同宋献策等商议，暂改楚王府为行宫，重新草创朝廷。

无奈那些文武官员，都死的死，逃的逃，一时把角色补配不齐，甚至那些卤簿仪仗及一切御用之物，完全遗弃无存。李自成看见这个样子，着实不成体统，心上十分烦恼起来，只得责成诸将赶紧操练人马。总计由西安带出及沿途召集的溃兵难民，尚有马步大兵二十万，李自成把这些人马汰弱留强，分给诸将部领，一面分遣人马，将武昌附近的水陆隘口择险扼堵，防备清兵进攻。

布置初定，宋献策道："我军屡败，敌势日张，非再得一支劲旅互相援应，恐区区江汉亦难固守。目下大王雄踞了四川，养精蓄锐，为时已久，若修书遣使，动以唇亡齿寒之意，请其速发劲旅，沿川江而下直达汉阳，清兵若至，破之不难矣！"李自成道："军师言之有理。"当下便修书信，派人连夜入川联络张献忠去了，此是后话。

再说那清廷摄政王多尔衮连接阿济格等报捷表章，知道李自成兵败入楚，西北各省完全收入版图，于是奏明清王福临，传旨叫豫亲王多铎统率满汉官兵，暂驻陕西，控制晋、陕、甘三省地方；英亲王阿济格即统得胜人马，星夜向湖北追剿李自成的残部，务要斩草除根，扫尽余孽；肃亲王豪格着率八旗精兵十万人，由陕西入四川，往剿张献忠一股，所有云、贵、川三省军务，均归节制调遣。这个旨意一下，那阿济格、豪格二人遂在西安城外大阅兵马，即日分出师，浩浩荡荡杀奔四川、湖北两省而来。

原来那张献忠自从在长沙被官兵杀败后，他遂尽率所部，于崇祯十六年冬由湖北犯四川巡抚陈士奇闻知张献忠兵至，他便亲督大兵驻扎重庆，以便调度一切军务。又以川省连年用兵，粮饷两缺，遂把那重、夔十三隘的守兵一齐调赴前敌，预备与张献忠决战。张献忠出其不意，竟绕过重庆，由夔州的隘口杀了进来，朝廷以士奇贻误战机，将他革职逮问，另以川北兵备副使龙文光加佥都御史，代士奇巡抚四川。张献忠率了大队由夔州攻陷了重庆，瑞王常浩、巡抚陈士奇、重庆府知府王行俭、巴县知县壬锡、指挥顾景等一齐骂贼身死。当张献忠杀害瑞王的时候，天无云而雷，张献忠大怒，传令叫军士架起大炮，朝天开放。炮声过处，雷声顿止。瑞王被杀后，万目共睹，人人都看见他乘着一缕白气，冉冉升天而没。

张献忠陷了重庆，下令屠城三日，然后再督人马，水陆并进，直扑成都省城。新任巡抚龙文光急忙率了总兵刘佳胤、刘镇藩等，连夜由顺庆奔救成都，与张献忠背城大战。终以众寡不敌，以致连战大败，官兵死亡过半，文光等退入成都，率众死守。张献忠在城外分布人马，百道猛攻，用大炮击崩了锦江楼，总兵张奏凯拒战身死，大队人马蜂拥杀了进来，成都立时失守，蜀王至澍、蜀世子平木鼎先后投井身死，巡抚龙文光、巡按刘之勃、按察使张继孟、成都府推官刘士斗、成都县知县吴继善、华阳县知县沈云祚、总兵官刘佳胤、刘镇藩、原任湖南巡抚李乾德、太常寺卿黄伸、户科给事中吴宇英、仁寿知县顾绳诒、资阳知县贺应选等，一个个抗节被杀，内中只有成都县的吴继善，据私家记载，往往说他当张献忠破城之日，他便左手执印，右手携了一个爱妾，向街前首先迎降，张献忠遂拜他为礼部尚书，后来不知犯了何罪，又被张献忠所杀。这段事，煞费苦心才把它调查出来，知道那吴继善的的确确未曾投降，当张献忠杀了一班文武后，羡慕他是江南的才子，再三劝他投降，许他做礼部尚书，继善执意不从，张献忠又叫他代草登基诏，他遂借着这篇文章，把张献忠大骂特骂，内中所引的都是赤眉、黄巾等故事，张献忠大怒，立刻把他杀死。这段事，那彭遵泗所著的《蜀碧》及娄东无名氏所著的《研堂见闻杂记》都曾记载明确，作者叙事至此，焉能不替他表白表白？还有蜀府太平王至渌，也随着蜀王投井身死，监纪同知方尧相，被张献忠拿住，劝他投降，尧相大骂不屈，张献忠大怒，叫把他绑赴江边斩首，尧相口占绝命诗一首曰：

时危节见古今同，取义成仁且尽忠。

江水茫茫频借力，此身飘荡赴团风。

吟毕，被杀于万里桥侧。张献忠入了成都，建国号曰大西，改元大顺，以蜀王府为西王府，设立五府、六部各衙门，以军师汪兆龄为东阁大学士，严锡命为文华殿大学士，以武将孙可望为平南监军，刘文秀为平南先锋，李定国为前军都督，艾能奇为定南将军。正在赏功赐爵、大开筵宴之时，忽报李自成由武昌遣人到来，呈上了书信，张献忠立命汪兆龄把来书念了一遍，念毕之后，张献忠向人说道："老李向来与咱老子意见相左，今日他的江山丢了，又想来寻咱老子帮忙，咱老子初到这里，也没有功夫管他这些闲事。你们给他个回信，打发来人回去吧。"

这里张献忠自到成都之后，别的事一概不管，只是分兵四出，屠杀四川的人民，不上一年光景，便把那一班文武及士、庶、军、民、男、女杀死的真正数不胜计。总计先后抗节死难的官员文武，有兵备副使陈其赤、兵备佥事张孔教、长史郑安民、崇庆知州王励精、郫县主簿赵嘉炜、郎中刁化神、荣县知县秦民汤、蒲田知县朱蕴罗、兴文知县艾吾鼎、南部知县郑梦眉、剑州知州单文彬、御史朱奉金伊、员外李含乙、按察使庄祖诰、主事蔡如蕙、指挥同知鲁印昌、罗大爵、阮士奇、参将徐明蛟、都司李之珍、顺天府治中庄祖诏、东流知县乾日贞、大理寺正王秉乾、宣化同知王履亨、知县张于廉、上南兵备道胡恒、副使窦可进、知县徐孔徒、天全六番招讨使杨之明、御史李完、指挥王春、教谕姚思孝等，不可胜计。

再说张献忠正在四川杀得兴高采烈之时，不防那清廷派了肃亲王豪格督率满汉八旗大兵，由陕西杀入四川，张献忠大惊，连忙亲率人马与清兵大战于阳平关，被清兵把他一战杀败。张献忠退回成都，尽倾部下精兵，与豪格大大地厮杀了几场，到底又被豪格把他杀得抛盔弃甲，一直追到西充县境。张献忠复收回合余众与豪格亲手交锋，被豪格在阵前把他一箭射死，然后分兵剿杀，把他的遗孽铲除得干干净净，只剩下孙可望、李定国、艾能奇三人，先后逃了出去。后来艾能奇投降了明朝永历帝，封延安王；定国亦归永历帝，封晋王，可望独降了清朝，封义王。这些都是后话。

张献忠既被豪格射死，那西充县埋尸之处，坟上毒草丛生，恶木参天，乡人误踏着他坟边的一草一石，足上定要发生个极大的恶疽，每值日落时候，常见一只大虫往来坟上，可见那凶厉之气。数百年后余毒尚不能尽，真是令人可怕也哉！

听说成都东门外十里原有一座镇江桥，桥畔有一座回澜塔，当初本是蜀汉诸葛武侯所建的，到了万历年间，四川布政使余一龙又将此塔重加修理，伟壮倍于当年；张献忠因为听了谣言，要向那塔中盗取武侯兵书，于是派了兵民把回澜塔完全拆毁。谁知费了一场工夫，内中无一所得，只取出小碑一方，上面镌着五言八句曰：

修塔余一龙，拆塔张献忠，岁逢甲乙丙，此地血流红。妖运终川北，逆氛播蜀东，吹箫不用竹，一箭贯当胸。

张献忠不解所谓，遂也不再搜求。过了不多时候，就被肃亲王豪格一箭射中他的心窝，后人才解开那"箫"字不用竹头，是个肃亲王的"肃"字，于是人人佩服孔明的神术，这宗事，蜀人至今传为佳话，作者随侍在川时，亦曾亲见回澜塔的遗址，可见天下事一兴一废，莫非前定的了。

再说那阿济格自从奉了清廷旨意，由陕西入湖北，兵分水陆两路，沿途旌旗蔽野，鼓角喧天，浩浩荡荡，长驱杀向武昌而来。此时清兵锐气正盛，风声所至，沿途郡县望风纳款；至于一班守关将帅，更是不战而走。兵不停留，直达汉阳，真个是"气蒸云梦泽，波撼岳阳城"。

警报传到了武昌，李自成大惊，立刻召见文武商议战守之策，忽报前次遣去成都送信之人由张献忠处回来，呈上了回书，李自成看毕，知道援兵无望，登时焦急起来。维时班中闪出秦王李过、襄南侯李守正、紫阳侯马维兴、武功伯周凤梧等上前奏道："水来土掩，兵来将敌。事到如今，除却拼命一战，别无良法了。某等受陛下知遇之恩，情愿与清兵大战一场，舍命以报朝廷！"李自成道："朕忍无可忍，让无可让，诸卿都能舍命报国，朕亦作个孤注一掷吧！"于是即刻传旨，叫他们四人分率水陆大兵前去迎战，一面又令李守义、李自明等督率兵民，分守武昌省城。

李过等奉了旨意，立刻点起马步大兵，并调集了水师战舰，一齐由武昌出发。大兵到了汉阳府，便与清兵先锋拜叭托的人马相遇。此时那李守正、周凤梧二人督率了水师驻扎夏口一带，李过同马维兴就在汉阳城外与清兵大战起来。李、马二将奋勇冲锋，一阵杀败了拜叭托。

　　到了次日，阿济格遂亲统满汉大兵杀到来了，看见前锋被顺兵杀败，他便下令，把骑兵调上前去冲锋，步兵随后出发，鸣金击鼓，百道并进。阿济格亲舞大刀首先陷阵，部将一拥上前，一时铳炮齐发，喊杀连天，来势十分凶猛。李过与马维兴大呼陷阵，所向披靡，刀枪过处，满将纷纷落马。阿济格看见他二人英勇异常，又向后方调来生力兵马，轮番进战。顺兵因众寡不敌，节节败退下来，各营人马死伤甚众。李过大忿，同维兴率了一支人马，直向阿济格的中军猛攻了上来，阿济格大惊，急忙飞调满兵把他二人层层围住。维兴大怒，手斩满将麻特林，与李过奋勇杀开一条血路，直向东南一带退了下去。

　　正行之间，只见前面的尘头又起，乃是李自成遣来的高立功、刘宗敏二人率了大兵前来援应。李过等看见援兵到来，急忙勒转马头来与清兵苦战。不防这时候那沿江一带的炮声又起，一片喊杀之声，连天动地，原来是双方的水师又在江中大战起来。不上半个时辰，顺兵的水陆两路一齐都被清兵杀败，李过等率了败兵连夜奔回武昌。李自成大惊，急忙传旨，把他们调回城中分门固守，又令周凤梧等各率兵舰退守鹦鹉洲。

　　清兵长驱而来，直扑武昌城下，李自成与诸文武尽督城中兵民昼夜死守。每日炮火横飞，矢石如雨，一连猛攻了半月，清兵在城外用地雷把城垣轰开了三十余丈，大兵一拥入城，武昌失守。李自成悲愤交集，率了一班文武在街前舍命格斗，李自明、李达、刘宗敏等一齐血战身死！

　　李自成看见大势已去，遂回到宫中，令李过护着皇后高氏先行出走，随手把那些妃嫔一齐杀死，然后率了宋献策、李守义等十余个文武及禁卫兵三千名，从那乱军之中一直杀出城来，向湖南一带逃奔去了。

　　这时顺兵的水师亦大败于鹦鹉洲，周凤梧力战阵亡，李守正闻知李自成出走，也把所部的战舰抛弃，只身逃了出来。这时候因为榆林失守，高一功误听了反间之言，刺杀王良智于演武厅，亦只身逃奔到此，遂一齐追寻李自成去了。

第三十八回

九宫山清兵剿余烬　玄帝庙李自成省悟

李自成连战大败，失守了武昌，于永昌二年夏四月由楚入湘，意欲窥取长沙，再与清兵抵抗。不料他的败兵刚才到了通城县境，那阿济格也率了人马星夜赶到。李自成怒不可遏，就在一座荒山底下安营下寨，检点所部的残兵，通共不上五千人马，又皆人无衣甲，马少鞍装，实在不堪再战，一时急得上天无路，入地无门，便长叹了一声，向随从的文武挥泪说道："朕与诸卿同起草泽间，十年辛苦，方才挣得这个天下，总想国祚绵长，大家同享富贵；岂知天命不佑，转眼之间又到了这步田地。朕死不足恨，只可惜我汉人的一座锦绣江山，白白送与胡人之手，叫朕死了，不惟无颜去见汉人的历代帝王，就是连那亡国的崇祯也对不起了！"

众人闻言，一个个流涕唏嘘，束手无策。宋献策道："陛下圣虑周详，所言极是。但天命有在，也非人力所能挽回了！"

君臣数人正在着急之时，忽闻四面金鼓齐鸣，一片人喊马嘶之声，入报清兵已经追杀到了。李自成投袂而起道："罢罢罢！朕今日就死于此地了！"李过道："不战而死，非丈夫也！臣等都愿死在阵前，个人拼出一条命来，也要杀他个十倍的收成！"说时，便同李守义、李守正、马维兴、高立功、高一功、郝永忠、李通、李达，贺珍等各率了随身士卒，一齐奔下山来，分头与清兵接战去了。

霎时间金鼓连天，喊声震地。李自成急同宋献策、李来亨二人登高遥望，只见那清兵铺天盖地，分三路与顺兵苦战。杀声过处，忽见清兵的旗号纷纷都向东北一带飞奔了下去。不到片刻工夫，忽然杀声又起，顺兵的旗帜又向西南一带斜飞下去。这时喊杀之声渐高，山岳都响应起来。突见顺兵的旗帜变成一条长蛇形势，直冲清兵中军，清兵阵里一声

第三十八回　九宫山清兵剿余烬　玄帝庙李自成省悟

喊起，犹如翻波迭浪，登时鼎沸起来。又闻鼓声咚咚，尘头高起，忽见步马奔腾，如铜墙铁壁，分两翼杀奔而来霎时间便把顺兵困在垓心，但闻金戈铁马，铳炮喧天！

忽见那顺兵的旗帜一片纷纷，都向西北飞奔下来，李自成顿足道："我军败矣！"话未说完，那清兵早如排山倒海，一直压杀上来，直杀得顺兵尸横遍野，血流成河。李达身带重伤，力战而死；李过、李守义、李守正、马维兴、高立功、高一功、郝永忠、李通、贺珍等一齐弃了所部人马，飞奔上山，簇拥着李自成翻山越岭，落荒而走。

阿济格亲督人马分道入山来捉李自成，尽获顺兵的军器、马匹、辎重、粮秣。李自成同那些文武由深林中舍命逃走，一直窜入九宫山，方才向一片山坡之下暂时歇息，检点随从的不上二百骑人马，至于那些粮米、军需之物，一概都遗失净尽。大家露坐在山石之上，鸠形鹄面，狼狈不堪言状。李自成仰天大痛，随从文武人人涕泗横流，不可仰视。李自成连声叹息，向众人道："大势去矣！我君臣不可同归于尽，趁敌兵尚未寻到这里，大家可以趁早分手，各逃性命了。愿意投降的，即可快快出去投降；不愿投降的，赶紧易名改姓，各向天南海北逃生去吧！"一面又向李过说道："朕半生横行天下，既不能化家为国，反落了个灭祀覆宗，朕实成了李氏的罪人。现在李鸿基已死，我高、曾两世而下的血胤，惟朕与汝父子二人及通侄在耳。朕今遭此败亡，将来不知窜死于何方，汝叔侄三人断不可妄自轻生，致吾祖吾宗抱若敖氏之痛于九泉也。汝等可急速下山，去向清兵投降，但能改姓易名，诚心归顺，必能保全性命，以延我李氏一脉血胤了。"李过闻言大哭道："陛下所言固是，但我们汗马功劳闹了这么一场，白白地把个锦绣江山送与满洲，今再低首降心去向仇人屈膝，臣虽不才，实无颜面去见汉族人民！陛下既以宗祧为重，则臣情愿潜往江南各省，号召义官，或归命明朝诸王，再向满清寻个报仇雪恨之策。倘必欲使臣屈膝于异族，则臣就请死于圣驾之前，决难奉诏也！"李自成道："士各有志，朕亦不便相强，随尔去吧！"李过又叩首奏道："陛下一身关系至重，臣实不敢妄言。但臣自幼蒙婶母皇后抚育之恩，得以成立，当此国破家亡之际，臣愿奉侍皇后去逃性命。"

李自成道："这也罢了！"于是遂命李过、李通、李来亨及贺珍、郝永忠等五个人护着高氏，由山僻小路飞奔逃走去了。

李过等去后，李自成又举目一望，把马维兴唤到面前，挥泪说道："朕与卿总角游侠之交，在万马营中出生入死者十有余年，虽属异姓，不啻骨肉之亲，今日到了分手之时了。卿又别无兄弟，不可擅自轻生，致蹈不孝之罪，可即遵朕良言，快快向清军投降去吧。事定之后，速回故乡可也！"

马维兴顿首道："秦王不肯降仇，臣虽不才，宁不畏我银州男儿齿冷耶？今陛下圣谕谆谆，以大义责臣，臣心非木石，安得不以宗祧为重？乞陛下赦臣之罪，就此叩别圣驾，苟得当以报陛下，及恢复大汉疆土者，虽斧钺在前，无所顾也！"言毕，涕泣再拜而去。

马维兴离了九宫山，转徙流亡，不肯投降清朝，后来竟逃往川滇一带，投在孙可望部下，天天劝孙可望整兵经武，联络唐、桂诸王以与满清抗衡。孙可望不能听从，后来可望竟投降了清朝，并压迫着马维兴随他归顺。维兴心虽不愿，而那时候天下渐次已定，审时度势，亦万不能再作恢复之望了，于是忍气吞声，受了清廷的官职，由偏裨擢升福建兴化总兵官加都督同知。到了康熙年间，清廷以覃恩偏给各将帅三代封典，独马维兴迟迟半载不肯奏上祖父名讳。朝旨再三诘问，马维兴慨然流涕道："吾不幸失身异族矣。吾父吾母故大明大顺遗民，怎便受异族封赠，抱隐痛于地下耶？"于是托了一片空言，说他自幼被盗贼所掳。实不知父何名，母何氏，不敢妄撰，以欺朝廷等语，这段事，陈其元《庸闲笔记》中曾大略叙及，但不甚详细罢了。后来三藩变起，马维兴首先反正，率了所部人马直出仙霞关，与清兵几次大战，后来因为耿精忠复降清朝，维兴遂只身逃去，不知所终。

再说李自成见维兴去了，回头又向高一功道："汝也去吧。"一功叩首道："臣受恩深重，情愿逃走出去，号召天下义兵以报陛下。"言毕挥泪而别。后来一功投降了桂王，封郧国公，改名高必政，与清兵屡次大战，到底不肯投降清朝。及桂王死后，他遂不知所终。

再说李自成打发了诸将之后，正在歇息之时，忽听得山下喊声大震，清兵已经摇旗击鼓，分道搜杀上来。宋献策见事急了，蓦地立起身来，大声道："死生之际，不容发，陛下还不快走！"说时，便同李迪、高立功三人拥着李自成，一齐向那荒林茂草之中，由小道逃窜去了。

此时清兵已经杀上山来，阿济格下令，叫军士放火烧山。霎时间烈焰冲天，烟雾弥漫，山前山后一片通红。李守义、李守正二人率了残兵三十余骑冲出烈焰，落荒而走，路上又遇着清兵，双方恶战了一场，二人身带重伤，直向那蚕丛鸟道间舍命逃走出去。刚才离开了清兵，奔走不上十五六里远近，不防迎头又来了一伙乡民，人人手执锄镢，蜂拥上前，把他们二人困在核心。

此时李守义等所余不上十骑人马，看见前后都是清兵，一时不敢同那些乡民翻脸，便跳下马来，重重的许给他们金帛，求他们寻个藏身之地。岂知那些乡民越混越多，顷刻聚集了三百多人，看见李守义等衣锦腰玉，身边又佩着金印，那李守正左眼角边也是受过伤的，于是异口同声，都把他认做是李自成，要把他砍死，去向清兵营里讨赏。登时一倡百和，锄镢交加，马上就把他们一行十余人全行砍杀，又把他们的衣服行李瓜分净尽了，方才派了几个人向阿济格军前报告请赏。

阿济格闻知这个消息心中大为诧异，急忙派了两员降将能识李自成的人前往验看。岂知其时正值炎暑天气，隔了两日，尸体业已溃烂，那两个人实在无法辨认。但是明知满洲将士都想急于成功，不敢把话说成假的，致犯众恶，因此便向阿济格回报，说乡民砍死的确系李自成及伪襄南侯李守正二人。阿济格大喜，马上重赏了一班乡民，立刻飞章入奏，报告元凶就戮，大功已蒇，伪顺遗孽完全扫除净尽。又把在阵前擒获的文武数人捏称是伪赵侯李守义、襄南侯李守正及军师宋献策等，一面奏报，一面就在军前正法。这些手段，当时都因为邀功之故，所以才故意谎报，其实宋献策早已同李自成逃走，李守正、李守义二人实被乡民砍死，何曾是他们拿获正法的？这种捏报，乃是官兵的常技，也无足深怪了。

清廷接到了捷报，立刻降旨，叫阿济格班师回朝，然后休兵养马，再来收拾明朝的剩水残山，请听下文叙述。

此时单说那李自成在九宫山，同宋献策、高立功、李迪等君臣四人，一同爬山越岭，栖身岩穴之中，渴饮山泉，饥食野果，一直待清兵退尽后，方才悄悄出来，由山僻小道间东旋西绕，急欲觅个藏身之所。岂知兵燹之后，山上一片古木参天整整地跋涉了两天，尚未寻出一个栖身之处。一直到了第三天下午，那所走的山势越发险恶，李自成饥渴交迫；精力疲倦，着实支持不住了，便同宋献策等席地而坐，命高立功、李迪二人向那深林中去采些野果前来充饥，宋献策又亲向山岩下取了一盂清泉，奉与李自成饮了。歇息片刻，那天色已经不早，一轮红日渐渐地向西落了下去，李自成心里十分着急，只得同宋献策等起身再走。

　　刚刚穿过一重老林，转过两个山湾，突见前面树林中隐隐地露出一个鸱吻来，李自成道："好了，这不是一座庙宇吗？"众人一见大喜，连忙赶到前面，果然是一座很大的寺院。李自成同众人入了寺门，举目一看，但见殿宇颓斜，丹青剥落，殿前古木凋萧，墙内墙外一概都是茂林丰草，望而知是个久绝人迹的所在了。

　　李自成入了正殿，仔细端详，只见那殿上正中塑着一尊八尺多高的神像，披衮戴旒，庄严如王者，前面供着一个金字青地的大牌位，上题"玄天大帝之神位"七个大字。李自成看毕，就在神前倒身下拜；拜了起来，又同众人转入殿后，一层一层地看到禅房内院。只见那楼上楼下满贮着经卷、书籍，旁边又有仓室九间，内中所存的各色谷豆，多半均已霉变，尚有两仓还可以食用的。李自成看罢大喜。又见那灶下的器具均各全备，才知道这座寺院原来本有僧人的，因为自己同张献忠等，闹得他们都风流云散，丢下这些东西，今日反凑了他的危急，看来这也是天不绝人的意思了。

　　李自成回到殿前，急命高、李二人去取了些米粮，汲水炊饭，大家草草吃了一顿，便命他们向那大殿西壁之下展开行李，随便安歇。到了初更时候，李自成刚刚合着了眼，便看见一个青衣侍者前来请他，口称："大帝有旨，宣李自成速来见驾。"李自成心中诧异，便随了那人来到一个地方，但见殿阁连云，两旁排列着无数仙官，中间坐着一位尊神，衮冕辉煌，相貌十分庄重。李自成见了，急忙趋上丹墀，跪拜俯伏，忽闻殿上那位尊神大声说道："李自成，汝本以破军星奉了上帝玉旨，应劫下凡；今大劫已过，天下回合该太平了。从此以后，世界上无尔立足之地，还不及早省悟，更待何时？"说毕，用手将案上一拍，喝声："去吧！"李自成从梦中惊醒，骇出了一身冷汗，连忙披衣起坐，看了一看那宋献策等，都鼻息如雷，深入睡乡去了。

　　李自成立起身来，慢慢地踱出檐前，举头四顾，但见月明如昼，万籁无声，凉风徐来，彻骨冰清，把那一腔奋气及平日称王好霸之心顿觉消灭了好些，不禁连连点头，对月长叹。想起方才梦中的景况及自己半生戎马，杀伤了多少生命，转眼之间又到了这步田地，可见从古至今，那些帝王英雄也不过都是泡影昙花，流光逝水而已。思前想后，更觉得一尘不染，万念皆空，渐渐地就觉悟起来了。

于是仍旧回到殿中，将宋献策唤了起来，把梦中所见的情形从头至尾详细告诉了他一遍。献策道："臣早知王气盛于关东，今日神明告诫，不可再与天争了。但世上既无立足之地，只可遁入空门，一心皈佛，或可解除一切魔障。"李自成点头称是。

于是君臣二人商议定了，又将李迪、高立功一齐唤醒，把这番言语统统告诉了他们。高、李二人也都愿意出家，于是君臣四人一齐向神前削去了尘根，从此以后，就在这座山上自耕自食，脱离了尘世，李自成自号奉天玉和尚，宋献策改名超然和尚，高立功改名野拂，李迪改名野禅，这四人果然是放下屠刀，立地成佛。

李自成自从削发之后，他便洗心涤虑，把从前的事一概置诸度外，每日与宋献策讲经诵佛，旁涉经史百家、古诗文辞等类。他本来是个绝顶聪明的人，不上半年功夫，渐渐地都入了门径，连天生的勇悍气质都化尽了。

有一天晚上，李自成独自一人到正殿前礼佛念经毕，就向地下的一个蒲团上屏息静坐。刚觉入定时候，忽闻那大殿檐角上微微地响了一声。李自成睁开眼来，意欲出去观看之时，瞥见一个美女腰边插着两口利刀，由殿门外踊身而入，急如飞隼。李自成大惊，从蒲团上一跃而起，飞身耸上神案，手提禅杖，正待上前对敌之时，忽见那个美女不慌不忙，朝着他倒身下拜，口称："万岁，臣妾不能早来护驾，罪该万死！"李自成定睛一看，原来这个美女不是别人，正是那李岩之妻邢氏红娘也！

且说这红娘如何得知这个地方？原来她自从李岩被杀之后，因为夫妇情深，立志要与丈夫复仇，遂暗地里逃了出去。听得人说终南山中有一位剑客，可以于百里之外飞剑取人首级，因此她便潜身去向山中拜访。一日在松林中遇见一个道人，年纪约有五十上下，虬髯剑眉，气象英侠，抬头望见了红娘，厉声道："看汝的身手并非毫无能力者，何以大仇未报，便跑到世外来了？"红娘知道他不是个常人，立刻裣衽下拜，口称："师父，弟子叩访多时了！"一面便把李岩被害及自己复仇之心，从头至尾述了一遍。道人曰："吾复姓司空，名图南，生性好管天下不平之事；汝既抱此奇冤，立志复仇，便算吾门弟子吧！"说毕，就把红娘引到一处茅庵中。先有道童两人，一男一女，男名昆仑，女名智珠，庵左石岩高约十丈，岩下有清泉一泓，那童子携瓶取水，耸身上下，捷如飞鸟，红娘心中大异。自到庵中，每日不许食谷，只食红枣七枚，清水一瓯。过了七天，道人又给她服了红丸一粒，服后觉得周身的骨节轧轧有声，从这日起，道人便教以运气之法。到了四十九天之后，自觉身轻似燕，试向石岩下取水，便也上下飞跃，毫不费力；又向院前试举两个大石墩，亦觉轻如弹丸。以后道人又授以短剑一柄，教以刺击之法，久之心神目光与剑合一，所用之剑逐渐缩小，最后竟细如柳叶，柔能绕指，到了百日后，便随心运动，无不如意，百里之内逐虎豹，斩猿猱，易如反掌。道人向她问道："汝技已成，可以下山复仇矣。八十年后，吾道将大行，汝须谨慎，切莫误传匪人，切要切要！"红娘拜别了道人，正好寻到此处。

李自成一见红娘，不觉凄然流泪，弃杖于地，叹息道："李岩一片赤心，是我误听谗言，屈杀他了！一今日你独自一人，寻到这个人迹不到之处，想必要替乃夫复仇了罢，冤冤相报，这也是因果循环，就此任尔所为吧！"

红娘哭道："先夫与陛下患难君臣，情深谊笃。杀先夫者牛金星也，原非陛下之意，臣妾焉敢怨及君父？"

李自成道："既不怨我，来此何为？"

红娘道："自先夫被杀之后，臣妾逃难回到中州，日夜筹思报复之策。时当戎马仓皇之际，臣妾以娉婷弱质，技艺未精，不敢轻于一试；后在终南山得遇吾师司空图南，授予轻身刺击之术，三月而成末技。伊时欲往陕西去取仇人之首，忽闻陛下由秦入楚，王师再败于通城，又闻圣驾已经遇难。臣妾始终不敢深信，因此昼伏夜行，特来查访，不想今日在这个地方得见陛下也。"

李自成道："种瓜得瓜，种豆得豆，冤冤相报，无有已时。尔夫虽然枉死，但过去生中安知与那牛金星没有一场公案？怨仇已了，尔又何必再结来生不解之冤？况自我兵出了西安，那牛金星尚不知生死存亡，尔今又从何处去寻他复仇？徒自苦耳。"

红娘道："陛下的圣谕理回合遵从，但臣妾与逆贼誓不两立。闻清兵入西安后，牛金星从狱中递降书与清帅，清帅遂把他放了出来，收在帐下，这时候想必仍在西安。臣妾志意已决，就此拜别陛下了。"言毕，踊身一跳，仍旧飞檐掠壁而去。李自成十分诧异，嗟呀不已。

这红娘自从别了李自成，由九宫山出了通城县境，晓行夜宿，一直向陕西而来。一日到了西安，她便换了一身男子装束，栖身一个小店之中，慢慢探访那牛金星的所在。谁知一连访了几天，连一个影儿都没有了。红娘万分焦急，到处出去打听，后来才知道牛金星投降了满清之后，不上两月光景，因同清帅意见不合，趁空又偷跑了出来，不知向哪里去了。红娘无可奈何。因想他是河南卢氏县人氏，只得姑且向河南去寻访一遭，因此又从陕西折回河南，在卢氏县查访了几天，亦无他的踪迹。

后来东行西找，有一天宿在南阳府的一个贫民家中，看见那主人夫妇两口都哭得两目红肿，连饭也不吃。红娘便问他们为什么事这样伤心，只见那老翁连连摇手，叹了一口气道："说也无益，又要招出祸来。"红娘道："言出翁口，入于吾耳，何祸之有？"老翁叹道："客人，你来的时候，看见那东北角上的那一所大宅子没有？"红娘道："看见了，怎么？"老翁哭道："那屋子的主人，这里都称他为贾大官人，也不知他是个什么出身，是去年秋间新来住下的。这个贾大官人的为人，是非常厉害，非常富豪，在外面私通了绿林土寇，内里又联络了城中的文武，因此便恃强凌弱，专以大利盘剥及奸淫霸产为事，这城中的好房子、好妇女，不知被他霸去了多少。我从前本是一个做小生意的，膝下有两个儿子，大的已经娶过了媳妇，十七岁上就死了，遗下一个媳妇，倒也知道安分守节，孝顺我们老两口儿；谁知后来被他把媳妇看上了眼，暗中托人把媳妇煽惑变了，就要去与他为妾。我夫妇二人不允，那姓贾的又用威逼，硬把媳妇娶了去；还不遂心，目下又要侵占我这几间破屋了。看来我这条老命是活不成的了！"一头说，一头痛哭起来。

红娘听了怒道："他究竟是个什么东西，也敢这样厉害？"老翁连忙摇手道："郎君差矣！世事到了末年，就该这些牛鬼蛇神出头了。你看但凡是个读书安分的正派人，哪一个不销声匿迹的？就从这南阳城中说起，凡是从前不上台面的东西，目下都飞上高枝儿了。你听了我家一宗事，就这样生气，还不知道那东街首的赵家，南大街的钱家，西巷子的孙家，北门口的李家，也有被他用大利盘剥，把生意家产破坏了的，也有田地房屋被他强占完了的，一个个都弄得家破人亡，忍气吞声地受了下去。甚至他的朋友亲戚都狐假虎威，无恶不作，不是霸占良家妇女，便是鱼肉左右乡民，这些事真是习以为常了。"

红娘尚未听完，那无名火早已直冲上来，大声说道："光天化日之下，竟有这些魑魅魍魉如此横行！万岁爷同八大王十载战争，杀人如麻，还没把这些坏种杀完吗？"老翁闻言叹道："郎君，你不要信口胡言，什么万岁爷，是谁？"红娘自知失言，连忙改口笑道："可是我气得昏了，只盼当今皇帝早点把这个东西诛灭了，好替此方除害。"老翁又摇手道："说不得了，小心惹出祸来！"

红娘乘势说了几句闲话，回到屋里越想越不受用，独自拿了主意，要替南阳府的人诛灭这个蟊贼，免得把这些东西留在世上，伤风败俗，流毒更无穷了。因此她便不露声色，暗暗地到了三更人静时候，独自起来，把浑身上下结束得妥妥帖帖的，腰边插了两柄利刀走出院来，踊身耸上了屋檐，一直向东北角上那座大宅子飞奔前去。

刚才到了那里，低首下视，但见那宅子里里外外有好几层楼房。后院一间小房里灯光明灭，似乎有人未睡的样子；正中大院的正房中，则烛影辉煌，微闻调笑之声，隐约不可辨识。红娘端详了一会儿，便飞身一跃，落在那正房的窗前。悄悄走上前去，由纸缝中向内一觑，只见那屋里陈设华美，绣榻边坐着一个三十多岁的丽人，生得冰肌玉肤，窈窕如仙，却在那里低头垂泪。红娘看见她十分相熟，一时却又想不起来；再看地下，又背坐着一个男人，衣冠整齐，也不知道有多大年纪。紧靠着男人又坐着一个十八九岁的美人，却是浓妆艳抹，谈笑自若。红娘看了，心中纳闷不已。

正在胡思乱想之时，忽见那个男人猛然回转头来，冷笑道："你说我无情，就算无情罢，这也没有什么不起的！"红娘定睛一看，原来这个男人不是别人，正那上天入地求之不得的仇人牛金星也！

红娘不见则已，一见了，登时气得柳眉倒竖，杏眼圆睁，骂了一声"老贼"，举臂一挥，窗户开处，早已飞奔进去。牛金星大骇，急忙跳了起来，夺门便跑。红娘腾起腿来，用那三寸莲钩，把他左胁边踢了一足，登时把他踢倒在地，随即飞身上前，用左手抓住他的发根，右手抽出短刀，在灯光下晃了一晃，喝声："万死老贼，你也有今日了！"牛金星已经认得清楚，登时骇得浑身乱战，口称："夫人饶命！尊夫之死，原出自朝廷意旨，与下官无干。"话未说完，红娘已经用刀一抹，登时鲜血四溅，一命呜呼了。

红娘割下了首级，立起身来。只见那两个妇人都骇得战战兢兢，哭做一堆。红娘把她们拖了起来，仔细一看，那个中年妇人不是别人，正是上回书中所叙的明珠也。红娘一见了她，不觉恻然心动，细细地盘问了一番，才知道牛金星近来的新宠愈多，把明珠直当作土芥一般看待。适才所见，正是他们二人反目争吵的时候。又问那个艳妆美人，也知道是他霸占了来的。

红娘想了一想，便向明珠道："姐姐，我们二人也算得患难姊妹了。这个老贼既然这样负心，也算得恩爱断绝，没有什么可以顾虑。目下老贼已死，姐姐这个柔弱之身，该向哪里着落才好？倒不如随了我去，寻个世外桃源吧！"明珠哭道："吾伶仃弱质，焉能耐跋涉之苦？同行反为妹累。"红娘道："这个无妨。"遂把明珠负在她的背上，一手握刀，一手提了牛金星的首级，仍旧飞上檐角，腾空而去。后来有人说红娘同明珠二人一同遁入空门的，有说她们二人都成了剑仙，那雍正年间的一班侠客还是她两人的弟子呢，做书的人再三稽考，总不能得其实据，因此也不敢下个断语。后人有诗叹曰：

钗影缤纷剑影斜，漫将弱质认仙葩；

芳迹觅遍梁园土，壮志长怀博浪沙。

秋水一泓波化碧，春山双锁恨弥除；

从今跳脱尘凡境，遥指仙山是姜家。

原来那牛金星当初被李自成将他拿交刑政府审讯之后，部议将他定了一个斩监候秋后处决的罪案。谁知过了几天，清兵便杀到西安，李自成弃城出走，因此他遂漏网来，降在阿济格军前。后来又同清帅意见相反，又偷跑出来，回到河南，改姓名为贾朗斋，暗中勾结了一伙土寇，在外面劫赃分肥，内里寅缘了当道文武，在南阳府城中横行霸道，无恶不作。今日不幸遇着了红娘，竟身首异处，死于锋刃之下，可见那奸险横逆之徒，平时虽然霸道，到了罪恶贯盈之时，终究也是逃不了天诛的，不过落得个遗臭万年罢了！

第三十九回

明大义赤心争汉统　拒清兵来亨死通梁

　　李过父子及李通、贺珍、郝永忠等，自从九宫山别了李自成后，众人遂共推李过为主，奉了李自成的皇后高氏，由湖北到了安徽。李过因怕走漏了风声，遂更名曰李锦，意欲向金陵去归命弘光帝，再图恢复大汉疆土。不料这时候清兵已经入了江苏，攻陷扬州，长驱直入，南京失守，弘光帝弃国出走，江苏全省尽失。李锦闻知这个消息，心里异常烦闷，因此遂在湖广一带聚集了顺兵的残部及各处绿林之众，以图相机举事。

　　原来那明朝自从崇祯帝殉国之后，噩耗到了江苏，于是南京兵部尚书史可法、凤阳总督马士英、诚意伯刘孔昭等，遂奉了福王由崧监国于南京，崇祯十七年五月即位，改明年为弘光元年，设四镇总兵官，封黄得功为靖南侯，高杰为兴平伯，刘泽清为东平伯，刘良佐为广昌伯，各督大兵，分镇淮安、徐州、扬州、滁州、凤阳、泗州、庐州、六安等处。又封左良玉为宁南侯，总督水陆大兵，镇守武昌、汉阳一带。又遣侍郎左懋第、左都督陈宏范、太仆寺少卿马绍愉等赍了金银彩缎，向北京去谢满清报仇灭寇之功，并议割关东之地以为酬品。谁知这三位钦差刚才到了北京，那满官竟毫不讲理，先把所带的物礼如数收去，随手又将三个使臣一齐下在狱中，逼着他们剃发投降；懋第坚执不允，天天在狱中放声大哭，誓以身殉，后来闻知南京失陷的消息，他遂一痛几绝，题诗于壁曰：

　　峡坼巢封归路回，片云南下意如何？

　　寸丹冷魄消难尽，荡作寒烟总不磨。

　　清廷见了此诗，知他毫无降意，遂拿定主意把他杀害了，懋第从容就义，慷慨捐躯。当懋第在狱中的时候，清廷已把他的从官陈用极、王一斌、王廷佐、刘统、刘良佐等一齐杀害，一面分道出师，大举南征。前锋人马攻破了瓜州，明总兵张天禄、张天福、孔希贵、李成栋、李世春、王之纲等六镇大兵，先后望风归降。清兵由瓜州一直攻陷了扬州，督师大学士史可法及扬州府知府汪民育等力战身死。弘光元年五月，清兵入京口，明总兵郑鸿逵、黄斌卿、黄蜚等率舟师迎战，三镇同时败溃。清兵一鼓攻陷了南京，福王弃国逃走，旋被清兵所杀，江苏全省都入了清人之手。

南朝既亡，于是那福建巡抚张肯堂、巡按吴春枝、礼部尚书黄道周、安南伯郑芝龙等，遂奉了唐王聿键即位于福州，改福州府为天兴府，改明年为隆武元年，整兵经武，图谋恢复明朝的旧业。

这个隆武帝倒还是个英武有为之人，当那崇祯五年，清兵突入畿辅，朝廷诏催各省文武率兵入卫，诏书到了南阳，聿键遂亲自率了人马，入京勤王。可惜那崇祯帝不惟不加奖励，反怪他违背祖制，擅离藩封，将他革去王爵，发往凤阳监禁；一直到了凤阳失陷的时候，方才趁乱逃了出来，流落在闽、粤一带。今日恰遇着南都失守，明统再绝之时，所以那福建文武遂将他迎立起来。这位隆武帝自从即位以来，宵旰勤劳，一意以恢复明朝为己任，一时文臣武将济济彬彬，虽然是个偏安局面，却也还有几分中兴的气象。

此时那李锦等正在安徽湖广一带聚集了许多兵马，闻知隆武改元的消息，遂把所部四十六营一齐点起，奉了高氏，一直去投在湖广总督何腾蛟部下。腾蛟见他诚心归顺，即日表奏隆武帝。隆武帝览奏大悦，马上传旨，令将所部兵马暂交何腾蛟节制，叫李锦即日来京陛见。

李锦遵旨，星夜驰至福京朝见隆武帝，高呼万岁，跪拜俯伏。隆武帝向他正色说道："尔十年助逆，覆我神京，上弑君后，下虐生民，今日幸逃天诛，便当匿名隐姓，窜迹蛮荒，何以又来见朕耶？"

李锦叩首奏道："秦失其鹿，天下之人皆当起而逐之。当先帝末季，奸臣用事，上蔽宸聪，以致朝纲失坠，国事日渐垂危，即罪臣等不敢逆行，天下仍必有出而抗命者。惟满洲异族乘隙而入，窃据我大汉疆土，此实天下臣民所共痛心疾首者也。臣自知罪当万死，所以不避斧钺之诛，束身待罪于陛下之前者，诚欲拼却此身，为大汉驱逐腥膻，恢复旧业，其他非所计也。"

隆武帝闻奏大悦，立刻传旨，叫他平身、赐座，一面向他道："不意鲸鲵之中竟有真正英豪。卿所奏词严义正，所见甚大，朕得此桓桓虎臣，满清不难平也！"当下传旨，封李锦为兴国侯，御赐名曰赤心，授御营前部左都督，挂龙虎将军印，并封其婶母高氏为贞义一品夫人，敕礼部颁给玺书曰：朕念赤心以真正英贤，昔日托身非偶，今乃幡然悔悟，竭奉中兴，虽名臣必待真主，亦赖其有贤叔母而端慈训也。近据湖广督抚连章奏其至诚归戴，业经召见来京，挂印封侯，俟朕驻跸武昌，再行颁赐铁券，复允督抚之请，钦旌母德之贞。尔以善教为慈，曰赤心以遵训为孝，慈孝既萃于尔门，忠义必恒于功业，特赐尔封为贞义一品夫人，给予恩诏，仍着有司建坊，敕文淑赞中兴。朝廷风励万方，尔门流芳百世。皇后闻知，再三嘉叹，赐尔珠冠一顶，表里四端，令闻远被，用显恩纶。尔高氏当时以大义训赤心，俾其一德明良于始终，全恢江省，立复金陵，一统功成，尔子拜爵于奉先殿，尔身受封于坤宁宫，史册昭然，岂不懿欤！尔母子其钦承朕命。

日赤心既受了隆武帝御笔改名，封侯挂印之后，便奉旨仍回湖广，整顿所部人马，汰弱留强，敕隶何腾蛟部下节制调遣；后来随着腾蛟东征西战，所向有功，那明朝的半壁江山却也赖他们撑住了门面。

到了第二年，便是隆武元年，就是满清的顺治三年七月，清廷方才大举征闽。满洲人马由浙西向福建长驱而来，直扑仙霞关，明守将南安伯郑芝龙闻风溃走，隆武帝大惊，连夜亲督大兵，进驻延津。清兵入建宁，陷福州，兵威所至，八闽震惊！隆武帝看见大势已去，连夜弃了人马，单骑出走，刚刚逃至汀州，又被清兵所获，不屈被杀，大学士路振飞、上游巡抚吴闻礼、巡按守关御史郑为虹、延平府知府王士和、礼部尚书曹学俭、忠诚伯周之藩、指挥胡上琛等先后不屈身死。这时候，那兴国侯李赤心正随着何腾蛟驻兵长沙府，闻知汀州的凶信，登时放声大哭，一齐晕倒在地，遂同腾蛟保守湘楚一带，誓与清兵抗衡。

一直到了顺治四年秋，清廷又派了定南王孔友德，督率满汉大兵，前来收复两湖地方。警报到了长沙，登时风声鹤唳，江汉皆惊。腾蛟遂招集了长沙文武，慷慨流涕，勉以大义，然后同赤心及副将黄朝碹、张先壁、刘承荫等尽率各部人马，与清兵大战于洞庭。日赤心身先士卒，奋勇冲锋，清兵三退三进。右军刘承荫之师先溃，清兵趁势杀上，犹如排山倒海，势不可挡，明兵大败而走。腾蛟见势不支，遂弃了长沙，退守武冈。清兵节节进攻，武冈失守，腾蛟只得尽率残兵，退守广西桂林

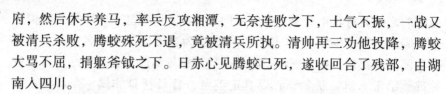

府，然后休兵养马，率兵反攻湘潭，无奈连败之下，士气不振，一战又被清兵杀败，腾蛟殊死不退，竟被清兵所执。清帅再三劝他投降，腾蛟大骂不屈，捐躯斧钺之下。日赤心见腾蛟已死，遂收回合了残部，由湖南入四川。

当福州失陷之时，明朝的帝系再续再断，于是明两广总督丁魁楚、广西巡抚瞿式柜、广东巡按王化澄、广西巡按郑封等又率了一班文武迎立桂王由榔于广东肇庆府，顺治四年十月即位，改元永历。清廷复遣孔友德移兵入粤西，攻陷了桂林府，总督张同敞、巡抚瞿式柜同时并死。永历帝看见清兵势大，急忙率了官眷文武，迁于南宁，令降将李定国、白文选等进兵桂林，恢复广西省城。定国奉命后，遂大破清兵，克复了桂林府，清将孔友德自缢身死。李定国等乘胜进兵，连复永州、衡州、吉安，兵威大震。清廷闻报大惊，改派了敬谨亲王尼堪，督率满汉大兵十万人，星夜入湘，与李定国等大战于衡州城下，李定国奋勇死战，相持了四昼四夜；明兵终以粮秣不继，一战大败下来。李定国大愤，亲自与尼堪短兵格斗，尼堪竟被交枪所中，殁于阵前。李定国一见所部人马死亡殆尽，遂收集残兵，退守武冈。后来清廷又续派平南王尚可喜、靖南王耿仲明及满洲将军朱吗哈等分率人马，大举来攻，明兵连战皆败。永历帝知道不能撑持了，遂召回李定国等弃了广西，由四川奔云南。于是那兴国侯李赤心遂尽率所部，投奔在永历帝驾前。永历帝大喜，遂传旨，叫赤心随驾入滇，命他的儿子来亨代领所部，暂驻四川，号召义兵，以防清兵的来路。又加来亨都督同知，充总兵官，留守四川。

来亨奉了旨意，便分部兵将，据守了川东一带，屯田练兵。奉了永历号，以抗清兵。自清朝顺治四年起，一直至十八年，永历帝已经驾崩，四川各地亦渐入满清版图之中，独他所守川东一带，仍旧还是大明的疆土，清兵几次来攻，都被来亨杀得抛盔弃甲，狼狈而奔。清世祖福临大怒，正待遣兵调将大举平之时，岂知出师未捷身先死，川东未平，他的圣驾倒先崩了。

到了清圣祖康熙帝登极后，方才旧事重提，敕下川陕总督李国英，统率了陕西、河南、湖北三省大兵，分道向川东进剿。来亨见清廷大举出师，知道这回不是容易对付的，于是召集了全部将士及大顺的旧将郝永忠、袁宗第、刘体纯、贺珍、刘虎等，挥泪说道："我等都受了大明皇帝付托之重，死守川东十有八年。目下满兵大举来攻，论兵论饷皆不足恃，所可恃而无恐者，独此一腔热血耳！人孰不死？大丈夫当死于沙场之上，终不能奴颜婢膝，向异族乞怜也！某意已决，不知诸公以为如何？"众人闻言，个个慷慨流涕，齐声道："愿听将军指挥，大家都拼出一条命，誓必死在这川东一片干净土上！"

来亨大喜，即刻传令，叫大将刘虎率领精兵一万人星夜开拔，前去扼守夔门；又命郝永忠率兵一万人，前往羊耳山扼险固守；又令袁宗第率兵一万人，驻扎茶园坪。三路人马陆续开拔，然后自己率同刘体纯、李通、贺珍等一班将士尽率大兵，驻扎巫山。预备策应各路兵马。

这时清兵的先锋王斌已经率了大队，由楚入川，攻陷了万县，前锋由水陆两路直扑夔州而来。刘虎闻报，急忙点起人马出关迎战。这时清兵锐气正盛，军容十分整齐，双方交锋之后，王斌便指挥将士分道并进，来势异常猛烈。刘虎依险布阵，与清兵抗拒了一日一夜，到了第三天早上，清兵方才把刘虎的前军击败，刘虎大愤，立刻亲自上前，挥刀便与千斌接战。

双方正在鏖斗之时，不防那沿江一带的炮声四起，烟焰弥天，乃是李国英所派的水师已经杀到，一时艨艟战舰，蔽江而至。刘虎大惊，乃是李国英所派的水师已经杀到，一时艨艟战舰，蔽江而至。刘虎大惊，急忙下令收兵，意欲退回城中，固守待援。维时清兵水陆两军一齐奋勇进攻，刘虎大败，一时人马四散，前后照应不来。王斌驱兵大进，一举攻陷了夔州。刘虎率了残兵星夜退奔羊耳山，与郝永忠并力死守。国英尽调大兵进驻夔州，分扼各处隘口，以断来亨的援路。

这时川东一带自从被张献忠屠杀之后，所到之处，人烟稀少，村里为墟，平日田园沃野，一齐都变成了荒林茂草。至于向巫山的那一条大道，更是深谷巉岩，古木参天，久绝人迹的样子。国英度量了一番，看见这个情形，便不敢轻举妄动，孤军深入了。因此遂暂时驻节夔州，一面飞檄陕西的人马星夜入川，以便举进攻；一面又召集了乡民，协同一班兵士，预先伐木开山，纵火将那些老林节节焚烧。

一直到了次年，正是康熙二年正月，国英见道路已开，陕兵亦陆续开到，方才再督各省大兵，由夔州进夺羊耳山；郝永忠等猝不及防，连战败北，被国英占据了羊耳山。清兵乘胜前进，郝永忠、刘虎二人只得各率残部，逃向茶园坪投奔袁宗第去了。国英步步追杀，一直追至七里坝方才扎住人马，待诸将齐集了，然后进攻茶园坪。

第三十九回　明大义赤心争汉统　拒清兵来亨死通梁

　　这茶园坪为重夔一带著名险要之地，山势壁立，道路崎岖，清兵一连五次来攻。都被袁宗第等出奇制胜，杀得抛盔弃甲，大败而逃，先后伤亡了许多兵马。国英大怒，复亲自率了人马，身先士卒，前来夺取隘口。袁宗第、郝永忠、刘虎等分率人马，趁着居高临下之势，与国英短兵奋斗，清兵不能前进，反被宗第等夺去了许多的军器粮草。国英无可奈何，只得引兵倒退了二十里扎下营寨。眼看得劳师糜饷，大兵不能前进，急得他抓耳挠腮，寝食俱废。后来才想出一条计策，又把人马开向前去，大兵鸣金击鼓，在那正面隘口前同袁宗第等更番交战，暗中却遣了楚军，由山僻小道攀藤附葛，裹粮而登，一直抄入寨后，两面人马同时夹攻，方才占据了茶园坪。

　　袁宗第等一班败将先后逃回巫山来见来亨，来亨见三处隘口相继失陷，清兵又长驱而来，势甚凶猛，遂下令，叫刘体纯、贺珍二将各率本部精兵扼住国英的来路，自己尽率诸将及大部人马，连夜由巫山开拔，退守茅麓山。

　　他的人马刚才分布停妥，那清兵已经攻陷了巫山，刘、贺二将一战大败，先后引兵退走。清兵昼夜穷追，一直赶到老木空地方。体纯身带重伤，跃马陷阵而死，贺珍只身逃了出来，连夜奔向茅麓山去报来亨。来亨大惊，急令郝永忠、袁宗第尽率精兵三千人火速下山，与清兵大战于黄草坪。国英亲赴阵前，指挥了三省兵将，四面围攻。郝永忠、袁宗第一连苦战了两日二夜，部下人马死亡殆尽，二人大呼陷阵，同时血战身死。国英大获全胜，率了得胜之师，进围茅麓山。

　　此时来亨在山上看见清兵势大，诸将相继战死，明知事不可为，他遂将那些残兵败将交与李通、贺珍、刘虎等分别带领，扼守住山前的隘口，与清兵交战；自己率了偏将马腾云、拓天保等，驻兵通梁，以便接应前军。贺珍等据住隘口，清兵相持了八天，清兵不能上前，每日炮声隆隆，喊杀连天，双方互有杀伤。

　　国英见茅麓山地势险阻，一时不易攻下，因此便收回人马，就在山下扎住了营垒，一连歇了半月。贺珍等在山上不见清兵的动静，心上十分疑惑，部下的兵士也日渐懈怠起来。

　　有一天早晨忽然大雾弥天，咫尺茫然。国英大喜，立刻点起全军人马，趁着这个空子，偃旗息鼓，蒙雾而登。一时炮声雷震，矢石横飞，三省大兵一齐杀奔了上来。贺珍等大惊，急忙分率人马，拼命上前截堵。无奈那大雾之中一时看不出敌兵多少，国英又把火器营开赴前敌，专用大炮猛攻，贺珍等不能抵挡，部下人马都堕岩落涧，死亡不可胜计。国英催兵上前，一鼓夺取了隘口，刘、贺、李三人只身杀了出来，一直逃向通梁而去。国英趁胜进兵，跟踪来夺通梁。这通梁乃是茅麓山最高之处，山势险恶，四面峭壁，中间一线鸟道可通。清兵既夺隘而入，也成了个骑虎之势，进则犹可，退则危险不可言状。因此李国英遂拼命前进，决意非把来亨等一鼓荡平后不敢退兵。

来亨见清兵节节逼近，一时悲愤交集，遂尽率了随身人马，大呼杀出，与李国英肉搏血战，一时刀枪并举，矢石横飞，杀声震动了山岳。国英亦亲冒矢石，拼命大战，又命军士趁着顺风放火烧山。一时烈焰飞腾，狂风怒吼，来亨的人马旗帜随风着火，顷刻净尽。刘虎格斗不屈，中炮身死。马腾云、拓天保先后倒戈，投降清兵去了。

来亨见全军覆灭，不禁仰天大痛，道："叔父，侄儿受了皇帝付托之重，急向腰间解下永历帝的敕印交与李通不得不以死报国。但吾李氏近支，连年死亡殆尽，侄今又将死矣！死不得瞑目者，惟侄父与幼亲随驾入滇，至今不知生死存亡。叔父可携了敕印火速逃下山去，星夜向云南访求永历帝的太子所在，将此敕印交还，并说侄儿就此以身殉国了，并乞致意侄父，此后善视幼弟，勿以侄儿为念了。"话未说完，清兵已经杀了前来，来亨便向李通挥手道："去吧！"一面拔出剑来，踊身杀入清兵阵里，力斩了七八员满将，然后自刎而死。后人有诗叹曰：

将军勇烈旧知名，剩水残山一臂擎。

未扫胡尘身便死，英雄长使泪双倾。

贺珍见来亨已死，遂放了一把火，把营中所存的军器粮秣一齐焚毁趁空杀开一条血路，同李通二人一齐向山僻小道逃走去了。

国英扫穴擒渠，一鼓荡平了川东余众，然后飞章告捷，奏凯班师。

这里李通、贺珍二人逃出了茅麓山，各自分手。李通行至川南一带闻知永历帝的太子已于顺治十六年同永历帝一齐遇弑。李通得了这个消息，遂痛哭了一场，各自逃回陕西去了。

贺珍独自一人，在川东又把那些残部纠合起来，并号召了一班义民，占据了大宁县境，与大宁的百姓耕田自给，保境安民，仍旧奉了永历年号，不肯归附清朝，屡次遣人与明朝的遗臣张名振、张煌言等联络起兵，终以兵微将寡，不克如愿。一直到他病殁之后，又把军务交给他

第三十九回　明大义赤心争汉统　拒清兵来亨死通梁

的儿子贺道宁带领。康熙二十四年，清廷又派兵前来征讨，道宁方才解甲投诚，至今三百余年。那大宁县的人民，言及贺珍休养生聚、保境安民之功，尚多称道不已，可见这个人亦非庸庸之流可比了。当永历被弑之后，天下皆入满清版图之中，在内则有贺珍据住大宁一带，在外则有郑成功割据台湾全岛，遥遥相对，与满清抗衡，其事迹之大小虽殊，其为汉族人民生色则无异也！

第四十回

夹山寺英雄成大梦　壶芦山遗老述根由

　　上回书中所叙的，清川陕总督李国英督兵攻破了茅麓山，李来亨等一班豪杰相继灭亡，中华的一统山河亦已全盘归入满人之手，内中尚有明朝的遗臣延平王郑成功割据了台湾，定西侯张名振及兵部侍郎张煌言等据守了厦门、舟山一带，仍旧奉了永历年号，誓死不肯投降清朝。清廷看见这些遗孽不除，诚恐星星之火惹出燎原之祸，因此便把成功的父亲郑芝龙封为同安侯，叫他致书成功，劝他纳款归降。谁知这成功本受了隆武帝特达之知，立志要保存大明的一块疆土，原非吴三桂一流人物：清廷本来憎恶芝龙是个反复小人，又见成功负隅不降，遂把郑芝龙押赴军前正法，又调兵遣将，拿定主意，要将明朝的剩水残山一律铲除尽净，方才保得住高枕无忧。

　　张煌言在海上与清兵抗拒了十五六年，后来铜陵兵败，煌言知道事不可为，遂弃了残部，只身逃入荒岛之中，到底仍被清兵所获，械送到宁波府。清廷器重他的为人，向他百般劝降，煌言誓死不屈。清廷无可奈何，然后将他逮赴杭州成了他的名节。煌言从容就义，慷慨捐躯，口赋绝命诗二首曰：

　　海甸纵横二十年，孤臣心事竟茫然。
　　桐江止系严光钓，震泽难回范蠡船。
　　生比鸿毛犹负国，死留碧血欲支天。
　　鲁戈莫挽将颓日，敢望千秋青史传。
　　国破家亡欲何之？西子湖头有我师。
　　日月双悬于氏墓，乾坤半壁岳家祠。
　　惭将赤手分三席，特为丹心借一枝。
　　他日素车来浙路，怒涛岂必是鸱夷？

　　且说这张煌言孤忠亮节，死得这样慷慨，从来没有一点疑义。不知怎么，那《明史》上偏偏不肯给他立传，并且连个副传都不曾看见？真是令人不解其故！所以作者特地要把他详细补叙出来的。

　　煌言既死，张名振等连战失利，遂同其弟名扬弃了舟山，一直向台湾投奔郑成功去了。

　　清廷克了舟山，然后移兵去取台湾。成功分兵调将，与清兵大战于沧海洪涛之中。清兵几次大败。成功连克福建各郡县。由京口直趋金陵，谒明太祖孝陵而还。成功殁后，传于他的儿子郑经。郑经殁后，传与他的儿子郑克塽，这三四十年之中，台湾一隅总还算是大明的疆土，那明朝的宗室遗老多半寄居于此，鲁王以海、宁靖王术桂等，亦皆寄托在郑氏宇下。一直到了清朝康熙二十六年，清廷探知郑氏主少国疑，正当多事之秋，方才趁此机会大举平台，令闽浙总督姚启圣、水师提督施琅等分道出师，一鼓攻入鹿耳门，大兵直薄台湾，郑克塽纳上归降。这个时候，那清朝的江山才算是一统告成，金瓯无缺了。

　　但是这明朝福、唐、桂三王灭亡之后，那些文武诸臣抗义死节的，实在不少。这些忠臣义士自然有青史传名，流芳百世。本小说对于三王事迹是一种附叙笔，因此不能把他们详细表白了。

　　这些遗臣都已叙完，独有那李赤心由四川扈驾入滇之后，至今未见下落。若不再把他详细补叙出来，岂不叫看书的人悬念在心吗？

　　原来那李赤心自从随了永历帝到了云南后，清廷便命平西王吴三桂督兵入滇，节节追杀，不肯放松一步。永历帝遂命赤心同大将李定国、白文选等率了人马，与清兵分头接战。吴三桂一连打了几个败仗，因此永历帝也得以偷安在云南省城，李赤心同李、白二人指天发誓，都要以身许国，甘作大明的忠臣。好在那李定国是绥德人氏，文选是吴堡人氏，与李赤心都是邻封接壤，所以他们三人便一德一心辅助永历帝，与清兵作起对来。

　　后来明兵战败，文选被清兵所擒，永历帝看见云南占不住了，便命李赤心同定国率领人马截住清兵，自己却尽率官眷文武，潜身逃入缅甸国去了。吴三桂得了这个消息，便把永历帝认做一宗奇货可居，连夜率了轻骑两万人，由小道驰至缅甸，檄谕缅甸国王，叫他把明朝的君臣火速献了出来，"否则天兵一到，区区小邦，亡无日矣！"缅甸王大惧，遂将永历帝及皇后、太子并随从的文武一齐捆绑起来，解送到吴三桂军前复命。吴三桂大喜，后来把永历帝父子二人带回昆明，一齐都用弓弦绞死，然后尽督大兵，再来剿灭李定国、李赤心的余众。

二人闻知永历帝被吴三桂所弑，登时放声大哭，一痛几绝，次日便点起人马与清兵大战于洞鄢。时值疫疠流行，军士死亡相继，李定国与。李赤心亦各身抱重病，不能再战。二人仰天大痛，一面约同了斋戒沐浴，焚表告天，说他们二人的反正辅明出于自诚之心，若是明祚告终，孤臣等回天无力，就请早赐速死，免得在世一日多所杀伤，倘明朝尚可恢复，则请速愈臣病，俾尽微力。果然明朝的天数尽了，祷告之后不上半月光景，李定国、李赤心相继卒于军中。

吴三桂见二人已死，于是大胆进兵，剿抚并行，不多几日，那滇南一带的山陬海澨一概都收入满清版图中去了。于是，明朝的君臣及大顺的余烬一概算是补叙完了，大清的江山，自然是一统成功了。

但是这个升平世界，锦绣山河之中，还剩有一个惊天动地、首创大业、曾做过大顺永昌皇帝的李自成，尚未曾见个水落石出。这一部书，他就算是主要分子，焉能便把他忽略过去？

原来那李自成自九宫山一败，就在那玄帝庙中削发出家。他自以从前始称奉天倡义大元帅，继称新顺王，因此便把法号叫做奉天玉和尚，这个"玉"字，暗中便隐寓那个王字的意思。他们一行四人在那庙中住了一年多，后来宋献策因为出山游玩，遂一去不回，失了踪迹，有人传说他是改名易姓，还俗去了，有人说他出去被清兵侦获去了，因此李自成便不敢再向这个庙中久住，同了李迪、高立功二人离了玄帝庙，由楚入湘。

行至澧州的石门县，路过夹山寺，李自成看见此处山明水秀，那寺院也曲折幽雅，老僧数人，终日讽经诵佛，山门静掩，绝少俗人往来，因此他便投身此寺，诡说自己是华山寺的僧人，因为云游到此，乞借一榻之地，在此静养，寺僧见他是同道中人，便也慷慨应允。那高立功、李迪二人，因为在江南多年，学会了彼处的口音，遂冒充江南人氏，是李自成的弟子，一齐住在寺中。因此那寺中的僧众，始终没有窥破他的形迹。

李自成是顺治二年春间到了夹山寺，日日礼佛念经，种花栽竹，颓然成了一个老衲，把从前的英雄气概一齐消磨净尽，平时同那寺中的老僧弈棋赋诗，倒也十分清静自得。那李自成本是一个绝顶聪明人，自从出家之后，对于诗弈两技深得其中玄妙，因此又负了一点国手的盛名。

李自成在寺中整整的住了三十五年，到了康熙十八年，岁次甲寅春。一日天朗气清，惠风和畅，李自成因寂座无聊，独自携了禅杖出寺闲眺。看见山花遍放，野草成茵，那田畔的农夫樵子黄发垂闲鬌，讴歌唱和，熙熙攘攘，现出一种升平气象。李自成呆呆地看了一会儿，不觉由乐生悲，由悲生感，俯仰之间便触动了一腔旧事，仰起头来长叹了一声，曳杖回到斋内。一时遂忘乎形迹，濡墨提笔，向粉壁上大书一律曰：

英雄一代赴飘萍，大块空留百战身。

捣碎乾坤惊日月，踏翻宇宙走雷霆。

时来作恶天还怕，运去看经佛不灵。

事业尽随流水去，禅房梦醒夹山青。

写毕，投笔于地。

此时天色已晚，李自成遂向蒲团上默然静座，屏息入定。刚才回合着了眼，忽见前面来了一个仙童，把他引了出去，排云驭气，一直上入九霄。后来到了一个地方，但见殿阁峥嵘，仙乐悠扬，迎面又来了一位仙官，向他说道："破军星，尔功成圆满，理宜仍回本位。快快随了下官进去缴旨吧。"李自成大异，只得随了仙官一直进入三层宫门。方才到了一座大殿，李自成偷眼一看，只见那殿上殿下一色都用碧玉为栏，水晶作瓦，两旁排列的文武都是佩玉鸣銮，跻跻跄跄。正中珠帘半卷，隐隐约约看不清楚所坐的是一位什么人样。李自成趋到丹墀下面，跪拜俯伏，忽闻殿上传旨道："破军星历劫已毕，可即饬回本府供职，着原引见官，将他带往历代帝王历劫归位之处游览一遭，钦此！"仙官领旨，便将李自成引了出来，转到一个所在。但见那衣衮戴旒的帝王，老老少少，足足有数百人，都在那里行坐自若。仙官便向他说道："这些人都是自三皇起至明朝止，所有历朝帝王尽在这里。"又用手指着西边的一个道："这就是崇祯帝，你也认识认识。"李自成大惊，连忙把身子向后一退。仙官笑道："既到此地，何必更作此态？汝二人本来无冤无仇，那已往之事全系大数所定，并非人力使然。汝此次回去，不久仍回这里，相处之日正长，岂可将尘世幻梦尚认作真耶？"李自成听了，又见那崇祯帝谈笑自若，毫无愁愤之色。

说时，又转过一层宫室，内中也有百余个帝王，看见李自成，一齐上前迎接道："久违了！何以迟至今日方才回来？"李自成大惊，便向仙官问道："历代帝王都在哪里见过，怎么这里又有许多？"仙官笑道，"你适间所见的那是三代、周、秦、汉、晋、宋、齐、梁、陈、魏、唐、宋、元、明等正统君王，这个地方乃是新莽、吴、魏、五代、后梁、南唐、南汉、北齐、北汉、北周、西夏、隋、辽、金等偏霸过渡之主，两处本不相同，何得一概并论？目下尔来此已经多时，应该及早回去了。那清主福临在尘世上与尔尚有一面之缘，不可误过。"说毕用手一推，李自成猛然惊醒，低头一看，自己仍旧坐在蒲团上面。

于是慢慢地将刚才梦幻想了一遍，心中倍觉醒悟过来。忽然又想到那福临已于顺治十八年崩逝，如何那仙官又说他在尘世与我尚有一面之缘？就是梦中所见的那些帝王之中，亦不曾看见个满洲打扮的，如此说来，难道那福临之死当真是个假的么？思前想后，甚是不解。

到了次日早上，忽见那野禅徒弟高立功走进斋来，口称外面方丈室中来了一位客僧，要见师父。李自成想了一想，便道："请他进来吧！"说时，只见那僧业已慢慢地走了进来。李自成急忙上前迎接，施礼分座毕，请问他的宝刹法号。那僧答称："名叫和平和尚，是从五台山云游至此的。闻得长老是弈棋国手，因此特来请教。"李自成道："雕虫末技，何敢质诸大雅？"一面说着，一面便设局对弈。岂知李自成刚才下了十八个子，那僧便把棋枰一推，立起身来笑道："神龙矫矫，变幻莫测。观此一艺，真个是那奉天玉和尚无疑了。"李自成笑道："这话怎么说，难道奉天玉和尚还有一个假的不成？"那僧一头说话，冷眼中早已看见那壁上的题诗，便用手拍着李自成的肩上说道："不有废也，吾何以兴？如今同是遁世英雄，觌面尚不相识耶？吾自抛家国，遁迹空门后，颇闻阁下未死，曾至九宫山一访，不料吾至而君已先行。今日无意之中在这里相逢，适才对弈，交手已知阁下非等闲之人了。况证以壁上题诗及阁下的法号，尚能隐匿真形耶？"李自成闻言，心头怦然一动。抬起头来把那僧仔细端量了一番，见他星目河口，器宇十分尊贵。又细玩那"和平"的法号，实隐寓着"顺治"两字。再看他的言语举动，明明是一副满洲骨骼，并非汉人种类。想到这里，不禁恍然大悟，连连点头道："是了，是了！我功败垂成，举世没有容身之地，故作此出世之想，尔与吾境遇各殊，何以也入了空门？"那僧闻言，凄然下泪道："不肖心事，难为外人道也，不入空门，早作泉下人矣！"李自成听了，不便再往下问，因留他用过午饭，又把昨夜梦幻中所见的情事详细告诉了他一遍。那僧叹道："昔三国告终，晋室一统之后，那魏、蜀、吴三个亡国之主一齐聚于洛阳，常常宴会行乐，吾尝谓其见面时，追忆往事，不知作何感想？今吾二人又相见于佛门之内，阁下且神游幻境，见了那亡国的崇祯，造化之弄人，真可谓巧矣。但红尘看破，视天下如敝屣，茫茫浊世，诚不欲再寻烦恼矣！"于是二人谈得十分投契。又说到盛衰兴亡的事，不禁相对叹息，二人连床共话。

又隔了一宿，那僧方才辞别下山，并订了后会之期，李自成把他送到山门外面。正在话别之际，猛然抬起头来，见那山岩削平处影影地现出字迹来，李自成与和平二人都停住了脚步，攀藤视之，乃是石刻的七言诗一首曰：

放下屠刀证佛因，一枰黑白不关心。

当年龙虎争雄客，同是今朝说法身。

二人看罢，反复沉吟了几遍，觉得那诗中的意味，句句都指着他们二人，不禁大为惊异！再看那下款所署，乃是一个"睡"字，更觉不解起来。于是请了寺中的一个老僧出来，询问那诗是谁作的？老僧道："闻之师祖遗言，此诗本出自仙笔，系明初时候陈抟老祖现身留下的墨迹，后来遂把它刻在这里。从前这个岩前还有个小小亭子，以护风雨，自从亭子废后，风雨浸剥，苔没其半，所以人多不曾在意了。"李自成听罢连连摇首，向和平道："一饮一啄，莫非前定？吾二人在此一会，三百年前早蒙上仙留诗指示了。"和平亦点头叹息，握手拜别而去。

原来那满清顺治帝福临自从定鼎之后，一切大权皆操于他的叔父睿亲王多尔衮，福临不过是座拥虚名，拱手临朝而已，因其无事可为，遂溺情于声色。时有明朝遗民冒辟疆姬人董小婉者，国色也，顺治二年没入掖廷，福临一见倾倒，遂纳为贵妃，号为董鄂氏，盖不欲使人知其为汉族也。至顺治十七年八月，妃一病不起，福临异常悲悼，自是看破红尘，悄悄地潜身出来，遁入空门去了。清廷却是很避忌其事，只说他是在位十八年驾崩，因此世上的人便没有知道这原因了。

再说那李自成自从送别那僧后，便觉得精神恍惚，禅心散乱。想起梦中的景象，自知天禄已尽，不能久于人世，于是把野禅、野拂两个徒弟唤了进来，将梦幻中情形及那僧的来历详详细细告诉了他们一遍，然后说道："吾纵横天下十五年，遁迹空门又三十六年，行年九十，且夕即将就木。汝二人不可长此托身世外。吾死之后，可即葬于寺前山侧，不必别树标识，只许立一石碑，将吾之法号泐于其上便了。葬事毕后，可即各自还俗归去。目下承平已久，海波不扬，万民乐业，想必无人再事追究矣。"嘱毕，又唤了寺中一个常常服侍他的小僧，名唤法英，上前说道："汝小小年纪，服侍了吾三年有余，吾心中之事，人不能知者，汝尚能知一二。今日吾将死矣，不可不留个纪念！"说毕，又向箧中取出他的画像一幅，及他常佩的花马剑一柄，交与法英，然后闭户焚香，端坐而逝。

两个徒弟见他死了，遂谨遵遗命，将他的遗蜕如法安葬毕，又在墓前建起一座巨碑，碑上大书"奉天玉和尚"之墓七个大字。诸事已毕，方才各自恢复本姓，下山还俗去了。后人有诗叹曰：

漫将成败论英雄，胜负兴亡似转蓬。

回首中原逐鹿客，而今事业尽虚空。

原来这法英和尚年纪虽小，而生性异常聪敏。有一天，李自成正在同李迪、高立功二人密谈当年的故事时，不防被他闯了进来，高立功大惊，就要将他立刻杀死，好来灭口。李自成不许，用手磨着他的头顶说道："好个孩子，你既然听见了，我就收你做徒弟吧。"于是就把自己的来历大约告诉了他一遍。法英闻言大惊，马上叩头发誓，口称："师父救命！"从此以后，他便做了李自成的弟子。后来李自成死后，高、李二人都还了俗，他虽然在夹山寺中出家，但是受过李自成的一番指点，他的心里想起李自成的一番事业，时常觉得闷闷不乐。到了雍正初年，清廷派平郡王北征时候，那法英适云游相遇，忽然想起满人霸占中华的历史，不禁怒火中烧，便拿了那口宝剑一直闯入军中，来刺平郡王，不防被逻骑将他盘问出来，法英一时急了，诡称他是在土中得了宝剑，前来献与王爷的，平郡王大喜，仔细审视了一遍，方才看出那剑柄上刻着一个闯字。这件事，礼亲王的《啸亭杂录》中亦曾叙及。后来平郡王回到北京，把剑悬于寝室中，有一天晚上，闻得那剑铮铮而鸣，到了明天，早已不翼而飞——想来那口宝剑也是不愿意替异族效力的缘故了。闲言少叙。

再说李、高二人下山之后，李迪不敢再回米脂，独自潜身向山西落业去了。高立功却一直回了米脂，他所居的村庄名叫做壶芦山，俗称壶芦旦，在米脂城西六十里。当李自成起义之初，他因为亲戚关系，同胞弟高一功一同随了出去，猿臂善射，勇冠三军，当时所称"独行狼"，便是他的勇号，唯不是史书上所说，被官兵杀死的那个"独行狼"。这个缘故，不知是当时有两个同名的，抑或是当时传闻异词的。总之，当那李自成及张献忠初起之时，他们手下的将士大半都以绰号行世，一时牛鬼蛇神，重复的也实在不少。就是一个名字，这个书上说他死在这里，那个节上又说他死在那里，比如李过叫做一只虎，书上却不把费官人刺死的罗虎指明，以致后人便认为一只虎被刺，因此以讹传讹，令人无从稽考。至于那些官兵的捏报邀功，更是捕风捉影，不足讨论了。

专说这高立功，做了一场开国元勋，后来又失败了，随着李自成遁迹空门，今日李自成死了，他又还俗归来，沧桑阅遍，年已七十多岁。但是他离家多年，目下儿孙满堂，一时还记认不清。庄家人户，每日起来种瓜摘豆，扰扰攘攘，立功甚不可耐，日日独坐烦恼，不上一年光景，他便双目都失明了，因此越发焦躁起来。他的宅子对面原有一座土山，自从他回家之后，那山上忽然来了一只苍狼，每天夜里朝着他的门口长嗥不已。立功听得不耐烦了，便叫他的儿子拿了弩箭鸟铳去把那狼打死，岂知那些儿孙一连打了几天，总不能打着那狼。高立功大怒，便叫家人把他拖到门外山坡前，亲自拈弓搭箭，侧耳静听了一会儿，顺着它的嗥声一箭射了过去，弓弦响处，狼声顿息。立功弃弓于地，谓家人曰："吾射中狼喉矣！速往觅之。"家人如言往视，狼果喉间中箭而死。高立功回到屋里，又将他的子孙唤到床前说道："当初生我之时，吾父曾见有一苍狼嗥于此山，今日狼被射死，吾命亦将尽于此矣。吾平生横行天下，杀人如麻，今日考终牖下，得正首丘，尚复何憾？惟是永昌皇帝惊天动地地闹了一场，其自始至终的事人不能知者，吾尽知之，今日吾将死矣，不可不告知汝辈。"于是将李自成的终始及一切成败琐事，从头至尾，详详细细地给他子孙演说了一遍。过了三五天，他也就一睡不起，无病而终了。

自从高立功死后，便有些读书好奇之士，把他所说的话私自记载下了，还有些人，又把他的话编成一种鼓词，在乡间演说的，一直传到了如今。著书的人便得据了这些话，又证以正杂各史，参考私家著述，编集成一部《永昌演义》，聊作个文人韵士茶余饭后的谈助罢了。从此以后，这一部小说便算是结束告竣了。

但是李自成的坟墓，既在夹山寺前，而湖南常德县的大龙踯亦有一座巨冢，土人相传，说是李自成埋尸之处。这件事无从考究，要是一个疑冢，也未可知了。至于李自成在米脂的族人，因怕清兵前来剿洗，一齐改名易姓，窜迹远方，多半不可考究。唯李过的少子世亨，寄迹云南；李通一支，落业汉中；李迪一支，落业山西；又有由米脂改姓叶氏，入籍榆林，居于榆属之石窑坪、寨子圪等处的。到了满清中叶，那云南、汉中、榆林三处的子孙都科第接踵，奕叶贵盛。至今石窑坪所祀叶氏木主。外面虽然姓叶，内中却是姓李，他们的后人也就直认不讳了。而米脂李继迁寨的李氏，反倒寥寥无几，式微不可言状，至于那三峰子山的坟墓及李自成的故宅，更成了荒烟蔓草，一片瓦砾之场。倒是那盘龙山故宫遗迹，经后人增修保护，尚可想见当日的巍峨气象了。

到此本小说接近了尾声，最后以一首永昌故里的怀古诗，虽是凭吊之作，亦聊以当个尾声，诗曰：

驿卒当年途已穷，漫将草泽笑英雄。

盗铃不学曹公智，掣剑还追汉祖风。

铁骑昔曾排海岳，铜驼今又卧蒿蓬。

兴亡转瞬成遗憾，放垒萧萧墓不空。

第四十回　夹山寺英雄成大梦　壶芦山遗老述根由